Dietz · Die Normierung der Abschreibung in Handels- und Steuerbilanz

Beiträge zur betriebswirtschaftlichen Forschung
Herausgegeben von
Prof. Dr. E. Gutenberg
Prof. Dr. W. Hasenack
Prof. Dr. K. Hax
Prof. Dr. E. Schäfer
Band 37

Horst Dietz

Die Normierung der Abschreibung in Handels- und Steuerbilanz

Westdeutscher Verlag Opladen 1971

D 6
ISBN-13: 978-3-531-11080-6 e-ISBN-13: 978-3-322-87436-8
DOI: 10.1007/978-3-322-87436-8

Gesamtherstellung:
Druckerei Dr. Friedrich Middelhauve GmbH, Opladen
Graphische Konzeption des Reihentitels:
Hanswerner Klein, Opladen

Geleitwort

Wer ein rationales System der Besteuerung will und eine verbesserte Aussagefähigkeit der Bilanzierung zum Zwecke des Aktionärs- und Gläubigerschutzes, muß sich mit dem Problem der externen Rechnungslegung beschäftigen. In der betriebswirtschaftlichen Theorie sind nach der Wiederbelebung der Riegerschen Kritik an der Bilanz und ausgehend von investitions- und finanzierungstheoretischen Überlegungen die Grundfragen der Rechnungslegung in den letzten Jahren erneut aufgeworfen worden. Zugleich wurden die Einzelprobleme der Handels- und Steuerbilanz in der Praxis weiterdiskutiert. Im ersten Teil seiner Arbeit hat der Verfasser die theoretische und praktische Diskussion über die Notwendigkeit und Ausgestaltung einer Gewinnermittlung in der externen Rechnungslegung aufgegriffen und sie unter dem Gesichtspunkt der Besteuerung nach der Leistungsfähigkeit, der Gleichmäßigkeit der Besteuerung und der Aussagefähigkeit der Rechnungslegung weitergeführt. Im zweiten Teil werden für eines der dringendsten Probleme der externen Bilanzierung, das der Abschreibungen, die Einzelheiten ihrer steuerlichen und handelsbilanziellen Behandlung untersucht. Horst Dietz prüft dabei insbesondere die Möglichkeiten, die Abschreibungen zu normieren. Er kommt zu dem Ergebnis, daß eine Normierung für die externe Bilanzierung betriebswirtschaftlich zweckmäßig ist. Die Arbeit meines Schülers will einen Beitrag liefern, Steuer- und Handelsbilanz betriebswirtschaftlich sinnvoll zu konzipieren. Ich hoffe, daß diese Arbeit die Diskussion um die Grundlagen der Gewinnermittlung beleben und vertiefen wird.

Dieter Schneider

Vorwort

Die Arbeit wurde am 11. Februar 1970 unter dem Titel "Externe Rechnungslegung und Normierung der Abschreibung" von der Wirtschafts- und Sozialwissenschaftlichen Fakultät der Westfälischen Wilhelms-Universität in Münster (Westfalen) als Dissertation angenommen.

Meinem Lehrer, Herrn Prof. Dr. Dieter Schneider, möchte ich für viele Anregungen und kritische Bemerkungen recht herzlich danken. In gleicher Weise danke ich vielmals Herrn Prof. Dr. Ulrich Leffson. Für die Aufnahme der Schrift in die "Beiträge zur betriebswirtschaftlichen Forschung" bin ich den Herausgebern dieser Reihe, den Herren Professoren Dr. Drs. h.c. Erich Gutenberg, Dr. Dr. h.c. Wilhelm Hasenack, Dr. Drs. h.c. Karl Hax und Dr. Dr. h.c. Erich Schäfer, zu großem Dank verpflichtet. Dem Rektor der Westfälischen Wilhelms-Universität in Münster (Westfalen) danke ich für den mir verliehenen Preis.

Horst Dietz

Inhaltsverzeichnis

Problemstellung

Theorie und Praxis gehen oft eigene Wege. Während in der Praxis beharrende Kräfte vorherrschen, strebt die Theorie in der Regel nach vorn. Dieser Zwiespalt ist heute für die externe Rechnungslegung festzustellen. Zwar setzt sich allgemein die Überzeugung durch, daß die Publizität auszudehnen sei, (1) doch wie selbstverständlich wird dafür die herkömmliche Bilanzierung zugrunde gelegt, (2) und im Hinblick auf Vorschläge zu erhöhter Gewinnbesteuerung bei verringerter indirekter Besteuerung gilt das gleiche. (3) Das ist erstaunlich, weil zur selben Zeit in der theoretischen Diskussion die Brauchbarkeit von Handels- und Steuerbilanz in Zweifel gezogen wird. Einige Autoren schlagen vor, die heutige Gewinnermittlung wegen ihrer Mängel am besten ganz abzuschaffen. Statt dessen sollten Zahlungsströme ausgewiesen werden, d. h. die tatsächlichen Einnahmen und Ausgaben vergangener Perioden und/oder die erwarteten Zahlungen zukünftiger Perioden. (4) Andere Autoren denken an eine Gewinnermittlung, wollen aber anstelle oder neben die herkömmliche vergangenheitsbezogene Bilanzierung zukunftsorientierte Gewinnrechnungen setzen. (5)

Dieses Auseinanderklaffen von Theorie und Praxis auf dem Gebiet der externen Rechnungslegung legt nahe zu prüfen, ob die herkömmliche Bilanzierung völlig überflüssig ist oder ob sich nicht vielmehr die neuartigen theoretischen Ansätze allzuweit vom Boden der Tatsachen entfernt haben. Eine derartige Überprüfung ist hin und wieder erforderlich, um die theoretischen Bemühungen mit den praktischen Gegebenheiten in Einklang zu bringen. Doch selbst wenn wir zum Ergebnis kommen, daß Handels- und Steuerbilanz weiter gebraucht werden, so zeigt die theoretische Diskussion, aber auch die tägliche Erfahrung, daß bei der herkömmlichen Bilanzierung einiges im argen liegt. Daraus erwächst die Forderung, die heutige Gewinnermittlung durch gezielte Maßnahmen zu verbessern. (6)

Um zu zeigen, welche Verbesserungsmöglichkeiten bestehen, wählen wir als Beispiel die Abschreibung aus. Das Abschreibungsproblem ist vielfach untersucht, aber bisher keinesfalls befriedigend gelöst worden. Sich mit dem Problem zu beschäftigen, bleibt deshalb nach wie vor reizvoll. Sich damit auseinanderzusetzen, ist dringend, wenn man die Bedeutung des Anlagevermögens und damit der Abschreibungen im Rahmen der Bilanzierung bedenkt. Denn wie sinnvoll ist es, die Publizitätspflicht auszudehnen, wie gerechtfertigt, die Gewinnbesteuerung zu vergrößern, wenn über den Ansatz der Abschreibungen - einer der wichtigsten Bilanzierungsposten - weithin Uneinigkeit herrscht und die Auswirkungen verschieden hoher Ansätze oft aus den Überlegungen ausgeklammert werden? Die Abschreibung beeinflußt als Aufwandsbestandteil maßgeblich die Höhe des Periodenerfolgs. Sie stellt zugleich eine der bedeutendsten Ursachen für die mit der Bilanzierung verbundenen Ungewißheiten dar. Die Ungewißheiten bei der Abschreibungsbemessung sind geradezu der Anlaß, neuartige Rechnungen vorzuschlagen. Bei Zahlungsstromrechnungen fällt nach Ansicht einiger Autoren das gesamte Abschreibungsproblem weg.(7) Ob diese Behauptung stimmt, bleibt zu erörtern. Bei zukunftsorientierten Gewinnrechnungen taucht die Abschreibungsfrage mehr als formales Problem auf: Von den zukünftigen Zahlungsströmen ausgehend, lassen sich Abschreibungen berechnen.

Einige Zahlen mögen die Bedeutung unseres Problems beleuchten. Die Prozentangaben sind aus den Handelsbilanzen von Aktiengesellschaften errechnet, gelten aber mit Sicherheit für Unternehmungen aller Rechtsformen und mit geringen Abweichungen auch für die Steuerbilanzen. Das abnutzbare Sachanlagevermögen macht bei Aktiengesellschaften je nach Wirtschaftszweig im Durchschnitt 25 bis 80 % der Bilanzsumme aus. Die darauf berechneten Abschreibungen betragen im Verhältnis zur "Gesamtleistung" rund 5 bis 15 %. Am eindrucksvollsten zeigt aber der Vergleich von Abschreibungsbetrag zu Jahresüberschuß bzw. -fehlbetrag den großen Einfluß der Abschreibungsverrechnung auf die Ermittlung des Periodenerfolgs: Der Abschreibungsbetrag ist ein Vielfaches des ausgewiesenen Erfolgs (Betrag vor Entnahme aus Rücklagen oder vor Zuführung in Rücklagen). (8) Absolut gesehen betrugen die Abschreibungen für alle Unternehmungen der Bundesrepublik Deutschland im Jahre 1969 rund 61, 5 Mrd. Mark. (9)

Aus diesen Zahlen ist zu erkennen, daß schon geringfügige absichtliche oder unabsichtliche Fehler bei der Abschreibungsverrechnung allgemein die Aussagefähigkeit der Rechnungslegung herabsetzen und besonders das Jahresergebnis erheblich verfälschen und damit Besteuerung und Ausschüttung des Gewinns beeinträchtigen. Das Abschreibungsproblem ist schon immer für die Praxis des Rechnungswesens von großer Bedeutung gewesen, es wird in Zukunft weiter an Wichtigkeit gewinnen. Relativ und absolut werden die Abschreibungen durch fortschreitende Mechanisierung und Automatisierung immer stärker ins Gewicht fallen, absolut aber vor allem in einer wachsenden Wirtschaft. Um so dringlicher ist es, die gegenwärtigen Bilanzierungsgepflogenheiten hinsichtlich der Abschreibung zu überdenken und nach Verbesserungen zu suchen.

Zur Verbesserung der Abschreibungsberechnung in der herkömmlichen Bilanzierung bietet sich für Vorschläge ein weiter Raum an. Er reicht von "voller Bewertungsfreiheit"(10) einerseits bis zur strengsten Normierung aller Abschreibungskomponenten andererseits. Wenn nachzuweisen ist, daß die Handels- und Steuerbilanz auch zukünftig noch gebraucht werden, spitzt sich das Problem auf die Frage zu: Inwieweit läßt sich das Abschreibungsproblem für die externe Bilanzierung durch Normierung lösen?

Normierung oder Normung "bedeutet - ganz allgemein - Aufstellung und Formulierung von Normen, d. h. Festlegen von Regeln, Richtlinien und Vorschriften für die Ausführung einer Handlung". (11) Normierung der bilanziellen Abschreibung heißt demgemäß, die Bestimmungsgrößen der Abschreibung mehr oder weniger streng für die Verrechnung festzulegen, und zwar durch Stellen außerhalb der bilanzierenden Unternehmung. Normungen sind in vielen Bereichen menschlichen Denkens und Handelns festzustellen. Ihre großen Vorzüge sind insbesondere aus der Technik bekannt. Es liegt nahe zu versuchen, die Normung auf weitere Gebiete zu übertragen. Nur bleibt fraglich, inwieweit andere Bereiche einer Normierung zugänglich sind, denn Voraussetzung für Regeln sind "Regelmäßigkeiten".

Wir untersuchen die Frage der Normierung in dieser Arbeit für die Abschreibungsverrechnung in Handels- und Steuerbilanz. Ein Anliegen ist dabei zu erforschen, ob die Abschreibungen in Handels- und Steuerbilanz tatsächlich unterschiedlich anzusetzen sind, wie die herrschende Auffassung behauptet. Eine weitere Abgrenzung wird vorgenommen: Vor allem die Abschreibungen auf abnutzbare Sachanlagen werden untersucht, also Abschreibungen auf Bauten, Maschinen und maschinelle Anlagen, Betriebs- und Geschäftsausstattung (sofern wir die Begriffe des § 151 Abs. 1 II A Aktiengesetz benutzen). Zwar lassen sich auch die "Abschreibungen" auf andere Vermögensgegenstände regeln - und Regelungen sind vorhanden -, doch eine strengere Normierung ist am ehesten bei abnutzbaren Sachanlagen möglich. Denn im Gegensatz zu anderen Vermögensgegenständen wirken sich die Abschreibungsursachen bei abnutzbaren Sachanlagen (gleicher Art) zumindest sehr ähnlich aus.

Unsere Untersuchung muß zunächst Klarheit schaffen über die Notwendigkeit und die Grundlagen der herkömmlichen Bilanzierung. Dazu ist vor allem auf die Wünsche der Interessenten an der externen Rechnungslegung einzugehen und von daher die Eignung der neuartigen Rechnungsinstrumente und der herkömmlichen Bilanzierung zu beurteilen. Dann ist der Zweck der Abschreibung im Rahmen der Bilanzierung zu klären, denn der Rechnungszweck bestimmt den Rechnungsinhalt. (12) Danach können wir vorhandene Normierungen bei der Abschreibung auf ihre Zweckmäßigkeit hin beurteilen und überlegen, ob weitere hinzukommen sollten. Wir unterteilen dabei vor allem in Normalabschreibung und Nachhol-(Sonder-)Abschreibung und gehen jeweils von den Bestimmungsgrößen der periodischen Abschreibung aus. In diesem Zusammenhang sind auch die Lösungsansätze zur Errechnung einer theoretisch richtigen Abschreibung zu diskutieren. Denn ließe sich eine theoretische Basis für eine richtige Abschreibung finden und wäre das Verfahren zudem praktikabel, wären die Möglichkeiten für Normierungen bei der Abschreibungsverrechnung erheblich eingeengt. Aber nicht nur die theoretischen Voraussetzungen einer Abschreibungsnormierung sind zu prüfen. Für die Beurteilung eines solchen Vorgehens kommt es im starken Maße auf die praktischen Auswirkungen an. Im Mittelpunkt stehen hierbei die Folgerungen bezüglich des Rechnungswesens. Jedoch dürfen die Rückwirkungen auf die ganze Unternehmenspolitik nicht vergessen werden.

A. Die Notwendigkeit einer Gewinnermittlung in der externen Rechnungslegung

I. Abgrenzung der externen Rechnungslegung

a) Formen der externen Rechnungslegung

Das Rechnungswesen ist ein Werkzeug der Unternehmensführung. Es soll helfen, die unternehmerischen Aufgaben zu erfüllen. Sieht man als Aufgaben der Unternehmensführung Planung, Kontrolle und Information an, (13) kann man das Rechnungswesen im Anschluß an Virkkunen in Planungs-, Kontroll- und Informationsrechnungen gliedern. (14) Dabei sollen Planungs- und Kontrollrechnungen zum betrieblichen Rechnungswesen gehören, innerbetrieblichen Zwecken dienen, während Informationsrechnungen einen Teil der Repräsentation nach außen darstellen, sich an bestimmte Gruppen der Öffentlichkeit oder die Öffentlichkeit schlechthin wenden.

Eine Gliederung des Rechnungswesens nach den unternehmerischen Aufgaben ist sinnvoll, denn nur auf diese Weise lassen sich Rechnungswesen und betriebswirtschaftliche Theorie - als Theorie der Unternehmenspolitik verstanden - miteinander verbinden. (15) Die vorstehende Systematik scheint jedoch verbesserungsfähig. Zum einen stört der Begriff Informationsrechnungen. Denn Planungs- und Kontrollrechnungen dienen schließlich auch der Information. Und zwar informieren sie - nach vorstehender Auffassung - die Unternehmer selbst. Zum anderen kann es sich bei den (im obigen Sinne: nach außen gerichteten) Informationsrechnungen auch um Planungs- oder Kontrollrechnungen handeln. Diese Einwände verschwinden, wenn man das unternehmerische Rechnungswesen (die unternehmerische Rechnungslegung) in internes und externes Rechnungswesen (interne und externe Rechnungslegung) unterscheidet und jeweils nach Planungs- und Kontrollrechnungen untergliedert. Die interne (betriebliche) Rechnungslegung ist nach innen gerichtet und wird von den Unternehmern freiwillig aufgestellt. Sie soll allein den Unternehmern helfen, ihre Kontroll- und Planungsaufgaben zu erfüllen, und als Grundlage für ihre Entscheidungen dienen. Dabei kann das Treffen der "wichtigeren" Entscheidungen als Kernaufgabe und eigentliches Kennzeichen für Unternehmer angesehen werden, die einzeln oder gemeinsam die Unternehmensführung bilden (Einzelkaufmann, Geschäftsführer, Vorstandsmitglieder u. a.). (16) Die externe Rechnungslegung zielt dagegen nach außen. Planungs- und Kontrollrechnungen aus diesem Bereich fertigen die Unternehmer entweder aufgrund gesetzlicher Pflichten an, oder sie stellen sie freiwillig auf, um bestimmte unternehmenspolitische Ziele zu erreichen. Diese Rechnungen sollen oder können Außenstehenden zur Kontrolle und Planung dienen und die Grundlage für deren Entscheidungen bilden.

Die bekanntesten Formen externer Kontrollrechnungen sind die Handels- und die Steuerbilanz, d. h. die Formen herkömmlicher buchhalterischer Gewinnermittlung. Bilanzen kann man aber auch als Planungsrechnungen entwickeln. Sie werden in der Literatur unter dem Begriff "Planbilanz" diskutiert. (17) Zur Zeit vornehmlich unter dem Gesichtswinkel "internes Rechnungsinstrument" gesehen, sind Planbilanzen aber auch als externe Planungsrechnungen denkbar. Die Bilanzierung - bestehend aus der Bilanz und der Gewinn- und Verlustrechnung - stellt eine erste Grundform externer Rechnungslegung dar. Eine zweite Hauptform könnten "Zahlungsstromrechnungen" sein. So nennen wir die finanzplanorientierten Rechnungen ohne Gewinnermittlung, für die sich auch die Begriffe Kapitalflußrechnungen, Finanzierungsrechnungen usw. finden. Zahlungsstromrechnungen kann man wie die Bilanzen in Kontroll- und Planungsrechnungen trennen. So unterscheidet Busse von Colbe eine "retrospektive" und "prospektive Kapitalflußrechnung". (18) Und Moxters "finanzplanorientiertes Tableau" läßt sich durch die horizontale Aufteilung in vergangene und zukünftige Perioden (19) formal in Kontroll- und Planungsrechnungen aufspalten. Gewinnrechnungen aufgrund von Zahlungsströmen - wie die ertragswertorientierte Gewinnrechnung von Schneider und (als Sonderfall dazu) die von Albach - wären eine dritte Grundform externer Rechnungslegung. Die Rechnungen auf kapitaltheoretischer Basis für zukünftige Perioden stellen ex defidefinitione Planungsrechnungen dar und wären der wichtigere Teil der Rechnungslegung. Gleichwohl können auch für abgelaufene Perioden Kontrollrechnungen aufgemacht werden, indem man für die zurückliegenden Jahre die ursprünglich geschätzten Werte und die tatsächlich eingetretenen Größen angibt.

Diese Beispiele mögen genügen. Sie zeigen nicht alle möglichen Formen externer Kontroll- und Planungsrechnungen. Wir haben nur den herkömmlichen Jahresabschluß (Handels- und Steuerbilanz) eingeordnet, dann die Planbilanz und finanzplan- und ertragswertorientierte Jahresabschlüsse, die anstelle des herkömmlichen Jahresabschlusses oder neben ihn treten könnten. Dabei sind mit Bedacht die Worte gewählt worden, daß die neuen Rechnungen anstelle oder neben den herkömmlichen Jahresabschluß treten <u>könnten.</u> Nur Handels- und Steuerbilanz müssen von den genannten Recheninstrumenten (nach geltendem Recht) aufgrund gesetzlicher Vorschriften aufgestellt werden - ein Umstand, der größte Beachtung verdient. Diese Sonderheit von Handels- und Steuerbilanz wollen wir äußerlich dadurch kennzeichnen, daß wir sie als Bestandteil der <u>öffentlichen</u> Rechnungslegung zählen, "öffentlich" im Sinne von "öffentlich-rechtlich" gemeint. (20)

Bilanzen, Zahlungsstromrechnungen, zukunftsorientierte Gewinnrechnungen und eine große Anzahl weiterer Rechnungen können und werden die Unternehmer auch für interne (innerbetriebliche) Zwecke aufstellen. Diese interne Rechnungslegung ist aber von der externen (zumindest gedanklich) streng zu trennen. Vielleicht wäre es am besten, wenn die Unternehmer ihre internen Planungs- und Kontrollrechnungen zugleich außenstehenden Interessenten zur Verfügung stellten. Aber daran sind die Unternehmer aus den verschiedensten Gründen nicht interessiert. Wegen der möglichen Folgen einer externen Rechnungslegung werden die Unternehmer versuchen, Außenstehenden das zu zeigen, was sie nach Meinung der Unternehmer sehen sollen bzw. dürfen. Diese Rechnungslegung wird nicht stets den Tatsachen entsprechen. Selbst wenn die Unternehmer für sich und für Außenstehende "gleiche" Rechnungen aufstellen, ist also damit zu rechnen, daß z. B. die externe Bilanz nicht mit der Bilanz für interne Zwecke vollständig übereinstimmt: Für die externe Bilanz wie für jede externe Rechnungslegung besteht die Gefahr von Manipulationen, und zwar sowohl hinsichtlich der Vollständigkeit der Rechnung als auch der Bewertung. Wegen seiner großen Bedeutung ist dieser Sachverhalt näher zu beleuchten.

b) Die Stellung der Unternehmer zur externen Rechnungslegung

Will man untersuchen, wie brauchbar einzelne Rechnungsinstrumente sind, und darüber hinaus überlegen, wie sie zu verbessern wären, muß man sich über die Stellung der Unternehmer zur internen und zur externen Rechnungslegung im klaren sein. Die interne Rechnungslegung stellen die Unternehmer für eigene Zwecke auf, daran sind sie interessiert. Anders bei der externen Rechnungslegung. Unternehmer neigen dazu, die externe Rechnungslegung, insbesondere die gesetzlich vorgeschriebene, in erster Linie als nachteilig zu empfinden. Denn die externe Rechnungslegung ist nicht ohne Folgen. Die möglichen Auswirkungen aber - Kritik an der Unternehmenspolitik, Besteuerung, Ausschüttung usw. - wird der Unternehmer beachten und auszuschließen versuchen. (21) Wie kann er vorgehen? Am einfachsten wäre der Weg, überhaupt nicht extern zu "bilanzieren". Diese Möglichkeit ist für die öffentliche Rechnungslegung durch gesetzliche Vorschriften versperrt. Um unangenehme Folgen zu vermeiden, werden Unternehmer deshalb am liebsten die externe Rechnungslegung nur grob gliedern und unklar benennen und bei Bewertungswahlrechten jeweils die für sie vorteilhafteren Werte ansetzen. Z. Z. zeigen die ablehnenden Stellungnahmen zur Ausdehnung der Publizitätspflicht auf alle Großunternehmungen (22) den Standpunkt der Unternehmerschaft zur externen Rechnungslegung recht deutlich. Demgemäß spielten und spielen die Bilanzierenden selbst nur dann den Vorreiter für Verbesserungen der externen Rechnungslegung, wenn es ihnen zum Vorteil gereicht. Die meisten Fortschritte in formeller Hinsicht (Gliederung der Rechnung und Benennung der Posten) und in materieller Richtung (soweit es um die Festlegung einer Bewertungsgrenze geht) sind der Wissenschaft, der Rechtsprechung und den gesetzlichen Vorschriften und nur höchst indirekt den Gebräuchen der Kaufleute zuzuschreiben. Die Unternehmer gehorchen in für sie nachteiligen Fällen vor allem dem Zwang - soweit er sich nicht umgehen läßt. Lücken im Gesetz, für sie vorteilhafte Auslegungsmöglichkeiten u. dgl. m. werden sie ausnützen.

Auf den Unternehmer selbst kann und darf man demnach bei der externen Rechnungslegung keine allzu großen Hoffnungen setzen. Neben der obigen Erklärung und der täglichen Erfahrung zeigt das am besten ein Blick in die Geschichte der Bilanzierung. (23) Zuerst ist die handelsrechtliche Bilanzierung vom Gesetzgeber eingeführt worden. Und die nachfolgenden Verschärfungen des Handelsrechts allgemein und des Aktienrechts im besonderen sind aus der willkürlichen und sinnwidrigen Bilanzierungsweise der Praxis im vorigen und in diesem Jahrhundert zu erklären. So lesen wir bei Barth, "daß die Tätigkeit des Gesetzgebers auf diesem Gebiet [der handelsrechtlichen Bilanzgesetzgebung, der Verf.] eigentlich in jeder wichtigen Phase durch besondere Mißstände veranlaßt war, die bei der Bilanzierung aufgetreten waren". (24) Das gilt auch für die Schaffung des Aktiengesetzes 1965, durch das einige, aber nicht alle Mißbräuche aufgehoben worden sind.

Auf die Rechnungslegung für Steuerzwecke haben die Mißstände in der handelsrechtlichen Rechnungslegung nie sonderlich eingewirkt. In den ersten Anfängen der Einkommensbesteuerung (in Preußen beginnend mit dem Einkommensteuergesetz vom 1. Mai 1851) hatten die Geschäftsbücher und Bilanzen für die damalige steuerliche Einschätzung nur geringe Bedeutung. (25) Damit interessierte auch die Art der Bewertung nicht sonderlich. Mit Beginn der Einkommensteuer-Gesetzgebung im heutigen Sinne wurde dann die handelsrechtliche Bilanzierung für die steuerliche Gewinnermittlung "maßgeblich", doch erwies es sich von Anfang an als unumgänglich, den großen handelsrechtlichen Bewertungsspielraum durch eigene schärfere steuerliche Bewertungsvorschriften zu beschränken. Trotz Maßgeblichkeitsgrundsatz entwickelte sich eine eigene Steuerbilanz und beide Formen der öffentlichen Rechnungslegung strebten im Laufe der Jahre immer mehr auseinander. Erst in neuerer Zeit ist wieder eine gewisse Annäherung festzustellen - ob der Steuerbilanz an die Handelsbilanz (wie oft gefordert wird) oder umgekehrt, das beschäftigt uns später noch.

Man könnte dem Verfasser vorwerfen: Wegen der möglichen negativen Folgen der externen Rechnungslegung wichen ihr doch die Kaufleute mit Recht aus. Diese Folgerung ist aus der Sicht der Unternehmer möglicherweise richtig, von den Zwecken der Bilanzierung her ist sie nicht zu begründen - und darauf kommt es an! Die Folgen werden auch vielfach übertrieben. Was den Ausweis der "wirtschaftlichen Lage" betrifft, hat Moxter nachgewiesen, daß die Furcht der Unternehmer weitgehend unbegründet ist. (26) Moxters Ausspruch: "Es ist noch nie überzeugend dargelegt worden, daß Publizität schadet", (27) kennzeichnet die Sachlage am treffendsten. Und daß die Besteuerung durch den Staat und die Gewinnforderungen der Anteilseigner grundsätzlich berechtigt sind, wird niemand bestreiten. Nur soweit durch Besteuerung und Ausschüttung die wirtschaftliche Leistungsfähigkeit der Unternehmung angetastet wird, sind Überlegungen notwendig. D. h., nur gegen ungerechtfertigte Besteuerung und Ausschüttung gilt es, die Unternehmung so weit wie möglich zu schützen. Diese Forderung ist aber zunächst eine Frage der "richtigen" Rechnung. Durch "richtige" Rechnung muß versucht werden, die wirtschaftliche Leistungsfähigkeit der Unternehmung sicherzustellen. Und - soweit das nicht möglich oder nur begrenzt möglich ist, soweit negative Folgen nicht ganz auszuschließen sind, muß auf formelle und vor allem materielle Ausgleichsmaßnahmen gesonnen werden. An den einzelnen Posten der Rechnungslegung selbst, also z. B. dem Abschreibungsposten, darf nicht manipuliert werden.

Es ist davon auszugehen, daß die Unternehmer von sich aus nicht geneigt und gewillt sind, in der externen Rechnungslegung so "richtig" wie möglich zu rechnen. Diese Handlungsweise ist nicht unbedingt eine Selbstverständlichkeit, jedoch nicht weiter verwunderlich. Das Vorgehen der Unternehmer muß man demgemäß nicht verurteilen, wohl aber beachten, will man durch die Rechnungslegung Außenstehende schützen und informieren. Zweifellos sind die Unternehmer zur richtigen Rechnung zu zwingen.

Daraus folgt zunächst die Frage, ob es sinnvoll ist, davon auszugehen, der gesetzlich vorgeschriebene Jahresabschluß bzw. allgemein die externe Rechnungslegung solle dem Unternehmer und Außenstehenden dienen. (28) U. E. ist es wirklichkeitsnäher, die Stellung des Unternehmers zur externen Rechnungslegung und in diesem Zusammenhang den gesetzlichen Zwang als Anlaß der öffentlichen Rechnungslegung nicht aus den Augen zu verlieren. Das belegt folgendes Zitat trefflich: "Dem liberalen Gesetzgeber von 1897 lag nichts ferner, als dem Kaufmann die Pflicht zur Buchführung zu seinem eigenen Wohle aufzuerlegen. Zum mindestens im Negativen ist diese Zielsetzung auch heute noch gültig."(29) Und Rehm stellte schon 1903 noch deutlicher fest: "Das Recht (tritt) ordnend an die Bilanz der kaufmännischen Unternehmung heran, [jedoch] nicht wegen der Bedeutung, welche der Rechnungsabschluß für den Unternehmer selbst besitzt". (30) Mit anderen Worten, es muß - zumindest für die theoretische Untersuchung - deutlich zwischen externer und interner Rechnungslegung unterschieden werden. Diese Erkenntnis ist für unser Thema in zweifacher Hinsicht von Bedeutung: Beachtet man den Unterschied zwischen interner und externer Rechnungslegung, fällt es zunächst leichter, die verschiedenen Vorschläge zur Verbesserung der externen Rechnungslegung durch neue Rechnungen zu würdigen und die Notwendigkeit der herkömmlichen Bilanzierung zu erkennen. Und: Da die Unternehmer an der internen Rechnungslegung interessiert sind, werden sie in ihr so genau wie möglich rechnen. Dort braucht (und kann auch) gar nicht an eine Normierung der Abschreibungen von außen gedacht werden. Anders bei der externen Bilanzierung: Hier taucht wegen der Gefahr von Manipulationen zwangsläufig die Frage auf, ob nicht durch Normierung der Abschreibungen ein besseres Ergebnis als ohne erreicht werden kann. Und wenn man den Begriff der Normierung - wie wir - nicht allzu eng auffaßt, bleibt nur zu fragen: Wie weit darf man bei der Normierung der bilanziellen Abschreibungen gehen?

II. Interessenten und Gewinnermittlung

Eine Diskussion über die Verbesserung der Bilanzierung durch Normierung der Abschreibungen wäre dann überflüssig, wenn auf die herkömmliche Gewinnermittlung wie auf eine Gewinnermittlung überhaupt verzichtet werden könnte. Daß ein solcher Verzicht möglich sei, diese Auffassung vertreten - bzw. diesen Eindruck erwecken zumindest - diejenigen Autoren, die die heutige Bilanzierung durch Zahlungsstromrechnungen ersetzen wollen. In den vorgeschlagenen Rechnungen taucht die Abschreibung als periodischer Betrag nicht auf, (31) damit nicht das Problem ihrer Normierung. Über die Normierung der bilanziellen Abschreibungen nachzusinnen, erübrigte sich auch, wenn die heutige Gewinnermittlung durch eine neue Form der Gewinnermittlung zu ersetzen wäre (vgl. S. 52 f.).

Aus diesen Gründen müssen unsere ersten Bemühungen den Fragen gelten: Ist eigentlich eine Gewinnermittlung erforderlich? Und insbesondere: Brauchen wir die heutige Gewinnermittlung? Zu diesem Zweck haben wir uns mit den vorgeschlagenen neuen Recheninstrumenten auseinanderzusetzen. Auf die heutige Bilanzierung gehen wir später im einzelnen ein.

Jedoch: Es geht hier und in den folgenden Abschnitten keineswegs darum zu beweisen, daß die herkömmliche Gewinnermittlung das "einzig Wahre" für die externe Rechnungslegung sei. Wenn wir bei unserer Untersuchung fragen, ob sich die einzelnen Interessenten im Fall der Wahl für eine der neuen Rechnungen oder für die herkömmliche Gewinnermittlung entscheiden, so hat diese überspitzte Fragestellung nur einen Zweck: Es soll deutlich werden, daß die "neuen" Rechnungen die gegenwärtige Bilanzierung nicht vollständig verdrängen können. Daß sie neben Handels- und Steuerbilanz treten - wer hätte etwas dagegen, dem die Ausgestaltung der externen Rechnungslegung am Herzen liegt?

a) Unternehmer und Gewinnermittlung

Muß ein Gewinn ermittelt werden? Um diese Frage zu beantworten, sind die finanziellen Zielsetzungen und die daraus entstehenden Informationswünsche der an der Unternehmung interessierten Wirtschaftssubjekte zu untersuchen. Auf finanzielle Motive läßt sich das Interesse der einzelnen Gruppen mehr oder weniger eindeutig, letztlich aber bei allen Gruppen zurückführen. Das gilt für die Unternehmer ebenso wie für die außerhalb der Unternehmung stehenden Kreise. Zunächst betrachten wir mehr am Rande die Unternehmer selbst. Ihre Zielsetzungen und Wünsche sind für die externe Rechnungslegung mehr indirekt von Bedeutung. Wie sich gezeigt hat und zeigen wird, muß die externe Rechnungslegung in erster Linie auf die Informationswünsche der Außenstehenden ausgerichtet sein. Zweifellos dringen aber auch die Vorstellungen der Unternehmer - gewollt und ungewollt - in die externe Rechnungslegung ein, schon deshalb, weil die Unternehmer die Rechnungen aufstellen.

Wir gehen vom Einzelunternehmer einer personenbezogenen Unternehmung aus. Falls sich zeigt, daß er eine Gewinnermittlung benötigt, dann wird sie auch von den Unternehmern anderer personenbezogener und erst recht firmenbezogener Unternehmungen (32) gebraucht.

Ist der Handlungs-(Arbeits-)Zeitraum vorgegeben, kann der Unternehmer drei Ziele verfolgen: Einkommens-, Vermögens- oder Wohlstandsmaximierung. (33) Verfolgt er das Ziel Einkommensmaximierung, strebt er nach maximalen Entnahmen während seines Handlungszeitraums bei festgesetztem Endvermögen. Hier muß der Unternehmer während der einzelnen Perioden bestimmen, welche Beträge entnommen werden können und welche zu investieren sind. Für die Entscheidung, wieviel entnommen werden kann (und bei strenger Zielverfolgung zu entnehmen ist), benötigt der Unternehmer "eine periodische 'Gewinn'-Ermittlung, denn er muß in jedem Zeitpunkt fragen: Wieviel kann ich entnehmen, ohne gegen die Bedingung 'Erhaltung des vorgegebenen Endwertes' ('Unternehmenserhaltung') zu verstoßen?"(34) Oder mit anderen Worten: Mit der Festsetzung des Endvermögens wird eine Form der Unternehmenserhaltung vorausgesetzt, die den Ausgangspunkt für die Ermittlung des möglichen Entnahmestroms (Gewinns) bildet. Beim Ziel Einkommensmaximierung - dem in der Praxis wohl vorherrschenden Ziel - muß der Unternehmer errechnen, welchen Teil der Einnahmenüberschüsse er als Nettoeinkommen (Gewinn) betrachten kann und welchen Teil er für die (vorausgesetzte Form der) Unternehmenserhaltung zurückbehalten muß. (35) Eine Gewinnermittlung ist erforderlich.

Wie steht es beim Ziel Vermögensmaximierung? Bei diesem finanziellen Ziel will der Unternehmer "den Geldbetrag am Ende seines Handlungszeitraums maximieren". In diesem Fall "müssen die periodischen Entnahmen vorgegeben sein, denn von zwei abhängigen Größen, wie Vermögen und Entnahmen, kann nur eine maximiert werden". (36) So gesehen, ist bei diesem Ziel keine Gewinnermittlung (keine Bestimmung der möglichen Entnahmen) notwendig. Diese Aussage ist jedoch durch folgende Überlegungen einzuschränken:

(a) In der Realität plant der Unternehmer die periodischen Entnahmen zu Beginn seines Handlungszeitraums aufgrund der vorhandenen Informationen. Er entscheidet unter Ungewißheit. Da mit Datenabweichungen zu rechnen ist, wird und muß der Unternehmer während der Lebensdauer der Unternehmung kontrollieren, inwieweit seine Planungen richtig waren: ob er tatsächlich die ursprünglich festgesetzten Beträge entnehmen kann, ohne den Bestand der Unternehmung zu gefährden. Eine Unternehmenserhaltung während des Handlungszeitraumes muß auch hier vorausgesetzt werden, da sich sonst das Ziel Vermögensmaximierung (am Ende des Handlungszeitraums) nicht verwirklichen ließe. Praktisch würde und müßte der Unternehmer das "Vermögen" zu Beginn und zu Ende einer Periode feststellen, denn aus der "Änderung der Vermögensgröße" könnte er schließen, ob er in eine schlechte Lage zu geraten droht. Ein derartiges Vorgehen liefe aber auf nichts anderes als eine Gewinnermittlung hinaus.

(b) Dazu kommt: Eine Gewinnermittlung ist auch beim Ziel Vermögensmaximierung erforderlich, da sich nachweisen läßt, daß es unter realen Gegebenheiten außenstehende Interessenten gibt, für die ein Gewinn zu bestimmen ist. Der Zwang zur Gewinnermittlung erfolgt hier nicht - wie unter (a) - aus der Zielsetzung selbst, sondern aufgrund externer Anforderungen. Notgedrungen muß das (interne) Ziel Vermögensmaximierung in den Hintergrund treten - oder anders gesehen: Es ist in der reinen Form, d. h. ohne Gewinnermittlung, von geringer praktischer Bedeutung. Ohne Gewinnermittlung ließe es sich nur von Einzelunternehmungen und Personengesellschaften ohne Verbindung zur Außenwelt verfolgen. Aber dieser Fall spielt in der Wirklichkeit keine Rolle. Personengesellschaften, vor allem aber Kapitalgesellschaften sind Gläubigern, außenstehenden Kapitaleignern, Fiskus usw. verpflichtet. Denken wir beispielsweise an den Fiskus. Wenn er - wie nach geltendem Recht - auch in Zukunft nicht auf eine Besteuerung des Gewinns verzichten kann, wird er sich sicherlich nicht mit der Besteuerung der vom Unternehmer vorgegebenen Entnahmen zufriedengeben, sondern den ganzen Vermögenszuwachs pro Periode (den Gewinn also) besteuern wollen.

Aus beiden Überlegungen folgt allgemein: In der Realität werden und müssen die Unternehmer auch beim Ziel Vermögensmaximierung einen Gewinn ermitteln.

Von Wohlstandsmaximierung, der dritten finanziellen Zielsetzung, kann man sprechen, wenn "der Unternehmer... sowohl steigende Entnahmen als auch steigendes Vermögen während seines Handlungszeitraums (wünscht)". (37) Um bei diesem Ziel eine Lösung zu finden, muß eine Austauschregel zwischen Einkommen und Vermögen angegeben werden. Wir brauchen darauf nicht näher einzugehen: Wie immer man die Austauschregel festsetzt - da Wohlstandsmaximierung nur eine Kombination der ersten Ziele darstellt, ist auch hier eine Gewinnermittlung notwendig.

Damit erhalten wir als Ergebnis: Bei allen drei finanziellen Zielsetzungen ist in der Realität der periodische Gewinn zu bestimmen. Zum ersten folgt das aus den unternehmerischen Zielsetzungen selbst: In allen Fällen muß eine (Form der) Unternehmenserhaltung vorausgesetzt werden. Die Überprüfung, ob die Unternehmung erhalten ist, läuft aber auf eine Gewinnermittlung hinaus. Dieses Ergebnis ist auch insofern nicht weiter verwunderlich, als sich alle drei Zielsetzungen mit dem Streben nach "Gewinnmaximierung" verbinden lassen. Als Gewinne wären hier alle Beträge anzusehen, die entziehbar sind, ohne daß die Unternehmenserhaltung gefährdet wird. Bei Einkommensmaximierung werden möglichst hohe periodische (Gewinn-)Ausschüttungen angestrebt. Bei Vermögensmaximierung müssen (im herkömmlichen Sinne) hohe Gewinne erzielt werden, von denen jeweils Teile einzubehalten sind, um ein maximales Endvermögen zu erreichen. Und bei Wohlstandsmaximierung, als Mischform der beiden Ziele, ist das Streben nach Gewinnmaximierung ebenfalls offensichtlich.

Zum zweiten folgt die Gewinnermittlung aus den Wünschen der außenstehenden Interessenten - für die externe Rechnungslegung fraglos von größerer Bedeutung. Daß ein Zwang zur Gewinnermittlung nicht nur unmittelbar von den (internen) Zielsetzungen der Unternehmer ausgeht, sondern sich auch mittelbar aus den finanziellen Zielsetzungen der Außenstehenden ergibt, ist nun zu zeigen.

b) Außenstehende Interessenten und Gewinnermittlung

Interessiert an der externen Rechnungslegung sind alle oder könnten alle sein, die vom Wohl und Wehe einer Unternehmung mehr oder weniger abhängen. Dazu gehören außenstehende Kapitaleigner, Arbeitnehmer, Gläubiger, Lieferanten, Kunden, Konkurrenten, die Öffentlichkeit und der Fiskus. (38) Persönlich können diese Gruppen die gleichen finanziellen Ziele verfolgen wie der Unternehmer selbst, d. h. nach möglichst hohem Einkommen und/oder Vermögen streben. Diese Aussage setzt allerdings eine weite Fassung der Begriffe Einkommens-, Vermögens- und Wohlstandsmaximierung voraus und ist weiter insofern einzuschränken, als für einige Interessenten allein das Streben nach maximalem "Einkommen" als sinnvolles Ziel erscheint; für beide Einschränkungen sei der Fiskus als Beispiel genannt.

Von der Unternehmung direkt fließen ganz oder teilweise die Mittel, die es außenstehenden Kapitaleignern, Arbeitnehmern usw. erlauben, ihre finanziellen Ziele zu erreichen. Von der Unternehmung hängt es indirekt ab, welche Beträge Kunden, Konkurrenten usw. einnehmen, die Mittel also, die es diesen Gruppen ermöglichen, ihre jeweiligen Ziele zu verfolgen. Weil die verschiedenen Gruppen bei der Verfolgung ihrer (persönlichen) Zielsetzungen von der Unternehmung mehr oder weniger abhängen, deshalb sind sie an der externen Rechnungslegung der Unternehmung interessiert. Die externe Rechnungslegung soll den außenstehenden Interessenten Anhaltspunkte für Kontroll- und Planungszwecke liefern: Die Außenstehenden wollen prüfen, ob in ihrem Interesse gehandelt wird, ob ihre (persönlichen) Zielsetzungen gefährdet und ob neue Entscheidungen zu fällen sind. Wir untersuchen, inwieweit die Außenstehenden für ihre Kontrolle als Anhaltspunkte eine Gewinnermittlung der Unternehmung benötigen, insbesondere: ob die herkömmliche Gewinnermittlung erforderlich ist.

1. Unternehmenserhaltung und Gewinnermittlung

Die Frage nach der Notwendigkeit einer Gewinnermittlung könnten wir damit beantworten, daß - bis auf gewisse Einschränkungen für die Konkurrenten - alle Außenstehenden wie die Unternehmer selbst an der Erhaltung der Unternehmung interessiert sind, Unternehmenserhaltung und Gewinnermittlung aber zusammenhängen. Unternehmenserhaltung ist letztlich die Voraussetzung für die ungefährdete Einkommenserzielung der von der Unternehmung abhängigen Gruppen. Wird eine Unternehmung nur gegründet, um innerhalb begrenzter Zeit ein einzelnes Geschäft abzuwickeln, stellt sich die Frage der Unternehmenserhaltung in der eigentlichen Form nicht. Hier gilt: Alles, was über die eingesetzten "Beträge" hinaus erwirtschaftet wird, ist Gewinn. Verfolgt man jedoch eine finanzielle Zielsetzung über mehrere Jahre oder auf Dauer, taucht das Problem der Unternehmenserhaltung und damit der periodischen Gewinnermittlung auf. Angenommen, ein Unternehmer erwarte in zehn Jahren eine Erbschaft und müsse bis dahin sein Einkommen vermittels einer Unternehmung erwerben. Dann muß die Unternehmung mindestens zehn Jahre bestehen und Entnahmen ermöglichen, will der Unternehmer nicht am Hungertuche nagen.

Für die außenstehenden Interessenten trifft das gleiche zu wie für den (die) Unternehmer selbst: Sobald finanzielle Ziele über mehrere Jahre oder - wie im Regelfall - auf Dauer mit Hilfe einer Unternehmung verfolgt werden sollen, muß die Unternehmung erhalten bleiben. Ohne Unternehmenserhaltung besteht keine Sicherheit für laufende Ausschüttungen, gibt es keine Sicherheit des Arbeitsplatzes und somit kein gesichertes Arbeitseinkommen, ist nicht gewährleistet, daß Rechnungen pünktlich und stetig bezahlt, Bestellungen sofort und sachgerecht erledigt werden. Die Erhaltung der Unternehmung interessiert auch die vielen Untergruppen der "Öffentlichkeit". Beispielsweise müssen die Stadt und Region, in der die Unternehmung angesiedelt ist, bei gefährdeter Unternehmenserhaltung Rückwirkungen auf das ganze Wirtschaftsleben fürchten. Und die Verantwortlichen für die Wirtschaftspolitik sind gezwungen, Konjunktur- und Strukturmaßnahmen einzuleiten. Der Fiskus als weiterer Außenstehender kann nur bei Unternehmenserhaltung mit pünktlichen und stetigen Steuerzahlungen rechnen. Höchstens für die Konkurrenten mag die Behauptung vom Interesse an der Erhaltung der Unternehmung gewagt erscheinen. Doch wird man für große Unternehmungen unterstellen dürfen, daß sie nicht allein am Markt aufzutreten wünschen, weil sonst u. a. Ärger mit dem Kartellamt droht. Und bei kleineren und mittleren Unternehmungen läßt sich im Regelfall sogar eine Art "Zunftdenken" feststellen, das Verträglichkeit mit den Konkurrenten einschließt. Konkurrenten bilden mit Blick auf die externe Rechnungslegung im übrigen einen Sonderfall, der uns nicht weiter beschäftigen soll. Denn am liebsten möchten sie selbst keinerlei Bericht erstatten, aber alle Interna der anderen Unternehmungen kennen, über die weder die herkömmliche Bilanzierung noch die "neuen Rechnungen" Auskunft zu geben vermögen. Falls derartige Informationen erwünscht sind, müssen sie Sonderrechnungen vorbehalten bleiben.

Läßt man die Konkurrenten unberücksichtigt, wünschen alle übrigen Interessenten die Unternehmenserhaltung. Ob aber die Unternehmung erhalten ist oder gar wächst, darüber gibt nur eine Gewinnrechnung Aufschluß: Theoretisch stehen für die Unternehmenserhaltung verschiedene Formen zur Auswahl. Je nachdem was der (die) Unternehmer bzw. die Anteilseigner anstreben, muß eine andere Form der Unternehmenserhaltung vorausgesetzt werden. Instrument für ihre Kontrolle oder Planung ist eine "Gewinnrechnung". Mit der Gewinnrechnung wird festgestellt, ob die vorausgesetzte Form der Unternehmenserhaltung erreicht ist. Das darüber hinaus erzielte "Mehr" ist Gewinn und kann - sofern die implizit gesetzten Bedingungen den tatsächlichen Gegebenheiten entsprechen - besteuert und entnommen werden. Die Höhe des in der Kontroll- oder Planungsrechnung ermittelten Gewinns hängt somit von der jeweils verfolgten Konzeption der Unternehmenserhaltung ab. Sie ist Voraussetzung für den Gewinnbegriff, und es gibt so viele Gewinnbegriffe wie Arten der Unternehmenserhaltung.

Aus unseren Überlegungen über den Zusammenhang von Unternehmenserhaltung und Gewinnermittlung folgte schon, daß Zahlungsstromrechnungen, die in reiner Form auf eine Gewinnermittlung verzichten, die herkömmliche Bilanzierung nicht verdrängen könnten. Aber so einfach wollen wir uns die Kritik nicht machen, auch deshalb nicht, weil damit noch kein Urteil über die neueren Gewinnkonzeptionen zu fällen ist. Die neuen Rechnungen umfassender zu würdigen, verlangt zunächst, die einzelnen Wünsche der Interessenten und die Anforderungen an die Rechnungslegung allgemein zu erörtern.

2. Informationswünsche und Anforderungen an die externe Rechnungslegung

Um die Informationswünsche der außenstehenden Interessenten zu erkennen, wählen wir Gläubiger und Lieferanten, außenstehende Anteilseigner und den Fiskus aus. Eine externe Rechnungslegung, die die Wünsche dieser Interessenten befriedigt, erfüllt auch die Informationswünsche der anderen Gruppen.

In gleiche Richtung laufen die Interessen von Gläubigern und Lieferanten. Gläubiger sind daran interessiert, daß die Unternehmung die Zinsen und Kredite fristgerecht und in voller Höhe bezahlt. Sie möchten wissen, ob es ratsam ist, Kredite zu kündigen, ob sie neue Kredite geben sollen oder nicht. Lieferanten (die teilweise zugleich Gläubiger sein werden) wollen ihre Rechnungen termingerecht beglichen sehen und streben dauerhafte und wachsende Umsätze mit der Unternehmung an. Gläubiger und Lieferanten wünschen, daß sich die Unternehmung nicht überschuldet und im Notfall eine Haftungsmasse da ist, groß genug, um ihre Forderungen zu decken. Damit zusammen hängt ihr Interesse, daß nicht zuviel ausgeschüttet wird.

Die Fragen Überschuldung, Haftungsmasse und Ausschüttung betreffen i. e. S. nach den heutigen gesetzlichen Vorschriften nur Kapitalgesellschaften. Diese in der Regel großen Unternehmungen interessieren uns in erster Linie bei den Problemen der externen Rechnungslegung. Wie sich jedoch zeigen wird, sind unsere Ausführungen auch für Unternehmungen mit anderen Rechtsformen von Bedeutung.

An der Ausschüttung sind neben Gläubigern und Lieferanten vor allem die außenstehenden Kapitaleigner interessiert. Für die letzteren wäre bei einer eingehenderen Untersuchung zu berücksichtigen, daß sich ihre Interessen unterscheiden können, je nachdem ob es sich um Großanleger, Kleinanleger oder "Spekulanten" handelt. Doch wird man generell sagen können: Außenstehende Kapitaleigner wollen im Hinblick auf ihre Zielsetzung wissen, ob sie weiter an der Unternehmung beteiligt bleiben oder ihr Geld anderwärtig investieren sollen. Sie wünschen, daß die Unternehmung Jahr für Jahr zumindest gleich hohe Beträge ausschüttet. Während Gläubiger und Lieferanten nachprüfen wollen, ob nicht zu viel ausgeschüttet wird, möchten außenstehende Kapitaleigner eher im Gegenteil erfahren, ob die Ausschüttung nicht zu niedrig ist. Interessiert sind die außenstehenden Kapitaleigner an wachsenden Ausschüttungen; sofern ausschüttbare Beträge nicht ausgeschüttet werden, können die außenstehenden Kapitaleigner darauf hoffen, daß sich ihre Kapitalanteile vergrößern bzw. der Kurs ihrer Aktien steigt.

Den Fiskus interessiert die Bemessungsgrundlage für die Steuerzahlungen, der besteuerbare Betrag. Daß der Fiskus auch eine pünktliche und stetige Zahlung der Steuern wünscht und hofft, daß die besteuerbaren Beträge und damit die Steuereinnahmen wachsen, ist selbstverständlich.

Was folgt daraus? Erstens erwarten die Interessenten von der externen Rechnungslegung Aufschlüsse über die Aufrechterhaltung der Zahlungsbereitschaft (die Liquiditätslage), die Vermögens- und Kapitalverhältnisse und die Ertragslage - zusammenfassend können wir sagen: über die wirtschaftliche Lage der Unternehmung. Zweitens soll die externe Rechnungslegung den besteuerbaren und den ausschüttbaren Betrag zeigen - Steuerzahlungen und ausschüttbarer Betrag ergeben zusammen den entziehbaren Betrag. Unter die beiden Hauptzwecke der externen Rechnungslegung: Darstellung der wirtschaftlichen Lage und Ermittlung des entziehbaren Betrags lassen sich alle sonst in der Literatur genannten Aufgaben unterordnen, die teilweise - ähnlich wie von uns - aus den Wünschen der Interessenten, teilweise aus den rechtlichen Vorschriften abgeleitet werden. (39)

Die in den einschlägigen Gesetzen genannten Zwecke bestärken unsere Erkenntnisse. Nach § 38 Abs. 1 HGB hat jeder Kaufmann "Bücher zu führen und in diesen seine Handelsgeschäfte und die Lage seines Vermögens nach den Grundsätzen ordnungsmäßiger Buchführung ersichtlich zu machen". § 149 Abs. 1 Aktiengesetz bestimmt: "Der Jahresabschluß... ist klar und übersichtlich aufzustellen und muß im Rahmen der Bewertungsvorschriften einen möglichst sicheren Einblick in die Vermögens- und Ertragslage der Gesellschaft geben." § 160 Abs. 1 Aktiengesetz sagt ergänzend für den Geschäftsbericht dasselbe. Auch in den Gesetzen für andere Rechtsformen tauchen die gleichen Forderungen auf (vgl. §§ 41, 42 GmbH-Gesetz, §§ 33 a, 33 b Genossenschaftsgesetz). Dabei wird jeweils in den Spezialgesetzen auf die Bestimmungen des HGB verwiesen.

Neben der Darstellung der wirtschaftlichen Lage nennen die Vorschriften den zweiten Zweck. § 120 Abs. 1 HGB bestimmt für die Offene Handelsgesellschaft: "Am Schlusse jedes Geschäftsjahrs wird aufgrund der Bilanz der Gewinn oder der Verlust des Jahres ermittelt und für jeden Gesellschafter sein Anteil daran berechnet." § 170 Abs. 1 HGB verweist für die Kommanditgesellschaft auf § 120 HGB. In § 174 Aktiengesetz ist die Verwendung des durch den Jahresabschluß festgestellten Gewinns durch die Hauptversammlung geregelt. "..., namentlich sind anzugeben 1. der Bilanzgewinn; 2. der an die Aktionäre auszuschüttende Betrag; 3. die in offene Rücklagen einzustellenden Beträge; ..." (§ 174 Abs. 2 Aktiengesetz). Ähnliche Vorschriften finden sich u. a. im GmbH Gesetz (§ 29) und im Genossenschaftsgesetz (§§ 19, 20). Soweit die heutigen handelsrechtlichen Bestimmungen.

Für die steuerliche Bemessungsgrundlage bestimmt § 2 Einkommensteuergesetz, daß sich die Einkommensteuer nach dem aus verschiedenen Einkünften bestehenden Einkommen bemißt. Uns interessieren vor allem die Einkünfte aus Gewerbebetrieb, die (neben den Einkünften aus selbständiger Arbeit und aus Land- und Forstwirtschaft) gleich dem Gewinn sind. U. a. wird in den §§ 4 bis 7 im einzelnen festgelegt, wie der steuerpflichtige Gewinn zu ermitteln ist. Noch ist zu untersuchen, ob auf den Gewinn als Grundlage für Besteuerung und Ausschüttung verzichtet werden kann, desgleichen, ob wir den handels- und steuerrechtlichen Gewinn in einem Atemzug nennen dürfen. Zu untersuchen bleibt ferner, ob der in Steuer- und Handelsbilanz ermittelte Gewinn tatsächlich besteuerbar und ausschüttungsfähig ist. Diese Vorbehalte sind zu beachten, wenn wir vom zweiten Zweck: Feststellung des entziehbaren Gewinns sprechen.

Die einzelnen Rechnungszwecke sind zu erläutern. Unter Liquiditätslage muß über die Zahlungsverpflichtungen und die zur Verfügung stehenden Mittel Auskunft gegeben werden. In der Praxis sind dabei die Zahlungszeitpunkte besonders bedeutungsvoll. Mit Vermögenslage ist die Zusammensetzung des Anlage- und Umlaufvermögens gemeint; letztlich stellt das Vermögen die verfügbare Haftungsmasse dar. Die Kapitalverhältnisse spiegeln sich in der Höhe und Fristigkeit des Eigen- und Fremdkapitals wider. Vermögens- und Kapitallage können unter dem Begriff "Vermögensnachweis" zusammengefaßt werden. Die Ertragslage ist aus den einzelnen Komponenten zu erkennen, die den Ertrag bewirken, also aus der Größe der einzelnen Ertrags-, Aufwands-, Vermögens- und Kapitalposten, und ihrem Verhältnis zueinander. Als Gesamtausdruck der Ertragslage wird die Rentabilität angesehen, d. h. das Verhältnis von Gewinn zu eingesetztem Kapital. Der Gewinn ist damit im Rahmen der herkömmlichen Rechnungslegung nicht nur als entziehbarer Betrag von Bedeutung.

Die zwei Zwecke: Darstellung der wirtschaftlichen Lage und Feststellung des entziehbaren Gewinns sind eng miteinander verbunden. U. E. widersprechen sie sich nicht. Das gilt insbesondere dann, wenn man die Nachprüfbarkeit der externen Bilanzierung in solch starkem Maße fordert wie wir im folgenden. Sollte aber ein Widerspruch auftauchen, ist für eine Lösung ein Zweck vorrangig zu behandeln. Wegen seiner Wichtigkeit müßte das sein: die Gewinnermittlung als Grundlage für Einkommenszahlungen an Fiskus und Anteilseigner.

Die heutigen Interessenten der Handelsbilanz sähen ihre Wünsche erfüllt, wenn die externe Rechnungslegung tatsächlich aussagefähig wäre. Die Aussagefähigkeit hängt von formellen und materiellen Faktoren ab. Formell sind u. a. Benennung und Gliederung der einzelnen Positionen der Rechnungslegung und die Vollständigkeit der Rechnung von Bedeutung. Materiell kommt es auf die Bewertung der Posten an. Beides wird in der herkömmlichen Bilanzierung durch die Grundsätze ordnungsmäßiger Buchführung (Bilanzierung) bestimmt, die teilweise zugleich gesetzliche Vorschriften sind. Für die neuartigen Rechnungsinstrumente fehlen (noch) derartige Grundsätze. U. E. ist zu fordern, die Grundsätze ordnungsmäßiger Buchführung so zu fassen, daß sie die Nachprüfbarkeit der Rechnungslegung gewährleisten. Die Nachprüfbarkeit scheint uns das wichtigste Gebot zu sein.

Mit Blick auf den heutigen Interessenten der Steuerbilanz, den Fiskus, ist für die Frage der Bemessungsgrundlage ebenfalls entscheidend, ob die Rechnung vollständig ist und wie bewertet worden ist. Bei der herkömmlichen Steuerbilanz gelten teils die handelsrechtlichen Grundsätze - man spricht in diesem Zusammenhang von der Maßgeblichkeit der Handelsbilanz für die Steuerbilanz -, teils sind spezielle schärfere Vorschriften erlassen worden, um besonderen steuerlichen Grundsätzen Genüge zu tun. Unter der Vielzahl der genannten steuerlichen Grundsätze (40) ist (a) der Grundsatz der Steuergerechtigkeit hervorzuheben. Dieser Grundsatz bleibt ein Schlagwort, solange nicht im einzelnen geklärt wird, was die Forderung nach steuerlicher Gerechtigkeit beinhaltet. Wir wählen folgende Einteilung. (aa) Zum ersten ist der Grundsatz der Leistungsfähigkeit zu nennen: Die Besteuerung soll so erfolgen, daß die Zahlungsfähigkeit aller Steuerpflichtigen angemessen beschnitten wird. Bei Unternehmungen hängt damit - wie mit der Ausschüttung - das Problem der Unternehmenserhaltung zusammen. (bb) Noch höher als der Grundsatz der Leistungsfähigkeit muß aber zum zweiten der der Gleichbehandlung eingestuft werden; der Grundsatz der Gleichbehandlung läßt sich auch aus dem Grundgesetz ableiten. Er ist in verschiedener Hinsicht von Bedeutung. Einerseits sind die einzelnen Gruppen der Steuerpflichtigen gleich zu behandeln. Beispielsweise dürfen die Bezieher von Gewinnen (die Unternehmer) nicht besser gestellt werden als die Bezieher von Einkünften aus unselbständiger Arbeit (die Lohn- und Gehaltsempfänger). Andererseits sind die einzelnen Gruppen in sich einheitlich zu besteuern, also z. B. die einzelnen Unternehmer und Unternehmungen. In diesem Sinne spricht Wöhe vom Grundsatz der Gleichmäßigkeit (der Besteuerung), (41) auf den er immer wieder zurückgreift. Als Unterpunkt hierzu kann man den Grundsatz der (Wettbewerbs-)Neutralität auffassen. (cc) Zum dritten zählt zur Gerechtigkeit der Grundsatz der schnellen Steuereintreibung (bzw. -rückzahlung).

Neben diesen Grundsätzen, die die Forderung nach steuerlicher Gerechtigkeit stellen, sind zu nennen: (b) der Grundsatz der konjunkturpolitischen Effizienz - ein etwas zwiespältiger Grundsatz, da der Einsatz der Besteuerung für die Konjunkturpolitik in der Regel zur Folge hat, daß gegen andere Grundsätze verstoßen wird. (c) Der Grundsatz der Fiskalität: Die Steuerquelle soll möglichst ständig und wachsend sprudeln. Wenn auch am Schluß erwähnt, so ist der fiskalische Gesichtspunkt sicher nicht der unwichtigste. Wie für die Aussagefähigkeit der Rechnungslegung entsteht u. E. auch für die Rechnungslegung als Grundlage der Besteuerung als Hauptforderung bzw. -bedingung die Nachprüfbarkeit.

Die einzelnen Rechnungen sind im folgenden daraufhin zu prüfen, inwieweit sie den Wünschen der Interessenten und den damit verbundenen Anforderungen an die Rechnungslegung gerecht werden. Zugleich heißt das zu fragen, ob eine Gewinnermittlung, insbesondere die herkömmliche Gewinnermittlung, notwendig ist. Als mögliches Ergebnis ist denkbar, daß wegen der verschiedenen Rechnungszwecke verschiedenartige Rechnungsinstrumente gebraucht werden. (42)

III. Die Brauchbarkeit von Rechnungen ohne Gewinnermittlung

a) Die Eignung für die jetzigen Interessenten der Handelsbilanz

Vordringliches Anliegen von Gläubigern und Lieferanten ist die Zahlungsfähigkeit der Unternehmung. Kann man aus der externen Bilanzierung auf die Zahlungsfähigkeit (Liquiditätslage) schließen? Zumindest nicht direkt. Das ist einer von vielen Gründen, die herkömmliche Gewinnermittlung zu kritisieren (43) und statt dessen Zahlungsstromrechnungen vorzuschlagen. Insbesondere wenn derartige Rechnungen in Form von Planungsrechnungen erstellt werden, müßten sie einen besseren Einblick in die Zahlungsfähigkeit liefern; dabei wollen wir von Manipulationsmöglichkeiten vorerst absehen. Doch es bleibt zu fragen: Um wieviel besser sind Zahlungsstromrechnungen als die herkömmliche Gewinnermittlung? (44) Beziehungsweise - im Sinne unserer Untersuchung: Sind sie allein genommen vorteilhafter? (45) Will man diese Frage beantworten, muß man berücksichtigen: Gläubiger und Lieferanten verlangen, daß die Unternehmung ihren Zahlungsverpflichtungen fristgerecht nachkommt und auf Dauer zahlungsfähig ist. Was sagen zukunftsorientierte Zahlungsstromrechnungen in terminlicher Hinsicht aus? Sicher enthielten sie (schon aus technischen Notwendigkeiten bei der Veröffentlichung) nur globale Angaben: Es würde gezeigt, daß die Unternehmung im abgelaufenen Jahr ihren Zahlungsverpflichtungen insgesamt nachkommen konnte und im nächsten und übernächsten Jahr - aufgrund der Planungen - dazu insgesamt in der Lage wäre. Ob die Unternehmung tatsächlich in allen Fällen termingerecht gezahlt hat und zahlen wird, ist nicht zu erkennen. Das kann nicht darüber hinwegtäuschen, daß Zahlungsstromrechnungen insgesamt gesehen bessere Auskunft über die Liquiditätslage der Unternehmung geben als die herkömmliche Bilanzierung.. Doch darf man nicht übersehen: Zum einen enthält die Gewinn- und Verlustrechnung nicht nur Ertrags- und Aufwandsposten (die auf die Ertragslage schließen lassen), sondern eine ganze Reihe Zahlungsgrößen. Und zum anderen besteht zwischen Gewinnerzielung (guter Ertragslage) und Zahlungsfähigkeit ein enger Zusammenhang, wenn er sich auch nicht genau quantifizieren läßt. Doch die Unternehmung, die jetzt (und zukünftig) Gewinne macht, ist in der Regel auch zahlungsfähig.

Welche Art der Rechnungslegung werden Gläubiger und Lieferanten vorziehen, wenn sie entscheiden müssen, ob sie auch zukünftig Kredite gewähren bzw. Vorräte und Waren liefern sollen? Wenn sie wissen wollen, wie die Geschäfte mit der Unternehmung auf lange Sicht zu gestalten sind? Um zu erkennen, ob eine Unternehmung auf Dauer zahlungsfähig ist, mögen Gläubiger und Lieferanten auf Anhieb Zahlungsstromrechnungen vorziehen, und zwar mit folgender Überlegung: Bleiben die Periodenüberschüsse (die Differenzen von Einnahmen und Ausgaben) positiv oder steigen sie gar, ist es günstig, die geschäftlichen Beziehungen mit der Unternehmung zu hegen und zu pflegen. Doch bald wird ihnen einfallen: Eine Unternehmung kann über lange Zeit Periodenüberschüsse erwirtschaften und insofern zahlungsfähig sein, sich aber zugleich laufend mehr verschulden. Ob und wie sich eine Unternehmung von Periode zu Periode verschuldet, darüber gibt eine Zahlungsstromrechnung bei entsprechender Aufgliederung den gleichen Aufschluß wie die Gewinn- und Verlustrechnung. Was fehlt, ist eine Auskunft über den erreichten Grad der Verschuldung, wie ihn die Bilanz zeigt. Anders gesehen: Spätestens wenn Gläubigern und Lieferanten einfällt, daß - juristisch ausgedrückt - neben der "Zahlungsunfähigkeit" die "Überschuldung" einen weiteren Konkursgrund darstellt, d. h. die Unternehmenserhaltung aus zwei Richtungen gefährdet ist, werden die Interessenten merken, daß eine Zahlungsstromrechnung nicht ausreicht. Vielmehr ist eine Rechnung erforderlich, die das Verhältnis von Eigen- und Fremdkapital (die Kapitalstruktur) und - für den Notfall - das vorhandene Vermögen (damit die Vermögensstruktur) ausweist. Ein solcher Nachweis von Kapital- und Vermögensstruktur, den die heutige Bilanzierung liefert, fehlt bei reinen Zahlungsstromrechnungen. (46) Er ist ein wichtiges Mittel zur Darstellung der wirtschaftlichen Lage. Aus ihm wären die Verschuldung der Unternehmung und die zur Verfügung stehende Haftungsmasse zu erkennen. Und wie immer man die Vermögens- und Kapitalposten bewertet - diese Rechnung zeigt zugleich als Differenz von Aktiven und Passiven eine "Gewinngröße". Da die Probleme "Haftungsmasse" und "Verschuldung" mit der Ausschüttbarkeit von Beträgen zusammenhängen, mögen sie im Rahmen unserer Ausführungen zu dieser Frage behandelt werden.

Außenstehende Kapitaleigner wünschen etwas über die wirtschaftliche Lage der Unternehmung und den ausschüttbaren Betrag zu erfahren. Was kann man aus Zahlungsstromrechnungen über die Ausschüttungen erkennen? Nicht allzuviel. Beispielsweise erscheinen in Busse von Colbes "retrospektiver Kapitalflußrechnung" Dividenden, ohne daß nachprüfbar ist, inwieweit sie angemessen sind. Denn die Aussage: "Wieviel von den betrieblichen Nettoeinnahmen jeweils zur Ausschüttung... verwendet wird, ist eine auf subjektiven Erwartungen über die zukünftige Entwicklung der Umsatzüberschüsse beruhende unternehmerische Entscheidung", (47) erscheint allzu vage, als daß sich außenstehende Kapitaleigner, Gläubiger und Lieferanten damit zufriedengeben könnten. Die Unternehmung wäre in der Lage, die Ausschüttungen mit noch größerem Gutdünken festzusetzen, als es heute schon der Fall ist.

Moxter hat den Mangel von Zahlungsstromrechnungen, nichts über die Ausschüttung auszusagen, erkannt und versucht, Abhilfe zu schaffen. Er schlägt vor, Sperren für den auszuschüttenden Betrag mit Hilfe einer Nebenrechnung festzustellen. Als Grundlage dazu wäre zunächst die Haftungsmasse zu bestimmen - womit zugleich ein Nachteil der reinen Zahlungsstromrechnung ausgeräumt scheint. Moxter stellt allein darauf ab, daß nicht zu viel ausgeschüttet wird. Er unterscheidet bezüglich der Ausschüttbarkeit des Gewinns in "Ausschüttungsfähigkeit" und "Ausschüttungsoffenheit". Die Ausschüttungsfähigkeit sei eine reine Liquiditätsfrage und darüber gäbe eine Zahlungsstromrechnung besser Auskunft als die herkömmliche Bilanzierung. (48) Daß eine Unternehmung Mittel bereitstellen muß, um den auszuschüttenden Gewinn auch "auszahlen" zu können, ist so selbstverständlich, daß wir darüber nicht viel Worte verlieren wollen. U. E. handelt es sich hierbei in erster Linie darum, Mittel für einen bestimmten Zeitpunkt verfügbar zu haben - und darüber gibt auch die Zahlungsstromrechnung keine Auskunft. Das ist ein Problem interner Finanzplanung. (49)

Uns interessieren Moxters Ausführungen über die Ausschüttungsoffenheit, "die nicht als Problem der Liquidität angesehen wird, sondern als Frage der <u>Kapitalerhaltung</u> (in der juristischen Bedeutung dieses Wortes). Ausschüttungsoffen oder nicht sind Mittel in bezug auf einen in bestimmter Weise definierten, dem Schutz der Gläubiger dienenden Haftungsbestand (Sperrbestand)". (50) Mit Ausschüttungsoffenheit ist also jener Sachverhalt bezeichnet, an den man im allgemeinen bei der Frage: Ausschüttbarkeit eines Betrages denkt.

Die Frage des Gläubigerschutzes bezieht Moxter, wie allgemein üblich, auf diejenigen Unternehmensformen, die nur mit dem Gesellschaftsvermögen haften. Diese Auffassung scheint uns zu eng. Wie sich zeigen wird, hat der Gläubigerschutz für alle Unternehmensformen Bedeutung. Aus dem Blickwinkel Gläubigerschutz rät Moxter zu einer Vermögensaufstellung, die - formal gesehen - der heutigen Bilanz entspräche. Die Bewertung der Bestände soll jedoch nicht zu (fortgeführten) Anschaffungskosten, sondern beispielsweise zu Liquidationswerten (bei fiktiver Zerschlagung der Unternehmung) erfolgen, wodurch materiell ein wesentlicher Unterschied zum heutigen Vorgehen entstünde. Richtige Bewertung vorausgesetzt, würde als Bilanzvermögen der Zerschlagungswert ausgewiesen - ein Betrag, der für Gläubiger und Lieferanten im Falle finanzieller Schwierigkeiten tatsächlich verfügbar wäre. Moxter erkennt aber selbst, daß man den Gläubigerschutz nicht so weit ausdehnen darf, nur den Überschuß der Liquidationswerte über Eigen- und Fremdkapital (den "Gewinn" also bei Bilanzierung zu Zerschlagungswerten) als ausschüttbaren Betrag anzusehen. Ginge man so weit, würden zwar Gläubiger (und Lieferanten) bestmöglich geschützt, doch Ausschüttungen in vielen Fällen dermaßen erschwert, "daß die Institution der Unternehmung mit einer auf das Gesellschaftsvermögen beschränkten Haftung gefährdet wäre". (51) Es gäbe kaum außenstehende Kapitaleigner, die sich unter solchen Bedingungen an einer Unternehmung beteiligten. Trotz dieser Schwierigkeiten hält Moxter eine Lösung für möglich, die den Wünschen von Gläubigern und den Interessen der Allgemeinheit an Unternehmensformen mit beschränkter Haftung gerechter würde als die Bilanzierung. Als Kompromiß sei etwa denkbar, "bestimmte Relationen zwischen Fremdkapital und Liquidationsmasse festzusetzen". (52) Also Verhältniszahlen zwischen Schulden und Aktivvermögen zu Liquidationswerten oder umgekehrt.

Diese Relationen seien unter dem Gesichtspunkt der Praktikabilität als Hauptsperre gegen Ausschüttungen zu verwenden, daneben sollte man "den Liquiditätsaspekt, also die Zahlungsreihengestaltung, nur ergänzend ... berücksichtigen". (53) Wäre das Verhältnis von Liquidationsmasse zu Fremdkapital z. B. 0,25 oder schlechter, dürfte überhaupt nichts ausgeschüttet werden; zwischen etwa 0,25 und 0,40 seien Ausschüttungen zu erlauben, wenn bei vorsichtiger Schätzung der Zahlungsströme (Beachtung der ungünstigsten Datenkonstellation) keine Gefährdung der Verbindlichkeiten zu befürchten sei; bei Relationen von z. B. 0,40 und besser könnte schon ausgeschüttet werden, wenn Mittel beim glaubwürdigsten Ansatz der Zahlungsströme verfügbar wären. Die Relationen selbst müßten differenziert werden, beispielsweise nach Wirtschaftszweigen. (54) Auffällig ist bei den genannten Relationen, daß Moxter in allen Fällen davon ausgeht, die Liquidationswerte brauchten nicht auszureichen, um das Fremdkapital vollständig zu decken, erst recht nicht, um zusätzlich das Eigenkapital zu decken.

Gegen das vorgeschlagene Konzept lassen sich eine Reihe mehr oder weniger gewichtiger Einwände erheben. Zunächst bleibt unklar, wie die Relationen festzulegen sind. Es ist keinerlei Anhaltspunkt zu sehen, weshalb z. B. die "totale" Ausschüttungsgrenze bei etwa 0,25, nicht aber bei 0,15 oder 0,35 liegen sollte. Gläubiger und Lieferanten legten eher auf hohe Relationen Wert, außenstehende Kapitaleigner mehr auf niedrige. Sicher ließe sich eine Einigung finden, doch wie immer man die Grenzen setzte, sie wären nicht ökonomisch begründet.

Unabhängig davon sind die Manipulationsmöglichkeiten zu sehen. Für die Bewertung der Haftungsmasse stände zweifellos ein Ermessensspielraum zur Verfügung, der - je nach Zweck - Unter- und Überbewertungen im weiten Rahmen ermöglichte. Insbesondere für das Anlagevermögen sind keine eindeutigen Liquidationswerte festzustellen. Für Gläubiger wären Überbewertungen nachteilig - aber gerade der Ansatz überhöhter Werte würde im Gegensatz zu heute erleichtert. Ein markantes Beispiel liefert dafür der Bericht über den Millionenkonkurs einer Wohnbaufirma mit einem erwarteten Gesamtschaden von 43 Millionen Mark. U. a. "sollen sich die beiden Unternehmer ... von einem Architekten Wertschätzungen besorgt haben, die weit über den tatsächlichen Werten lagen. In einem Fall soll dabei ein Gebäude, das für 160000 Mark gekauft wurde und mit Investitionen von 150000 Mark umgebaut werden sollte, auf einen Wert von 910000 Mark geschätzt worden sein."(55)

Dieses Beispiel belegt zugleich zwei weitere Tatsachen: Selbst wenn die Liquidationswerte durch Gutachter festgestellt würden (insbesondere bei Großunternehmen ein langwieriges und kostspieliges Verfahren), bestünde keine Gewähr für eine richtige Bewertung. Und: Die Gläubiger sind auch bei Unternehmensformen mit beschränkter Haftung am besten geschützt, wenn sie sich an die Unternehmung selbst halten können - Gläubigerschutz ist für alle Unternehmensformen bedeutungsvoll.

Für Aktionäre wären Unterbewertungen von Nachteil. Auch Unterbewertungen sind bei Bewertungen zu Liquidationswerten möglich, wenn auch nicht in großen Ausmaßen. Daneben ist aber zu berücksichtigen, daß die Unternehmer die Verschuldung in Grenzen ausweiten könnten. Beides zusammen liefe auf eine Verschlechterung der Relation "Liquidationsmasse zu Fremdkapital" hinaus. Die Ausschüttung würde dadurch "künstlich" erschwert, die Selbstfinanzierung erleichtert - und daran sind die Unternehmer sicher interessiert. Über den insgesamt ausschüttbaren Betrag - also das, was die außenstehenden Kapitaleigner wissen wollen - wird sowieso keine Angabe gemacht. Diese untere Grenze (Mindestausschüttung) sollen offenbar die Unternehmer nach eigenem Ermessen anhand der vergangenen und zukünftig erwarteten Zahlungsströme festlegen.

Über die bei Zahlungsstromrechnungen möglichen Manipulationen ist noch zu sprechen. Als Ausfluß all dieser Überlegungen zeigt sich u. E.: Die Unternehmer könnten die Ausschüttungen in weitem Rahmen nach eigenem Belieben festsetzen, und diese Entscheidungen wären für außenstehende Interessenten weniger nachprüfbar, als es heute der Fall ist. Zudem könnten Gläubiger wie außenstehende Kapitaleigner bewußt oder unbewußt über die tatsächliche Lage der Unternehmung getäuscht werden.

Mit Blick auf die Gläubiger fällt ein weiterer Gesichtspunkt ins Gewicht. Moxter stellt bewußt auf den Gläubigerschutz ab - doch ein wesentlicher Aspekt des Gläubigerschutzes ist offenbar übersehen worden. Wenn wir Moxter recht verstehen, will er Relationen zwischen dem Aktivvermögen zu Liquidationswerten und den Schulden (bzw. umgekehrt) festsetzen. Dieser Vorschlag kann nicht verhindern, daß sich die Unternehmung überschuldet und dadurch gefährdet. Das zeigt am einfachsten ein Beispiel. Zwei Unternehmungen mit Liquidationswerten von je 30 und Fremdkapital von je 60 hätten dieselbe Relation von 30 : 60 = 0, 5. Sie könnten gleich hohe Beträge ausschütten, obwohl beispielsweise das Eigenkapital der einen Unternehmung 40, das der anderen 10 betrüge. Was bei Moxters Vorschlag fehlt, ist eine Relation von Fremd- und Eigenkapital. Dieser Einwand steht am Schluß unserer Kritik zu Moxter, weil er zu einem Vorschlag von Maul überleiten soll, in dem dieser Mangel - bewußt oder unbewußt - ausgeschaltet ist.

Maul verfolgt das gleiche Ziel wie Moxter - eine Ausschüttungssperre zu errichten - auf ähnlichem Wege. (56) Sein erster Schritt ist, die "Netto-Haftungsreserve" festzustellen. Dazu schlägt er eine Bewertung der "Aktiven" zu Gemeinen Werten vor. Gemeine Werte definiert er als "diejenigen Werte ..., die man für ein Wirtschaftsgut bei freiwilliger Veräußerung unter 'normalen' Bedingungen am Markt erzielen könnte". (57) Das Gesamtvermögen zu Gemeinen Werten sei um die Kreditreserven jeglicher Art zu erhöhen, abzuziehen seien alle Schulden (belasteter Teil des Gesamtvermögens und ungesicherte Schulden) und die bis zum Ausschüttungszeitpunkt durch Aufträge nicht gedeckten, zu Auszahlungen führenden Fixkosten. Es verbleibt die "Netto-Haftungsreserve". Anders gesehen besteht sie aus: Eigenkapital plus Kreditreserven minus (den genannten) Fixkosten. Zweiter Schritt und eigentliches Ziel ist, die Ausschüttungssperre zu errichten. Das soll durch die gesetzliche Festsetzung eines Verschuldungsgrades geschehen. Mit Verschuldungsgrad bezeichnet Maul die Relation zwischen Schulden (wahrscheinlich ist gemeint: einschließlich der genannten Fixkosten) und Netto-Haftungsreserve. "Ausschüttungen dürften dann nur noch erfolgen, wenn ein ... (... bestimmter Verschuldungsgrad) eingehalten ist."(58) Ein Beispiel: Die Schulden (einschließlich der genannten Fixkosten) seien 40, die Netto-Haftungsreserve sei 20 und der gesetzlich vorgeschriebene Verschuldungsgrad 2; die vorgeschriebene Relation wäre genau eingehalten. Betrüge das Gesamtvermögen zu Gemeinen Werten (einschließlich Kreditreserven und "Gewinnen") 90, könnten 30 ausgeschüttet werden: 90 - 40 - 20. Würden im folgenden Jahr die Schulden (einschließlich der genannten Fixkosten) auf 50 erhöht, müßte die Netto-Haftungsreserve auf 25 verstärkt werden, um den Verschuldungsgrad 2 zu erreichen. Bei gleichem Gesamtvermögen zu Gemeinen Werten (einschließlich Kreditreserven und "Gewinnen") wie im Vorjahr könnte die Ausschüttung nur 15 betragen. Maul denkt entweder - ähnlich wie Moxter - an eine Variation des Verschuldungsgrades nach Branchen (oder anderen Kriterien) oder an einen einheitlichen Verschuldungsgrad bei Zulassung unterschiedlicher Bewertungsabschläge von den Gemeinen Werten, z. B. mit Hilfe unterschiedlicher Abschreibungstabellen. (59)

Das Problem der Überschuldung ist bei Maul im Gegensatz zu Moxter berücksichtigt. Gegen das Konzept gilt zum Teil entsprechend, was gegen Moxter vorgebracht wurde, zum Teil sind Einwände zu machen, die bei Moxter noch zu ergänzen wären. Einige "Schwachstellen" nennt Maul selbst und geht darauf ein. Z. B. auf "Die Möglichkeit der Zusammenfassung branchen- und risikogleicher Unternehmen" und "Die Gefahr übermäßiger Gewinnthesaurierungen durch relativ hohe Effektivverschuldung". (60) Das Problem, einzelne Unternehmungen in Branchen einzuordnen, bestünde auch bei Moxter. Wie nicht anders zu erwarten, vermag Maul dafür kein Patentrezept anzubieten. Auch die Möglichkeit, die Verschuldung (in Grenzen) zu erhöhen, kann er nicht in Abrede stellen. Entsprechend zu Moxter ist festzustellen, daß ein Verschuldungsgrad letztlich ohne ökonomische Begründung zu bestimmen ist. Zur Ausschüttungssperre selbst: Ist der Verschuldungsgrad eingehalten, gilt der "Gewinn" als ausschüttbar, der sich bei Bewertung zu Gemeinen Werten (unter Berücksichtigung der Kreditreserven und der genannten Fixkosten) ergibt. Der Sinn der Bewertung zu Gemeinen Werten leuchtet nicht recht ein. Mit Blick auf den Gläubigerschutz erscheint besonders der Ansatz von Gemeinen Werten, die über den Anschaffungswerten liegen (wie z. B. bei Grundstücken oder auch Gebäuden) gefährlich, d. h.: wenn im Sinne der herkömmlichen Gewinnermittlung unrealisierte Gewinne ausgewiesen werden. Wenn man schon die heutige Bilanzierung zu Anschaffungswerten aufgeben will, so wäre im Hinblick auf den Gläubigerschutz der Ansatz von (Zwangs-)Liquidationswerten konsequenter. Denn den Gläubiger interessiert schließlich, was im schlimmsten Falle, d. h. bei Konkurs, zur Verfügung steht. Mit Blick auf die Gewinnermittlung Gemeine Werte anzusetzen, machte u. E. den eben genannten Nachteil nicht wett: Die Bewertung zu Gemeinen Werten und Liquidationswerten ist nicht so wesensverschieden, als daß der Vorschlag, die Ausschüttung auf den "Gewinn" zu beschränken, nicht grundsätzlich den gleichen Einwand herausforderte, den Moxter in bezug auf die Ausschüttung des "Gewinns" bei Bewertung zu Liquidationswerten vorgebracht hat (vgl. S. 30). Das gilt insbesondere dann, wenn der Anteil des abnutzbaren Sachanlagevermögens hoch ist. Das beträfe die außenstehenden Kapitaleigner. Im Hinblick auf den Gläubigerschutz muß man aber fragen: Wenn die Schulden, die genannten Fixkosten und die Netto-Haftungsreserve - anders als in Moxters Vorschlag - voll durch Vermögen zu Gemeinen Werten und Kreditreserven gedeckt sein sollen, kommt dann der Festsetzung eines Verschuldungsgrades allzu große Bedeutung zu?

Was für das Moxtersche Konzept über die Manipulation der Liquidationswerte gesagt wurde, gilt hier entsprechend für Gemeine Werte. Auch sie lassen sich nicht besser nachprüfen. Insbesondere für abnutzbare Anlagen, unserem "Untersuchungsobjekt", scheint uns der Willkürspielraum größer zu sein als bei der heutigen Bilanzierung zu Anschaffungswerten unter Verminderung von Abschreibungen. Auf die Manipulationsmöglichkeit bei der Verschuldung wurde schon hingewiesen. Das Konzept Mauls bietet zusätzliche Möglichkeiten zur Manipulation. Zum einen bei den Kreditreserven. Hier fragt man sich auch: Wo sollen die Kreditreserven im Falle der Not - und das interessierte doch die Gläubiger am meisten - eigentlich herkommen? Dieser Einwand zielt gegen den Ansatz der Kreditreserven überhaupt. Zum anderen könnte bei den "bis zum Ausschüttungszeitpunkt durch Aufträge nicht gedeckten, zu Auszahlungen führenden Fixkosten" manipuliert werden; grundsätzlich erscheint es wichtig, daß die Unternehmung diese Fixkosten berücksichtigt, aber sicher besser im Finanzplan als in der externen Rechnungslegung.

Diese Ausführungen sind zu ergänzen mit dem Hinweis auf Manipulationsmöglichkeiten bei den jeweils vorgeschlagenen Hauptrechnungen: den Zahlungsstromrechnungen. Vor die Wahl gestellt, sich für eine Zahlungsstromrechnung oder für eine Gewinnrechnung zu entscheiden, müssen alle Interessenten die Aussagefähigkeit beider Rechnungen bedenken. Und dabei darf die Möglichkeit der Manipulation, d. h. Zahlungsgrößen bzw. Bilanzierungsposten gar nicht oder "falsch" anzugeben, nicht außer Betracht bleiben. Die (herkömmliche) Gewinnermittlung bietet sicher eine große Zahl von Manipulationsmöglichkeiten. Doch ebenso sicher ist: Es gibt Wege, diese Möglichkeiten einzuschränken. Für das Abschreibungsproblem werden wir das zeigen. Wie steht es mit Manipulationen bei Zahlungsstromrechnungen? Hierfür ist zu beachten, daß es zwei Grundformen von Zahlungsstromrechnungen gibt: "Geldflußrechnungen", die nur die reinen Geldbewegungen einer Periode enthalten, und "Kapitalflußrechnungen", die auch alle Formen von Forderungen und Verbindlichkeiten aufnehmen. (61) Soweit es sich um vergangenheitsbezogene Rechnungen handelt, zeigen also "Geldflußrechnungen" nur tatsächlich angefallene Einnahmen und Ausgaben, die nachprüfbar sind, "Kapitalflußrechnungen" aber auch Einnahmen- und Ausgabenwerte in Form von Forderungen und Verbindlichkeiten, die wie heute zu bewerten sind. Hier kann, wenn auch in begrenztem Rahmen, manipuliert werden. Schlimmer ist, daß bei beiden Arten von Zahlungsstromrechnungen durch Verschiebung von Einnahmen und besonders von Ausgaben ein Bild vorgetäuscht werden kann, das nicht der wirklichen Lage entspricht. Schönfärbereien sind insbesondere bei zukunftsbezogenen Zahlungsstromrechnungen zu erwarten. Diese Zukunftsrechnungen folgen weitgehend aus unbekannten zukünftigen Umsätzen. Bei ihnen muß man auch auf bewußt falsche Angaben gefaßt sein.

Zukunftsorientierte Zahlungsstromrechnungen kann man im übrigen nicht neben die herkömmliche Gewinnermittlung stellen. Um zu erkennen, wie sich Vermögen, Schulden, der Gewinn und - im angedeuteten Rahmen - die Zahlungsfähigkeit zukünftig entwickeln, wäre die heutige Bilanzierung durch eine Planbilanzierung zu ergänzen. Erst wenn beides vorhanden ist, kann man mit einer vergangenheits- und zukunftsorientierten Zahlungsstromrechnung vergleichen. Doch ob zukunftsbezogene Zahlungsstromrechnung oder Planbilanzierung, man wird sich eingestehen müssen, daß alle Interessenten aus guten Gründen beiden Formen der externen Rechnungslegung nicht allzuviel Vertrauen entgegenbringen werden. (62) Genau gesehen, bleibt ihnen in der Wirklichkeit gar nichts anderes übrig, als in erster Linie von der Vergangenheit auf die Zukunft zu schließen, d. h. eine Kontrollrechnung als Grundlage für ihre Planungen und Entscheidungen zu wählen.

So weit im Hinblick auf die heutigen Interessenten an der Handelsbilanz. Um es noch einmal zu betonen: Diese Anmerkungen sollen nur zeigen, daß Zahlungsstromrechnungen für die externe Rechnungslegung nicht genügen und wie die ergänzenden Konzepte, in denen andere Ausschüttungssperren vorgeschlagen werden als die der heutigen Bilanzierung, erheblichen Einwänden ausgesetzt sind. In diesem Lichte gesehen, scheint die heutige Bilanzierung nicht gar so unnütz, wie sie viele hinstellen. Als Zwischenergebnis würden wir - unter Einbeziehung späterer Ausführungen - festhalten: Vor die Wahl gestellt, sich für die neuen Recheninstrumente oder die herkömmliche Gewinnermittlung zu entscheiden, würde u. E. die Entscheidung der genannten Hauptinteressenten für die Bilanzierung fallen, besonders dann, wenn sie weiter verbessert wird. Sie sagt insgesamt gesehen mehr über den ausschüttbaren Betrag und die wirtschaftliche Lage der Unternehmung aus: Sie zeigt das Mehr gegenüber der vorausgesetzten Unternehmenserhaltung und damit den im Hinblick auf diese Unternehmenserhaltung entziehbaren Betrag. Ob er tatsächlich ausschüttbar ist, kann erst gezeigt werden, wenn die vorausgesetzte Form der Unternehmenserhaltung auf ihre Wirklichkeitsnähe überprüft ist. Die Gewinnrechnung gibt zugleich Aufschluß über die wirtschaftliche Lage der Unternehmung, die in mehrere Komponenten zerfällt.

Jedoch: Im Grunde ist unsere Fragestellung "Entweder - oder?" überspitzt - die Wahl zwischen beiden Rechnungen sollte sich gar nicht stellen. Da sowohl Zahlungsstromrechnungen als auch die Gewinnermittlung alleingenommen unvollständig sind, kann es nur heißen: Beides wird gebraucht! (63) Je mehr Informationen man den außenstehenden Interessenten gibt, um so besser können sie kontrollieren, planen und entscheiden.

b) Die Tauglichkeit für den jetzigen Interessenten der Steuerbilanz

Angelpunkt unserer Überlegungen ist, ob die herkömmliche Gewinnermittlung gebraucht wird. Als weiterer wichtiger Interessent dafür könnte der Fiskus Zeuge sein. Ihm kommt im Hinblick auf die Nachprüfbarkeit zweifellos eine gewisse Sonderstellung zu, da ihm nicht nur die

Bilanzierung (bzw. eine an ihre Stelle tretende Rechnung) zur Verfügung steht (vgl. die heutige Regelung in § 162 Abs. 10, 11 Abgabenordnung). Aber trotzdem ist er ein Außenstehender, denn er trifft nicht die unternehmerischen Entscheidungen. Ihn interessiert heute der Gewinn (der Steuerbilanz) als Bemessungsgrundlage der Einkommen- und Körperschaftsteuer und (abgesehen von "Hinzurechnungen" und "Kürzungen") der Gewerbeertragsteuer. Daß der Fiskus auch eine pünktliche und stetige Zahlung der "Gewinn"-Steuern wünscht und wachsende "Gewinne" und damit steigende Steuereinnahmen erhofft, braucht nicht weiter behandelt zu werden. Im Hinblick auf den Interessenten Fiskus gilt unsere Untersuchung nur der Kernfrage: Kann auf die herkömmliche Gewinnbesteuerung verzichtet werden? Diese Frage läuft darauf hinaus zu untersuchen, ob die heutige Gewinnbesteuerung durch grundsätzliche Änderungen des Steuersystems ganz oder teilweise aufgehoben werden sollte oder ob sie durch Einzelmaßnahmen zu verbessern ist. Zu diesem Zweck wollen wir uns mit einigen Vorschlägen auseinandersetzen, die unter die Stichworte "Unternehmungsteuer" oder "Betriebsteuer" einzuordnen sind. Ziel dieser Vorschläge ist u. a., eine einheitliche Steuer für alle Rechtsformen von Unternehmungen zu schaffen und damit die Doppelbelastung zu beseitigen und die Besteuerung gerechter und einfacher zu gestalten. Soweit andere Bemessungsgrundlagen genannt werden, ist innerhalb unserer Arbeit vor allem zu überlegen: Taucht hier das Abschreibungsproblem auf? Wenn ja, ist unsere Frage nach Normierung der Abschreibungen weiter berechtigt. Daneben ist zu prüfen, ob die vorgeschlagenen Besteuerungsgrundlagen "vorteilhafter" sind als die Bemessungsgrundlage Gewinn. Hiermit sind die Grundsätze der Besteuerung angesprochen (vgl. S. 27).

Als Bemessungsgrundlage anstelle des Gewinns oder neben ihm sind u. a. Größen von Zahlungsstromrechnungen, die Wertschöpfung und die Bruttowertschöpfung vorgeschlagen worden.

Auf Einnahmen- und Ausgabengrößen will Eisenführ seine "Unternehmungsteuer" beziehen. (64) Seine Überlegungen seien ausführlicher betrachtet; sie finden sich schon im Grundsätzlichen in den noch zu nennenden Vorschlägen von Busse von Colbe und Schmidt, auf die Eisenführ aufbaut.

Eisenführ geht in der Zielsetzung am weitesten. Seine Steuer soll für alle Unternehmensformen gelten und die Umsatzsteuer, die Einkommensteuer auf Unternehmungsgewinne (bzw. Körperschaftsteuer) und die Gewerbesteuer (ausschließlich der Gewerbekapitalsteuer) ersetzen. "Sie soll langfristig den Gewinn besteuern, kurzfristig jedoch an Einnahmen und Ausgaben anknüpfen."(65) Eisenführ läßt alle Ein- und Auszahlungen zwischen Unternehmung und Eigentümern (wie Einlagen, Ausschüttungen) außer acht und gliedert die Einnahmen und Ausgaben in die Gruppen: W = Einnahmen abzüglich der Ausgaben für Vorleistungen, L = Ausgaben für Löhne und Gehälter und I = Ausgaben für Anlageinvestitionen. Zunächst wird der Leser verführt zu glauben, Eisenführ wolle nur den "Überschuß" W - L - I besteuern. (66) Da der verbleibende "Überschuß" im Prinzip dem heutigen Gewinn entspräche, wären nur "Gewinn"-Steuern zu zahlen. Wie mit einer derartig konzipierten Unternehmungsteuer die heutigen Umsatzsteuer, (Gewinn-)Einkommensteuer, Körperschaftsteuer und Gewerbeertragsteuer ersetzt werden könnten, bliebe schleierhaft. Selbst mit einem Steuersatz von 100 % ließe sich das bisherige Aufkommen dieser Steuern nicht erreichen. So gesehen, ist Eisenführs erster Ansatz - vom (Total-)Gewinn auszugehen -, aber auch sein späteres Beispiel (67) verfehlt. Dazu ist noch zu berücksichtigen: Je mehr die Unternehmung für Vorleistungen, Löhne und Gehälter und Anlageinvestitionen ausgäbe, um so weniger Unternehmungsteuer brauchte sie zu zahlen. Wie wir gleich sehen, bleibt dieser letzte Einwand gegen den eigentlichen Vorschlag Eisenführs bestehen.

Eisenführ bestimmt schließlich die Steuerbelastung bei differenzierten Steuersätzen für die i-te Periode mit

$$"T_i = t_1 W_i + t_2 (W_i - L_i) + t_3 (W_i - L_i - I_i)".$$ (68)

Diese Wahl der Bemessungsgrundlagen "sichert", daß die Ausgaben für Vorleistungen, Löhne und Anlageinvestitionen die Besteuerung mindern. Verschieden hohe und flexible Steuersätze werden vor allem für konjunkturpolitische Zwecke vorgeschlagen. Das Problem der Abschreibungsberechnung taucht in seinem System nicht auf (vgl. dazu S. 52 f.).

Vorab sei bemerkt, daß Eisenführs Vorschlag durch die Einführung der Mehrwertsteuer teilweise "überholt" ist.

Mit der Vorbemerkung hängt ein erster schwerwiegender Einwand zusammen: Eisenführs Vorschlag bedeutete, die heutigen "direkten" Gewinnsteuern durch eine "indirekte" Besteuerung zu ersetzen. Indirekte Steuern sind aber aus Gründen der steuerlichen Gerechtigkeit abzulehnen. Diese Steuern lassen sich auf die Preise überwälzen, so daß die Steuern nicht nur von der Unternehmung, sondern zum großen Teil von den Verbrauchern gezahlt werden. Das sind aber in der Mehrzahl Bezieher von niedrigen Einkommen; sie werden durch indirekte Steuern relativ am stärksten belastet - mit Blick auf die personelle Einkommensverteilung und den Grundsatz Besteuerung nach der Leistungsfähigkeit ein unerwünschtes Ergebnis. (69) Bei direkten Steuern ist die Überwälzung hingegen nicht möglich oder zumindest schwieriger. Inwieweit direkte Steuern überwälzbar sind, darüber wird in der Finanzwissenschaft gestritten.

Weiterhin ermöglichte Eisenführs Vorschlag den Unternehmungen, in weitem Maße die Besteuerung selbst zu bestimmen, weil von den drei genannten Ausgabearten nur die Lohnausgaben ziemlich fest liegen. Damit zusammen hängt ein Problem, auf das Eisenführ selbst hinweist: die Messung der Investitionsausgaben, vor allem im Hinblick auf Forschungs- und Entwicklungsinvestitionen und selbsterstellte Anlagen. (70) Die Schwierigkeit liegt hier in der Zuordnung verschiedener Einnahmen- und Ausgabenarten zu den einzelnen Bemessungsstufen: Inwieweit sollen beispielsweise die Löhne und Gehälter der in der Forschung oder bei der Selbstherstellung von Anlagen Beschäftigten den Ausgaben für Löhne und Gehälter (L) und den Ausgaben für Anlageinvestitionen (I) zugeteilt werden?

Wichtiger ist aber bezüglich der Chancen für eine "Selbsteinsteuerung", daß sich durch zusätzliche Vorratskäufe und Anlageinvestitionen die Bemessungsgrundlagen größenmäßig erheblich beeinflussen ließen. Ein Anreiz, ja Zwang zu verstärkten Vorrats- und Anlageinvestitionen bestünde, denn jede Mark, die zusätzlich investiert würde, bedeutete geringere Steuerzahlungen, und zwar zunächst für die Unternehmung. Sie könnte durch derartige "Manipulationen" zumindest Steuerzahlungen verschieben und damit Zinsgewinne erzielen. Bei Ermäßigung der Steuersätze, z. B. aus konjunkturpolitischen Gründen, würden sogar effektiv Steuern gespart.

Mit diesem Ergebnis des Vorschlags ist verbunden, daß das Steueraufkommen noch mehr als bei der heutigen Regelung mit dem Investitionsrhythmus schwankte. Weiter bewirkte dieser Vorschlag: Gut "verdienende" Unternehmungen, die laufend investierten und damit wüchsen, brauchten (zumindest relativ) weniger Steuern zu zahlen als schlecht "verdienende" schrumpfende Unternehmungen. Der Tendenz nach würden also gutgehende Unternehmungen gefördert, Zusammenbrüche tendenziell beschleunigt. Ob ein derartiger "Erfolg" wünschenswert ist? Vor allem wird aber dadurch der Grundsatz der steuerlichen Gleichbehandlung - hier zwischen verschiedenen Unternehmungen - empfindlich verletzt. Was für wachsende und schrumpfende Unternehmungen gilt, träfe entsprechend für Zeiten des Aufschwungs und Abschwungs zu. Im Konjunkturabschwung wären mehr Steuern zu zahlen als im Aufschwung.

All diese Wirkungen könnten zwar u. a. durch Variation der Steuersätze wenigstens eingeebnet werden, doch würden wir im Hinblick auf mögliche Erfolgschancen wesentlich weniger optimistisch sein, als es offenbar Eisenführ ist.

Läßt sich bei einer "Einnahmen-Ausgaben-Steuer" tatsächlich eine "prompt wirkende Beeinflussung der wirtschaftlichen Aktivität der Unternehmungen" erreichen? (71) Lassen sich denn, so ist zu fragen, Arbeitskräfte "prompt" entlassen und Investitionen "prompt" durchführen? Und bekanntlich investieren Unternehmer nur dann, wenn sie "Gewinne" bzw. in diesem System: "Überschüsse" erwarten; Finanzierungserleichterungen nehmen sie als willkommenes "Zubrot". Weiterhin: Eisenführ gibt zwei Beispiele, die zeigen, daß in seinem System bei Inflationsgefahr die Steuersätze zu senken sind. (72) Muß er dann nicht konsequenterweise die Sätze in Zeiten der Depression erhöhen? Dazu kommt: Jede Variation von Steuersätzen zieht unendlich viele Diskussionen nach sich; ein häufiger Wechsel der Sätze, der evtl. notwendig wäre, erscheint kaum denkbar. So wird davon gesprochen, daß jede Änderung von Steuersätzen "Unruhe in die Wirtschaft" bringt. Selbst wenn man das nur als Schlagwort ansieht, müßte man sich damit auseinandersetzen. Und: Eisenführs Vorschlag schließt die Gefahr einer fiskalischen Nutzung nicht aus, d. h. die Steuersätze nach dem gewünschten Steueraufkommen festzulegen.

Im Zusammenhang mit der Variation der Steuersätze ist eine weitere Schwierigkeit zu sehen: Wie immer man die Steuersätze t_1, t_2, t_3 festlegte, ob gleich oder unterschiedlich, es könnte nicht verhindert werden, daß einige Unternehmungen bevorzugt, andere benachteiligt würden. Die Gesamtbelastung unterschiede sich bei gleichen Umsätzen, je nachdem ob material-, lohn- oder anlageintensive Betriebe vorlägen. Eine völlige Gleichbehandlung ließe sich im Grunde nur erreichen, wenn für jede Unternehmung ein anderer Steuersatz und dieser zudem für jede Periode neu festgelegt würde. Das sieht Eisenführ selbst, indem er darauf hinweist, daß sich die Forderung nach einer (wettbewerbs-) neutralen Besteuerung und die nach konjunkturpolitischer Effizienz nicht vereinigen lassen. (73)

Zur Besteuerung der Kapitalanleger äußert sich Eisenführ nicht direkt. Seine Ausführungen, die Unternehmungsteuer solle die Einkommensteuer aus Unternehmungsgewinnen (bzw. Körperschaftsteuer) ersetzen, könnten den Eindruck erwecken, er wolle die Ausschüttungen (Entnahmen) nicht zusätzlich besteuern. Dazu ist folgendes zu bemerken: Auf den ersten Blick mag es am einfachsten erscheinen, Ausschüttungen (Entnahmen) bei den Kapitaleignern unbesteuert zu lassen und dafür die dritte Bemessungsgrundlage, $W_i - L_i - I_i$, die sehr grob gesehen dem heutigen Gewinn vor Steuern entspricht, mit einem entsprechend höheren Steuersatz zu belegen. Doch wenn man eine progressive Einkommensbesteuerung aufrechterhalten will - die zwar nicht unbedingt aus dem Grundsatz der Leistungsfähigkeit gerechtfertigt werden kann, (74) wohl aber aus vermögenspolitischen Gründen sinnvoll ist -, käme man, je nach Steuersätzen, nicht ohne Nachzahlungen an das bzw. Rückzahlungen vom Finanzamt aus. Wollte man den Vorschlag Eisenführs verwirklichen, erschiene unter diesem Aspekt eine Regelung ähnlich heute - allerdings unter Vermeidung der Doppelbelastung durch ein "Anrechnungsverfahren" (vgl. S. 44) - vorteilhafter.

Das hieße z. B. bei Aktiengesellschaften: Unternehmungsteuer der Gesellschaft (mit einem niedrigeren Satz auf die dritte Bemessungsgrundlage als bei Verzicht auf die Besteuerung der Ausschüttungen bzw. Entnahmen) plus Besteuerung der Einkünfte aus Kapitalvermögen beim Aktionär mit dem persönlichen Einkommensteuersatz, unter Verrechnung der von der Gesellschaft gezahlten Unternehmungsteuer. Und bei Personengesellschaften: Unternehmungsteuer plus Besteuerung der Entnahme beim Gesellschafter mit seinem Einkommensteuersatz, unter Abzug der Unternehmungsteuer. Die Ausschüttungen (Entnahmen) müßten also zusätzlich besteuert werden. So gesehen, kann Eisenführ die heutige Einkommensteuer auf Unternehmungsgewinne durch seine Unternehmungsteuer nur teilweise ersetzen.

Wichtig ist folgender Schluß aus unserer Ableitung: Alle Unternehmungen werden versuchen, durch zusätzliche Investitionen die Bemessungsgrundlagen zu verkleinern. In erster Linie mag das geschehen, um - wie schon angedeutet - Unternehmungsteuer hinauszuschieben oder ganz zu sparen. Zugleich damit würde aber der mögliche Ausschüttungsbetrag vermindert. Ein Teil der Kapitaleigner würde sich dagegen wie heute wehren. Aber insbesondere bei Personengesellschaften könnte der eigentliche Antrieb für eine solche Politik sein, die persönliche Einkommensteuer so gering wie möglich zu halten. Das dürfte bei der heutigen - zugestandenermaßen "unvollkommenen" - Gewinnbesteuerung erheblich schwieriger fallen.

Der Versuch, Unternehmungsteuer (und gegebenenfalls Einkommensteuer) hinauszuschieben oder zu sparen, wirkte als weiteres Ergebnis des Vorschlags auf eine erleichterte und verstärkte Vermögensbildung in der Unternehmung und damit ihrer Kapitaleigner. Vergleichsweise liefe die vorgeschlagene Regelung im Prinzip auf dasselbe hinaus, als würden heute einbehaltene Gewinne nicht besteuert. Wie diese eindeutige Bevorzugung der Kapitaleigner (von Unternehmungen) unter dem Grundsatz der steuerlichen Gleichbehandlung (vor allem gegenüber Lohn- und Gehaltsbeziehern) zu rechtfertigen wäre, bleibt ein Rätsel. Oder denkt Eisenführ daran, daß dann zumindest auch die Einkommen "Privater" für die Besteuerung mit Einkommen- bzw. Lohnsteuer um die Beträge zu kürzen wären, die gespart und in irgendeiner Form angelegt werden?

Durch erhöhte Vermögensbesteuerung ließe sich die Bevorzugung der Kapitaleigner schwerlich ausgleichen. Sie müßte infolge dieses Vorschlags schon aus fiskalischen Gründen gegenüber heute erheblich verstärkt werden. Vor allem aber: Vermögensbesteuerung bedeutete zugleich Vermögensbewertung - und gerade "die Probleme der Abschreibung und der Bewertung" will Eisenführ mit seinem Vorschlag ausschalten. (75) Da er die herkömmliche Gewinnermittlung durch sein Vorgehen beseitigte, könnte er Bewertungsprobleme in diesem Bereich zum Teil ausschalten - doch mit der notwendigen Verstärkung der Vermögensbesteuerung gewännen die Bewertungsprobleme dort zwangsläufig ein stärkeres Gewicht.

Rein fiskalisch gesehen - und fiskalische Gesichtspunkte dürfen unter praktischen Bedingungen nicht außer acht gelassen werden -, wird man bezweifeln dürfen, ob durch solch eine Regelung (zumindest in den Übergangsjahren) das heutige Steueraufkommen für die zu ersetzenden Steuern zu erreichen wäre. Man könnte vielleicht meinen: mit Hilfe hoher Steuersätze - doch dadurch würde zweifelsohne der Anreiz zu investieren verstärkt. Dieser Vorschlag gibt - das ist auch der Grund für den "fiskalischen Einwand" - viel zu großen Raum für eine "Selbsteinsteuerung", als daß er u. E. ernsthafte Aussichten auf Verwirklichung hätte.

Auch folgendes Argument Eisenführs, mit dem er offenbar einen Vorzug seines Konzeptes belegen möchte, ist u. E. nicht stichhaltig. Er schreibt: "Die Zeitverzögerung zwischen der Entstehung des steuerlichen Tatbestandes und der Steuerzahlung kann ... kurz gehalten werden". (76) Dazu ist zu bemerken: Man darf nicht dem Recheninstrument "herkömmliche Gewinnermittlung" die Schuld zuschieben, daß heute die Steuererklärungen und die Steuerbilanzen erst Ende Mai und bei Antrag auf Fristverlängerung noch einige Monate später eingereicht werden brauchen. Die dadurch und anderweitig ermöglichten Steuerverschiebungen ließen sich ohne weiteres ausräumen. Entsprechendes gilt im Hinblick auf die Ausschüttung an außenstehende Kapitaleigner, die heute in der Regel erst Mitte des nächsten Jahres erfolgt.

Alles in allem gesehen, fällt unser Gesamturteil zu Eisenführs Vorschlag wie folgt aus: Zwar würde bei ihm u. a. die Berechnung periodischer Abschreibungsbeträge erspart, doch dafür müßten viele andere Nachteile in Kauf genommen werden.

Daß Größen der Kapitalflußrechnung als Besteuerungsgrundlagen besser geeignet sind als der Gewinn, davon scheint auch Busse von Colbe überzeugt zu sein. Er nennt als Bemessungsgrundlagen die "betriebliche Nettoeinnahme" (gleich Betriebseinnahmen minus Betriebsausgaben minus Gewinnsteuern), den "Finanzüberschuß" (gleich Überschuß der betrieblichen Nettoeinnahmen über die Anlageinvestitionen einer Periode) und die "Ausschüttung". (77)

Mit Eisenführs Vorschlag verglichen gilt: Die "betriebliche Nettoeinnahme" entspricht der Größe $W_i - L_i$. Da Eisenführ auf W_i und $W_i - L_i$ abstellt, geht Eisenführ in dieser Hinsicht differenzierter vor. Die Bemessungsgrundlage $W_i - L_i - I_i$ gleicht dem "Finanzüberschuß", darin besteht kein Unterschied. Busse von Colbe will jedoch die Ausschüttung besteuern, während Eisenführs Ausführungen den Eindruck erwecken, er wolle darauf verzichten.

Busse von Colbe rät dringend davon ab, nur eine der vorgeschlagenen Größen als Bemessungsgrundlage zu nehmen. Das wäre mit großen Nachteilen verbunden, von denen er selbst eine Reihe aufzählt: So weist er darauf hin, daß eine ausschließliche Besteuerung der betrieblichen Nettoeinnahmen kapitalintensive Betriebe benachteiligte, da ihre hohen Investitionsausgaben die Bemessungsgrundlage nicht schmälerten. (Und Abschreibungen sind ja in den Betriebsausgaben nicht enthalten.) Zugleich liefe das auf eine Schwächung des wirtschaftlichen Wachstums hinaus. Würde hingegen allein der Finanzüberschuß besteuert, käme das einer Sofortabschreibung gleich, und wachsende Unternehmungen brauchten keine oder kaum Steuern zu zahlen. Außerdem schwankte das Steueraufkommen stärker als heute mit dem Investitionsrhythmus. Und nur die Ausschüttung zu besteuern, bedeutete, die Selbstfinanzierung erheblich anzureizen. (78) Das sind Argumente, die unsere vorhergehenden Ausführungen zum Teil bestärken, zum Teil ergänzen.

Interessant im Hinblick auf unser Thema ist der erste Ausweg, den Busse von Colbe vorschlägt. "Für die Gewinnbesteuerung" könnte der "Gesetzgeber Abschreibungsquoten für Gruppen von Anlagen nach der betriebsgewöhnlichen Nutzungsdauer ... bindend" festsetzen. (79) Mit dem Normungsvorschlag ist zunächst geklärt, wieso Busse von Colbes Rechnung Gewinnsteuern enthält. (80) Vor allem aber bedeutet dieser Vorschlag, anzuerkennen, daß die herkömmliche Gewinnermittlung zumindest für die Besteuerung brauchbar ist. Wie uns scheint: eine realistische Auffassung! Nur würden wir zusätzlich die Bedeutung der herkömmlichen Gewinnermittlung auch für andere Interessenten als den Fiskus höher einschätzen als Busse von Colbe. Anzumerken ist noch, daß bei diesem Vorgehen nicht nur die Ausschüttung besteuert werden dürfte, sondern auch die einbehaltenen Gewinne zu besteuern wären.

Als zweiten möglichen Ausweg nennt Busse von Colbe die Besteuerung aller genannten (oder auch anderer) Größen, evtl. unter Verwendung mehrerer Steuersätze. (81) Die Grundübel, die eine alleinige Besteuerung der einzelnen Besteuerungsgrundlagen mit sich brächte, ließen sich dadurch nicht völlig beseitigen. Wir dürfen dazu auf unsere Ausführungen zu Eisenführ verweisen. Die Kritik zu dessen Vorschlag gilt im Grundsatz auch hier.

Mit der Wertschöpfung und der Bruttowertschöpfung als Bemessungsgrundlagen einer allgemeinen Unternehmungsteuer setzt sich Kurt Schmidt auseinander, der durch seine Steuer die Körperschaft-, Gewerbe- und Umsatzsteuer ersetzen will. Auf die Bemessungsgrundlage der Unternehmungsteuer könnte ein einheitlicher Steuersatz oder auf ihre einzelnen Komponenten könnten verschiedene und flexible Steuersätze angewendet werden. Allein die Einkommensteuer und die allgemeine Unternehmungsteuer sollten nach Auffassung Schmidts die Grundpfeiler eines einfacheren und rationaleren Steuersystems bilden. (82)

Die Wertschöpfung setzt sich - nach der personellen Methode (83) errechnet - aus Gewinnen, Zinsen, (Netto-)Mieten u. ä., Löhnen und Gehältern einschließlich Sozialleistungen zusammen; addiert man hierzu die Abschreibungen, kommt man zur Bruttowertschöpfung. Hinsichtlich der Wertschöpfung baut Schmidt vor allem auf die Ausführungen von Studenski auf. (84) Um zu beurteilen, inwieweit die Wertschöpfung als Besteuerungsgrundlage geeignet ist, brauchen wir nur den folgenden Ausspruch Schmidts zur Kenntnis zu nehmen: "Um zu verhindern, daß die Bemessungsgrundlage und damit die Steuerschuld der Unternehmungen zu stark fluktuieren, sollte man ... eine Regel über die steuerlich zulässigen Abschreibungen festlegen."(85) Wir landeten erneut beim Problem der Abschreibungsnormierung.

Um das zu umgehen, schlägt Schmidt vor, die Abschreibungen in die Bemessungsgrundlage einzubeziehen, also die Bruttowertschöpfung zu besteuern, und meint, daß damit "zugleich ... der lästige Streit um die steuerlich anzuerkennenden Abschreibungen aus der Welt geschafft" würde. (86) Denn wenn Gewinne und Abschreibungen in die Bemessungsgrundlage eingingen und im Durchschnitt mit dem gleichen Steuersatz belegt würden, nützten keinerlei Manipulationen, denn "die Bemessungsgrundlage der Unternehmungsteuer bliebe ja insgesamt unverändert". (87) Das hört sich gut an und klingt nach des Rätsels Lösung - doch nur so lange, bis man daran denkt, daß nicht nur Unternehmungsteuer, sondern auch Einkommensteuer erhoben werden soll. Eine der "Einkunftsarten" für die Einkommensteuer ist aber der Gewinn. Dafür blieben nach wie vor die Abschreibungen als Problem bestehen. Zu hoher Ansatz der Abschreibungen bedeutete entsprechend verminderten Gewinn und damit geringere (Gewinn-)Einkommensteuer. Mehr versteckt als offen deutet das Schmidt selbst an. (88) Diese mögliche Steuerausweichung kann nach Auffassung Schmidts wenigstens eingeschränkt werden durch einen Vorschlag, der direkt ein anderes Ziel verfolgt. Die Abschreibungen in die Bemessungsgrundlage der Unternehmungsteuer einzubeziehen, könnte das wirtschaftliche Wachstum nachteilig beeinflussen. Dies zu verhindern, schlägt Schmidt vor, die "Abschreibungsbasis der Unternehmungsteuer" um den Betrag Investitionen minus Abschreibungen zu kürzen, alle Größen bezogen auf dieselbe Periode. (89) Betragen die Abschreibungen z. B. 300, die Investitionen 320, wäre die Abschreibungssumme um 320 - 300 = 20 zu kürzen, so daß nur noch Abschreibungen in Höhe von 280 als Bestandteil der Bruttowertschöpfung und damit als Teil-Bemessungsgrundlage der Unternehmungsteuer anzusetzen wären. Zugleich würde bei diesem Vorgehen der Ansatz zu hoher Abschreibungen eingeschränkt. Denn wenn zu hohe Abschreibungen verrechnet würden, könnten zwar Gewinnsteuern vermindert werden, doch um so schwieriger sei es, Unternehmungsteuer auf den die Abschreibungen übersteigenden Investitionsbetrag zu sparen. (90)

Schmidts Vorschlag ist u. E. im Ansatz verfehlt und kann Manipulationen bei den Gewinnsteuern kaum vorbeugen. Denn: Bei wachsenden Unternehmungen übersteigt die Investitionssumme die Abschreibungen wesentlich. Hier bestünde ein Anreiz, den Gewinn mit Hilfe der Abschreibungen so niedrig wie möglich festzusetzen und zugleich so viel wie möglich zu investieren, um zusätzlich Unternehmungsteuer zu sparen. Insbesondere wenn eine Personengesellschaft vorläge, liefe damit Schmidts Vorschlag - wie die beiden anderen Vorschläge - in weit größerem Ausmaße als heute auf eine "Selbsteinsteuerung" hinaus. Bei schrumpfenden Unternehmungen ist der Abschreibungsbetrag größer als der Betrag der Investitionen. (Das genaue Verhältnis hängt von der Höhe der Abschreibungen in früheren "guten" Jahren ab.) Verfolgte man hier Schmidts Vorschlag konsequent, fielen sowohl relativ höhere Gewinnsteuer als auch höhere Unternehmungsteuer an als bei wachsenden Unternehmungen. Entsprechendes gilt für die Steuerwirkungen im Konjunkturaufschwung und -abschwung.

Daß Schmidt bei Kapitalgesellschaften an eine Ergänzungsteuer auf nicht ausgeschüttete Gewinne denkt, scheint uns im Hinblick auf die zuvor genannten Tatsachen weniger eine Möglichkeit zu sein, um Steuerausweichungen zu vermeiden, (91) sondern eher ein steuertechnisches Problem. Mit Blick auf die Abschreibungen ist es uns unerklärlich, wie man bei Verwirklichung von Schmidts Vorschlag ohne deren Regelung auskommen wollte. Ohne eine solche Regelung liefe der Vorschlag im Ergebnis auf das gleiche hinaus wie die Vorschläge von Eisenführ und Busse von Colbe. Die dortigen Ausführungen gelten hier entsprechend.

Den heutigen Gewinn als Bemessungsgrundlage lehnt auch Riebel ab, der in diesem Zusammenhang der Vollständigkeit halber zu nennen ist. Ersatzgrößen schlägt er nicht vor. (92) Aus Riebels Ausführungen könnte man allerdings indirekt eine Bemessungsgrundlage ableiten. Riebel versucht, Erkenntnisse aus neueren Ansätzen der Kostenrechnung (insbesondere der Deckungsbeitragsrechnung) auf die Bilanzierung zu übertragen, und definiert dabei den Gewinnbegriff neu. Von endgültig realisiertem Gewinn einer Anlageinvestition kann seiner Meinung nach erst gesprochen werden, "wenn die Summe der Einnahmen insgesamt die Summe der laufenden Ausgaben plus den Investitionsausgaben erreicht hat". (93) Für die abnutzbaren Sachanlagen liefe das im Grunde auf eine Sofortabschreibung hinaus. Riebel erkennt selbst: "Unlösbare Schwierigkeiten für die Ermittlung des endgültig realisierten Gewinnes ergeben sich bei Unternehmungen, die laufend investieren."(94) Klar ausgedrückt, heißt das: Dieser Gewinnbegriff - einschließlich der zugehörigen Sofortabschreibung - ist im Hinblick auf die Besteuerung abzulehnen. Dieses Urteil ist nicht weiter verwunderlich, wenn man bedenkt, daß Riebels "Gewinn" der Größe $W_i - L_i - I_i$ Eisenführs bzw. dem Finanzüberschuß Busse von Colbes entspricht. Unsere Kritik zu deren Vorschläge gilt analog. Man darf Riebel wohl auch nicht unterstellen, er wollte für die Besteuerung den heute üblichen Gewinnbegriff durch seinen ersetzt wissen.

Aus unseren Überlegungen zum Interessenten Fiskus leiten wir ab: Insgesamt gesehen, brächte es eher Nachteile als Vorteile, auf eine Gewinnbesteuerung zu verzichten. Damit kommen wir zum gleichen Ergebnis wie der "Betriebsteuerausschuß" aufgrund seiner eingehenden Untersuchungen in den Jahren 1948/49: Als einigermaßen einheitlicher "Generalnenner" für die Besteuerung aller Arten, Formen usw. von Unternehmungen erwies sich letztlich der Gewinn als unentbehrlich. (95) Das erscheint einleuchtend. Denn wenn man fragt: Was will der Unternehmer eigentlich? muß man antworten: Sicher strebt er nicht aus Selbstzweck nach einer hohen betrieblichen Nettoeinnahme oder Wertschöpfung (und wie die anderen Bemessungsgrundlagen noch heißen mögen). Dahinter steckt als eigentliche Zielsetzung - wie wir erörtert haben - das Streben nach möglichst hohem Gewinn (Vermögenszuwachs) bei vorausgesetzter (Form der) Unternehmenserhaltung. Wenn aber der Gewinn das Ziel ist, sollte man ihn auch besteuern. Dann taucht aber das Problem der Gewinnermittlung und damit die Abschreibungsfrage auf.

Zuweilen wird statt des Gewinns die Kapitalrentabilität als Bemessungsgrundlage vorgeschlagen. (96) Würde man sich auf diese Bemessungsgrundlage einigen, könnte das unsere Ausführungen nicht weiter beeinträchtigen. Denn die Kapitalrentabilität ist das Verhältnis von Gewinn zu eingesetztem Kapital: Auch dafür wäre eine Gewinnermittlung erforderlich und damit die Frage nach Normierung der Abschreibungen sinnvoll.

Aus alldem folgt "weiterhin Besteuerung des Gewinns" (oder unserthalben "Besteuerung der Rentabilität"). Dieses Ergebnis verlangt aber, zwei Hauptforderungen zu erfüllen: Zum ersten sollte unser Steuersystem mit dem Ziel einer gerechteren Besteuerung endlich so geändert werden, daß die heutige Doppelbelastung vermieden wird. Dafür sind verschiedene Vorschläge unterbreitet worden, die meistens auf eine "Anrechnung" der von der Unternehmung auf Gewinnausschüttungen (Entnahmen) gezahlten Körperschaftsteuer bei der Lohn- oder Einkommensteuerschuld des Kapitaleigners hinauslaufen. (97) Verwirklichte man einen dieser Vorschläge oder einen verbesserten Vorschlag, wäre die Forderung erfüllt.

Zum zweiten ist die herkömmliche Gewinnermittlung zu verbessern. Hier geht es vor allem darum, die vielfachen Vergünstigungen für einzelne Gruppen der Steuerpflichtigen und die zahlreichen Manipulationsmöglichkeiten bei der Bewertung auszuschalten. (98) Eine derartige Verbesserung diente nicht nur dem Ziel einer gerechteren Besteuerung, sondern ebenso einer aussagefähigeren externen Rechnungslegung. Die vielfachen Vergünstigungen verschlechtern über den Grundsatz der Maßgeblichkeit der Handelsbilanz für die Steuerbilanz die Aussagefähigkeit des Jahresabschlusses ganz erheblich. Das gleiche geschieht durch Manipulationen bei der Bewertung. Die Normierung der Abschreibung, die heute teilweise für die Gewinnbesteuerung verwirklicht ist, stellt im Hinblick auf die Verbesserung nur eines der vielen Mittel und Probleme dar. Das Problem besteht für handels- und steuerrechtliche Bilanzierung in gleicher Weise.

IV. Die Eignung ökonomischer Gewinnkonzepte

a) Charakteristik der ökonomischen Gewinnkonzepte

Eine Gewinnrechnung wird gebraucht - doch die herkömmliche Gewinnermittlung ist vielen Angriffen ausgesetzt! Diese Tatsachen veranlassen zu überlegen, ob eine andere Gewinnkonzeption an die Stelle der herkömmlichen treten sollte. Wesentliches Argument für die Fragestellung sind die bei den einzelnen Gewinnrechnungen jeweils vorausgesetzten Konzeptionen der Unternehmenserhaltung.

Zwei Grundkonzeptionen sind deutlich zu unterscheiden. Die eine baut auf buchhalterischen Überlegungen auf und nimmt mehr oder weniger die Zahlen der Buchhaltung zum Ausgangspunkt der Rechnungen: "Formen buchhalterischer Unternehmenserhaltung" und "buchhalterische Gewinnbegriffe". Die andere fußt auf einkommens- und kapitaltheoretischen Gedankengängen und arbeitet mit Investitionsrechnungen: "Formen kapitaltheoretischer Unternehmenserhaltung" mit "kapitaltheoretischen Gewinnbegriffen".

Gemeinsames Merkmal für die buchhalterischen Konzepte ist die Einzelbewertung der Vermögensgegenstände bzw. Wirtschaftsgüter. Demgemäß kann grundsätzlich bei allen Formen eine Bilanz und eine Gewinn- und Verlustrechnung entsprechend der heutigen Bilanzierung aufgemacht werden. Die Konzepte unterscheiden sich dadurch, mit welchen Preisen zu bewerten ist, von welchen Ausgangswerten der Abschreibungsaufwand berechnet werden soll. Während die herkömmliche Gewinnermittlung von Anschaffungs- oder Herstellungswerten ausgeht, wird bei anderen Formen buchhalterischer Gewinnermittlung versucht, Änderungen des Geldwertes oder der Wiederbeschaffungspreise, des technischen Fortschritts u. a. zu berücksichtigen. D. h. durch Einzelmaßnahmen (andere Bewertung der Bilanzierungsposten) soll die herkömmliche Gewinnermittlung verbessert werden. (99) Doch es bleibt der gemeinsame Ausgangspunkt, und darin liegt der Grund für Schwierigkeiten: Das Problem der Unternehmenserhaltung soll von den einzelnen Bilanzpositionen her gelöst werden, durch Bewertungen der einzelnen Aufwands- und Bestandspositionen. Das kann nur unvollkommen gelingen!

Weil die verschiedenen buchhalterischen Vorstellungen über Unternehmenserhaltung und die darauf beruhenden Gewinnbegriffe mehr oder weniger unvollkommen sind, deshalb wurden neue Gewinnkonzeptionen entwickelt. Sie gehen von Überlegungen der Einkommens- und Kapitaltheorie (100) aus: Ausgangspunkt sind die zukünftigen Zahlungsströme. Bei allumfassender Planung sollen die Zahlungsströme in einen Totalplan eingehen, in dem die Unternehmenserhaltung zu berücksichtigen ist und mit dessen Hilfe die Gewinne zu ermitteln sind. Unter praktischen Bedingungen ist zu vereinfachen; im vereinfachten Fall sollen die Unternehmenserhaltung und die Gewinnermittlung an den Zahlungsströmen ausgerichtet werden, indem die Zahlungsströme für eine Hilfslösung abgezinst werden und ihr Barwert berechnet wird. Bei diesen Vorschlägen handelt es sich der Idee nach um "Gesamtkonzepte", die sich von der Bewertung der einzelnen Güter und damit von der herkömmlichen Bilanzierungsweise lösen (müssen). Sie stehen im Gegensatz zu den buchhalterischen Überlegungen, obwohl teilweise ähnliche Schwierigkeiten auftreten wie bei den buchhalterischen Konzepten, die - durch andere Bewertung - mit der herkömmlichen Gewinnermittlung brechen wollen: Das Problem der Geldwertänderungen taucht auf, die zukünftigen Ausgaben ("Wiederbeschaffungspreise") für Anlagen usw. sind zu ermitteln, der technische Fortschritt ist abzuschätzen, Bedarfsänderungen sind zu berücksichtigen u. dgl. m.

In der Literatur wird bei den vereinfachten kapitaltheoretischen Konzepten von der Erhaltung des Erfolgskapitals, des Verkehrswertes, des Ertragswertes usw. gesprochen. Diese Begriffe sind mehr oder weniger Synonyme; wir wollen allgemein von "Ertragswerterhaltung" sprechen. Das bedeutet nicht, daß es sich dabei um lauter einheitliche Konzepte handelt, in denen jeweils ein bestimmter "Wert" erhalten werden soll. Keineswegs! Welcher Wert im Einzelfall zu erhalten ist und welcher Gewinn damit ermittelt wird, ist vielmehr nach Wunsch festlegbar. So kann man beispielsweise durch eine entsprechende Wahl des Zinsfußes im Sonderfall auf eine Erhaltung des Anschaffungswertes abstellen oder durch Einbau eines Wachstumsfaktors können wachsende "Ertragswerte" als Maßstab für die Erhaltung der Unternehmung dienen.

Ausführlicher diskutiert wird die Erhaltung des Ertragswertes seit den 30er Jahren. (101) Schon früh, (102) vor allem aber in der neueren Literatur (103) wird im Zusammenhang damit das Problem des "ökonomischen Gewinns" erörtert. Aus der neueren deutschen Literatur sind von den Versuchen, die Erkenntnisse der Einkommens- und Kapitaltheorie für die Rechnungslegung nutzbar zu machen, vor allem die Ansätze von Dieter Schneider (104) und Albach (105) zu nennen. (106) Beispielhaft für ähnliche Überlegungen seien sie im folgenden daraufhin untersucht, ob sie die herkömmliche Gewinnermittlung verdrängen könnten. Erwiese sich ein solches Vorgehen für die externe Rechnungslegung als vorteilhaft, brauchten wir uns nicht mehr damit zu beschäftigen, durch welche Einzelmaßnahmen die herkömmliche Bilanzierung zu verbessern ist.

b) Der Ansatz Dieter Schneiders

1. Darstellung

Nach D. Schneider wird eine theoretisch vollkommene Lösung auf einem Totalplan fußen müssen. Im Totalplan setzt die finanzielle Zielvorstellung erste Daten, z. B. gleichmäßiger Einkommensstrom und das gewünschte Endvermögen. Des weiteren muß dieser Plan alle Investitions- und Finanzierungsmöglichkeiten enthalten. Ziel ist, die optimale Investitions- und Finanzentscheidung zu finden. Die Suche nach dem optimalen Finanzplan führt bei dieser Zielsetzung zugleich zur Ermittlung des ökonomischen Gewinns. Er entspricht jenem Resteinnahmenüberschuß (Restbetrag), der sich im Optimum des Totalplans als ausschüttungsfähig erweist. (107)

In der Wirklichkeit ist eine derart umfassende Planung selbst bei einer Unternehmung auf Zeit schwierig durchzuführen. Das gilt erst recht für eine Unternehmung auf Dauer. Hier kann nur versucht werden, bis zum Planungshorizont total zu planen. Dabei taucht aber als wichtige Frage auf, wie hoch das Vermögen am Planungshorizont sein soll. Sicher ist allein, daß die Unternehmung nach dem Planungshorizont fortbestehen muß, wollen Unternehmer und außenstehende Anteilseigner weiterhin Einkommen (Gewinne) erzielen. Das setzt die beständige Erhaltung der Unternehmung voraus. Doch welches Vermögen auf Dauer zu erhalten ist, wird dadurch nicht geklärt. Hier muß vereinfacht werden; die zweckmäßigste Form der Unternehmenserhaltung ist zu wählen. Berücksichtigt man dies und bedenkt ferner, daß unter praktischen Bedingungen weitere Vereinfachungen unumgänglich sind, bietet sich nach D. Schneider folgendes Näherungsverfahren an: Von Gewinn darf erst gesprochen werden, wenn die wirtschaftliche Leistungsfähigkeit der Unternehmung nicht angetastet wird. Als Ausdruck der wirtschaftlichen Leistungsfähigkeit kann ihr Ertragswert angesehen werden; er ist zu erhalten. Wird als finanzielles Ziel ein gleichmäßiger Einkommensstrom unterstellt, so gleicht "der ideale ökonomische Gewinn ... einer 'ewigen Rente auf den Ertragswert der Unternehmung'. Anders ausgedrückt: Der ökonomische Gewinn ist jener Betrag, welcher der Unternehmung entzogen werden darf, ohne ihre künftige Ertragskraft (ihren Ertragswert) zu beeinträchtigen". (108) Das zugrunde liegende Konzept der Unternehmenserhaltung nennt D. Schneider "wirtschaftliche Unternehmenserhaltung", (109) der damit verbundene Gewinnbegriff ist ein "ökonomischer Gewinnbegriff".

Um den Ertragswert und damit den ökonomischen Gewinn errechnen zu können, müssen die zukünftigen Einnahmenüberschüsse und der Kalkulationszinsfuß geschätzt werden. Durch Abzinsen der Periodenüberschüsse erhält man den Ertragswert; der ökonomische Gewinn einer Periode ist dann das Produkt aus Zinssatz und Ertragswert, also die Annuität des Ertragswertes. (110) Der so errechnete ökonomische Gewinn soll in erster Linie dazu dienen, die Ausschüttung zu bemessen, (111) ja, im Grunde die ausschüttungsfähige Größe selbst sein.

Das leuchtet ein, wenn man sich folgendes vor Augen hält: Zu Beginn einer Periode sind aufgrund der zukünftigen Zahlungsströme die Ertragswerte zu ermitteln. Unterstellt man zunächst, daß die Schätzungen zu Beginn einer Periode mit denen am Ende übereinstimmen, so gilt im Normalfall der Unternehmung ohne begrenzte Lebensdauer: Am Ende der Periode sind die zukünftigen Zahlungsströme um eine Periode weniger abzuzinsen; der am Periodenende ermittelte Ertragswert wird folglich um den Betrag Ertragswert mal Zinssatz größer sein als der zu Beginn der Periode. Mit anderen Worten, im Laufe der Periode steigt der Ertragswert um die Zinsen auf den Ertragswert. Wird im Näherungsverfahren als Konzeption der Unternehmenserhaltung verfochten, den Ertragswert zu erhalten, stellt der Betrag Ertragswert mal Zinssatz den ökonomischen Gewinn der Periode dar; er wäre im Grundsatz ausschüttungsfähig. Wenn die ermittelte Größe unter praktischen Bedingungen regelmäßig nicht ausgeschüttet werden kann, so liegt das zum einen daran, daß der Zinssatz in der Praxis nicht konstant bleibt, zum anderen am Ungewißheitsproblem.

2. Kritische Analyse

Unter praktischen Bedingungen ist damit zu rechnen, daß sich der Zinssatz ändert. Mit den Schwankungen des Zinssatzes schwanken aber auch Ertragswert und ökonomischer Gewinn. Damit würde gegen die vorausgesetzte Konzeption der Unternehmenserhaltung "Erhaltung des Ertragswertes" und die finanzielle Zielsetzung "gleichmäßiger (Gewinn-) Einkommensstrom" verstoßen. Der gleiche grundlegende Einwand gegen das Konzept des ökonomischen Gewinns folgt aus dem Ungewißheitsproblem. Weil die Schätzwerte für Zahlungsströme und Zinssatz in der Regel von den tatsächlich eintretenden "Ereignissen" abweichen, ändert sich der Ertragswert und damit der (Gewinn-)Einkommensstrom.

Wenn der Ertragswert nicht erhalten bleibt, bedeutet das: Auch mit Hilfe der ökonomischen Gewinnrechnung kann es in der Praxis nicht vollkommen gelingen, die Preisänderungen, den technischen Fortschritt und sonstige Datenänderungen auszuschalten und die relative Stellung der Unternehmung in der Volkswirtschaft zu erhalten - was eigentlich beabsichtigt ist. (112) In der Wirklichkeit ist die angestrebte Erhaltung der wirtschaftlichen Leistungsfähigkeit, die "wirtschaftliche Unternehmenserhaltung", nicht völlig zu sichern und das verfolgte finanzielle Ziel nur eingeschränkt zu erreichen. Zwar schwankt bei Ertragswertänderungen der errechnete Gewinn als Annuität des Ertragswertes relativ wenig. Der Einwand bleibt jedoch grundsätzlich bestehen. Er gilt für andere Zielsetzungen - z. B. gleichmäßig steigender oder fallender Ertragswert und den zugehörigen (Gewinn-)Einkommensströmen - entsprechend.

Daß in der Realität eine Geldentwertung festzustellen ist, deshalb der Ertragswert auch nicht real erhalten bleibt, ist grundsätzlich kein Einwand gegen das Konzept. Wollte man die Geldwertänderung ausschalten, würden sich dafür zwei Möglichkeiten anbieten, auf die z. B. Johansson hingewiesen hat, und zwar im Zusammenhang mit dem Nutzungsdauerproblem. Man könnte die Einnahmen- und Ausgabenreihen auf reale (um die Geldwertänderung bereinigte) Werte umrechnen und mit einem Realzinsfuß abzinsen oder aber die unveränderten (tatsächlichen) Zahlungsströme mit einem um die Inflationsrate erhöhten Zinsfuß diskontieren. (113) Daß die Geldwertänderungen bei Errechnung des ökonomischen Gewinns überhaupt zu berücksichtigen seien, bestreitet allerdings zu Recht D. Schneider. (114)

Um zu sehen, daß für die ökonomische Gewinnrechnung in der Praxis die Schätzwerte und die tatsächlich eintretenden Größen in der Regel mehr oder weniger voneinander abweichen werden, genügt es, die auftauchenden Schwierigkeiten stichwortartig kenntlich zu machen. Zum ersten dreht es sich grundsätzlich um die gleichen Probleme, die bei der Ermittlung der zukünftigen Einnahmen- und Ausgabenreihen für Zahlungsstromrechnungen in Form von Planungsrechnungen zu bewältigen sind, denn hierbei handelt es sich um den gleichen Ausgangspunkt: Einerseits sind alle zukünftigen Ausgaben abzuschätzen (also Ausgaben für Roh-, Hilfs- und Betriebsstoffe, Investitionsausgaben im weitesten Sinne, Löhne, Gehälter, Zinsen, Steuerzahlungen u. a.), andererseits die zukünftigen Einnahmen für Produkte, Waren, zu veräußernde Anlagen, Patente usw. festzulegen. Dafür sind von entscheidender Bedeutung die Einschätzung des technischen Fortschritts, der Bedarfswandlungen, der Konkurrenzlage, der allgemeinen wirtschaftlichen Lage usw., die ihrerseits vielfältig ineinander verwoben sind. Wird allein auf den ausschüttbaren Gewinn und nicht auf den insgesamt entziehbaren Gewinn (durch Besteuerung und Ausschüttung) abgestellt, wären für die Schätzung der in späteren Perioden anfallenden Gewinnsteuerzahlungen zusätzlich Plansteuerbilanzen erforderlich. Weil der Zinsfuß unter praktischen Bedingungen schwankt, kommt beim ökonomischen Gewinnkonzept zur Schätzung der Zahlungsströme zum zweiten das Problem, die zukünftige Entwicklung des Zinssatzes zu ermitteln. Dabei sind auch verschiedene Einflußgroßen zu berücksichtigen.

Insgesamt bleibt festzustellen: Selbst wenn wir vorerst unterstellen, die Unternehmer versuchten, die zukünftigen Zahlungsströme und den Zinsfuß nach bestem Wissen und Gewissen zu ermitteln, wird man zugeben müssen, daß wegen der angedeuteten Schwierigkeiten den ausgewiesenen Zahlen, soweit sie sich auf die Zukunft beziehen, mit Vorsicht zu begegnen ist. Das wirkt sich zwangsläufig auf die Brauchbarkeit der ökonomischen Gewinnrechnung für die Ermittlung des ausschüttbaren Gewinns aus. Die mangelnde Nachprüfbarkeit der subjektiven Schätzwerte legt nahe, dieses Konzept nicht als einziges Rechnungsinstrument zu verwenden.

Weil die ursprünglichen Schätzgrößen und die später tatsächlich eintretenden Werte auseinanderfallen, ist an folgendes Vorgehen zu denken:

Zu Beginn einer Periode wird aufgrund der vorliegenden Schätzungen der "ideale" ökonomische Gewinn, der Ex ante-Gewinn, errechnet. Er würde nur bei "Sicherheit" mit dem am Jahresende ermittelten ökonomischen Gewinn übereinstimmen. Für die Bemessung der Ausschüttung ist der "nachträgliche Idealgewinn", der Ex post-Gewinn, entscheidend, d. h. der aufgrund der neuesten Kenntnisse korrigierte Ex ante-Gewinn. Dabei wird davon ausgegangen, die am Periodenende vorliegenden Informationen wären schon zu Beginn der Periode bekannt gewesen. (115) Der "nachträgliche Idealgewinn" ist das Ergebnis einer der verschiedenen Möglichkeiten zur Korrektur des Ex ante-Gewinns. (116) Das Problem ist noch nicht ausdiskutiert.

Naturgemäß könnte man versuchen, den ursprünglich geschätzten Ertragswert zu erhalten, indem man die Ausschüttungen je nach Lage vermindert oder vergrößert, oder das anfangs gewünschte finanzielle Ziel (z. B. gleichmäßiger Einkommensstrom) könnte verfolgt werden, indem der Ertragswert angepaßt, d. h. die Konzeption der Unternehmenserhaltung geändert wird. Sieht man davon in der Praxis ab und begnügt sich mit der geschilderten Schwankung des Ertragswertes und des Gewinns, läßt sich daraus auch ein positives Ergebnis ableiten: Der errechnete "schwankende" ökonomische Gewinn wäre nicht allein für die Ausschüttung von Bedeutung, sondern - trotz des Ungewißheitsproblems und einiger weiterer Einschränkungen (117) - auch als ein Indiz für die wirtschaftliche Lage der Unternehmung brauchbar. Die Änderungen des Ertragswertes und des Gewinns vermittelten einen Eindruck von der Ertragslage der Unternehmung, und zwar aus der Sicht, d. h. den Erwartungen, der Unternehmensleitung.

Der Kalkulationszinsfuß bringt nicht nur Probleme mit sich, weil er in der Praxis schwanken kann und schwierig zu ermitteln ist. Ihn gesondert zu nennen, ist auch deshalb erforderlich, weil ganz verschiedene Arten von Zinssätzen zur Auswahl stehen. Denkbar wären als Zinsfuß:(118) ein subjektiver Zinssatz ohne oder mit Risikoprämie, (119) der interne Zinsfuß der Unternehmung (120) oder ein Marktzinsfuß ohne Risikoprämie. D. Schneider nennt für personenbezogene Unternehmungen den Satz für die persönlich gegebenen Wahlmöglichkeiten und für Publikumsgesellschaften den landesüblichen Zinsfuß für langfristige Schuldverschreibungen. Den ersten Fall könnte man unter "subjektiver Zinssatz ohne Risikoprämie" einordnen; er wird in der Regel ein Marktzinsfuß sein, und zwar der Zinssatz für eine Anlagemöglichkeit, die der Unternehmer für sich am Markt sieht. (Der Begriff "subjektiver Zinssatz" wird hier also in ganz spezieller Bedeutung gebraucht.) Im zweiten Fall (beim vorgeschlagenen Zinsfuß für Publikumsgesellschaften) handelt es sich eindeutig um einen Marktzinsfuß ohne Risikoprämie. Das Risiko selbst ist nach Ansicht D. Schneiders bei der Schätzung der Zahlungsströme zu berücksichtigen. Die Vor- und Nachteile und die theoretischen Unterstellungen eines Marktzinsfußes ohne Risikoprämie legt er ausführlich dar. (121) Wir brauchen sie an dieser Stelle nicht im einzelnen aufzuzählen. Es geht vor allem darum, die Problematik als solche zu erkennen: Die Höhe des Ertragswertes und damit des Gewinns hängen auch von der Art des Kalkulationszinsfußes ab, der gewählt wird. Und: Über die Art des Kalkulationszinsfußes kann man verschiedener Meinung sein. Wollte man die hier diskutierte ökonomische Gewinnrechnung in der Realität anwenden, legen die praktischen und theoretischen Schwierigkeiten mit dem Zinsfuß nahe zu überlegen, ob der Zinsfuß von einer außerhalb der Unternehmung stehenden Stelle zu normieren sei.

Das in der Praxis anzuwendende Näherungsverfahren des ökonomischen Gewinnkonzepts fußt auf dem Ertragswert. Daraus entstehen weitere Einwendungen: Gemessen an der heutigen Bilanzierung wird gegen das Realisationsprinzip verstoßen. Das mag auf den ersten Blick unbedenklich erscheinen, ja, im Hinblick auf die Darstellung der wirtschaftlichen Lage gar als Vorteil angesehen werden. Diese Meinung ändert sich, wenn man die finanziellen Auswirkungen berücksichtigt, die mit diesem Konzept verbunden sind: Der errechnete ökonomische Gewinn kann in einzelnen Perioden höher sein als die Einnahmenüberschüsse (bzw. Ausgabenüberschüsse) der betreffenden Perioden. Dies tritt ein, wenn anfängliche "unterdurchschnittliche" Periodenüberschüsse (bzw. gar Ausgabenüberschüsse) durch "überdurchschnittliche" Ergebnisse späterer Perioden mehr als ausgeglichen, also überkompensiert werden. Auf diesen Sachverhalt hat vor allem Honko mit Bezug auf wachsende Unternehmungen und gewinnabhängige Zwangsausgaben (Gewinnausschüttungen und -steuern) hingewiesen.(122) Es erhebt sich die Frage, wie in diesem Fall die nach dem Modell entziehbare Größe zu finanzieren sei.

Auf die Frage ist folgendes zu antworten:(123) Die Gewinnsteuerzahlungen stellen als Bestandteil der gewinnabhängigen Zwangsausgaben kein Problem dar, wenn die ökonomische Gewinnrechnung nur zur Bemessung der Ausschüttung gebraucht wird. Denn dann sind die zukünftigen Gewinnsteuern (mit Hilfe von Plansteuerbilanzen) zu schätzen und in den Zahlungsströmen selbst anzusetzen. Damit sind sie berücksichtigt. Die Finanzierung der Ausschüttung selbst (124) ist im theoretischen Modell durch die Unterstellung gesichert, zum Kalkulationszinsfuß könne beliebig viel Kapital beschafft (und angelegt) werden. Jedoch: Offensichtlich ist diese Unterstellung unter praktischen Bedingungen kaum gerechtfertigt - und damit bleiben die Bedenken bestehen. In der Praxis treten Verstöße gegen das herkömmliche Realisationsprinzip auf, und es kann in einzelnen Perioden, insbesondere bei wachsenden Unternehmungen, schwierig werden, den nach der ökonomischen Gewinnrechnung ermittelten ausschüttungsfähigen Betrag zu finanzieren, also tatsächlich auszuschütten.(125) Durch eine gute Finanzplanung, die das Näherungsverfahren in Richtung auf eine Totalplanung verbesserte, läßt sich daraus erwachsenden Gefahren vorbeugen, doch sie sind nicht völlig zu beseitigen. Diese Einwendungen sprächen auch dagegen, das ökonomische Gewinnkonzept als einziges Rechnungsinstrument zu verwenden. D. Schneider schlägt vor, den ökonomischen <u>und</u> den buchhalterischen Gewinn zu betrachten (vgl. S. 57). Damit lassen sich auch die Einwendungen ausräumen, mit dem ökonomischen Gewinnkonzept werde gegen das Realisationsprinzip verstoßen und es könnten Liquiditätsschwierigkeiten auftreten. Trotzdem sei im folgenden weiterhin gefragt, ob das ökonomische Gewinnkonzept die herkömmliche Bilanzierung verdrängen kann. Bei dieser überspitzten Fragestellung werden die Nachteile der ökonomischen Gewinnrechnung deutlicher sichtbar.

Unsere bisherigen Ausführungen galten in erster Linie der ökonomischen Gewinnrechnung als Grundlage für die Ermittlung der ausschüttungsfähigen Größe. Was könnte diese Rechnung über die wirtschaftliche Lage der Unternehmung aussagen? Erwähnt wurden schon die Informationen über die Ertragslage und über die Liquiditätslage. Darauf und auf die anderen Komponenten der wirtschaftlichen Lage ist nun näher einzugehen. Vorweg: Hauptbedeutung kommt der ökonomischen Gewinnrechnung als Planungsrechnung zu. Aber natürlich könnten daneben für frühere Jahre und insbesondere für das abgelaufene Jahr Kontrollrechnungen aufgemacht werden, die die Soll- und die Istzahlen enthielten. Dann handelte es sich allerdings nicht mehr um ökonomische (auf kapitaltheoretischer Basis beruhende) Gewinnrechnungen in der eigentlichen Form. Ob aber Kontroll- oder Planungsrechnungen: Da die ökonomische Gewinnrechnung auf Einnahmen- und Ausgabenreihen aufbaut, ließe sich zunächst das gleiche veröffentlichen wie bei Zahlungsstromrechnungen; die Berechnung des Ertragswertes (bzw. allgemein: Zukunftswertes) der Unternehmung und des ökonomischen Gewinns stellen nur zusätzliche Schritte dar. Der gleiche Ausgangspunkt wie bei Zahlungsstromrechnungen brächte mit sich, daß ausführlich über die Liquiditätslage und mit Einschränkungen über die Ertragslage Rechnung gelegt würde. Über die Ertragslage gäben die Entwicklung des Ertragswertes und des Gewinns ergänzenden Aufschluß. Was hingegen wie bei Zahlungsstromrechnungen fehlte, ist eine Angabe über die Vermögens- und Kapitalstruktur der Unternehmung, damit über die vorliegende Haftungsmasse und ihre Finanzierung.

Der letztgenannte Gesichtspunkt "Vermögensnachweis" ließe sich jedoch mit und innerhalb der ökonomischen Gewinnrechnung wie folgt berücksichtigen: Der Gesamtzahlungsstrom der Unternehmung ist kein untrennbares einheitliches Gebilde, sondern setzt sich aus vielen einzelnen Einnahmen- und Ausgabenströmen zusammen, die nach und nach zu ermitteln sind. Bilanzieren könnte man nun die kleinsten "wirtschaftlichen Einheiten", denen sich gerade Einnahmen und Ausgaben zuordnen lassen. Damit ist aber zugleich die Problematik eines solchen Vorgehens angesprochen. Das "Zurechnungsproblem", das uns noch später beschäftigen soll, (126) würde erfordern, von der herkömmlichen handels- und steuerrechtlichen Einzelbewertung abzugehen. Einnahmen vor allem können in der Regel nur einzelnen wirtschaftlichen Einheiten oder gar nur der Unternehmung als Ganzes zugerechnet werden. Eine wirtschaftliche Einheit abnutzbarer Anlagen (Anlageneinheit) bestünde etwa in einer Bauunternehmung aus einem Bagger, zwei Lastwagen und einigen Schaufeln, die insgesamt eingesetzt werden, um Gruben auszuheben. Und in einer Automobilunternehmung mag eine ganze Fertigungsstraße eine wirtschaftliche Einheit darstellen. Wollte man also innerhalb des ökonomischen Gewinnkonzeptes einen Vermögensnachweis liefern, machte das eine Bilanzierung von wirtschaftlichen Einheiten erforderlich. Für sie wären die geschätzten Einnahmen und Ausgaben aufzuzeichnen und damit Zahlungspläne zu veröffentlichen, die mit unserer herkömmlichen Bilanzierung wenig gemein hätten. In einem zusätzlichen Schritt wären dann die "Einzelertragswerte" zu bestimmen, die den eigentlichen Vermögensnachweis darstellen.

In diesem Zusammenhang sei die "Abschreibungsberechnung" in Zahlungsstromrechnungen und ökonomischen Gewinnkonzepten behandelt. In beiden Rechnungen müssen die Zahlungsströme für jede Anlageneinheit festgestellt werden. Die Zahlungen fallen zu verschiedenen Zeitpunkten an. Erst für ein Nutzungsjahr, dann für zwei, drei Jahre usw. wird durch Abzinsung der "Einzelertragswert" jeder Anlageneinheit ermittelt. Der höchstmögliche Einzelertragswert zeigt die wirtschaftliche Nutzungsdauer. Bis hierhin muß man in beiden Rechnungen in gleicher Weise vorgehen. In der ökonomischen Gewinnrechnung ist dann aber ein weiterer Schritt möglich: Der höchste Einzelertragswert bildet zugleich den Ausgangswert der Abschreibungen. Die periodischen Abschreibungen folgen aus der Differenz der Einzelertragswerte zweier aufeinanderfolgender Zeitpunkte. Gemessen an der herkömmlichen Bilanzierung würde schon der Ausgangspunkt von (Einzel-)Ertragswerten wie beim Gesamtkonzept gegen das Realisationsprinzip verstoßen. Zudem kann es bei einzelnen Anlageneinheiten vorkommen, daß die Einzelertragswerte von einer Periode zur nächsten steigen. Das trifft ein, wenn der ökonomische Gewinn einer Anlageneinheit (gleich Zinssatz mal Einzelertragswert) größer ist als der Periodenüberschuß. In diesem Fall wäre eine Zuschreibung erforderlich. Bei abnutzbaren Anlageneinheiten kommt der Fall seltener vor, bei nicht abnutzbaren Anlageneinheiten (Grundstücken, Beteiligungen) wäre er dagegen häufiger anzutreffen. (127) Auf diese Probleme kommen wir später zurück. (128) Hier interessiert uns mehr das Gesamtkonzept. Doch schon jetzt läßt sich feststellen: Bei einer solchen "Abschreibungsberechnung" bliebe für eine Normierung wenig Raum.

Ein besonderes Problem stellte die Frage dar, wie man die wirtschaftlichen Einheiten in der Bilanz bezeichnen sollte. An sich wäre notwendig, jeweils anzugeben, aus welchen Teileinheiten sich eine wirtschaftliche Einheit zusammensetzt - ein kaum praktikables Verfahren. Wer die Aussagefähigkeit einer derartigen Bilanzierung beurteilen wollte, dürfte in diesem Zusammenhang auf keinen Fall übersehen, daß die wirtschaftlichen Einheiten von Unternehmung zu Unternehmung völlig verschieden und d. h. einheitliche Bilanzierungsvorschriften nur begrenzt möglich wären. Zudem gilt für diese Art der Bilanzierung natürlich das gleiche, was wir schon weiter oben anführten, entsprechend: Selbst wenn der Unternehmer sich alle Mühe gäbe, die "richtigen" Einnahmen und Ausgaben zu ermitteln, wird man den Zukunftszahlen mit Vorsicht begegnen müssen. Insgesamt gesehen schiene uns der Versuch, auf diesem Wege einen "Vermögensnachweis" zu führen, wenig erfolgversprechend. Zweifellos ist die heutige Bilanz zum Ausweis der Vermögens- und Kapitalstruktur besser geeignet und auch aus diesem Grund unentbehrlich. Wenn die ökonomische Gewinnrechnung einmal verwirklicht werden sollte, wird man sich auf die Angabe der Einnahmen und Ausgaben - entsprechend den Zahlungsstromrechnungen -

begnügen und zusätzlich die Schritte Ertragswert- und Gewinnermittlung anfügen müssen.

Nur angedeutet wurde bisher die Frage, ob die ökonomische Gewinnrechnung auch als Grundlage für die Gewinnbesteuerung dienen könnte. Vom rein theoretischen Standpunkt aus spräche nichts dagegen; von der Zielsetzung her ist das Konzept auf die Ermittlung des insgesamt entziehbaren Betrags angelegt. (129) Definiert man den ökonomischen Gewinn allerdings als insgesamt entziehbaren Betrag, dürfen selbstverständlich im Rechenansatz keine Gewinnsteuern als Ausgaben berücksichtigt werden. Es würde gelten: ökonomischer Gewinn gleich besteuerbarer Gewinn und: besteuerbarer Gewinn minus Gewinnsteuern gleich ausschüttungsfähiger Gewinn. Mit anderen Worten: Der dann ermittelte ökonomische Gewinn wäre zunächst der Gewinnbesteuerung zu unterwerfen, der verbleibende Rest stellte die ausschüttungsfähige Größe dar. Ist diese theoretische Möglichkeit praktikabel? Kaum! Ein erster Einwand kann unter dem Gesichtspunkt der steuerlichen Gleichbehandlung erhoben werden. Mit dem ökonomischen Gewinnkonzept wird u. a. angestrebt, bei der Gewinnermittlung steigende Preise der Produktionsfaktoren zu berücksichtigen. U. E. verlangt aber der Grundsatz der steuerlichen Gleichbehandlung, an der herkömmlichen Bilanzierung mit der damit verbundenen nominalen Kapitalerhaltung festzuhalten. Das ist im einzelnen beim Problem Abschreibungssumme zu erörtern. Dieser Gesichtspunkt spricht gegen das ökonomische Gewinnkonzept als Besteuerungsgrundlage und für die herkömmliche Bilanzierung. Noch wichtiger scheint aber ein zweiter Einwand zu sein.

Wir haben bisher unterstellt, die Unternehmer sollten versuchen, die zukünftigen Zahlungsströme nach bestem Wissen und Gewissen abzuschätzen. Gibt man diese Prämisse auf - und für praktische Verhältnisse muß man sie aufgeben -, läßt sich zeigen, daß das ökonomische Gewinnkonzept viel zu große Manipulationsmöglichkeiten bietet, als daß es für die Besteuerung ernsthaft in Frage käme. Ein solches Vorgehen liefe im Grunde auf eine Selbsteinsteuerung der Unternehmung hinaus. Auf die möglichen Manipulationen beim ökonomischen Gewinnkonzept ist nun im einzelnen einzugehen. Sie lassen diese Art der Rechnungslegung nicht nur für die Besteuerung wenig tauglich erscheinen, sondern setzen auch ihre Brauchbarkeit für die anderen Rechnungszwecke herab.

Das ökonomische Gewinnkonzept geht von subjektiven Zukunftsschätzungen aus. Das erweckt von vornherein den Verdacht, daß damit den Unternehmern ein Rechnungsinstrument mit großem Manipulationsraum in die Hand gegeben wird. Die Frage der Manipulation ist bedeutungslos, solange das Konzept nur für die interne Rechnungslegung gebraucht werden soll. Dafür darf man unterstellen, daß die Unternehmer sich nicht selbst "betrügen" wollen, wenn auch bei größeren Unternehmungen die Gefahr besteht, daß die einzelnen zugehörigen Betriebe die Zahlen manipulieren. Die Frage der Manipulationsmöglichkeit muß aber gestellt werden, wenn das ökonomische Gewinnkonzept für die externe Bilanzierung verwendet werden soll. Hier spielt die Nachprüfbarkeit eine große Rolle. Erinnern wir uns daran, was die Unternehmung zu veröffentlichen hätte. Im wesentlichen die erwarteten Einnahmen und Ausgaben und den geschätzten (Verlauf des) landesüblichen Zinsfuß(es) für die - sagen wir - nächsten fünf Jahre. Daraus würde der Ertragswert berechnet und als Annuität der Gewinn. Nun kann man sagen: Nach Abschluß jeden Geschäftsjahres liegen die Zahlen für das abgelaufene Jahr fest. Dann zeigt sich, wie gut die Unternehmensführung geschätzt hat. Das leuchtet auf den ersten Blick ein. Doch - dann ist folgendes zu überlegen: Kann die Unternehmensführung die Einnahmen- und Ausgabenströme während der einzelnen Geschäftsjahre nicht notfalls so "zurechtbiegen", daß die ursprünglichen Schätzungen erst durch nachträgliche (den Außenstehenden unbekannt bleibende) "Korrekturmaßnahmen" erreicht werden, obwohl sich doch eigentlich ursprüngliche Schätzungen und tatsächlicher Geschäftsverlauf decken sollten? Einnahmen sind in diesem Konzept die Zahlungseingänge in der Kasse und die Gutschriften auf den Konten der Unternehmung, bei den Ausgaben ist es umgekehrt. Daraus ergeben sich aber Möglichkeiten: Man kann z. B. Verkäufe beschleunigen oder hinauszögern, zusätzlich einen Kredit aufnehmen oder es bleiben lassen; Käufe von Rohstoffen und auch von Anlagen können vorgezogen oder verschoben werden, und das gleiche gilt für Reparaturen; man kann eine teurere oder billigere Maschine als ursprünglich veranschlagt anschaffen, eine Vorauszahlung leisten oder auf Ziel kaufen.

Das mag genügen: Die Zahlungstableaus können in der Praxis gar nicht so ausführlich sein, als daß solche Maßnahmen immer ersichtlich würden. Zum Teil ergeben sich sogar in einzelnen Zahlungsposten selbst Ausgleichsmöglichkeiten. Damit steht fest, daß die Unternehmensführung ihre ursprünglichen Schätzungen nachträglich durch Manipulationen rechtfertigen kann, falls das in ihrem Interesse liegt. Wenn aber trotzdem einmal positive - oder im Ausnahmefall negative - Abweichungen erkenntlich werden und deswegen unter Umständen Fragen drohen, läuft das Ganze darauf hinaus, daß sich die Unternehmensführung wohlüberlegte Begründungen für die Abweichungen einfallen läßt. Die Zukunftspläne selbst können und müssen zudem von Jahr zu Jahr aufgrund der neuesten Schätzungen revidiert werden. Außerdem wird nach vier oder fünf Jahren selten jemand danach fragen, was einmal in früheren Perioden geschätzt wurde. Unter diesen Umständen lassen sich zu gute oder zu schlechte Ergebnisse vertuschen.

Soweit aber manipuliert werden kann, wird manipuliert werden. Hier ist zunächst zu berücksichtigen: Da immer die Möglichkeit besteht, daß Schätzungen und tatsächliche Ereignisse nicht übereinstimmen, wird die Unternehmensführung normalerweise unter allen Umständen vermeiden, ihre Schätzungen zu hoch anzusetzen. Soweit auf außenstehende Anteilseigner Rücksicht zu nehmen ist, wird sie so verfahren, um sich von vornherein vor möglicher Kritik zu schützen. Sie kann dabei im Bewußtsein handeln, daß sich kaum jemand beklagen wird, wenn das Ergebnis besser als erwartet ausfällt. Und sollte die ökonomische Gewinnrechnung auch als Grundlage für die Besteuerung dienen, wird sich jede Unternehmensführung vor einer zu guten Schätzung hüten, um Steuern zu sparen.

Zusätzlich ist folgender Gesichtspunkt zu beachten: Kein Unternehmer - sei er Eigentümer oder Angestellter - wird groß geneigt sein, den richtigen Ertragswert seiner Unternehmung anzugeben, weil er dadurch jedem potentiellen Käufer der Unternehmung verraten würde, welchen Verkaufspreis er zu erzielen hofft. Dieses Argument würde u. E. einen weiteren wichtigen Grund für Unternehmer abgeben, nicht den richtigen Ertragswert und infolgedessen nicht den richtigen Gewinn auszuweisen.

Aus alldem ist zu schließen: Wird das Konzept in der Praxis angewandt, ist mit Manipulationen zu rechnen. Im großen und ganzen könnte deshalb die Anwendung des ökonomischen Gewinnkonzepts für die externe Bilanzierung nach den heutigen Erfahrungen etwa folgendermaßen ablaufen: Die Unternehmer stellten durch interne Rechnungen ihren tatsächlichen Gewinn fest, dann würde festgelegt, was ausgeschüttet werden soll. Anhaltspunkte wären dafür u. a.: die Dividenden der letzten Jahre, die erwarteten Dividenden der Konkurrenten, der intern festgestellte Gewinn. Durch bewußte Abänderung der Schätzung würde schließlich der gewünschte Ertragswert und Gewinn berechnet. Damit bliebe es aber - ähnlich wie bisher - den Unternehmern überlassen, das auszuweisen, was sie möchten. Der Gewinn fiele bei gut verdienenden Unternehmungen sicher nicht "zu hoch" aus. Andererseits bestünde für Gläubiger, außenstehende Anteilseigner usw. geringerer Schutz als heute, daß schlecht verdienende Unternehmungen aufgrund ihrer bewußt zu optimistischen Schätzungen einen zu hohen Gewinn errechneten und ausschütteten.

Auch diese Überlegungen ließen es bedenklich erscheinen, das ökonomische Gewinnkonzept anstelle der bisherigen externen Rechnungslegung zu setzen. Man erkennt aus alledem, daß die Bedeutung des geschilderten Konzepts in erster Linie auf dem Gebiet der internen Rechnungslegung liegt. (130) Das findet seine Bestätigung, wenn davon ausgegangen wird, daß mit dem ökonomischen Gewinnkonzept der betriebswirtschaftlich richtige Periodengewinn ermittelt werden soll. "Der betriebswirtschaftlich 'richtige' Periodengewinnbegriff ist" aber definiert als "der Gewinn, den der Unternehmer selbst als Planungs- und Kontrollgröße benötigt, den er unabhängig von dem Zwang des Handels- und Steuerrechts berechnen würde". (131) Diese Aussage kann kaum Grundlage für eine externe Rechnungslegung sein. Dadurch wird leicht der Eindruck erweckt, jegliche Vorschriften seien entbehrlich. Aber für die externe Rechnungslegung sind sie es nicht. Das hieße, allzuviel Vertrauen in die Person des "ordentlichen Kaufmanns" zu setzen. Bei der externen Rechnungslegung ist für alle Zwecke der Rechnungslegung der Nachweis nach außen zu führen und durch Vorschriften zu sichern, daß die Rechnungslegung nachprüfbar ist.

3. Ergebnis

Das ökonomische Gewinnkonzept anstelle der bisherigen Gewinnermittlung zu setzen, erscheint illusionär. Eine ganz andere Frage ist, ob man danach streben sollte, die ökonomische Gewinnermittlung neben der bisherigen Bilanzierung zu benützen. Mit dieser Fragestellung nähern wir uns noch mehr der Wirklichkeit. Wie schon erwähnt, hat D. Schneider mit Blick auf die praktische Anwendbarkeit eine Verbindung von buchhalterischer und ökonomischer Gewinnermittlung vorgeschlagen:(132) Vom buchhalterischen und ökonomischen Gewinn darf nur der geringere von beiden ausgeschüttet (bzw. entzogen) werden. Liegt der buchhalterische Gewinn über dem ökonomischen, ist nur der ökonomische Gewinn ausschüttbar, denn er ist als jener Betrag definiert, welcher der Unternehmung ohne Schwächung ihrer zukünftigen Leistungsfähigkeit entzogen werden kann. In Höhe der Differenz zwischen buchhalterischem und ökonomischem Gewinn ist eine Rücklage zu bilden. Im umgekehrten Fall ist der buchhalterische Gewinn voll ausschüttbar, eine vorhandene Rücklage entsprechend zu kürzen bzw. ganz aufzulösen.

Buchhalterische und ökonomische Gewinnermittlung nebeneinander zu verwenden, verlangte u. E. allerdings zweierlei: Zum ersten sind die theoretischen Grundlagen des ökonomischen Gewinnkonzepts weiter zu klären. Zum zweiten müßten nicht nur die herkömmliche Bilanz, Gewinn- und Verlustrechnung (und der Geschäftsbericht) veröffentlicht werden, sondern auch das Rechenwerk zur Ermittlung des ökonomischen Gewinns. Es hätte wenig Sinn, den ökonomischen Gewinn zu nennen, ohne zu zeigen, wie er errechnet wurde. Zu denken ist an eine Sonderrechnung neben der herkömmlichen Bilanzierung. Wie sie zweckmäßigerweise auszugestalten wäre, müßte noch im einzelnen diskutiert werden. Dabei käme es vor allem darauf an, die Erfordernisse der externen Rechnungslegung zu berücksichtigen. Auszuweisen wäre im Grunde genommen ein Zahlungstableau - wie es auch Moxter und Busse von Colbe vorschlagen -, das um die ökonomische Gewinnrechnung zu ergänzen wäre. Mit dem Zahlungsplan könnte zugleich die wichtige Frage nach der Liquiditätslage der Unternehmung beantwortet werden. Zusammen genommen würden Kontroll- und Planungsrechnungen veröffentlicht.

Benutzte man das ökonomische Gewinnkonzept neben der herkömmlichen Bilanzierung, würden nicht alle gegen das ökonomische Gewinnkonzept vorgebrachten Einwendungen verschwinden. Auch ohne bewußte Manipulationen ist der ökonomische Gewinn eines Jahres in der Regel niedriger als der buchhalterische Periodengewinn, denn im buchhalterischen Konzept ist nur das Nominalkapital zu erhalten, im ökonomischen Gewinnkonzept hingegen der (höhere) Ertragswert. In der Praxis werden die Unternehmer, entsprechend den bisherigen Erfahrungen mit der herkömmlichen Bilanzierung, versuchen, den ökonomischen Gewinn noch niedriger festzusetzen. Daß dafür Manipulationsmöglichkeiten bestehen, läßt sich nicht wegleugnen. Aber trotz der Bedenken käme es nach dem Grundsatz: Je mehr Informationen, um so besser, für die handelsrechtliche Rechnungslegung auf einen Versuch an. Allerdings ist damit zu rechnen, daß es Jahrzehnte dauert, bis sich die neuen Rechnungen in der Praxis durchsetzen, und vielleicht noch länger, bis eine gesetzliche Regelung erfolgt.

Insgesamt folgt: Die herkömmliche Gewinnermittlung wird weiterhin benötigt. Damit bleibt für sie die Frage nach möglichen Verbesserungen bestehen. Neben ihr die ökonomische Gewinnrechnung anzuwenden, ließe die Frage eher dringender erscheinen. Denn um Manipulationen in der ökonomischen Gewinnrechnung vorzubeugen, müßten Handels- und Steuerbilanz als Kontrollinstrumente noch leistungsfähiger sein. Nur dann ist das Gebot der Nachprüfbarkeit zu gewährleisten.

c) Der Ansatz Albachs

1. Darstellung

Bei dem Vorschlag Albachs (133) handelt es sich um einen Sonderfall zum eben besprochenen ökonomischen Gewinnkonzept. Deshalb treffen im wesentlichen die gleichen Einwendungen zu, und als Ergebnis steht fest: Auch dieses Konzept kann die herkömmliche Gewinnermittlung nicht ersetzen. Das ist an Hand einiger, z. T. zusätzlicher Gesichtspunkte zu begründen. Dabei wird auch deutlich werden, ob der Ansatz Albachs dem Konzept D. Schneiders vorzuziehen ist.

Nach Albach ist zunächst - wie bei jeder ökonomischen Gewinnrechnung - der optimale Gesamtplan der Unternehmung zu entwickeln.. Das ist jener Plan, der beim gewählten Kalkulationszinsfuß (einem Marktzinsfuß) den höchsten Kapitalwert ergibt. Der ermittelte Optimalplan bildet die Grundlage der eigentlichen Rechnungslegung. Aus dem Optimalplan sind die zukünftigen Periodenüberschüsse als Differenz der Einnahmen und Ausgaben bekannt; ihr Barwert ist festzustellen. Für die Diskontierung soll nun - und das ist die Besonderheit - der interne Zinsfuß der Gesamtunternehmung genommen werden, der seinerseits aus den zukünftigen Zahlungsströmen zu errechnen ist. (134) Der interne Zinsfuß einer Investition ist definiert als jener Zinsfuß, "bei dem der auf irgendeinen Zeitpunkt bezogene Gegenwartswert sämtlicher Aus- und Einzahlungen gleich Null ist oder, was dasselbe besagt, bei dem die beiden Zahlungsreihen äquivalent sind". (135) Unter der Bedingung, daß Schätzwerte und tatsächliche Größen übereinstimmen (wenn Sicherheit herrscht und von Manipulationen abgesehen wird), will Albach durch sein Vorgehen erreichen, daß die Periodenüberschüsse den Anschaffungskosten entsprechen. Es liegt ein Spezialfall des ökonomischen Gewinnkonzepts vor: Durch Abzinsen mit dem internen Zinsfuß soll der Ertragswert auf den Anschaffungswert zusammenschmelzen. Ziel Albachs ist, das (herkömmliche) Realisationsprinzip einzuhalten; er ist offenbar der Ansicht, das Realisationsprinzip durch die vorgeschlagene Bewertung automatisch zu sichern. (136)

Wie ermittelt sich der Gewinn? Analog zum vorhergehenden Konzept folgt für eine Unternehmung mit unbegrenzter Lebensdauer bei Sicherheit: Nach Ablauf einer Periode sind die Zahlungsströme um eine Periode weniger abzuzinsen, demnach wächst der Anschaffungswert um den Betrag Anschaffungswert mal interner Zinsfuß. Dieser Betrag stellt den ökonomischen Gewinn in Albachs Konzept dar. Er gilt als realisiert und ist nach der Zielsetzung auszuschütten. (137)

Der Ansatz soll nicht nur auf die Unternehmung als Ganzes angewendet werden, sondern erklärtes Ziel ist, "die Synthese zwischen Einzelbewertung und Gesamtbewertung zu finden"(138) - was bedeutet, das Konzept auf einzelne Wirtschaftsgüter zu übertragen. Dementsprechend leitet Albach ab: "Summe der Anschaffungskosten = Summe Einzelkapitalwerte = Gesamtertragswert des Unternehmens". (139) Und er erläutert: "Eine Bilanz, die der Bedingung genügt, daß die Summe der Einzelwerte gleich dem Gesamtwert des Unternehmens laut Optimalplan ist, bezeichne ich als synthetische Bilanz."(140)

2. Kritische Analyse

So weit zunächst die Darstellung des Konzepts bei Sicherheit. Kritisch ist folgendes anzumerken: Um den Optimalplan festzustellen, sind die gleichen Schwierigkeiten zu überwinden wie bei jeder ökonomischen Gewinnrechnung: Preisänderungen, der Einfluß des technischen Fortschritts und anderer Datenänderungen sind zu schätzen, der Kalkulationszinsfuß ist zu bestimmen. Den internen Zinsfuß festzulegen, bedeutet gegenüber dem zuvor behandelten Konzept einen zusätzlichen Rechenschritt. Wichtiger ist aber zu fragen, was die Bewertung zum internen Zinsfuß der Gesamtunternehmung bewirkt. Erreicht werden soll, daß zu Anschaffungswerten "bilanziert" und das Realisationsprinzip eingehalten wird. Zunächst unterstellt, dies geschähe tatsächlich, so ist, von der Aussagefähigkeit her beurteilt, eine Rechnungslegung auf dieser Basis zweifellos geringer einzuschätzen als eine ökonomische Gewinnrechnung zu Ertragswerten. Das gilt sowohl hinsichtlich einer Aussage über die Ertragslage als auch über das zur Verfügung stehende Vermögen und über die Kapitalverhältnisse. Aber wird mit Hilfe des internen Zinsfußes der Gesamtunternehmung tatsächlich eine Bewertung zu Anschaffungsausgaben und die - automatische - Sicherung des herkömmlichen Realisationsprinzips erreicht? Keineswegs! Selbst bei Neugründungen, also in der Gründungsbilanz, würde bei richtiger Bewertung in der Regel nicht zu Anschaffungsausgaben bilanziert. Die Ursache liegt darin, daß Albach den internen Zinsfuß der Gesamtunternehmung benutzt. Es ist leicht zu erkennen, daß bei diesem Vorgehen nur dann keine Fehler auftauchen, wenn die einzelnen internen Zinsfüße der (Investitions-)Objekte dem internen Zinsfuß der Gesamtunternehmung entsprächen - eine mehr als wirklichkeitsfremde Unterstellung. Der Nachweis sei an Hand eines einfachen Beispiels geführt.

Wir betrachten die Zahlungsströme einer Unternehmung über drei Perioden. Die Unternehmung bestehe aus drei Objekten, die in t_o angeschafft und über drei Perioden genutzt oder verkauft werden. Durch die Beschränkung in zeitlicher Hinsicht und auf Objekte mit mehrperiodischer Nutzung bzw. mehrperiodischem Verkauf wird die allgemeine Gültigkeit der abgeleiteten Ergebnisse nicht beeinflußt. In der folgenden ersten Aufstellung sind in den ersten drei Zeilen die tatsächlichen Anschaffungsausgaben in t_o, die zu den nächsten drei Zahlungszeitpunkten t_1 bis t_3 erwarteten Periodenüberschüsse und die individuellen Zinsfüße r_1, r_2, r_3 der drei Objekte angegeben. Aus den Einzelwerten ergeben sich der Gesamtzahlungsstrom und als Durchschnittswert der interne Zinsfuß

		t_o	t_1	t_2	t_3	r
Objekt I	-	592	+ 300	+ 250	+ 150	10 %
Objekt II	-	231	+ 10	+ 100	+ 200	12 %
Objekt III	-	314,4	+ 160	+ 110	+ 140	15 %
I + II + III	-	1137,4	+ 470	+ 460	+ 490	12 %
	(-	1135,2)				
Objekt I	-	573,9	+ 300	+ 250	+ 150	12 %
Objekt II	-	231	+ 10	+ 100	+ 200	12 %
Objekt III	-	330,2	+ 160	+ 110	+ 140	12 %
I + II + III	-	1135,1	+ 470	+ 460	+ 490	12 %

der Gesamtunternehmung r_d. Der interne Zinsfuß der Gesamtunternehmung ist rund 12 %. Die kleine Abweichung zwischen den tatsächlichen Gesamtausgaben (1137,4) und den Ausgaben bei Abzinsung des Gesamtzahlungsstroms mit 12 % (1135,2) braucht uns nicht weiter zu stören. Albach schlägt nun eine Bewertung der einzelnen Objekte mit dem internen Zinsfuß der Gesamtunternehmung vor. Aus der zweiten Aufstellung können wir erkennen: Nur Objekt II, dessen individueller Zinsfuß dem internen Zinsfuß der Gesamtunternehmung entspricht ($r_2 = r_d$), wird zu Anschaffungsausgaben bewertet. Beim Objekt I ($r_1 < r_d$) müßte hingegen bei richtiger Bewertung ein Ansatz unterhalb der tatsächlichen Anschaffungsausgaben erfolgen; das hieße: schon im Zeitpunkt der Anschaffung wäre eine Abschreibung erforderlich, obwohl sich das Objekt immerhin mit 10 % rentiert. Und bei Objekt III ($r_3 > r_d$) verlangte eine richtige Bewertung einen Ansatz über die tatsächlichen Anschaffungsausgaben hinaus. Beide Fälle zusammen zeigen, daß Albachs Konzept selbst im Gründungszeitpunkt und bei Sicherheit keineswegs eine Bewertung zu Anschaffungsausgaben bedeutet, und für Objekt III läßt sich zusätzlich erkennen, daß auch nicht das Realisationsprinzip automatisch gesichert ist. Dieses Ergebnis gilt nicht nur für den Gründungszeitpunkt und auch nicht nur für Objekte, die mehrere Jahre genutzt oder über mehrere Jahre verkauft werden:

Immer wenn die individuellen internen Zinsfüße von dem der Gesamtunternehmung abweichen, fallen die Ansätze bei richtiger Bewertung und die tatsächlichen Anschaffungsausgaben auseinander. Nun kann man, um das Realisationsprinzip nicht zu verletzen, für Fälle wie bei unserem Objekt III bestimmen: Es darf nicht über die Anschaffungsausgaben hinausgegangen werden! Doch das hätte zur Folge, daß die Grundgleichung "Summe der Anschaffungskosten = Summe Einzelkapitalwerte = Gesamtertragswert des Unternehmens", der Albach offenbar große Bedeutung zumißt, nicht mehr stimmte. Und von richtiger Bewertung könnte keine Rede sein. Um es zu wiederholen: Die Ursache des Dilemmas liegt in der Bewertung zum internen Zinsfuß der Gesamtunternehmung.

Brächte eine Bewertung zu den individuellen internen Zinsfüßen ein besseres Ergebnis? Dadurch ließe sich zwar erreichen, daß zum Zeitpunkt der Anschaffung immer zu den tatsächlichen Anschaffungsausgaben bewertet und damit das Realisationsprinzip eingehalten würde. Doch nicht auszuschließen wäre bei diesem Vorgehen, daß eine richtige Bewertung erforderte, bei mehrperiodischer Nutzung oder mehrperiodischem Verkauf eines Objektes über die Anschaffungsausgaben hinauszugehen und damit gegen das Realisationsprinzip zu verstoßen. Um das zu belegen, sehen wir uns Objekt II unseres Beispiels näher an. Wenn wir unterstellen, daß es sich um ein abnutzbares Objekt handelt, so zeigt die Bewertung der nächsten Perioden, wie in Albachs Konzept die Abschreibungen (bzw. Zuschreibungen) zu berechnen sind und der ökonomische Gewinnbeitrag der Einzelobjekte zu ermitteln ist.

In t_o erfolgte eine Bewertung zu den tatsächlichen Anschaffungsausgaben. Wie erhält man die Buchwerte für die folgenden Zahlungszeitpunkte? Die Lösung ist einfach: Jeweils die zukünftigen Zahlungsströme sind (mit dem Zinsfuß 12 %) abzuzinsen, etwa für t_1 der Wert 100 um eine Periode, der Wert 200 um zwei Perioden. Dann ergeben sich die in der folgenden Aufstellung aufgeführten Buchwerte. Die Zu- bzw. Abschreibungen der einzelnen Perioden sind die Differenzen der Buch-

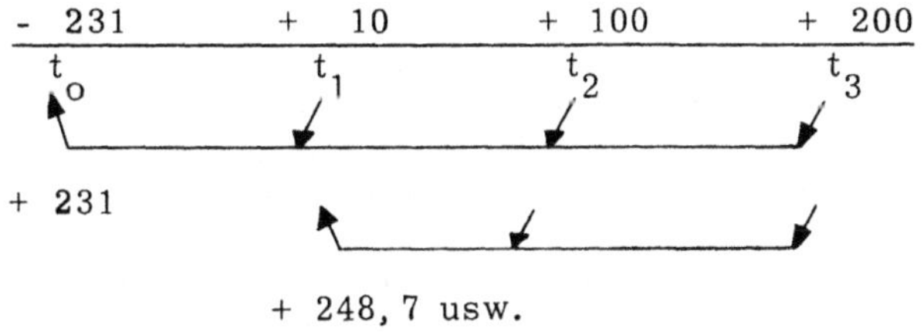

	Buch-wert	Zuschreibung	Abschreibung	Perioden-überschuß	Gewinn-beitrag
t_o	231				
		+ 17, 7	-	+ 10	+ 27, 7
t_1	248, 7				
		-	- 70, 1	+ 100	+ 29, 9
t_2	178, 6				
		-	- 178, 6	+ 200	+ 21, 4
t_3	0				

werte. Hier müßte in der zweiten Periode über die Anschaffungsausgaben zugeschrieben werden. Das Realisationsprinzip wird also auch nicht unbedingt bei einer Bewertung zu individuellen internen Zinsfüßen eingehalten. Da der individuelle interne Zinsfuß im angenommenen Beispiel dem internen Zinsfuß der Gesamtunternehmung entspricht, heißt das zugleich: Auch bei einer Bewertung zum internen Zinsfuß der Gesamtunternehmung kann nicht nur regelmäßig bei Gründung einer Unternehmung und allen sonstigen Zeitpunkten der Anschaffung, sondern während aller Perioden der Nutzung bzw. des Verkaufs eines Objektes gegen das Realisationsprinzip verstoßen werden. Unterbindet man dieses Ergebnis, indem man als Wertobergrenzen die Anschaffungsausgaben festlegt, so ist zwangsläufig die Bewertung falsch.

In der Aufstellung haben wir auch den Gewinnbeitrag des Objektes II aufgeführt. Er ergibt sich einerseits nach unserer Erklärung als Buchwert mal Zinssatz (z. B. für die dritte Periode als 178,6 mal 0,12 = 21,4), andererseits als Summe von Periodenüberschuß und Zuschreibung bzw. als Differenz von Periodenüberschuß und Abschreibung. Für die ökonomische Gewinnrechnung zu Ertragswerten werden die Abschreibungen und die Gewinnbeiträge analog errechnet: Anstelle des internen Zinsfußes tritt als Kalkulationszinsfuß ein Marktzinsfuß. Wenn wir Objekt II isoliert betrachten, erkennen wir aus den Zahlen der ersten Periode auch die Gefahr von Liquiditätsschwierigkeiten, die bei allen ökonomischen Gewinnkonzepten auftauchen können und auf die wir aufmerksam gemacht haben. In unserem Beispiel beträgt der errechnete ausschüttbare Gewinnbeitrag 27,7, der Periodenüberschuß, aus dem der Gewinn zu finanzieren wäre, jedoch nur 10. Diese Gefahr besteht entsprechend für Unternehmungen als Ganze, vor allem, wenn es sich um wachsende Unternehmungen handelt. Im Beispiel reicht allerdings der Gesamtperiodenüberschuß der ersten Periode aus (470), um den ökonomischen Gewinn (1135 mal 0,12 = 136,2) zu finanzieren.

In unserem Beispiel haben wir bewußt von (Investitions-)Objekten der Unternehmung gesprochen und im unklaren gelassen, was darunter eigentlich zu verstehen ist. Damit wollten wir vorerst die Frage zurückdrängen, wofür in der Praxis Zahlungsströme zu ermitteln sind und was folglich unter praktischen Bedingungen bewertet werden kann. Diesem Problem gilt nun unsere Aufmerksamkeit. Machen wir uns zunächst noch einmal Albachs Vorstellungen klar. Er will mit seinem Verfahren Einzel- und Gesamtbewertung verbinden; sein Hauptanliegen ist, das Teilwertproblem zu lösen. Aus diesen zwei Punkten und der ausdrücklichen Benutzung des Begriffs Wirtschaftsgut in einem Teil seiner Veröffentlichungen (141) muß man den Eindruck gewinnen, Albach war oder ist der Meinung, er könne mit seinem Verfahren einzelne Wirtschaftsgüter (Vermögensgegenstände) bewerten, also die einzelne Drehbank - oder den Lastwagen und den Bagger, obwohl beide zur gleichen Zeit angeschafft und für die gleiche Aufgabe (Ausheben von Baugruben) eingesetzt werden. Albach unterstellt damit, das "Zurechnungsproblem" sei gelöst bzw. sei lösbar. Allgemein ist man hingegen der Ansicht, daß in der Praxis wegen der vielen Interdependenzen einem einzelnen Wirtschaftsgut oft noch nicht einmal die Ausgaben (Kosten) zugerechnet werden können, geschweige denn die Einnahmen. Möglicherweise sind auch Albach Bedenken gekommen. In einer seiner Veröffentlichungen finden sich einige, wenn auch dunkle Ausführungen, die sich in diesem Sinne interpretieren lassen. Klar ersichtlich wird aber dort der Begriff "Wirtschaftsgüter" apostrophiert, und es ist die Rede von "einzelnen, wohl unterscheidbaren Entscheidungsmöglichkeiten".(142) Ob sich nun Albach der allgemeinen Ansicht angeschlossen hat oder nicht, u. E. ist mit seiner Rechnung keine Einzelbewertung im herkömmlichen Sinne möglich und das Teilwertproblem nicht lösbar. Im übrigen gelten hier unsere Ausführungen zum zuvor behandelten ökonomischen Gewinnkonzept über den Ausweis der Vermögens- und Kapitalverhältnisse analog.

Die hauptsächlichen Einwendungen gegen Albachs Konzept entstehen analog den früheren Überlegungen, wenn berücksichtigt wird, daß unter praktischen Bedingungen immer mit Planabweichungen zu rechnen ist. Albachs Überlegungen dazu seien der Vollständigkeit halber genannt. (143) Die tatsächlich eintretenden Werte können günstiger oder ungünstiger ausfallen als vorausgeschätzt. Tritt eine günstigere Entwicklung ein, sei bei den Objekten (Albach spricht von Wirtschaftsgütern), die zu Anschaffungswerten bilanziert werden, der Kalkulationszinsfuß, d. h. der benutzte interne Zinsfuß, zu erhöhen. Dabei bleibt offen, ob der interne Zinsfuß der Unternehmung insgesamt vergrößert oder mit verschiedenen individuellen internen Zinsfüßen gerechnet werden soll. Bei abnutzbaren Objekten sei dagegen der ursprünglich geschätzte interne Zinsfuß beizubehalten, und es dürfe eine Aufwertung (Zuschreibung) bis zu den Anschaffungswerten erfolgen. Hier liegt eine weitere Unklarheit vor. Die Wirtschaftslage kann so günstig ausfallen, daß eine richtige Bewertung der abnutzbaren Objekte verlangt, beim einmal gewählten internen Zinsfuß über die Anschaffungswerte hinauszugehen oder aber auch hier den internen Zinsfuß zu erhöhen. Davon abgesehen, bedeutet Albachs Vorschlag, mit verschiedenen internen Zinsfüßen zu bewerten - entgegen der ursprünglichen Absicht, den internen Zinsfuß der Unternehmung zu benutzen. Waren die Schätzungen zu optimistisch, liegen also die tatsächlichen Werte unter den geplanten, kann entweder wie bisher bewertet werden; das machte eine Verminderung des internen Zinsfußes (bzw. der internen Zinsfüße) erforderlich. Oder aber der einmal gewählte interne Zinsfuß wird beibehalten; dann wären die Bewertungsansätze zu verringern. Albach spricht sich für den zweiten Weg aus, d. h. eine (Teilwert-)Abschreibung vorzunehmen. Dies Vorgehen folgt aus dem Imparitätsprinzip, das fordert, negative Erfolgsbeiträge vorwegzunehmen (vgl. S. 68). Dies ist der Ausgangspunkt und Kerngedanke der Albachschen Überlegungen zum Teilwert. Schneider hat nachgewiesen, daß selbst in diesem Fall gegen das Realisationsprinzip verstoßen werden kann. (144)

Neben diesen theoretischen Einwänden ist das Problem der Manipulationen zu bedenken. Albach läßt es vollkommen außer acht, obwohl davon entscheidend abhängt, ob ein Konzept unter praktischen Bedingungen tauglich ist. Daß auch in dieser Rechnung manipuliert werden könnte und würde, steht außer Frage. Hier wären die Unternehmer vor allem bestrebt, den tatsächlichen internen Zinsfuß der Gesamtunternehmung (die Rendite) zu verheimlichen. Daß die gleichen Ausführungen gelten wie zum vorher genannten Konzept, wird deutlich, wenn wir uns klarmachen, daß sich durch einen zusätzlichen Rechenschritt der Ertragswert als Produkt von Anschaffungsausgaben und internem Zinsfuß ermitteln läßt.

In Anbetracht der Manipulationsmöglichkeiten sind u. E. die abschließenden Überlegungen Albachs, ob hinsichtlich der verschiedenen Interessenten besser mit der Ober- oder Untergrenze des Schätzintervalls oder dem darin liegenden Erwartungswert zu bewerten ist, (145) nicht von großer praktischer Bedeutung. Es könnte nicht verhindert werden, daß die Unternehmer in der Praxis an die Untergrenze oder noch darunter gingen - mit entsprechenden Wirkungen für die Ermittlung des Gewinns und den Ausweis der wirtschaftlichen Lage.

V. Die Bedeutung der herkömmlichen Gewinnermittlung in Handels- und Steuerbilanz

a) Abgrenzung und Gegenstand der weiteren Untersuchung

Aus der vorhergehenden Diskussion folgt, daß die gegenwärtige Bilanzierung unentbehrlich ist. Sie wird nicht nur benötigt, weil Zahlungsstromrechnungen und ökonomische Gewinnkonzepte über einige Rechnungszwecke, wie die Vermögens- und Kapitalverhältnisse, gar keinen oder kaum Aufschluß geben. Sie wird auch mit Blick auf die anderen Rechnungszwecke gebraucht, und zwar deshalb, weil sie als vergangenheitsbezogene Rechnung besser nachprüfbar ist. Mit den zuvor besprochenen Zukunftsrechnungen sind größere Unsicherheiten verbunden, und es bestehen mehr Manipulationsmöglichkeiten - das setzt ihre Eignung für die externe Rechnungslegung herab. Aber selbst wenn wir im Hinblick auf die Notwendigkeit der herkömmlichen Gewinnermittlung zu optimistisch wären, so sind Gründe vorhanden, sich mit ihr und der Abschreibungsfrage auseinanderzusetzen: Es wird Jahrzehnte dauern, bis sich die neuen Rechnungen in der Praxis durchsetzen, und vielleicht noch länger, bis eine gesetzliche Regelung erfolgt. Bis dahin kann man aber nicht warten. Für die Zwischenzeit ist die herkömmliche Rechnungslegung zu verbessern. Daß sie erhebliche Schwächen besitzt, hat schon unsere vorhergehende Untersuchung gezeigt. Um diese Schwächen noch klarer zu erkennen, müssen wir die heutige Bilanzierung näher betrachten. Das ist Voraussetzung, um Verbesserungen zu finden. Als Ziel schwebt vor, die externe Bilanzierung so zu ändern, daß die gewünschten Zwecke besser erreicht werden können.

Bisher haben wir von externer Bilanzierung, herkömmlicher Gewinnermittlung usw. gesprochen, ohne näher zu beschreiben, was darunter zu verstehen ist. Die herkömmliche Bilanzierung gehört zu den buchhalterischen Konzepten (vgl. S. 45). Diese Konzepte gehen von der Einzelbewertung aus; materiell unterscheiden sie sich durch die Art der Bewertung, formell können als Folge der Bewertung Bilanzierungsposten hinzutreten (z. B. "Substanzerhaltungsrücklage"). Hauptformen der buchhalterischen Unternehmenserhaltung sind die "Kapitalerhaltung" und die "Substanzerhaltung". Geht man vom Regelfall der Unternehmung ohne begrenzte Lebensdauer aus, so ist als Mindestforderung anzusehen: die Erhaltung des nominal eingesetzten Geld-Kapitals. Auf "nominaler Kapitalerhaltung" beruht unsere herkömmliche Gewinnermittlung. Das bedeutet: Gewinn ist alles, was über die Erhaltung des Nominalkapitals hinaus erwirtschaftet wird. Ob die herkömmliche Bilanzierung bei nominaler Kapitalerhaltung bleiben sollte oder eine andere Form der Unternehmenserhaltung notwendig ist, wollen wir später am konkreten Beispiel des Abschreibungsausgangswertes untersuchen. Daß die nominale Kapitalerhaltung heute vielfach durchbrochen wird, sehen wir, wenn die theoretischen Voraussetzungen und die praktische Handhabung der externen Bilanzierung besprochen werden.

Bei der begrifflichen Einordnung darf die externe Bilanzierung nicht einfach gleichgesetzt werden mit der öffentlich-rechtlichen Rechnungslegung, denn diese umfaßt die Erfolgsbilanzen und die Vermögensaufstellung. Die Vermögensaufstellung nach dem Bewertungsgesetz beschäftigt uns im folgenden nicht. Wir stellen unsere Argumentation ab auf die Erfolgsbilanzen: die jährliche Handelsbilanz und die daraus abgeleitete Steuerbilanz. Steuerrechtlich "genügt" als Rechenwerk die Bilanz, handelsrechtlich tritt neben die Bilanz die Gewinn- und Verlustrechnung und teilweise ein Geschäftsbericht. Da die Abschreibung als Bestandsänderungskomponente in der Bilanz und als (gleich hoher) Aufwandsposten in der Gewinn- und Verlustrechnung erscheint, ist die Gewinn- und Verlustrechnung zwangsläufig ebenfalls Bestandteil unserer Untersuchung. Bilanz und Gewinn- und Verlustrechnung bezeichnen wir entsprechend § 148 Aktiengesetz als Jahresabschluß. Im Geschäftsbericht ist vor allem der Jahresabschluß zu erläutern. Daß nach den gegenwärtigen Vorschriften nur einige Rechtsformen Geschäftsberichte aufstellen müssen - wie Aktiengesellschaften, Kommanditgesellschaften auf Aktien und Genossenschaften (vgl. §§ 148, 160, 286 Aktiengesetz, §§ 33, 33 a Genossenschaftsgesetz) -, ist für uns kein Hinderungsgrund, dieses "Werkzeug" allgemein in unsere Betrachtung einzubeziehen. Zu den Darstellungsmitteln externer Bilanzierung i. e. S. gehören die handels- und steuerrechtliche Bilanz und die Gewinn- und Verlustrechnung, im weiteren Sinne ist auch der Geschäftsbericht dazuzurechnen.

Die frühere Kennzeichnung der externen Rechnungslegung und damit der externen Bilanzierung als nach außen gerichtet und die Aufzählung der einzelnen Interessenten werfen die Frage auf: Zählen nur die veröffentlichte (publizierte) handelsrechtliche Bilanzierung und die Steuerbilanz zur externen Bilanzierung, oder fällt auch die nichtveröffentlichte Handelsbilanz darunter? Machen wir es kurz: In der gesetzlichen Verpflichtung zur Bilanzierung zeigt sich, daß der Unternehmer die handelsrechtliche Bilanzierung - einerlei, ob zu publizieren oder nicht - wie die Steuerbilanz keineswegs für sich selbst aufstellt. Zur im Handels- und Steuerrecht geregelten öffentlichen Rechnungslegungspflicht (146) gehören publizierte und nichtpublizierte handelsrechtliche Bilanzierung und steuerrechtliche Bilanzierung in gleicher Weise.

Für unsere Überlegungen empfiehlt es sich trotzdem, die zu publizierende externe Bilanzierung in den Vordergrund zu stellen. Dieses Vorgehen ist durch die allgemeine Ansicht gedeckt, daß für die Handelsbilanz, unabhängig, ob zu publizieren oder nicht, und die Steuerbilanz die gleichen Grundsätze ordnungsmäßiger Buchführung (GoB) gelten. Diese wollen wir aber gerade im Hinblick auf die Abschreibungsverrechnung in Handels- und Steuerbilanz untersuchen. Praktisch heißt dieses Vorgehen - wie auch die Einbeziehung des Geschäftsberichts -, daß unsere Untersuchung von der Großunternehmung in Form der Aktiengesellschaft ausgeht. Haben wir erst einmal dafür die Abschreibungsverrechnung geklärt, ist es ein leichtes, unsere formellen Ergebnisse auf mittlere und kleinere Unternehmungen zuzuschneiden und die materiellen Ergebnisse - falls notwendig - für andere Rechtsformen und die Steuerbilanz abzuwandeln.

Die Abschreibungsfrage ist nicht nur für die Handels- und die Steuerbilanz (externe Bilanzierung) zu lösen. Sie taucht auch auf in Jahresbilanzen kraft bürgerlich-rechtlicher Verpflichtung, nach denen der Gewinn verteilt werden soll, und in sonstigen internen Bilanzen, die der Ermittlung eines Periodenerfolges dienen. Diese internen Bilanzen stellen die Unternehmer für ihre eigenen innerbetrieblichen Zwecke auf. Dazu braucht man sie nicht zu zwingen (vgl. S. 18). Und man darf auch den Unternehmern für ihre interne Bilanzierung keine Vorschriften machen. Für die erwähnte Bilanzierung aufgrund bürgerlich-rechtlicher Verpflichtung gelten die in den betreffenden Verträgen vorgesehenen Grundsätze, (147) und bei sonstigen internen Bilanzen können die Unternehmer rechnen, wie sie es für richtig halten - obwohl es sich auch dort empfehlen würde, die "externen GoB" anzuwenden, um sich nicht selbst zu täuschen. Die interne Bilanzierung ist wie das sonstige betriebliche Rechnungswesen für unsere Untersuchung nicht völlig bedeutungslos. Vielmehr sind sie insoweit zu beachten, als die Verrechnung der Abschreibung in Handels- und Steuerbilanz darauf fußt. Wir müssen davon ausgehen, der Unternehmer selbst wolle die Abschreibung so richtig wie möglich errechnen. Soweit er das tatsächlich kann, sind Maßnahmen zu überlegen, die ihm verwehren, in der externen Bilanzierung anders zu rechnen als in der internen. Soweit eine richtige Rechnung durch den Unternehmer nicht möglich ist, muß auch ein Ausweg aus diesem Dilemma gesucht werden.

b) Theorie und Praxis der externen Bilanzierung

1. Die materiellen und formellen Grundsätze ordnungsmäßiger Buchführung als Richtschnur der Bilanzierung

Die Zwecke der externen Rechnungslegung bzw. ihre einzelnen Komponenten sind theoretisch der Angelpunkt für die materielle und formelle Lösung des Abschreibungsproblems. Dementsprechend ist zu fragen: Was soll erreicht werden? Benötigen wir dazu die externe Bilanzierung? Wenn ja, wie muß die Abschreibung verrechnet werden, um den Zweck (die Zwecke) zu erreichen? Von außen vorgegebene Daten stellen für die Lösung Nebenbedingungen dar. Ist bekannt, über was die verschiedenen Interessenten der Bilanz informiert werden sollen, dürfte es nicht schwer fallen, dieses Ziel notfalls durch entsprechende Vorschriften zu erzwingen. (148)

Die Zwecke der externen Rechnungslegung haben wir erörtert, auch, daß wir dafür die externe Bilanzierung brauchen. Deshalb ist nun zu überlegen, wie die Abschreibung zweckmäßigerweise zu verrechnen ist. Soweit dazu die einschlägigen Gesetze keinen Aufschluß geben, sind für diese spezielle Bilanzierungsfrage gemäß § 38 Handelsgesetz, § 149 Aktiengesetz usw. Grundsätze abzuleiten: Grundsätze ordnungsmäßiger Buchführung. Diese GoB sind nicht nur für die Handelsbilanz von Bedeutung, sondern auch für die Steuerbilanz "maßgeblich". Was Maßgeblichkeit genau besagt, ist umstritten. Im allgemeinen wird folgende Auffassung vertreten: Die handelsrechtlichen GoB sind für die steuerliche Bilanzierung bindend, soweit die Bestimmungen des Einkommensteuergesetzes nichts anderes vorschreiben. (149) Das folgt auch unmittelbar aus § 5 Einkommensteuergesetz. Für die Ableitung der GoB vertreten wir die Auffassung, die GoB seien auf deduktivem Wege zu ermitteln, eine Meinung, die im jüngeren Schrifttum immer häufiger auftaucht (150) und sich mit der Zeit durchsetzen dürfte.

Zu den Grundsätzen ordnungsmäßiger Buchführung gehören im umfassenden Sinn sowohl die Grundsätze der Dokumentation als auch die Grundsätze der Rechenschaft. (151) Die Grundsätze der Dokumentation (Grundsätze ordnungsmäßiger Buchführung im engeren Sinn) befassen sich mit dem ersten Problemkreis der Bilanzierung: der Erfassung aller Bewegungen und Bestände. Diese Grundsätze sind nicht unser Anliegen. (152) Indem wir sie aus der Diskussion ausklammern, unterstellen wir praktisch, daß die Organisation der Buchführung kein Hindernis bildet, so richtig wie möglich zu rechnen und so klar wie nötig darzustellen. Die von uns angeschnittenen und zu behandelnden Probleme betreffen die Fragen der Bewertung und des Ausweises. Dafür sind die Grundsätze der Rechenschaft zuständig. Sie geben die Richtschnur für die Bilanzierung.

Unsere Untersuchung kann aufbauen auf vorhandene allgemeine Grundsätze. Zunächst sind diese kurz zu betrachten; unsere Hauptaufgabe ist dann, die allgemeinen Grundsätze für das Abschreibungsproblem zu interpretieren bzw. konkreter zu fassen. Bei der Überprüfung der allgemeinen Grundsätze greifen wir auf Leffson zurück, dessen Arbeit "Die Grundsätze ordnungsmäßiger Buchführung" die umfassendste Darstellung auf diesem Gebiet in den letzten Jahren ist. In Ergänzung zu Leffson wollen wir zwischen materiellen und formellen GoB unterscheiden: Die materiellen GoB betreffen die Frage der Bewertung, die formellen das Problem des Ausweises.

Zu den materiellen GoB zählen wir folgende Grundsätze Leffsons: den Grundsatz der Abgrenzung der Sache und der Zeit nach, das Realisationsprinzip, das Imparitätsprinzip und den Grundsatz der Vorsicht. (153) Man könnte überlegen, ob nicht ein Grundsatz mit dem Namen "Realisationsprinzip" genaugenommen alle Bewertungsfragen zu regeln hätte: Der Sinn der Bewertung ist die Erfolgsermittlung, ob aber ein Gewinn oder Verlust "realisiert" ist, kann erst entschieden werden, wenn alle Bewertungsfragen gelöst sind. Diese begriffliche Klärung brächte jedoch keine echten Vorteile. Ein so weit gefaßtes Realisationsprinzip müßte in Unterprinzipien zerlegt werden - diese würden aber im wesentlichen denen von Leffson entsprechen.

Zu den einzelnen Begriffsbestimmungen selbst: Der Grundsatz der Abgrenzung der Sache und Zeit nach ordnet den (nach dem Realisationsprinzip periodisierten) Erträgen die zugehörigen Aufwendungen zu, grenzt die Aufwendungen und Erträge in zeitlicher Hinsicht ab und bestimmt den Umfang der Aktivierung und Passivierung. Das Realisationsprinzip legt fest, wann ein Ertrag entsteht. (154) Nach allgemeiner Auffassung sind die Güter bis zum Zeitpunkt der Ertragsrealisation mit ihren (fortgeführten) Anschaffungskosten oder Herstellungskosten anzusetzen.

Üblicherweise wird in diesem Sinne mit dem Realisationsprinzip die Auffassung verbunden, es verlange in bezug auf Bestände und Aufwendungen eine Bewertung zu "Anschaffungspreisen". Wir schließen uns bis auf weiteres dieser Meinung an, was schon in den Ausführungen zu D. Schneider und Albach zum Ausdruck kam (vgl. S. 51, 58). Leffson hingegen sieht das "Anschaffungspreisprinzip" dem Realisationsprinzip und dem Grundsatz der Abgrenzung der Sache und der Zeit nach vorgelagert. (155)

Nicht zwingend ist, das Imparitätsprinzip als eigenständiges Bewertungsprinzip anzusehen. Wenn man es nicht lieber ganz aufgeben will, dann könnte man es als rein formelle Anweisung (156) ansehen, die eine unterschiedliche Behandlung von unrealisierten positiven und negativen Erfolgsbeiträgen fordert. Die materiellen Probleme selbst wären durch das Realisationsprinzip zu lösen. So gesehen, beantwortete das Realisationsprinzip die Frage: Wann ist ein Gewinn- bzw. Verlustbeitrag entstanden? Dabei wären erwartete negative Erfolgsbeiträge zu berücksichtigen, unrealisierte positive Erfolgsbeiträge hingegen nicht. In der Terminologie von Koch beinhaltet das Realisationsprinzip also auch den "Grundsatz der Antizipation zukünftiger Verluste". (157) In dieser Weise wird das Realisationsprinzip z. B. von Karl Hax (158) und von Albach (159) definiert. Da eine derartige Fassung des Realisationsprinzips in sachlicher Hinsicht unbefriedigend ist, sehen wir das Imparitätsprinzip mit Leffson als eigenständigen Grundsatz an, der regelt, daß erwartete negative Erfolgsbeiträge aus der Abwicklung eingeleiteter Geschäfte vorweggenommen werden müssen. (160)

Von den nach unserer Auffassung materiellen Grundsätzen bleibt der Grundsatz der Vorsicht zu erläutern. Er ist notwendig, soweit bei der Bilanzierung Schätzungsprobleme auftauchen; er hat zu bestimmen, welche Wertansätze bei unsicheren Erwartungen zu wählen sind. (161)

Mit Bezug auf das Abschreibungsproblem sehen wir folgendes Verhältnis der materiellen GoB zu Bestandteilen der Abschreibungsfrage:

Der Grundsatz der Abgrenzung der Sache nach regelt die Aktivierung. Nur was aktiviert wird, kann abgeschrieben werden, sei es durch die Normal-, Nachhol- oder Vorwegabschreibung (vgl. ab S. 77). Für die Handelsbilanz ist das Problem der Aktivierung im Zusammenhang mit dem Begriff des "Vermögensgegenstandes", für die Steuerbilanz mit dem Begriff des "Wirtschaftsgutes" zu sehen. Vom Grundsatz der Abgrenzung der Sache nach sind folglich auch die Fragen "Aktivierung geringwertiger Wirtschaftsgüter" und "Herstellungs- oder Erhaltungsaufwand" zu betrachten. Von diesem Grundsatz aus ist schließlich das Problem der Sonderabschreibungen im Sinne von Vorwegabschreibungen (also z. B. Abschreibungen aus konjunkturpolitischen Gründen oder Sofortabschreibung geringwertiger Wirtschaftsgüter) aufzurollen.

Der Ausgangswert der Abschreibung ist (heute) durch das Anschaffungspreisprinzip bestimmt; mit diesem Prinzip ist die nominelle Kapitalerhaltung verbunden. Bei einer anderen Form der Unternehmenserhaltung wandelt sich der Ausgangswert. Für die Höhe des Restverkaufserlöses (neben dem Ausgangswert die zweite Komponente der Abschreibungssumme) taucht ein Schätzungsproblem auf; insofern ist das Vorsichtsprinzip angesprochen.

Vom Imparitätsprinzip her ist das Problem der Sonderabschreibungen im Sinne von Nachholabschreibungen zu lösen, denn dabei geht es um die Vorwegnahme erwarteter negativer Erfolgsbeiträge. Da die Höhe ungewiß ist, wird auch hier das Vorsichtsprinzip berührt.

Um den periodischen Abschreibungsbetrag zu ermitteln, muß neben der Abschreibungssumme die Nutzungsdauer bestimmt werden. Das ist die eine Hauptaufgabe, die durch das Vorsichtsprinzip zu lösen ist. Damit zusammen hängt die zweite, die Entscheidung über die Frage nach dem richtigen Abschreibungsverfahren, also der weiteren Bestimmungsgröße der Normalabschreibung.

Zu den materiellen GoB, die die Bewertung betreffen, treten die formellen GoB, um den Ausweis zu regeln. Wir rechnen dazu Leffsons Grundsätze der Klarheit, der Vollständigkeit, der Vergleichbarkeit und Stetigkeit. Ohne daß wir diese Grundsätze im einzelnen erläutern brauchen, (162) kann man auf die Begriffsinhalte und die Verbindung zum Abschreibungsproblem schließen. Klarheit verlangt, daß die Bilanzierungsposten treffend bezeichnet und tief untergliedert werden. Für die Abschreibung legt das u. a. die Frage nahe, ob Normal-, Nachhol- und Vorwegabschreibungen nicht getrennt auszuweisen sind und besser indirekt als direkt abgeschrieben werden sollte. Die Bilanzierung ist vollständig, wenn z. B. alle in der Unternehmung vorhandenen abnutzbaren Anlagen in den verschiedenen Positionen für abnutzbare Anlagen und der Untergliederung in Zugang, Abgang, Umbuchungen usw. enthalten sind. Stetigkeit erfordert zunächst, die Gliederung der Bilanzierung beizubehalten und die einzelnen Güter jeweils derselben Position zuzuordnen. Daß zusätzlich auch bei der Bewertung stetig vorzugehen ist (z. B. der Restbuchwert der vergangenen Periode gleich dem Ausgangswert der Abschreibungen in der neuen Periode sein muß, gleiche Abschreibungsverfahren anzuwenden sind usw.), ändert nichts daran, daß es sich um eine formelle Vorschrift handelt. Wird gegen sie wie auch gegen den Grundsatz der Vollständigkeit verstoßen, hat das allerdings materielle Auswirkungen: Der Erfolg wird zu hoch oder zu niedrig ausgewiesen.

Eine besondere Bedeutung kommt u. E. der Vergleichbarkeit zu. Aus der Forderung nach Vergleichbarkeit leitet Leffson von den genannten Grundsätzen nur den Grundsatz der Stetigkeit (und weitere "Stetigkeits"-Grundsätze) ab. (163) Das erscheint uns zu eng. Auch die Grundsätze der Klarheit und Vollständigkeit dienen schließlich der Vergleichbarkeit der Bilanzierung. Und darüber hinaus müßten auch die materiellen GoB so gefaßt werden, daß sie eine vergleichbare Rechnungslegung gewährleisten. So gesehen, bedeutet aussagefähige Rechnungslegung letztlich: vergleichbare Rechnungslegung. Darauf ist unser Augenmerk zu richten. Vergleichbar muß sein die Bilanzierung einer Unternehmung von Jahr zu Jahr und die Bilanzierung verschiedener Unternehmungen (der gleichen Branche). In steuerlicher Hinsicht tritt die Vergleichbarkeit der Gewinnermittlung mit der Überschußrechnung hinzu.

Bisher noch nicht genannt wurden Leffsons Grundsätze der Richtigkeit, der Willkürfreiheit und der Wahrhaftigkeit. (164) Den Grundsatz der Richtigkeit kann man als eine Mischung materieller und formeller Fragen auffassen. Soweit durch diesen Grundsatz Bewertungsprobleme angesprochen werden, ist zu fragen, ob das nicht Bestandteil der materiellen GoB sein müßte. Und soweit durch ihn die formelle Bilanzierung behandelt wird, kann das durch die genannten formellen GoB umfaßt werden; beispielsweise die Forderung nach richtiger Zuordnung (etwa einer Drehbank zu "Maschinen und maschinellen Anlagen" und nicht zu "Betriebs- und Geschäftsausstattung") durch den Grundsatz der Klarheit. Zur Verdeutlichung könnte man bei dessen Definition hinzufügen, daß er auch eine richtige Zuordnung der Bestände und Erfolgskomponenten zu den einzelnen Bilanzierungspositionen erfordert. Der Grundsatz der Willkürfreiheit und Wahrhaftigkeit schließlich gibt u. E. keinen konkreten Hinweis, wie zu bewerten und auszuweisen ist. Eher stellt er eine allgemeine Voraussetzung für die Aussagefähigkeit der Rechnungslegung dar: Die vergleichbare Rechnungslegung muß "wahrhaftig" und "willkürfrei" sein - das wird aber am besten erreicht, wenn die Rechnungslegung nachprüfbar ist. Und die Forderung bzw. Bedingung der Nachprüfbarkeit ist bei der Formulierung der materiellen und formellen GoB zu berücksichtigen.

Sind für die vielen mit der Abschreibung verbundenen Einzelfragen materielle und formelle GoB gefunden, ist das Abschreibungsproblem insgesamt geregelt. Bei jeder Einzelfrage ist zu überlegen, inwieweit durch Normierungen Verbesserungen der gegenwärtigen Bilanzierung erreichbar sind. Ehe wir uns aber diesem Anliegen zuwenden, ist die gegenwärtige Praxis der externen Bilanzierung zu betrachten. Dadurch erhalten wir weitere Anregungen, welche Verbesserungen auf den Nägeln brennen.

2. Die Praxis der externen Bilanzierung und daraus entstehende Folgerungen

Vom theoretischen Standpunkt sollte die externe Bilanzierung allein durch die vom Zweck her abgeleiteten GoB bestimmt werden. In der Praxis sieht es leider anders aus. Zum ersten wird durch eine Reihe gesetzlicher Vorschriften gegen die Rechnungszwecke verstoßen, zum zweiten legen die Bilanzierenden andere gesetzliche Normen und besonders die materiellen GoB recht weit aus und verfälschen damit die Aussagefähigkeit der Bilanzierung.

Mit gesetzlich erlaubten Verstößen gegen die Rechnungszwecke meinen wir die durch Vorschriften geregelten Bewertungsfreiheiten. Soweit es sich um steuerliche Normen handelt, gelten sie über den Maßgeblichkeitsgrundsatz auch für die Handelsbilanz. Wir nennen zunächst Beispiele, die mehr oder weniger eng mit dem Abschreibungsproblem zusammenhängen: die Sofortabschreibung geringwertiger Wirtschaftsgüter; die Übertragung stiller Reserven bei Verkauf von Wirtschaftsgütern nach § 6 b Einkommensteuergesetz; die vielfachen Sonderabschreibungsmöglichkeiten im Sinne von Vorwegabschreibungen. Weiter: die Nichtaktivierung eigengebildeter immaterieller Anlagen und die kurzen Abschreibungsfristen für entgeltlich erworbene immaterielle Anlagengegenstände. Soweit diese und andere gesetzlich erlaubten Bewertungsfreiheiten nicht aus dem eng auszulegenden Grundsatz der Vorsicht zu rechtfertigen sind, werden Verstöße gegen die materiellen GoB bewußt in Kauf genommen. In allen Fällen wird laufender Aufwand erhöht und somit die Gewinnrechnung materiell verfälscht und auch formell beeinträchtigt. Im Hinblick auf die Unternehmenserhaltung bedeutet dieses Vorgehen, mehr als das nominelle Kapital zu erhalten, damit zugleich für die Besteuerung: Bezieher von Gewinn-Einkommen werden bevorzugt.

Mit den gleichen Folgen werden in der Praxis neben den gesetzlich vorgesehenen Bewertungsfreiheiten eine Reihe weiterer "Bewertungsfreiheiten" wahrgenommen. Wir denken an die Unterbewertung von Aktiva und Überbewertung von Passivposten, die aufgrund dehnbarer gesetzlicher Vorschriften und bewußt falscher Auslegung der GoB ermöglicht werden. Das gilt für die Steuerbilanz nur mit Einschränkungen, für die Handelsbilanz aber trotz der verbesserten Vorschriften des neuen Aktiengesetzes in weitem Rahmen. Dazu gehört, zu kurze Nutzungsdauern und zu hohe Abschreibungssätze festzulegen. Für die steuerliche Gewinnermittlung sind die Nutzungsdauern durch die Abschreibungstabellen "vorgegeben" und die Abschreibungssätze bei degressiver Abschreibung durch § 7 Abs. 1, 4 und 5 Einkommensteuergesetz nach oben begrenzt. Durch § 154 Abs. 1 Aktiengesetz werden u. E. zu kurze Nutzungsdauern und zu hohe Abschreibungssätze hingegen nicht verhindert. Zu diesen "Bewertungsfreiheiten" zählt weiter die Verrechnung von (aktivierungspflichtigem) Herstellungs- bzw. Instandsetzungsaufwand als (laufender) Erhaltungs- bzw. Instandhaltungsaufwand. Hierher gehören aus anderen Bereichen der externen Bilanzierung die Unterbewertung von Vorraten und Forderungen, die zu großzügige Bemessung von Rückstellungen usw.

Begründet werden die Unterbewertungen durch eine falsche Interpretation des Vorsichtsprinzips - treffend gekennzeichnet durch den Ausspruch "Vorsicht, Vorsicht über alles!"(165) Gleichbedeutend ist ein solches Vorgehen mit dem Lob stiller Rücklagen. Man sagt u. a., Unterbewertungen dienten dem Gläubigerschutz, (166) berücksichtigt aber nicht genügend: Was still gelegt wird, kann auch still aufgelöst werden - sei es mit oder ohne Zutun der Bilanzierenden!(167) Soll der externen Bilanzierung überhaupt ein Sinn zuzusprechen sein, d. h.: sollen die Rechnungszwecke erfüllt werden, dann ist vor allem mit der weiten Auslegung des Vorsichtsprinzips Schluß zu machen. Solange mit dem Vorsichtsprinzip Schindluder getrieben, damit jede Unterbewertung begründet werden kann und darf, ist keine Verbesserung der externen Bilanzierung denkbar. Ein Kernproblem unserer Untersuchung ist damit offensichtlich, ob der Grundsatz der Vorsicht so zu fassen ist, daß "angemessene" statt "vorsichtiger" Abschreibungen verrechnet werden.

Die materiellen GoB und insbesondere den Grundsatz der Vorsicht zu verbessern, ist vor allem unter dem Rechnungszweck Ermittlung des entziehbaren Gewinns erforderlich. Nun folgt aber aus der Natur der Bilanzierung allgemein und des Abschreibungsproblems im besonderen, daß der ermittelte Gewinn mit einem mehr oder weniger großen Fehlerspielraum behaftet ist - selbst wenn es gelingt, die materiellen GoB für Abschreibungen eindeutiger zu fassen. Normierungen könnten dabei je nach Zahl und Art den Fehlerspielraum vergrößern oder aber verkleinern - das richtige Maß zu finden, bleibt zu prüfen.

Die Einsicht über einen immer verbleibenden Fehlerspielraum legt zwei Folgerungen nahe. Die eine betrifft den Rechnungszweck Darstellung der wirtschaftlichen Lage. Schon die Aufzählung der Kennzeichen der wirtschaftlichen Lage hat gezeigt, daß für ihre Darstellung der Periodenerfolg keineswegs allein entscheidend sein kann. Die Erkenntnis, mit wie vielen "Unsicherheiten" seine Ermittlung behaftet ist, drängt dahin, seine Aussagefähigkeit noch geringer einzuschätzen. Man muß zwar auch feststellen: Besser ein unvollkommener Maßstab als gar keiner! Er ist eben mit gebotener Vorsicht zu gebrauchen. Doch auf jeden Fall ist es zwingend, den Periodenerfolg nur als <u>ein</u> Indiz unter vielen anzusehen. Was heißt das? Um die Ausgangsposition einer Unternehmung, damit Hinweise für ihre wirtschaftliche Lage zu geben, sind so viele Angaben wie nur irgend möglich zu machen. Besondere Bedeutung kommt dem Geschäftsbericht zu. Wie kommt man dann zu Aussagen? Die Bilanzierung der Unternehmung ist mit der Bilanzierung früherer (oder späterer) Jahre und mit der Rechnungslegung von Unternehmungen derselben oder anderer Branchen zu vergleichen; Zeit- und Betriebsvergleiche sind also anzustellen. Aus dem Umfang des Anlagevermögens, seiner Änderung, durch die Bildung von Kennzahlen usw., nicht primär aus der Gewinngröße ist etwas über die wirtschaftliche Lage der Unternehmung zu erkennen. Und um sicher zu sein, daß keine falschen Bilder vorgegaukelt werden, muß man sich auf die in Bilanz, Gewinn- und Verlustrechnung enthaltenen Zahlen verlassen können, sie müssen nachprüfbar sein. Eigene Vorstellungen kann die Unternehmensleitung im Geschäftsbericht entwickeln, in dem zusätzlich viele und besonders die wichtigen Einzelinformationen zu geben sind.

Für die Darstellung der wirtschaftlichen Lage einer Unternehmung ist also eine Vielzahl von Angaben in anschaulicher Weise wichtiger als die verbleibende Restgröße Gewinn. Mit anderen Worten: Dieser Rechnungszweck ist ein Ausweisproblem. (168) Damit gewinnen aber die formellen GoB neben den materiellen entscheidendes Gewicht; die formellen GoB sind mindestens ebenso bedeutungsvoll wie die materiellen, beide sind zu untersuchen. Dabei darf man davon ausgehen, daß bei konsequenter Anwendung der formellen GoB nicht nur eine größere Aussagefähigkeit der externen Bilanzierung erreicht wird, sondern zugleich in Richtung auf eine bessere Ermittlung des "richtigen" Gewinns gedrängt wird. Denn je detaillierter die Darstellung, um so schwieriger fallen Bewertungsmanipulationen. Auch die Frage Normierung der Abschreibungen, das ist klar zu sehen, stellt sich zunächst als Problem des Ausweises: Wegen der Aussagefähigkeit des Jahresabschlusses könnten stärkere Normierungen als bisher für die Abschreibungen angebracht sein. Ob daneben auch materielle Gründe, die Frage der Bewertungsmöglichkeit des Anlagevermögens, für die Normierung der Abschreibung sprechen, ist eine zusätzliche Frage.

Die zweite Folgerung bezieht sich auf die Ermittlung des Gewinns und auf das Problem der Unternehmenserhaltung: Wegen des möglichen Fehlerspielraums, der aus der Ungewißheit bei der Bilanzierung erwächst, sind "Ausgleichsmaßnahmen" erforderlich. Denn insbesondere wenn die externe Bilanzierung an der nominellen Kapitalerhaltung festhalten muß, taucht für den angesprochenen Rechnungszweck die Frage auf, ob der ermittelte Gewinn tatsächlich entziehbar, d. h. besteuerbar und ausschüttungsfähig ist. Verdeutlichen wir uns den Sachverhalt. Der Fehlerspielraum bei der Gewinnermittlung bedeutet im, von der Unternehmung aus gesehen, "positiven Fall": Es wird weniger Gewinn errechnet, als tatsächlich erzielt wurde - im "negativen Fall" das Gegenteil. Gefährlich kann für die Unternehmung der zweite Fall werden, wenn also betriebswirtschaftlich gesehen Aufwand als Gewinn deklariert wird.

Deshalb sind Maßnahmen erforderlich, die ermöglichen sollen, Fehler auszugleichen, die sich unbewußt einschleichen oder bewußt gemacht werden müssen. Zunächst ist an die Bildung offener Rücklagen zu denken. Ob "unversteuerte Rücklagen" möglich sind, werden wir beim Problem Abschreibungsausgangswert untersuchen.

Um den finanziellen Folgen des Gewinnausweises gewappnet gegenüberzustehen, ist für Handels- und Steuerbilanz auf weitere Ausgleichsmaßnahmen zu sinnen. Sie dürften sich nicht in nachträglichen formellen Buchungskorrekturen erschöpfen, sondern müßten grob gesprochen materiell auf eine Rückzahlung zu viel gezahlter Steuern und fälschlicherweise ausgeschütteten "Gewinne" abzielen. Soweit die Abschreibungsfrage berührt wird, werden wir uns damit auseinandersetzen. Wenn es für handels- und steuerrechtliche Bilanzierung gelingt, Ausgleichsmaßnahmen zu finden, die die Differenz zwischen betriebswirtschaftlichen Erfordernissen und der buchhalterischen Gewinnermittlung ausschalten, steht auch nichts im Wege, von einer Einheitsbilanz auszugehen.

B. Einzelprobleme der Abschreibungsnormierung

I. Die Abschreibung als Aufwandskomponente in Handels- und Steuerbilanz

a) Begriff und Wesen der Abschreibung

Der Begriff Abschreibung wird im praktischen und literarischen Sprachgebrauch in mannigfaltiger Weise und in den verschiedensten Wortverbindungen gebraucht. (169) Im umfassendsten Sinne wird jegliche Verminderung von Bilanzansätzen ohne Rücksicht auf die Gründe als Abschreibung bezeichnet. (170) Auf die Aktivposten der Bilanz bezogen, ist dann Abschreibung jede buchungstechnische Kürzung dieser Posten. (171) Zu einem engeren Begriff kommt man, wenn von Abschreibungen nur im Hinblick auf die Gegenstände des Anlagevermögens geredet wird. Der nächste Schritt ist, den Abschreibungsbegriff auf diejenigen Anlagegüter zu beziehen, deren Nutzung zeitlich begrenzt ist. Faßt man den Begriff Nutzung weit, gehören zu diesen Gütern die abnutzbaren Sachanlagen, die abnutzbaren immateriellen Anlagewerte - wie Konzessionen, Patente, Lizenzen - und als Sonderfall Grundstücke, die abgebaut werden (172) (Bergwerke, Steinbrüche u. dgl.). Den engsten Abschreibungsbegriff erhält man schließlich, wenn mit Abschreibung nur die Verminderung der Ansätze der abnutzbaren Sachanlagen bezeichnet wird, der Anlagen, Betriebs- und Geschäftsausstattung (und u. U. der Anlagen im Bau).

Für die weitere Diskussion scheint es wichtig, uns auf eine Fassung zu einigen und diese näher zu erklären. Als Richtschnur mag dienen, daß ein Begriff nicht nur formal Gleichartiges bezeichnen soll. Um materielle Ansatzpunkte für die Entscheidung zu finden, ist vom "Charakter" der Güter und, daraus ableitbar, den Ursachen für ihre Wertminderung auszugehen. Da wir uns mit den Abschreibungen auf abnutzbare Sachanlagen beschäftigen, gilt diesen Anlagen unser Hauptaugenmerk. Die immateriellen Anlagen und andere Güter werden nur zum Vergleich und zur Verdeutlichung herangezogen.

Abnutzbare Sachanlagen unterscheiden sich von allen anderen Anlagegütern und den Umlaufgütern durch ihren langfristigen Verzehrcharakter. (173) Sie verkörpern ein Nutzen- oder Leistungsbündel, das zur Güterherstellung während mehrerer Perioden ausreicht. Faßt man die Begriffe "Nutzen- oder Leistungsbündel" und "Verzehr" weit - wie wir es im folgenden tun -, treffen diese Merkmale auch für abnutzbare immaterielle Anlagen zu. Im Gegensatz zu abnutzbaren immateriellen Anlagen werden aber abnutzbare Sachanlagen körperlich in den Produktionsprozeß eingesetzt. Abnutzbare Sachanlagen werden im Produktionsprozeß "gebraucht"; deshalb auch der Name Gebrauchsgüter. Die Folge des körperlichen Einsatzes ist ein Verschleiß, der sich als Abschreibungsursache (174) "abnutzungsbedingter" oder "Gebrauchsverschleiß" bezeichnen läßt. Unabhängig von der Beschäftigung der Anlagen ist weiter aufgrund äußerer Einflüsse die Abschreibungsursache "ruhender oder natürlicher Verschleiß" wirksam. Oft von größerer Bedeutung als diese physischen Abschreibungsursachen sind die ökonomischen "technische Überholung" und "wirtschaftliche Überholung". Durch die ökonomischen Ursachen tritt kein körperlicher, sondern ein "ideeller" Verzehr der abnutzbaren Sachanlagen ein. Ob ein körperlicher oder ideeller Verzehr vorliegt, ist rechnerisch ohne Bedeutung, in beiden Fällen liegt Aufwand vor. Die Abschreibungsursache abnutzungsbedingter Verschleiß taucht nur bei abnutzbaren Sachanlagen auf (wenn auch bei Gebäuden oft in geringem Umfang). Die "Nutzenabgabe" und der entsprechende "Verzehr" von Grundstücken bei Abbau läßt sich als Sonderfall dazuzählen. Die weiteren Abschreibungsursachen lassen sich dem Wesen nach insgesamt oder teilweise auch bei anderen Aktivposten feststellen. Zusammen wirken die Abschreibungsursachen abnutzungsbedingter und ruhender Verschleiß, technische und wirtschaftliche Überholung nur bei abnutzbaren Sachanlagen und machen damit den besonderen Charakter dieser Aktivposten deutlich.

Bei Grundstücken, immateriellen Anlagen und Finanzanlagen kann von einem körperlichen Einsatz im eben geschilderten Sinne nicht gesprochen werden. Bei abnutzbaren immateriellen Anlagen werden zwar wie bei abnutzbaren Sachanlagen fortwährend Nutzungen abgegeben und entsprechend folgt ein Verzehr, jedoch nur ein "ideeller Verzehr", der die Nutzungszeit begrenzt. Während bei abnutzbaren Sachanlagen physische und ökonomische Abschreibungsursachen wirken, sind bei den immateriellen Anlagewerten neben ökonomischen Ursachen vor allem gesetzliche und vertragliche Fristen von Einfluß. Diese rechtlichen Abschreibungsursachen bilden neben den physischen und ökonomischen Ursachen die dritte Gruppe. Bei abnutzbaren Sachanlagen spielen sie nur in Sonderfällen eine Rolle, etwa bei Heimfallunternehmungen und bei Pacht. Grundstücke, die nicht ausgebeutet werden, nicht abnutzbare immaterielle Anlagen und Finanzanlagen unterliegen nur ausnahmsweise einem (teilweisen) "Verzehr": Ökonomische Ursachen, wie ein Preisverfall, können Anlaß sein, die betreffenden Bilanzansätze zu verringern.

Roh-, Hilfs- und Betriebsstoffe werden wie abnutzbare Anlagen körperlich in den Produktionsprozeß eingesetzt, jedoch im Gegensatz zu diesen bei der Güterherstellung umgesetzt oder verbraucht. (175) Nur für aktivierte Bestände dieser Stoffe kann deshalb die Frage auftauchen, ob wegen physischer oder ökonomischer Einflüsse weniger als der Anschaffungswert anzusetzen ist, d. h. eine Verringerung der Werte notwendig ist. Dieselbe Frage nach einer Verminderung der Bilanzansätze taucht schließlich für zu aktivierende unfertige und fertige Erzeugnisse usw. auf. Nur bei Vorräten können naturgemäß physische Ursachen der Anlaß für derartige außerordentliche Verringerungen der Werte sein.

Wir sehen, eine dauernde Nutzenabgabe und ein dementsprechender laufender "Verzehr" bei der Güterherstellung zeigt sich nur bei abnutzbaren Sachanlagen und abnutzbaren immateriellen Anlagen. Das legt nahe, den Abschreibungsbegriff auf die laufende Wertminderung bzw. Aufwandsverrechnung dieser Anlagengruppen zu beschränken. Und für den Begriff selbst können wir folgern: Bei der Abschreibung handelt es sich darum, die der Anlage entnommenen Nutzungen als Aufwand auf die mit ihr hergestellten Güter oder vereinfachend: auf ihre Nutzungszeit zu verrechnen.

Soll der Abschreibungsdefinition ein erschöpfender Inhalt gegeben werden, ist auf die Grundlagen der Abschreibungsermittlung einzugehen. (176) Das Nutzungs- oder Leistungsbündel, das bei der Güterherstellung verzehrt wird und in der Bilanzierung als Aufwand verrechnet werden muß, ist geldlich gesehen die Abschreibungssumme. Sie bildet die Differenz zwischen Ausgangsbetrag (Basiswert) und Restverkaufserlös. Den Ausgangsbetrag stellen nach Handels- und Steuerrecht die Anschaffungs- oder Herstellungs"kosten" dar, er könnte aber bei einer anderen Bilanzkonzeption auch ein Tages- oder ein Wiederbeschaffungswert sein. Das wird durch die vorausgesetzte Konzeption der Unternehmenserhaltung bestimmt. Im Ausgangsbetrag ist der aktivierte Anlagenunterhaltungsaufwand zu berücksichtigen, sofern er beim einzelnen Wirtschaftsgut (Vermögensgegenstand) aktiviert wird. Der Restverkaufserlös ist der Verkaufserlös am Markt oder ein Verrechnungspreis, wenn die Anlage anderweitig für betriebliche Zwecke genutzt wird. Bei abnutzbaren immateriellen Anlagen taucht die Frage "Restverkaufserlös" nur in Ausnahmefällen auf. Die Abschreibungssumme stellt eine Bestimmungsgröße für die Ermittlung der Abschreibung dar.

Die zweite Abschreibungskomponente ist der Zeitraum, während dem die Abschreibungssumme zu verrechnen ist. Diese Zeitdauer tritt vereinfachend an die Stelle der mit der Anlage hergestellten Güter. Die Nutzungszeit wird durch die inner- und außerbetrieblichen Einflüsse, die in den Abschreibungsursachen ihren Ausdruck finden, bestimmt. Gehen wir davon aus, daß der Unternehmer nach Gewinnmaximierung strebt, ist durch Quantifizierung der Abschreibungsursachen die gewinnmaximale Nutzungsdauer zu bestimmen, die wirtschaftliche Nutzungsdauer. Theoretisch gesehen, ist bei abnutzbaren Sachanlagen und abnutzbaren immateriellen Anlagen auf gleiche Weise vorzugehen. Eine richtige Abschreibungsverrechnung setzt voraus, daß die Abschreibungsdauer der wirtschaftlichen Nutzungsdauer entspricht. In der Praxis wird es dagegen oft vorkommen, daß die Abschreibungsdauer kürzer und im Ausnahmefall länger als die wirtschaftliche Nutzungsdauer angesetzt wird. Das ist in der Diskussion zu beachten.

Um die Abschreibung pro Periode feststellen zu können, muß als dritte Bestimmungsgröße ein Verfahren festgelegt werden, das die Verteilung der Abschreibungssumme während der einzelnen Perioden bestimmt. Grundsätzlich müßte dieses Abschreibungsverfahren, wie die wirtschaftliche Nutzungsdauer, durch die Quantifizierung der Abschreibungsursachen ermittelt werden. (177) Soweit das versucht wird, sprechen wir von "theoretischen" Abschreibungsverfahren. Bei Verzicht darauf werden "buchhalterische" Verfahren angewandt; dabei ist beim degressiven Verfahren u. U. zusätzlich der Abschreibungs-(höchst-)satz festzulegen.

Wird von linearer, degressiver usw. Abschreibung gesprochen, (178) steht Abschreibung als Kurzfassung für Abschreibungsverfahren. Definiert man die Abschreibung in diesem Sinne als "Verteilungsmethode", (179) werden die Abschreibungssumme und die wirtschaftliche Nutzungsdauer quasi als bekannt vorausgesetzt. Stellt man hingegen auf alle Abschreibungskomponenten ab, kann die Abschreibung umschreibend als die durch Abschreibungssumme, Abschreibungsdauer und Abschreibungsverfahren bestimmte Aufwandsgröße definiert werden. Für die so definierte Abschreibung sind auch die Begriffe periodische Abschreibung, Abschreibungsbetrag und Abschreibungsquote gebräuchlich.

Im folgenden seien unsere Begriffe abgeleitet, die wir dann zur besseren Übersicht den Begriffen des Einkommensteuergesetzes, des Aktiengesetzes und des literarischen und praktischen Sprachgebrauchs gegenüberstellen (vgl. S. 79).

Durch unsere Definition wird die Lösung des Abschreibungsproblems auf die Ermittlung der Abschreibungskomponenten verlagert. Normalabschreibung nennen wir den Periodenaufwand, der durch die "richtige" Bestimmung der Abschreibungskomponenten festgelegt wird. Zu dieser "richtigen" Bestimmung der Abschreibungskomponenten hier nur so viel: Abschreibungssumme, wirtschaftliche Nutzungsdauer, Abschreibungsverfahren (und Abschreibungssatz) sind nach den im einzelnen zu interpretierenden GoB zu ermitteln. Wenn wir im folgenden von Abschreibung sprechen, meinen wir damit die Normalabschreibung.

Die Normalabschreibung zu bestimmen, ist das primäre Anliegen bei der Abschreibungsermittlung im Rechnungswesen. Eine Normalabschreibung einmalig festzulegen, genügt u.U. nur bei Sicherheit, nicht in der Wirklichkeit. Soweit Datenänderungen nicht vorausgesehen bzw. vorausgesehen, aber falsch eingeschätzt werden oder wegen der GoB nicht berücksichtigt werden dürfen, kann die Normalabschreibung zu niedrig oder zu hoch bemessen sein. War sie zu niedrig angesetzt, ist möglicherweise eine Nachholabschreibung erforderlich. War die Normalabschreibung zu hoch berechnet, ist zuvor eine Vorwegabschreibung vorgenommen worden, und es kann eine Zuschreibung notwendig sein. In beiden Fällen ist u. U. zusätzlich die Normalabschreibung zu korrigieren. Die Nachholabschreibung korrigiert also zu geringe Abschreibungen in der Vergangenheit.

Durch Vorwegabschreibungen werden Normalabschreibungen absichtlich oder unabsichtlich zeitlich vorgezogen. Sieht man die Abschreibungssumme als fest vorgegeben, könnte man diesen Tatbestand auch mit Überabschreibungen bezeichnen. Besser verwendet man aber den Begriff Überabschreibung für den Fall, daß mehr als die Abschreibungssumme auf Basis des Anschaffungswertes verrechnet wird. Das ist etwa der Fall, wenn von höheren Wiederbeschaffungswerten abgeschrieben oder - wie in der Kostenrechnung - bei zu kurz geschätzter Nutzungsdauer die gleiche Abschreibungsquote bis zum Ausscheiden des Gutes weiter verrechnet wird. Unabsichtliche Vorwegabschreibungen folgen aus der beschränkten Voraussicht zukünftiger Ereignisse. Bei den absichtlichen Vorwegabschreibungen sind zwei Fälle zu unterscheiden: (a) die gesetzlich erlaubten und (b) die von der Praxis willkürlich vorgenommenen. Für beide besteht rein rechnerisch gesehen keinerlei Bedürfnis; im Gegenteil, sie sind zu bekämpfen, weil sie die Rechnungslegung verfälschen.

Wir gebrauchen den Begriff Abschreibung allein für abnutzbare Sachanlagen und abnutzbare immaterielle Anlagen, um den besonderen Charakter der laufenden Aufwandsverrechnung bei diesen Gütern zu betonen. Für die Herabsetzung der Bilanzansätze der anderen Aktivposten wäre dann jeweils ein anderer Begriff notwendig, um dem verschieden gearteten Wesen dieser Minderungen gerecht zu werden. Da uns diese restlichen Gegenstände des Anlage- und Umlaufvermögens nicht interessieren, verwenden wir für alle den Begriff Wertverringerung. Wie beim Anlagevermögen zwischen Nachhol- und Vorwegabschreibung unterschieden werden muß, sind hier die Wertverringerungen von den "zusätzlichen Wertverringerungen" sachlich zu trennen. Nur die Wertverringerungen im eigentlichen Sinn dienen der "richtigen" Rechnungslegung.

Der Begriff Wertverringerung darf nicht mit dem der Wertberichtigung verwechselt werden. Wertberichtigungen sind nach dem Aktiengesetz nur für bestimmte Bilanzposten erlaubt, z. B. für Sachanlagen, nicht hingegen für immaterielle Anlagen. (180) Soweit die Abschreibung betroffen ist, wird mit Wertberichtigung die Verbuchung der Abschreibung auf der Passivseite der Bilanz gemeint, unter Beibehaltung des Ausgangswertes auf der Aktivseite. Wir ziehen dafür den Begriff indirekte Abschreibung vor - im Gegensatz zur direkten Abschreibung. Hier wird die Abschreibung auf der Aktivseite abgesetzt.

Für die auf der nächsten Seite folgende Zusammenstellung (181) weisen wir ausdrücklich darauf hin, daß sich Normalabschreibung, AfA, planmäßige Abschreibung usw. nur wesensmäßig entsprechen. Materiell können und werden sie sich unterscheiden.

Das Wesen der Abschreibung ist besonders deutlich zu erkennen, wenn man die Aufgaben betrachtet, die in der Literatur und vor allem im Rahmen der einzelnen Bilanztheorien (182) der Abschreibung zugesprochen werden. Gehen wir historisch vor, so ist als erstes die Auffassung der Statiker zu nennen. Für sie stellt die Abschreibung ein Mittel zur Bewertung des Vermögens dar;(183) man könnte von "Vermögensbewertungstheorie" der Abschreibung sprechen. Fischer meint, die Abschreibung "antizipiere" einen erst später eintretenden Kapitalverlust, und tritt im Grundsatz dafür ein, die Abschreibung insgesamt am Ende der Nutzungsdauer zu verrechnen;(184) "Verlustantizipationstheorie" der Abschreibung. Nach Auffassung der Dynamiker ist die Abschreibung als Aufwand über die Nutzungsdauer zu verteilen. (185) So gesehen, läßt sich das Wesen der Abschreibung nach dynamischer Bilanzauffassung durch das Stichwort "Aufwandsverteilungstheorie" kennzeichnen. Riebel schließlich betont den "Risikocharakter der Abschreibungen" (186) und spricht sich im Grunde für eine Sofortabschreibung aus. Wir wollen diese Meinung mit "Risikotheorie" bezeichnen.

<u>Abschreibungsbegriffe</u> (für "direkte" Abschreibung)

Art der Vermögensgegenstände	Unsere Begriffe		Einkommensteuergesetz	Aktiengesetz	Literatur und Praxis entweder	oder
abnutzbare Sachanlagen und abnutzbare immaterielle Anlagen	Normalabschreibung		Absetzung für Abnutzung (AfA) (und Absetzung für Substanzverringerung)	planmäßige Abschreibung	Abschreibung	Abschreibung
	Nachholabschreibung		Absetzung für außergewöhnliche Abnutzung (AfaA)[a] und Teilwertabschreibung	außerplanmäßige Abschreibung	Sonderabschreibung	
	Vorwegabschreibung	erlaubt	Sonderabschreibung			
		willkürlich				
alle anderen Anlage- und Umlaufgüter	Wertverringerung		Teilwertabschreibung	außerplanmäßige Abschreibung,[b] "Aufwendungen",[c] Wertminderung[d]		
	zusätzliche Wertverringerung	erlaubt	Sonderabschreibung			
		willkürlich				

(a) nicht bei immateriellen Anlagen; bei beweglichen abnutzbaren Sachanlagen nur bei Anwendung des linearen Abschreibungsverfahrens
(b) für Grundstücke, Anlagen im Bau und Finanzanlagen (wie für alle Gegenstände des Anlagevermögens)
(c) bei Roh-, Hilfs- und Betriebsstoffen
(d) für alle anderen Umlaufgüter

Was läßt sich mit diesen Theorien anfangen? Geht man von den Zwecken Darstellung der wirtschaftlichen Lage und Gewinnermittlung aus, kann das Wesen der Abschreibung nur in der Vermögensbewertungs- oder der Aufwandsverteilungsfunktion gesehen werden. Drei Möglichkeiten bestehen: Beide Aufgaben könnten einander widersprechen oder miteinander übereinstimmen oder aber eine Funktion ist der anderen unterzuordnen. Entscheidend ist dafür, ob eine Vermögensbewertung im eigentlichen Sinn oder "nur" eine Aufwandsverteilung möglich ist. Formal läßt sich das Problem leicht lösen, wenn man die Begriffe weit interpretiert: Jede Aufwandsverteilung führt automatisch zu einem (niedrigeren) Wertansatz und umgekehrt. Wenn wir die Abschreibung als Aufwandskomponente bezeichnen, ist daran zu denken, daß die materielle Lösung des Problems noch aussteht. Nicht haltbar sind die Auffassungen Fischers und Riebels; dabei gibt die "Risikotheorie" der Abschreibung zu überlegen auf, wie dem Ungewißheitsproblem bei der Abschreibungsermittlung begegnet werden kann.

Wie steht zu unserer Meinung der Ausspruch, die Abschreibung sei nicht nur "Aufwandsfaktor", sondern auch ein "Faktor für Vermögenserhaltung" (187) bzw. Aufgabe der Abschreibung sei die Substanzerhaltung? (188) Wir haben schon ausgeführt, daß verschiedene Arten von Unternehmenserhaltung und damit verbundene Gewinnbegriffe zu unterscheiden sind. Durch die gewählte Konzeption der Unternehmenserhaltung wird der Ausgangswert festgelegt, z. B. Abschreibung vom Anschaffungswert oder von einem Wiederbeschaffungswert. Spricht man von der Verteilungsaufgabe der Abschreibung, ist über den Ausgangswert und damit über den gesamten Aufwand, der zu verteilen ist, noch nichts ausgesagt. Anders ausgedrückt: Zwischen den Aussagen, Aufgabe der Abschreibung sei die Aufwandsverteilung und Aufgabe der Abschreibung sei, irgendeine Form der Unternehmenserhaltung zu sichern, besteht u. E. kein Widerspruch - zum einen wird das Wesen der Abschreibung gekennzeichnet und zum anderen etwas über die Höhe der periodischen Abschreibung ausgedrückt.

In den bisherigen Auffassungen über das Wesen der Abschreibung kommt trotz aller Unterschiede im einzelnen der Verrechnungszweck als bindendes Glied zum Ausdruck. Anders wird das, wenn die Finanzierungsfunktion der Abschreibung betont wird: "Finanzierungstheorie" der Abschreibung. Was ist damit gemeint? Durch die Verrechnung der Abschreibung als Aufwand, also durch Einstellung in den Periodenaufwand, werden in gleicher Höhe finanzielle Mittel in der Unternehmung gebunden, d. h. vor Entzug durch Besteuerung und Ausschüttung bewahrt. Da die finanziellen Mittel erst in späteren Perioden zur Finanzierung der Ersatzanlagen benötigt werden, stehen sie zwischenzeitlich für andere Verwendungszwecke zur Verfügung. Die Abschreibung ist in diesem Sinne Aufwands- und Finanzierungsfaktor. Die Finanzierungsaufgabe steht im Vordergrund einiger Monographien über die Abschreibung, (189) sie bildet den Ausgangspunkt für die zahlreichen Untersuchungen vor allem in den 50er Jahren über den "Kapazitätserweiterungseffekt", d. h. der Investitionsfinanzierung von abnutzbaren Sachanlagen durch Abschreibungsgegenwerte und der dadurch bedingten

Kapazitätsausweitung. (190) Daß Abschreibungswerte zur Finanzierung verwendet werden können, ist theoretisch unbestritten und praktisch bedeutsam. Jedoch darf dabei nicht übersehen werden, daß es sich, von der Abschreibungsverrechnung her gesehen, nur um einen Folge- und Nebeneffekt handelt. Das soll heißen: Wenn man sich die Aufgabe stellt, die "richtige" oder besser: die "zweckmäßigste" Verrechnung der Abschreibung im Rahmen der Bilanzierung zu suchen, muß die Finanzierungsfunktion zunächst völlig außer acht bleiben; sie hat mit der ordnungsmäßigen Rechnungslegung nichts zu tun. Wohl aber ist die Folgewirkung zu beachten: Je nachdem ob die Aktivierungspflicht streng oder nachlässig gehandhabt, die Nutzungsdauer lang oder kurz festgelegt und das lineare oder ein degressives Verfahren angewendet wird, ergibt sich eine Einschränkung oder Ausweitung der Finanzierungsmöglichkeit aus Abschreibungen. Das ist aber keine Frage der Abschreibungsermittlung und -verrechnung, sondern eine Rückwirkung der Rechnungslegung auf die Unternehmenspolitik, folgt aus der Natur der langlebigen Produktionsfaktoren.

b) Arten der Abschreibung

In der Literatur und Praxis trennt man zwischen verschiedenen Arten von Abschreibungen. Die Unterscheidung erfolgt nach den Gebieten des Rechnungswesens, in denen Abschreibungen anfallen. Legen wir die eingangs erwähnte Systematik des Rechnungswesens zugrunde, sind Abschreibungen für die interne und externe Rechnungslegung zu unterscheiden. Gebräuchlicher ist die Untergliederung in "kalkulatorische" und "bilanzielle" Abschreibungen. Beide Unterteilungen decken sich nicht vollkommen: Den Begriff bilanzielle Abschreibung kann man auch für die interne Rechnungslegung verwenden. Wir wollen die bilanzielle Abschreibung im folgenden allein auf Handels- und Steuerbilanz (die externe Bilanzierung) beziehen. Wir ordnen die bilanzielle Abschreibung der handels- und der steuerrechtlichen Abschreibung über. Gelegentlich wird die bilanzielle (bilanzmäßige) Abschreibung allein der Handelsbilanz zugerechnet und der steuerlichen (steuerrechtlichen) Abschreibung gegenübergestellt. (191)

Nach allgemein verbreiteter Auffassung sind die drei Arten der Abschreibung - kalkulatorische, handels- und steuerrechtliche - strikt auseinanderzuhalten. (192) Betrachten wir zunächst die kalkulatorischen Abschreibungen im Gegensatz zu den bilanziellen insgesamt. Daß beide Gruppen voneinander abweichen werden, ist selbstverständlich für die Fälle, in denen Kostenrechnungszwecke nur die Verrechnung von "user costs" verlangen. (193) Denn für die Gewinnermittlung in Handels- und Steuerbilanzen sind immer die vollen Abschreibungen abzusetzen. Hier müssen zwangsläufig Unterschiede bestehen. Weniger einleuchtend ist das beim Ziel Gewinnermittlung, wenn also im internen (betrieblichen) Rechnungswesen der gleiche Zweck wie in Handels- und Steuerbilanz verfolgt wird. Wäre es tatsächlich "theoretisch falsch", beide Abschreibungen gleich zu verrechnen? (194) Oder sind es nicht vielmehr falsche Vorstellungen, praktische Erwägungen und gesetzliche Einschränkungen, die zu einer unterschiedlichen Behandlung von kalkulatorischen und bilanziellen Abschreibungen führen? Um einige Beispiele zu nennen: (a) Daß im internen Rechnungswesen die technische Nutzungsdauer maßgebend sein soll, dagegen bei der externen Bilanzierung die wirtschaftliche Nutzungsdauer, ist ganz einfach falsch: In beiden Rechnungen ist die wirtschaftliche Nutzungsdauer ausschlaggebend. (b) Wenn man im internen Rechnungswesen vom Grundsatz der Einzelabschreibung ausgeht, aber in der externen Bilanzierung Sammelabschreibungen zuläßt, so ist das sicher keine theoretische Notwendigkeit. (c) Und daß im betrieblichen Rechnungswesen nur Abschreibungen vom betriebsbedingten Anlagevermögen verrechnet werden, ist kein Grund dafür, eben diese Abschreibungen im internen und externen Rechnungswesen unterschiedlich anzusetzen. Wenn in der externen Rechnungslegung auch Abschreibungen auf nichtbetriebsbedingte Anlagen bilanziert werden, ist dort natürlich die Gesamtabschreibung höher - aber das ist eine andere Frage. Weiter: (d) Im betrieblichen Rechnungswesen werde von Wiederbeschaffungs-, in der Bilanz von Anschaffungswerten abgeschrieben. Obwohl Zweifel bestehen, daß die Abschreibung von Wiederbeschaffungswerten (also eine Überabschreibung) in der Praxis weit verbreitet und unproblematisch ist - vorausgesetzt, dieses Verfahren sei zweckmäßig. Dann ist es doch kein theoretisches Erfordernis, in der externen Bilanzierung anders vorzugehen, sondern die rechtlichen Vorschriften verhindern es. Wäre dieses Verfahren richtig, könnte zudem in der Bilanz wenigstens über versteuerte Rücklagen ein Ausgleich geschaffen werden. (e) Entsprechendes gilt bezüglich des Grundsatzes der Einmaligkeit der Abschreibung: Im internen Rechnungswesen wird die Abschreibung weiterverrechnet, wenn das Anlagegut nach der ursprünglich geschätzten Nutzungsdauer in Betrieb bleibt, in der externen Bilanzierung ist auch diese Form der Überabschreibung verboten. Im Abgehen vom Grundsatz der Einmaligkeit kommt deutlich ein Gesichtspunkt zum Vorschein, der die praktische Durchführung des betrieblichen Rechnungswesens beherrscht, ohne daß dies theoretisch so sein müßte: das Trachten nach gleichmäßiger Belastung. Davon abgesehen, kann eine gleichmäßige Belastung auch in der externen Bilanzierung erreicht werden, und zwar durch Zuschreibungen und nachfolgende Abschreibungen. (195) (f) Mit dem Streben nach gleichbleibender Verrechnung läßt sich auch die Vorliebe für das lineare Verfahren im betrieblichen Rechnungswesen erklären, während in der externen Bilanzierung offensichtlich das degressive Verfahren vorgezogen wird; dieser Zwiespalt ist sicher nicht zwingend. (g) Grundsätzlich gesehen, muß auch keine Abweichung durch die unterschiedlichen Abrechnungszeiträume von interner und externer Rechnungslegung folgen. Und: (h) Wird im betrieblichen Rechnungswesen nach Maßgabe der Leistung abgeschrieben, was in der Stückbezogenheit anderer Kostenrechnungszwecke begründet sein kann, ergibt sich nur auf den ersten Blick eine Trennung. Denn die Abschreibung pro Stück kann in die Abschreibung pro Periode umgerechnet werden und umgekehrt. Kurz: Wenn die Abschreibungen im betrieblichen Rechnungswesen beim Zweck Gewinnermittlung unterschiedlich von denen in der externen Bilanzierung verrechnet werden, dann - will uns scheinen - nicht aus theoretischen Notwendigkeiten, sondern weil man nicht über die Rechnungszwecke nachgedacht hat oder aus praktischen Überlegungen und wegen gesetzlicher Vorschriften.

Folgt aus der "Richtung" der einzelnen Rechnungen und den damit verbundenen Folgen ein Unterschied? Das interne (betriebliche) Rechnungswesen ist nach innen gerichtet, dient innerbetrieblichen Zwecken, und der festgestellte Gewinn läßt keine finanziellen Forderungen aufkommen. Anders bei Handels- und Steuerbilanz. Sie zielen nach außen, dienen einzelnen Gruppen der Öffentlichkeit und der Allgemeinheit schlechthin, und der ermittelte Gewinn zieht finanzielle Folgen nach sich: Zwangsausgaben, wie Steuern und Dividenden, fallen an. Diese Unterschiede führen naturgemäß in der Praxis dazu, die Abschreibungen im internen und externen Rechnungswesen - auch unabhängig von den oben erörterten praktischen und rechtlichen Überlegungen - verschieden anzusetzen. In der Literatur findet man zu diesem Vorgehen folgende, in dieser und ähnlicher Form weit verbreitete Auffassung: "Die Kostenrechnung muß wahr sein. Sie unterliegt keinen betriebspolitischen Erwägungen. Es gibt keine Selbstkostenpolitik durch das Mittel manipulierter kalkulatorischer Abschreibungen."(196) Aber - so wäre möglicherweise dementsprechend fortzufahren - die externe Bilanzierung kann und darf ruhig unwahr sein. Denn hier spielen bilanzpolitische Überlegungen (197) eine Rolle, und sie erlauben, die bilanziellen Abschreibungen zu manipulieren. Natürlich steht das nirgends in dieser Form zu lesen; und selbst wer dieser Meinung ist, wird sich hüten, sie dergestalt kundzutun. Allenthalben finden wir aber den Ratschlag, in der Bilanz "vorsichtig" zu rechnen. Aber muß "vorsichtige" Rechnung in diesem Zusammenhang nicht mit unwahrer, also falscher Rechnung übersetzt werden?! Auf einen derartig begründeten Unterschied von kalkulatorischer und bilanzieller Abschreibung brauchen wir nicht weiter einzugehen.

Auf die Frage, ob eine unterschiedliche Verrechnung der Abschreibungen im internen Rechnungswesen und der externen Bilanzierung theoretisch gerechtfertigt ist, werden wir im Laufe der Arbeit stoßen, denn die kalkulatorische Abschreibung bildet zumindest die Grundlage für die bilanzielle Abschreibung. Erst nachdem diese Frage beantwortet ist, taucht das Problem auf, ob praktische und rechtliche Erwägungen auf Abweichungen drängen, von denen oben einige aufgezählt wurden. Theoretisch gesehen, dürften eigentlich keine oder keine allzu großen Unterschiede bestehen. Interessant ist in diesem Zusammenhang der Hinweis von Weber, "daß den amerikanischen Kostenrechnern die für europäische Verhältnisse typische Differenzierung zwischen bilanzmäßigen und kalkulatorischen Abschreibungen noch vor zehn Jahren kaum geläufig war". (198) Wir meinen, daß den mit der Gewinnermittlung verbundenen finanziellen Folgen durch Ausgleichsmaßnahmen formeller und materieller Art zumindest in weitem Rahmen Rechnung getragen werden kann.

Wie steht es nun mit der Trennung von handels- und steuerrechtlicher Abschreibung? Unsere Ausführungen deuten unzweifelhaft daraufhin, daß wir a priori keinen Grund sehen, die Abschreibungen in Handels- und Steuerbilanz unterschiedlich zu behandeln. Sowohl in Handels- als auch in Steuerbilanz zieht die Gewinnermittlung finanzielle Forderungen nach sich. Allerdings fordern zwei völlig unterschiedliche Gruppen ihren

Anteil am Gewinn: der Fiskus und die Anteilseigner. Allgemein wird nun behauptet, daß der Entzug "eines bloß rechnerischen und noch nicht endgültig realisierten Gewinnes" durch den Fiskus wesentlich gefährlicher sei als durch die Anteilseigner. (199) Diese Behauptung ist schon bei den gegenwärtigen rechtlichen Vorschriften zweifelhaft. Zudem läßt sich sicherlich eine Regelung finden, welche die Gefahren eines "falschen" Gewinnausweises erheblich einschränkte. Diese Regelung müßte, grob gesprochen, auf eine Rückzahlung zuviel entrichteter Steuern und fälschlicherweise ausgeschütteten "Gewinns" abzielen. Darauf ist noch einzugehen, und es wird sich zeigen, daß die Rückzahlungen eher bei den Anteilseignern als beim Fiskus auf Schwierigkeiten stoßen. Daß zwei ganz verschiedene Interessenten finanzielle Forderungen an den ermittelten Gewinn stellen, scheint demnach nicht ausreichend, eine unterschiedliche Verrechnung der handels- und steuerrechtlichen Abschreibung zu begründen.

Aus den vorstehenden Ausführungen wollen wir folgern: Während möglicherweise die kalkulatorische und die bilanzielle Abschreibung beim Zweck der Gewinnermittlung nicht ohne weiteres auf einen Nenner zu bringen sind, scheint uns das hinsichtlich handels- und steuerrechtlicher Abschreibungen nicht der Fall zu sein. In der Arbeit ist also zu prüfen, ob für Handels- und Steuerbilanz die gleiche bilanzielle Abschreibung angesetzt werden kann. Das ist dann möglich, wenn wir nicht an irgendeiner Stelle unserer Untersuchung erkennen müssen, daß zwingende Gründe dafür sprechen, die Abschreibungen in Handels- und Steuerbilanz unterschiedlich anzusetzen. Was die formelle Ausgestaltung des Jahresabschlusses angeht, ist natürlich sicher, daß etwa die Position abnutzbare Sachanlagen in den beiden Bilanzen nicht gleich tief untergliedert zu werden braucht - genausowenig, wie das bei Unternehmen unterschiedlicher Größenordnung notwendig ist. Aber zunächst dreht es sich ja bei der angeschnittenen Frage um die materielle Ermittlung, die Höhe der Abschreibung in Handels- und Steuerbilanz. Kurz: Gegen die Auffassung der Literatur stellen wir die These: Die genannten Erfolgsbilanzen können wegen ihres gemeinsamen Zwecks im Prinzip als ein Instrument angesehen werden. Und - der entscheidende Schluß: In ihnen sind die Abschreibungen grundsätzlich gleichartig zu verrechnen. Mit anderen Worten: Zumindest für die Abschreibung wird das Ziel der Einheitsbilanz (200) gefordert.

II. Ausgangspunkte der Abschreibungsnormierung

a) Begriff und Wesen der Abschreibungsnormierung

Die periodische Abschreibung zu ermitteln, verlangt, ihre Bestimmungsgrößen festzulegen, denn die Abschreibung ist das Ergebnis von Abschreibungssumme, -dauer und -verfahren. Die Entscheidung für einen bestimmten Wert der Komponenten und damit für eine eindeutige Höhe des Abschreibungsbetrages ist eine Entscheidung unter Ungewißheit, Diese Tatsache, die noch im einzelnen zu belegen ist, wirft die Frage auf, ob unter derartigen Umständen überhaupt an eine Normierung der Abschreibung gedacht werden kann.

Normierungen hängt immer eine gewisse Starre an, das gilt auch für normierte Abschreibungen. Zudem wäre die Normierung in unserem Fall von außen vorzugeben. Wird man aber auf diesem Wege das beste Ergebnis hinsichtlich Gewinnermittlung und Bilanzausweis erzielen? Wäre nicht gerade wegen der Ungewißheit der zukünftigen Entwicklung eine flexible Abschreibungsverrechnung, die der Unternehmer allein bestimmen sollte, erforderlich? So fragen, heißt vermuten bzw. behaupten, daß die Abschreibungsverrechnung auch in der externen Bilanzierung frei von Regelungen sein müsse, damit allen unerwarteten Ereignissen Rechnung getragen werden kann. Und wenn bei der Entscheidung dem Unternehmer freie Hand gelassen werden soll, heißt das annehmen bzw. unterstellen, daß der Unternehmer schließlich am besten wissen muß, wie seine abnutzbaren Anlagen zu bewerten sind. Aber es bedeutet noch mehr: daß der Unternehmer auch willens ist, so richtig wie möglich zu rechnen und so klar wie nötig auszuweisen.

Diese Probleme beschäftigen uns noch im folgenden. Hier kann aber schon soviel gesagt werden: Rein äußerlich zeigt das Bestehen einer Vielzahl von Regelungen, daß es in der externen Bilanzierung offenbar nicht ohne Normierungen geht. Das läßt sich letztlich aus den Anforderungen an die externe Rechnungslegung herleiten. Selbst wenn der Unternehmer die Abschreibung am besten ermitteln könnte, bliebe die Frage bestehen, ob nicht der Schutz vor Manipulationen auf Normierungen drängt. Denn die Geschichte der Bilanzierung und die tägliche Erfahrung weisen unzweideutig daraufhin, daß die Unternehmer Manipulationsmöglichkeiten ausnutzen. Man muß das nicht unbedingt verurteilen, jedoch bedenken, wenn eine einigermaßen "richtige" Gewinnermittlung und eine aussagefähige Rechnungslegung erreicht werden sollen.

Obwohl also die Abschreibungsermittlung und -verrechnung eine Entscheidung unter Ungewißheit ist - oder besser vielleicht: weil sie es ist, entsteht nicht die Frage: Normierung der Abschreibung, ja oder nein? Sondern es kann nur die Frage gestellt werden: Inwieweit ist die Abschreibung zu normieren?

In der Problemstellung hatten wir Normierung oder Normung im weitesten Sinn erklärt als "Aufstellung und Formulierung von Normen, d. h. Festlegen von Regeln, Richtlinien und Vorschriften für die Ausführung einer Handlung". (201) Umschreiben wir die auszuführende Handlung in unserem Fall mit dem Begriff "Abschreibungsverrechnung", so heißt Normierung der Abschreibung allgemein, Regeln für deren Verrechnung festzustellen.

Einen tieferen Einblick in das Problem der Abschreibungsnormierung erhalten wir, wenn wir uns mit dem Begriff Abschreibungsverrechnung auseinandersetzen. Mit Abschreibungsverrechnung sind alle Arbeiten zur Ermittlung des Abschreibungsbetrages, des Ansatzes der Abschreibung im Jahresabschluß und der Erläuterung im Geschäftsbericht gemeint. Den Abschreibungsbetrag zu ermitteln, bedeutet, die Komponenten der Abschreibung festzulegen. Normierung der Abschreibung bezieht sich deshalb zunächst auf Regelungen für die Bestimmung von Abschreibungssumme, Abschreibungsdauer, Abschreibungsverfahren (und gegebenenfalls: Abschreibungssatz); sie beinhaltet zum ersten materielle Probleme. Der Ansatz der Abschreibung im Jahresabschluß verlangt weiter, Richtlinien für ihren Ausweis zu erlassen, also u. a. die Benennung und Gliederung der "Abschreibungs-Position" in Bilanz und Gewinn- und Verlustrechnung vorzuschreiben. Entsprechend sind Vorschriften für den Geschäftsbericht aufzustellen in bezug auf die Erläuterung der Ermittlung und des Ausweises der Abschreibung. Normierung der Abschreibung umfaßt deshalb zum zweiten formelle Probleme.

Zusammenfassend kann gesagt werden: Normierung der Abschreibung zielt auf eine einheitliche Gestaltung der Abschreibungsverrechnung unter Einschluß von Größenregelungen durch eine Stelle außerhalb der Unternehmung.

Voraussetzungen für Regelungen sind Regelmäßigkeiten. Dabei gilt als Grundsatz: Je mehr Gemeinsamkeiten vorliegen, um so strenger kann eine Normierung sein. Das veranlaßt zu überlegen, ob es zweckmäßig ist, die Frage "Normierung von Abschreibungen" für abnutzbare Sachanlagen <u>und</u> abnutzbare immaterielle Anlagen zusammen zu behandeln. Die Entscheidung hängt davon ab, ob für Abschreibungen auf abnutzbare Sachanlagen und immaterielle Anlagen mehr Gemeinsames oder mehr Trennendes festzustellen ist. Wir waren auf dieses Problem schon im Zusammenhang mit dem Abschreibungsbegriff gestoßen. Aus rechtlicher Sicht besteht für die beiden Gruppen abnutzbarer Anlagen ein offensichtlicher Unterschied im Hinblick auf die Aktivierung - und das bedeutet: ob das Problem der Abschreibung überhaupt auftaucht! Sachanlagen sind bei Kauf und bei Selbstherstellung aktivierungspflichtig. Immaterielle Anlagewerte dürfen nach § 153 Aktiengesetz nur aktiviert werden und sind nach der Neuregelung in § 5 Abs. 2 Einkommensteuergesetz nur zu aktivieren, wenn sie entgeltlich erworben wurden. Für die Abschreibungssumme gilt, daß sich die Frage der Aktivierungsnebenkosten für immaterielle Anlagen, wenn überhaupt, dann in viel geringerem Ausmaße und für andere "Kostenarten" als für abnutzbare Sachanlagen stellt. Ein Restverkaufserlös ist für abnutzbare immaterielle Anlagen nur in Sonderfällen denkbar. Die mit Wiederbeschaffung und Anlagenunterhaltung verbundenen Fragen für Abschreibungssumme und Abschreibungsdauer tauchen nicht auf. Die wirtschaftliche Nutzungsdauer ist zwar bei beiden Gruppen von Anlagen auf theoretisch gleiche Weise zu ermitteln, doch unterschiedliche Abschreibungsursachen sind wirksam. Physische Ursachen sind bei abnutzbaren immateriellen Anlagen ohne Bedeutung. Ihre wirtschaftlichen Nutzungsdauern werden neben rechtlichen vor allem von ökonomischen Ursachen (technische und wirtschaftliche Überholung) beeinflußt. Diese Ursachen wirken aber bei den einzelnen abnutzbaren immateriellen Anlagen so unterschiedlich, daß selbst für sie kaum Gemeinsamkeiten festzustellen sind - von Gemeinsamkeiten mit abnutzbaren Sachanlagen ganz zu schweigen. Die Aussagen über die Abschreibungsursachen gelten sinngemäß für die Festlegung eines Abschreibungsverfahrens.

Diese Aufzählung scheint uns ausreichend, um zu zeigen, daß eine gemeinsame Behandlung von abnutzbaren Sachanlagen und abnutzbaren immateriellen Anlagen nicht zweckmäßig ist. Viele Probleme bei der Abschreibungsbemessung abnutzbarer Sachanlagen tauchen für immaterielle Anlagen gar nicht auf, andere in ganz verschiedener Weise. Das veranlaßt uns, die Untersuchung auf die Normierung der Abschreibung abnutzbarer Sachanlagen zu beschränken. Das heißt nicht, auf Querverweise völlig zu verzichten.

Im Mittelpunkt der Frage "Abschreibungsnormierung" wird die Normierung der Normalabschreibung stehen müssen. Denn wenn überhaupt Normierungen, ist das Allgemeine vor dem Besonderen zu regeln. Die Normalabschreibung soll für den Normalfall gelten. Für sie vornehmlich wird man einheitliche Voraussetzungen als Grundlage von Normierungen festlegen können, soweit nicht schon Gemeinsamkeiten fest vorgegeben sind. Erst wenn sich zeigt, daß die allgemeine Regelung aus irgendwelchen Gründen für eine bestimmte Unternehmung nicht zutrifft, taucht die Frage nach Sonderregelungen auf, sprich: das Problem der Nachholabschreibung oder - entsprechend zu handhaben - der Zuschreibung bei Korrektur des seitherigen Abschreibungssatzes. Für ihren materiellen Ansatz wird man wohl oder übel auf die Besonderheiten des jeweiligen Betriebes Rücksicht nehmen müssen, sofern sich keine Möglichkeit zeigt, die Nachholabschreibung ganz abzuschaffen. Gibt es keinen solchen Weg, wird die Normierung der Nachholabschreibung vor allem formelle Fragen betreffen. Das gilt auch für Vorwegabschreibungen. Unsere Ausführungen über deren Notwendigkeit und Nützlichkeit haben sich bisher auf Andeutungen zwischen den Zeilen beschränkt. Daraus geht hervor, daß wir absichtliche Vorwegabschreibungen, gleichgültig, ob gesetzlich erlaubt oder willkürlich wahrgenommen, ablehnen. Gegen, aber auch für beide Arten von Vorwegabschreibungen ist viel geschrieben worden. Wir müssen noch darauf eingehen. Hier sei zunächst die Feststellung getroffen, daß sich der Gesetzgeber offensichtlich nicht bereitfindet, insbesondere auf das Mittel "steuerlicher Sonderabschreibungen" zu verzichten. Deshalb müssen für ihre Verrechnung bessere formelle Regelungen getroffen werden als bisher. Materiell wird man keine eindeutigen Größen festlegen können. Denn ob die Regierung oder eine sonst zuständige Stelle eine einmalige Vorwegabschreibung von 10 % oder 15 % erlauben oder vorschreiben, den Abschreibungssatz bei degressivem Verfahren auf 30 % erhöhen, auf 10 % ermäßigen oder die Anwendung des Verfahrens ganz verbieten soll, wird ganz von der jeweiligen Wirtschaftslage abhängen.

b) <u>Voraussetzungen der Abschreibungsnormierung</u>

Normierungen setzen Regelmäßigkeiten voraus. Je mehr Gemeinsamkeiten vorliegen, um so strenger kann eine Normierung sein. Für Normierungen formeller Art tauchen in dieser Hinsicht keine großen Probleme auf. Anders für materielle Bestimmungen (Ermittlung der Abschreibung). Stellte man die extreme Bedingung auf: Nur bei völlig gleichen Voraussetzungen darf normiert werden!, dann müßte man in unserem Fall auf Normierungen in materieller Hinsicht weitgehend verzichten, insbesondere auf gleiche Nutzungsdauern und Abschreibungssätze. Denn völlig gleiche Voraussetzungen sind im wirtschaftlichen Bereich wie im menschlichen Leben selten anzutreffen. In der Mehrzahl der Fälle kann bestenfalls von "normalen" Verhältnissen - mit mehr oder minder großem Spielraum - gesprochen werden. Deshalb muß man sich damit begnügen zu untersuchen, inwieweit bei möglichst gleichartigen oder ähnlichen Voraussetzungen Normierungen der Abschreibung möglich sind. Die wichtigsten Voraussetzungen seien im folgenden mit besonderer Berücksichtigung der Normierung der Normalabschreibung betrachtet.

1. Die Voraussetzung "laufender" Unternehmungen

Normale Verhältnisse liegen am ehesten in "laufenden" Unternehmungen vor, Unternehmungen also, deren Lebensende noch nicht vorauszusehen ist oder aber in weiter Ferne liegt.

Für Unternehmungen, die - aus welchen Gründen auch immer - zu einem absehbaren Zeitpunkt liquidiert werden sollen, bestehen Sonderbedingungen. Ist etwa für eine Unternehmung ein Vergleich oder Konkurs eingeleitet, steht allein zur Entscheidung, alle Anlagen auf ihre "Versilberungswerte" abzuschreiben. Besonders liegen auch die Verhältnisse für eine Heimfallunternehmung. Sie muß alle Gebäude, Maschinen, Einrichtungsgegenstände usw. zum Übergabetermin abgeschrieben haben. Sind es bis zu diesem Zeitpunkt noch zwanzig Jahre, wird man z. B. bei ihren Diesellokomotiven nicht auf einer Abschreibungsdauer von fünfundzwanzig Jahren beharren können. Hier werden die Abschreibungsdauern der zu übergebenden Anlagen vom Heimfalldatum bestimmt, in vielen Fällen aber auch die Abschreibungsdauern ihrer Vorgänger. Beträgt die normierte Nutzungsdauer von Anlagen beim gleichen Heimfalltermin von zwanzig Jahren hingegen vier oder fünf Jahre, liegt natürlich ein anderer Fall vor. Hinsichtlich der Abschreibungsdauern gilt Entsprechendes für Anlagen von Abbaubetrieben mit begrenzter Substanz, und zwar für Gebäude und andere ortsgebundene abnutzbare Sachanlagen, auch für nicht anderweitig verwendbare Anlagen. Die Restverkaufserlöse der Anlagen werden in diesem Fall allerdings Null sein.

Ist eine Unternehmung neu gegründet, liegt strenggenommen auch keine laufende Unternehmung vor. Allerdings ist das für die Abschreibungsbemessung selbst nicht von Einfluß. Eine Auswirkung ergibt sich, wenn nach innerbetrieblichen Ausgleichstendenzen Ausschau gehalten wird. Normierungen sind immer Durchschnittswerte. Eine neu gegründete Unternehmung besitzt nun einen großen Anteil neuartiger Anlagen, für die kaum Erfahrungswerte vorliegen. Werden hier die Nutzungsdauern zu kurz festgesetzt, trifft das anders als bei laufenden Unternehmungen eine Vielzahl von Anlagen. Die daraus erwachsenden Gefahren sind entsprechend größer. Bei laufenden Unternehmungen sind die Anlagen altersmäßig besser gemischt. Dadurch bestehen mehr Tendenzen zum Ausgleich. Eine gut erhaltene alte Maschine etwa, die schon abgeschrieben ist, kann länger als vorgesehen genutzt werden, wenn eine neue des gleichen Typs unerwartet ausfällt. Bei einer neu gegründeten Unternehmung würde ein Produktionsausfall entstehen, bis die notwendige Ersatzmaschine in Betrieb wäre. In der laufenden Unternehmung kann zudem die alte Maschine "die Abschreibung der neuen verdienen helfen", sofern für die abgeschriebene, aber noch weiter genutzte alte Anlage keine Zuschreibung erfolgt. Ausgleichstendenzen für den insgesamt zu verrechnenden periodischen Abschreibungsbetrag treten nicht nur bei Anlagen des gleichen Typs auf: Ein abgeschriebenes Fabrikgebäude beispielsweise mag als "Ausgleich" für Maschinen dienen, die früher als vorgesehen unbrauchbar geworden sind.

Aus unseren Ausführungen folgt: Für die Normierung der Normalabschreibung sind "laufende" Unternehmungen vorauszusetzen. Dazu dürfen neu errichtete gezählt werden. Bei ihnen mögen unter Umständen bei falscher Abschreibungsverrechnung weniger innerbetriebliche Ausgleichsmöglichkeiten als bei bestehenden Unternehmungen vorhanden sein. Doch das hat nichts mit der eigentlichen Abschreibungsbemessung zu tun. Für Unternehmungen, die vor der Liquidation u. ä. stehen, sind in vielen Fällen Sonderregelungen erforderlich. Hier gelten sinngemäß unsere Ausführungen für den Fall der Nachholabschreibung.

2. Die notwendige "Untergliederung" der abnutzbaren Sachanlagen

Zu den abnutzbaren Sachanlagen gehört ein großer Kreis ganz unterschiedlicher Anlagen. Sie unterliegen zudem verschiedenen Bedingungen, sprich Abschreibungsursachen. Verschiedenartig wirken sich vornehmlich der ruhende und abnutzungsbedingte Verschleiß aus. Ortsbedingte Witterungseinflüsse (wie Hitze, Kälte, Regen), Abgase, Dämpfe u. dgl. m. hemmen oder beschleunigen den "Zerfall" einzelner Verwaltungs- und Fabrikgebäude, Diesellastwagen usw. unterschiedlich. Die technische Abnutzung von Bohrmaschinen wird u. a. vom Können der damit im jeweiligen Betrieb hantierenden Bauarbeiter beeinflußt. Der technische Fortschritt mag Webstühle in gleicher Weise treffen, anders jedoch Fräsmaschinen. Die wirtschaftliche Überholung schließlich wirkt sich u. U. auch für gleiche Anlagen von Betrieb zu Betrieb verschieden aus, auf jeden Fall jedoch für Abraumbagger z. B. anders als für Betonmischmaschinen.

Die Frage drängt sich auf, inwieweit die Verschiedenartigkeit der Anlagen und die unterschiedliche Wirkung der Abschreibungsursachen bei Normierung der Abschreibungen berücksichtigt werden müssen. Auf Anhieb wird man sagen können, daß es mit Sicherheit falsch wäre, alle abnutzbaren Sachanlagen über einen Kamm scheren zu wollen, etwa für Verwaltungsbauten die gleiche durchschnittliche Nutzungsdauer anzusetzen wie für Fabrikationsgebäude. Das andere Extrem läge darin, für jede Anlage eines jeden Betriebes die Abschreibung individuell zu bestimmen, z. B. für jede Drehbank. Man wird sich hüten müssen, die letztgenannte Verfahrensweise als falsch zu bezeichnen. Doch sie scheitert schon aus praktischen Erwägungen; man müßte sich zwangsläufig auf Normierungen formeller Art beschränken. Wo liegt für Abschreibungsnormierungen der goldene Mittelweg zwischen völlig einheitlichen und völlig individuellen Bestimmungen?

Einen Anhaltspunkt für das Mindestmaß an Differenzierung können wir finden, wenn wir davon ausgehen, in welchen Bereichen die verschiedenen Anlagen verwendet werden. Gebäude - seien es Geschäfts-, Fabrikations- oder Wohngebäude -, sonstige betriebliche Bauten, Umzäunungen u. dgl. m. kommen praktisch in allen Branchen vor. Das gilt ferner für Heizungsanlagen, Fahrzeuge aller Art, Büromaschinen und Büroausstattung. Wir sprechen von universellen, allgemein verwendbaren oder nichtbranchengebundenen Anlagen. Andere Anlagen werden nur in bestimmten Wirtschaftszweigen genutzt, z. B. Rundfräsen in der Holzverarbeitenden Industrie und Spulmaschinen in Spinnereien und Webereien. Es handelt sich um spezielle, in bestimmten Wirtschaftszweigen verwendbare oder branchengebundene Anlagegüter. Schließlich gibt es abnutzbare Sachanlagen, die nur in einzelnen Betrieben anzutreffen sind, etwa selbsterstellte Anlagen, die für einen ganz besonderen Zweck konstruiert wurden. Das sind individuelle Anlagen.

Zum Zweck der Normierung von Abschreibungen wird man zumindest nichtbranchengebundene und branchengebundene Anlagegüter unterscheiden müssen. In Tabellenwerken wären dann die verschiedenartigen Anlagen nach Gruppen in tiefer Untergliederung aufzuführen. Je differenzierter vorgegangen wird, um so besser. Hinsichtlich der branchengebundenen Anlagen gilt etwa: So viele Wirtschaftszweige wie möglich. Und im X-Wirtschaftszweig sind nicht nur Pressen, Drehbänke usw. zu unterscheiden, sondern verschiedene Arten von Pressen, Drehbänken. Für individuelle Anlagen wird man auf ähnliche Güter verweisen können; notfalls sind Sonderregelungen zu treffen.

Ein guter Anhaltspunkt sind zweifellos die AfA-Tabellen des Bundesministeriums der Finanzen, die seit dem 15. August 1957 herausgegeben werden. Für sie wurde praktisch die eben genannte Unterteilung in nichtbranchengebundene und branchengebundene Anlagen gewählt. (202) "Vorbemerkungen" zu der Tabelle für allgemein verwendbare Anlagegüter, "Vorbemerkungen" für die Tabellen für branchengebundene Anlagen aller Wirtschaftszweige und "Besondere Vorbemerkungen" für einzelne Wirtschaftszweige geben Auskunft über das Zustandekommen der Tabellen und ihren Geltungsbereich. Für uns ist an dieser Stelle nur von Bedeutung, daß in diesen Tabellen die Verschiedenartigkeit der Anlagegüter durch tiefe Untergliederung zumindest im notwendigen Umfang berücksichtigt ist. Sie könnten zweifellos der äußeren Aufmachung nach als Vorbild entsprechender Tabellen für die Handelsbilanz bzw. eine Einheitsbilanz dienen. Eine andere Frage ist, ob die in den Tabellen angegebenen "betriebsgewöhnlichen" Nutzungsdauern (und zugehörigen Abschreibungssätze bei linearem Verfahren) ungeprüft übernommen werden können. Das hängt davon ab, ob man die jeweils zugrunde gelegte technische und wirtschaftliche Abnutzung anerkennt. Bedeutsam ist, daß bei Abfassung der Tabellen davon ausgegangen wird, die Verhältnisse des Einzelbetriebes könnten weitgehend vernachlässigt werden. (203) Ob bzw. inwieweit das vom theoretischen und praktischen Standpunkt vertretbar ist, wird uns noch im einzelnen beschäftigen. Einige dafür notwendige Unterstellungen sind im folgenden Punkt abzuhandeln.

3. Die Unterstellung "normaler" Nutzung und Anlagenunterhaltung

Selbst wenn wir die allgemein verwendbaren und die in bestimmten Wirtschaftszweigen verwendbaren Anlagen sehr differenziert betrachten, kann das nicht darüber hinwegtäuschen, daß wir gleiche Nutzungsdauern für alle Betriebe bzw. alle Betriebe eines Wirtschaftszweiges ansetzen. Aber nur wenn in die Bestimmungsgleichung für die Nutzungsdauer (und das Verfahren) bei allen Betrieben die gleichen Größen eingingen, wäre dieses Vorgehen zu halten. Muß aber nicht die Nutzungsdauer einer jeden Anlage für jeden Betrieb gesondert errechnet werden? Die unterschiedliche Wirkung der einzelnen Abschreibungsursachen scheint darauf hinzudeuten. Dazu später mehr. Wir haben aber schon gesehen, daß Unterschiede kaum durch den technischen Fortschritt auftreten; er wird sich für gleiche Anlagen in gleicher Weise auswirken, auch wenn sie in unterschiedlichen Betrieben arbeiten. Nicht so einfach läßt sich das für die wirtschaftliche Überholung sagen. Unterschiede entstehen aber möglicherweise durch den ruhenden und abnutzungsbedingten Verschleiß.

Trotzdem ist natürlich denkbar, daß zwar für den Verschleiß eine Abhängigkeit vom Einzelbetrieb besteht, die Unterschiede aber in vergleichbaren Fällen (bei branchengebundenen Anlagen also in Betrieben des gleichen Wirtschaftszweiges) so gering sind, daß sie vernachlässigt werden können. Das setzte jedoch auf jeden Fall voraus, daß in vergleichbaren Betrieben gleiche oder wenigstens ähnliche Bedingungen hinsichtlich Nutzung und Anlagenunterhaltung herrschten bzw. daß angegeben wird, unter welchen Verhältnissen die angegebenen Nutzungsdauern bestimmt wurden.

Für die Bestimmung der Nutzungsdauer von Anlagegütern, die dem abnutzungsbedingten Verschleiß unterliegen, wird man sagen können, daß von "normaler" Nutzung und Anlagenunterhaltung auszugehen ist. Dementsprechend steht in den Vorbemerkungen zu den AfA-Tabellen, daß "die gegenwärtig üblichen Verhältnisse" bzw. "üblichen Bedingungen" unterstellt wurden (allerdings nicht nur auf die technische Abnutzung bezogen, siehe Vorbemerkung 5 bzw. 3). Doch was heißt "normal" oder "üblich" im konkreten Fall? Der Teufel steckt bekanntlich im Detail. Einige, wenn auch allgemeine Angaben zeigen die Richtung. Für die Schätzung des Verschleißes, des Anlagenunterhaltungsaufwandes und damit der Nutzungsdauer wird es darauf ankommen, welche Schichtzahl unterstellt wird. Bei der Mehrzahl der Betriebe ist von einer Schicht auszugehen; normale Nutzung hieße in diesem Fall einschichtige Nutzung. Werden im Ausnahmefall zwei oder drei Schichten geleistet, sind u. U. Abschläge von der Nutzungsdauer bzw. Zuschläge für die Abschreibungssätze erforderlich. Die AfA-Tabellen lassen z. B. bei einer Doppelschicht einen 25 %igen, bei Dreifachschicht einen 50 %igen Zuschlag auf den AfA-Satz bei linearem Verfahren zu. Ist Doppelschicht oder Dreifachschicht die Regel, wird das als normale Nutzung unterstellt. Die AfA-Tabellen gehen etwa bei dem Wirtschaftszweig Zellstoff, Holzstoff usw. erzeugende Industrie von dreischichtiger Nutzung aus. (204)

Fraglich ist, ob die Berücksichtigung der Schichtzahl allein genügt. Denn innerhalb einer Schicht kann die "Beschäftigung" ganz verschieden sein. Damit taucht die Frage auf, ob eine bestimmte "Planbeschäftigung" anzugeben ist, von der die Nutzungsdauerschätzung auszugehen hat. Beschäftigung wird dabei in erster Linie im Sinne von zeitlicher Kapazitätsauslastung verstanden, z. B. 90 %. Erst in zweiter Linie ist an Einflüsse aufgrund unterschiedlicher intensitätsmäßiger Auslastung der Anlagen zu denken. Diese Probleme werden uns bei der Bestimmung der Nutzungsdauer und des Abschreibungsverfahrens beschäftigen.
Bei abnutzbaren Anlagen, die von dem Gebrauchsverschleiß oft nur in geringem Maße betroffen werden, wie Gebäude, erübrigen sich Ausführungen über die normale Nutzung. Hier aber wie beim Fall schicht- und beschäftigungsabhängiger Anlagen muß man sich Gedanken machen über die "normale" Anlagenunterhaltung. Klar scheint zumindest, daß bei extrem unterschiedlicher Anlagenunterhaltung die Nutzungsdauern zweier völlig gleicher Anlagen verschieden ausfallen werden. Doch wird die Anlagenunterhaltungspolitik unbedingt von Unternehmung zu Unternehmung große Unterschiede aufweisen? Ist nicht für die einzelnen Anlagen eine optimale Anlagenunterhaltung festzustellen, von der bei der Nutzungsdauerschätzung ausgegangen werden kann? Für eine solche Anlagenunterhaltungspolitik sind Überlegungen in wertmäßiger Hinsicht ("Höhe des Aufwandes") und in zeitlicher Hinsicht ("Reparaturtermine") erforderlich. Für die Abschreibungsverrechnung entstehen daraus Probleme bei Bemessung der Abschreibungssumme, der Abschreibungsdauer und des Abschreibungsverfahrens.

c) Mögliche und bestehende Normierungen der Abschreibung und die Ansichten der Literatur

Wenn über die Normierung der Abschreibung nachgedacht werden soll, mag das bei dem einen oder anderen Leser den Verdacht erwecken, hier würde etwas völlig "Revolutionäres" untersucht. Wer so denkt, übersieht, daß es heute schon für die Abschreibungsverrechnung eine Vielzahl von Regelungen gibt, Regelungen in materieller und formeller Hinsicht. Diese Regelungen sind im Laufe der Zeit eingeführt worden. Grob gesprochen, sind seit der Bestimmung in § 645 des Preußischen Allgemeinen Landrechts von 1794, daß "von den Gerätschaften, welche sich durch den Gebrauch abnutzen, ... außerdem noch ein verhältnismäßiger Abzug gemacht werden" muß, (205) die Normierungen der Abschreibung (und auch auf anderen Gebieten) immer stärker geworden. Der Hauptanstoß dazu kam - das ist nicht überraschend - durch die Steuer-Gesetzgebung.

Für die Abschreibung gilt nach wie vor, daß die Normierungen für die Steuerbilanz weitergehen als für die Handelsbilanz. Es erübrigt sich an dieser Stelle, alle Vorschriften im einzelnen zu nennen. Hier soll nur im großen Rahmen ein Überblick gegeben werden, was in Handels- und Steuerbilanz normiert ist und in welcher Richtung weitere Überlegungen für - gegebenenfalls - einheitliche Normierungen der Abschreibung möglich bzw. erforderlich sind.

Zuerst zu den materiellen Problemen. Grundsätzlich ist geregelt, daß die einzelne abnutzbare Sachanlage abgeschrieben werden muß. Sowohl in Handels- als auch in Steuerbilanz gilt also der Grundsatz der Einzelbewertung. In § 39 Abs. 1 HGB ist vom "Wert der einzelnen Vermögensgegenstände" die Rede, in § 6 Abs. 1 Einkommensteuergesetz von der "Bewertung der einzelnen Wirtschaftsgüter". Die Begriffe "Vermögensgegenstand" und "Wirtschaftsgut" sind "gleichwertig". Wir verwenden die Begriffe synonym. Die Frage "Einzelbewertung oder nicht", also was abgeschrieben werden soll, betrifft grundsätzlich Normal-, Nachhol- und Vorwegabschreibung. Da im Teil über die Normalabschreibung ersichtlich wird, inwieweit eine Einzelbewertung gerechtfertigt ist, behandeln wir das Problem in diesem Teil.

Für die Normalabschreibung sind die Komponenten der Abschreibungssumme: der Ausgangswert und der Restverkaufserlös in Handels- und Steuerbilanz ziemlich eindeutig festgelegt. Für den Ausgangswert taucht die Frage auf, ob statt oder neben Abschreibungen auf der Grundlage von Anschaffungswerten Abschreibungen auf Basis von Wiederbeschaffungswerten bilanziert werden sollten. Darauf werden wir unser Hauptaugenmerk beim Problem Abschreibungssumme richten. Bei den Herstellungskosten als Ausgangswert ist insbesondere für die Handelsbilanz das Aktivierungswahlrecht für einen Teil der Aufwendungen zu überdenken. Damit zusammen hängt die Frage, ob nur variable "Kosten" zu aktivieren sind. Zum Ausgangswert gehört auch das Problem der Aktivierung des Anlagenunterhaltungsaufwandes; es scheint eindeutiger lösbar, als es heute der Fall ist. Beim Restverkaufserlös könnte die Erfassung (und Besteuerung) des tatsächlichen oder fiktiven Erlöses besser geregelt werden; man denke auch an die Übertragung stiller Rücklagen auf Nachfolgeanlagen.

Wie steht es mit der Abschreibungsdauer? Für die Steuerbilanz sind in den AfA Tabellen Nutzungsdauern angegeben. Diese Nutzungsdauern sollen dem Steuerpflichtigen jedoch nur als Anhalt dienen, ob er die Nutzungsdauer angemessen geschätzt hat (Vorbemerkungen 6 bzw. 5 zu den AfA-Tabellen). Für die Handelsbilanz gibt es für diese Abschreibungskomponente keine konkrete Vorschrift. Im neuen Aktiengesetz ist in § 154 Abs. 1 Satz 1 von einer planmäßigen Abschreibung die Rede. Aber auch die Ergänzung in Satz 2, daß "der Plan (...) die Anschaffungs- oder Herstellungskosten nach einer den Grundsätzen ordnungsmäßiger Buchführung entsprechenden Abschreibungsmethode auf die Geschäftsjahre verteilen (muß), in denen der Gegenstand voraussichtlich genutzt werden kann", vermag nicht darüber hinwegzutäuschen, daß dem Unternehmer hier und damit für die Abschreibungsbemessung insgesamt völlig freie Hand gelassen wird. Es wäre möglich, die Nutzungsdauer ähnlich wie heute nach dem Einkommensteuergesetz festzulegen. Die Frage der "Verbindlichkeit" könnte anders geregelt werden; die angegebenen Nutzungsdauern wären u. U. neu festzusetzen.

Hinsichtlich der dritten Komponente, das Abschreibungsverfahren, gilt, daß schon die heute gebräuchlichen mathematischen Verfahren eine Normierung darstellen, wenn man einen variablen Abschreibungsbetrag von

Jahr zu Jahr als Vergleichskriterium nimmt. Auch beim Verfahren ist die steuerrechtliche Regelung strenger: Für Mehrschichtbetriebe sind feste Zuschlagsätze vorgegeben, um die die Abschreibung, bemessen für den Einschichtbetrieb, erhöht werden darf. Ein Methodenwechsel ist nur vom degressiven zum linearen Verfahren möglich. Die Anwendung des degressiven Verfahrens ist auf bewegliche Anlagen begrenzt. Der Abschreibungssatz ist bei diesem Verfahren der Höhe nach bestimmt. Für Gebäude ist eine Sonderregelung getroffen. Es fragt sich, ob gleiche oder ähnliche Normierungen, insbesondere die Begrenzung des Abschreibungssatzes bei degressiven Verfahren, auch für die Handelsbilanz gelten sollte bzw. für eine Einheitsbilanz. Darüber hinaus taucht die Frage auf, ob nicht das lineare Verfahren als einziges Verfahren vorgeschrieben werden sollte.

Für die Nachholabschreibung sind konkretere Regelungen nur für die Steuerbilanz zu finden, und zwar vor allem im "Instrument" des Teilwertes. Aus der Natur der Sache ergibt sich, daß die Vorschriften zum Teil recht vage sind. Verbesserungen erscheinen möglich. Vor allen Dingen ist aber zu fragen, ob nicht die "Niederstwertvorschrift" als entsprechende Regelung für die Handelsbilanz bestimmter gefaßt werden kann, als es heute der Fall ist.

Bezüglich der Normierungen formeller Art können wir uns an dieser Stelle noch kürzer fassen - ja, im Grunde genügte ein Satz: Der Ausweis der Abschreibungen und die zugehörige Erläuterung ist auf jeden Fall verbesserungsfähig. Nehmen wir die Vorschriften des Aktiengesetzes als Ausgangspunkt, so könnte als erstes die Gruppierung der Anlagen verbessert werden. Hier fragt sich z. B., ob der Ausweis der Abschreibungen auf Gebäude und der Wertverringerung von Grundstücken in einer Summe sinnvoll ist, so nach § 151 Abs. 1 II A. 1., 2. Aktiengesetz. Weiter könnten die Gruppen tiefer untergliedert werden. Es ist an indirekte Abschreibung zu denken. Es wäre eine Trennung von Normal- und Nachholabschreibungen möglich. Falls der Staat auf "steuerliche Sonderabschreibungen" nicht lieber ganz verzichten will, ist der Ausweis dieser Vorwegabschreibung verbesserungsbedürftig. Verschiedene Sonderangaben wären möglich, z. B. über den Bestand und den jeweiligen Gesamtabschreibungsbetrag auf geringwertige Anlagen. Wir sehen, daß für derartige und weitere Normierungen nicht nur Änderungen in Bilanz und Gewinn- und Verlustrechnung erforderlich wären, sondern auch mehr Angaben im Geschäftsbericht.

So weit dieser Überblick über bestehende und mögliche Normierungen der Abschreibung. Im Mittelpunkt dieses Teils der Arbeit steht, was normiert werden kann. Was normiert ist, dient lediglich als Anhaltspunkt. Bestehende Normierungen veranlassen zur Prüfung, inwieweit sie gerechtfertigt und wie sie gegebenenfalls zu ändern sind. Wir gehen darüber hinaus und fragen: Was könnte unter theoretischen und praktischen Gesichtspunkten zusätzlich normiert werden?

In der Literatur ist auf die Normierung der Abschreibung in einer Reihe von Aufsätzen und Büchern eingegangen worden. Es versteht sich von selbst, daß wir uns an dieser Stelle mit einer groben Skizzierung begnügen, da wir uns bei der folgenden Abhandlung zwangsläufig mit der Literatur kritisch auseinanderzusetzen haben. Das berechtigt auch dazu, hier nur einige Namen ohne Angaben von Quellen zu nennen. Da an deutsche Verhältnisse angeknüpft wird, beschränken wir uns an dieser Stelle zudem auf deutsche Autoren.

Wenige Autoren, die sich zur Normierung der Abschreibung geäußert haben, sind auf die Frage eingegangen: Kann bei der Abschreibungsverrechnung in der externen Bilanzierung völlig auf Regelungen verzichtet werden? Trotzdem kann u. E. - ohne daß Gefahr besteht, einen der Autoren falsch zu interpretieren - behauptet werden: Keiner lehnt jegliche Normierung der Abschreibungen ab. Streit taucht darüber auf, wie weit Normierungen zulässig sind. Insbesondere Normierungen materieller Art sind heftig diskutiert worden, kaum Normierungen in formeller Hinsicht. Einige Autoren haben sich ohne ersichtlichen äußeren Anlaß mit der Frage der Abschreibungsnormierung auseinandergesetzt - z. B. Bredt, Kosiol, Gudehus, Moxter. Für andere, vornehmlich wenn sie Einzelfragen diskutierten, lassen sich eindeutig Anstöße von bestimmten äußeren Ereignissen feststellen. Mit dem Anschaffungspreis als Ausgangswert der Abschreibung hat sich die Literatur wegen der fortwährenden Preissteigerungen immer, vor allem aber während und nach der Inflation in den 20er Jahren beschäftigt - Mahlberg, Schmalenbach, Schmidt, Sommerfeld, Rieger; Hasenack, Schnettler, K. Hax. Immer wieder ist auch die Frage nach dem richtigen Abschreibungsverfahren gestellt worden, vornehmlich dann, wenn von steuerlicher Seite neue und einschränkende Normierungen eingeführt wurden (z. B. Einschränkungen der Anwendung des degressiven Verfahrens, Herabsetzung der Abschreibungssätze bei diesem Verfahren) - Hast, Mellerowicz, Lehmann, Lücke, Albach. Die Normierung der Nutzungsdauer stand im Mittelpunkt der Diskussion, als die Herausgabe der AfA-Tabellen durch das Bundesministerium der Finanzen bevorstand und als die ersten Tabellen ab 1957 herausgegeben wurden - Gübbels, Rose, Sandig, van der Velde, Risse, Riebel, Leffson; Krause-Kärsten, Klinger, Müller, Peter, Lücke. Die Frage nach Normierung von Nutzungsdauer und Abschreibungsverfahren wird neuerdings gestellt im Zusammenhang mit den Bestimmungen des neuen Aktiengesetzes - Claussen, Vodrazka.

Welche Argumente lassen sich gegen und für die Normierung der Abschreibung vorbringen? Die wichtigsten seien im folgenden aufgezählt; viele wurden vor allem bei der Diskussion um die Normierung der Nutzungsdauer in der Literatur genannt, treffen aber genausogut für die anderen Bestimmungsgrößen der Abschreibungen zu, damit für die Abschreibungsbemessung insgesamt. Gegen die Normierung der Abschreibung spreche ihre Betriebsindividualität: Die Abschreibung jeder Anlage müsse von den Verhältnissen des Einzelbetriebes her bestimmt werden (z. B. Gübbels, Sandig, van der Velde, Riebel, Risse). Durch die Normierung werde zudem die Dispositionsfreiheit des Unternehmers eingeschränkt (Ersatz der Anlagen, Reaktion auf unverhoffte Ereignisse, Verhinderung der Einführung neuer Rechenverfahren und -methoden). Mit diesen beiden Problemen zusammen hängt das Argument, angesichts der Ungewißheit solle man dem Unternehmer die Abschreibungserrechnung überlassen, er kenne schließlich die Verhältnisse in seinem Betrieb am besten; das sei Voraussetzung für eine vernünftige und richtige Rechnung (Rose, Riebel). Weiter: Durch die Normierung der Abschreibung könnte das konjunkturpolitische Instrument "steuerliche Sonderabschreibungen" beeinträchtigt werden. Auf die Gefahren einer falschen Gewinnrechnung infolge normierter Abschreibungen wird besonders hingewiesen (Riebel) - ohne dabei auf die Nachteile falscher betriebsindividueller Abschreibungen einzugehen. Gegen die Normierung spreche zudem die Begrenzung der Finanzierung aus Abschreibungsgegenwerten, damit die verminderte Anpassungsmöglichkeit an den technischen Fortschritt und die Schwächung des Wachstums (Gübbels). Schließlich darf bei den Argumenten nicht fehlen, durch die Normierung würde die Wettbewerbsfähigkeit gegenüber ausländischen Konkurrenten geschwächt (Pöhl).

Für die Normierung wird - im Gegensatz zu einem eben vorgebrachten Argument - geltend gemacht, daß die Unsicherheit der Abschreibungsbemessung und das Verlangen nach einer (verhältnismäßig) richtigen Rechnungslegung auf eine Normierung der Abschreibung dränge (Gudehus, Moxter). Durch die Normierung werde weiter die Gleichmäßigkeit der Besteuerung gefördert (Krause-Kärsten, Wons, Gudehus). Normierte Abschreibungen brächten ferner Arbeitserleichterungen für die Unternehmungen und die Finanzverwaltung (Krause-Kärsten, Wons, Lücke, Müller). Und: Normierungen lägen im Zuge staatskapitalistischer Entwicklung (Peter).

So weit die wichtigsten Argumente gegen und für die Normierung der Abschreibung. Wir haben sie in bunter Reihenfolge genannt. Besonders interessant ist, daß sie sich zum Teil widersprechen. Es scheint auch mehr Gründe gegen als für eine Normierung zu geben. Für ein Gesamturteil gegen oder für die Normierung der Abschreibung wird man die einzelnen Argumente genau prüfen und gewichten müssen. Je nach ihrer Gewichtung - so will uns scheinen - wird man zu einem anderen Urteil kommen können.

III. Die Normierung der Normalabschreibung

a) Die Normierung der Abschreibungssumme

1. Die mit der Abschreibungssumme verbundenen Fragen

Abgeschrieben werden kann nur, was zuvor aktiviert wurde. Der Umfang der Aktivierung und damit des Zugangs in der Bilanz hängt im besonderen Maße von der Wertbasis des Abschreibungsausgangswertes ab. Mit diesem Hauptproblem wollen wir uns im nächsten Punkt gründlich auseinandersetzen. In diesem Punkt werden kurz die weiteren mit der Abschreibungssumme zusammenhängenden Fragen umrissen. Dabei ist bedeutsam, inwieweit sich Unterschiede für Handels- und Steuerbilanz ergeben.

aa) Sonderprobleme beim Anschaffungswert

Die Abschreibungssumme ist die Differenz von Abschreibungsausgangswert und Restverkaufserlös. Als Wertbasis für den Ausgangswert sind nach geltendem Recht und herrschender Auslegung der GoB die Anschaffungs- oder Herstellungskosten festgelegt. Mit Blick auf die Handelsbilanz befindet sich die entsprechende Regelung z. B. für Aktiengesellschaften und Kommanditgesellschaften auf Aktien in § 153 Abs. 1 Aktiengesetz und für Gesellschaften mit beschränkter Haftung in § 42 Nr. 1 GmbH-Gesetz, bezüglich der Steuerbilanz für alle buchführenden Unternehmungen in § 6 Abs. 1 Ziff. 1 Einkommensteuergesetz. In § 6 Abs. 1 Ziff. 1 ist von einem zweiten Wertmaßstab die Rede: dem Teilwert. Dieser Wert, für den eine entsprechende Bezeichnung im Handelsrecht fehlt, ist in unserer unmittelbar anschließenden Erörterung über die möglichen Ausgangswerte der Normalabschreibung nur in Sonderfällen von Bedeutung; in der Regel gehört der Teilwert in die "Schublade" Nachholabschreibung.

Man könnte meinen, daß über solch einen grundlegenden Begriff wie "Anschaffungskosten", "Anschaffungsaufwand" oder "Anschaffungswert" völlige Einigkeit herrscht. Ein Blick in die Literatur zeigt das Gegenteil. (206) Nicht etwa, daß es noch für den Regelfall "Kauf der Anlage" Anhänger der Definition gäbe: "Unter Anschaffungswert ist grundsätzlich der Tagesanschaffungswert zu verstehen, d. h. der Geldbetrag, der für die Anschaffung gezahlt werden müßte, wenn der gleiche Gegenstand am Tage der Abschreibung angeschafft würde". (207) Hier war allzu offensichtlich der Wunsch, Steuern zu sparen, Vater der Begriffsbestimmung. Für den Regelfall "Kauf der Anlage" ist vielmehr klar, daß sich der Anschaffungswert zusammensetzt aus dem tatsächlichen Anschaffungspreis, den Anschaffungsnebenkosten (allen weiteren Aufwendungen beim Erwerb und bis zur Inbetriebnahme der Anlage) abzüglich der Anschaffungskostenminderungen. Zum einen wird jedoch darüber gestritten, ob diese oder jene Aufwendungen zu den Anschaffungsnebenkosten gehören. Zum anderen stimmt man nicht völlig überein, wie der Anschaffungswert in den Sonderfällen des Erwerbs festzusetzen ist, also z. B. bei Tausch, Zwangsversteigerung, Schenkung, Sacheinlagen. Das Problem der Anschaffungskosten ist mit allen Verästelungen ausführlich in der Literatur behandelt worden. (208) Hier nur einige Anmerkungen.

Im Regelfall "entgeltlicher Erwerb" sind nur die tatsächlichen "Belastungen", die durch die Anschaffung bis zur Inbetriebnahme entstehen, zu aktivieren. D. h. einerseits: Zu den Anschaffungsnebenkosten einer Anlage gehören nach herrschender Auffassung und einer Reihe von Gerichtsurteilen alle bis zur Benutzung anfallenden Einzelkosten, Gemeinkosten dagegen nicht. Durch diese Auffassung ist die Nachprüfbarkeit der Rechnungslegung im weiten Maße gesichert. Das gilt nicht in gleicher Weise für die Vorschrift, daß andererseits u. a. auch Zuschüsse und Subventionen Dritter, die unmittelbar für ganz bestimmte Anlagen gewährt werden, den Abschreibungsausgangswert dieser Anlagen verringern. Durch diese Regelung wird die Aussagefähigkeit der Rechnung eingeschränkt. Hier sollte man den Grundsatz beherzigen, Subventionen u. dgl. immer offen auszuweisen. Folglich verbietet es sich, sie bei den einzelnen Anlagen abzusetzen. Diese Subventionen sind gesondert aufzuführen und zu erläutern und entsprechend der (zugehörigen) Abschreibungen aufzulösen. Materiell wird dadurch die bisherige Handhabung nicht geändert.

Für die Anschaffungsnebenkosten und die Anschaffungskostenminderungen, die im einzelnen vom Grundsatz der Abgrenzung der Sache nach her zu bestimmen sind, ist kein Grund für eine Abweichung in Handels- und Steuerbilanz zu erkennen.

Für die Sonderfälle des Erwerbs werden in der Literatur eine ganze Reihe von Wertansätzen genannt. Beurteilt unter den Gesichtspunkten der Aussagefähigkeit über die Vermögens- und Ertragslage und der richtigen Gewinnermittlung für Besteuerung und Ausschüttung erscheint u. E. jedoch in allen Fällen nur ein Ansatz sinnvoll: der fiktive Wiederbeschaffungspreis zum Zeitpunkt der Anschaffung oder kurz: der "Tages"-Zeitwert. Steuerlich entspricht dem praktisch der Teilwert. Lehnt man eine derartige Bewertung als "unbillig" ab, wäre zumindest der Verkaufspreis zu bilanzieren, der für ein Wirtschaftsgut unter normalen Bedingungen beim Verkauf zu erzielen wäre. Steuerlich ist das der Gemeine Wert. Bei Tausch u. a. bedeutet der Ansatz des Zeitwertes eine "Gewinnverwirklichung", sofern der Zeitwert des eingetauschten Gutes über dem Buchwert des hingegebenen liegt. Steuerlich gilt der Grundsatz der Gewinnverwirklichung seit langem; für die Handelsbilanz wollen Adler/Düring/Schmaltz dieses Vorgehen bis auf einen Fall gelten lassen: "Tauschvorgänge, die in erster Linie durch bilanzpolitische Gesichtspunkte (insbesondere Gewinnverbesserung) bestimmt sind, müssen nach den bisherigen Grundsätzen behandelt werden (keine Gewinnverwirklichung)". (209) Der Zweck dieser vorgeschlagenen Ausnahmeregelung ist klar. In ungünstigen Lagen soll dem Bilanzierenden der Weg versperrt werden, ein eingetauschtes Wirtschaftsgut ungerechtfertigterweise höher anzusetzen als den hingegebenen Gegenstand. Doch bei näherem Hinsehen zeigt sich, daß die Regel entbehrlich ist. Nimmt jemand einen Tausch aus bilanzpolitischen Gründen vor, wird man unter praktischen Bedingungen schwerlich verhindern können, daß er ungerechtfertigt hohe Zeitwerte ansetzt. Vor allem aber ist der Ausnahmefall, der von Adler/Düring/Schmaltz angedeutet wird, ohnehin durch die GoB geregelt. Hier müßte nach dem heutigen Imparitätsprinzip ein "niedrigerer Ansatz" gewählt werden. Der Bilanzierende darf in diesem Fall auch ohne die Einschränkung von Adler/Düring/Schmaltz keinen höheren Zeitwert ansetzen. Folglich kann man allgemein für die Sonderfälle des Erwerbs vorschreiben: Der Zeitwert ist stellvertretend als Anschaffungswert anzusetzen, und zwar in gleicher Weise in Handels- und Steuerbilanz.

Diese Regelung würde dann auch für die Schenkung gelten. Steuerlich kann man § 7 Abs. 2 Einkommensteuer-Durchführungsverordnung (... für den Erwerber unentgeltlich übertragener Wirtschaftsgüter gilt "der Betrag als Anschaffungskosten, den er für das einzelne Wirtschaftsgut im Zeitpunkt des Erwerbs hätte aufwenden müssen") ohne weiteres in diesem Sinne auffassen. In der Handelsbilanz besteht nach Adler/Düring/Schmaltz ein Wahlrecht, ob überhaupt zu aktivieren ist; bei Aktivierung sei höchstens der Zeitwert anzusetzen. (210) Vom Zweck der Bilanzierung her gesehen, ist in diesem Fall ein Wahlrecht abzulehnen. Soll die wirtschaftliche Lage richtig ausgewiesen werden und eine vernünftige Gewinnermittlung erfolgen, muß aktiviert werden. Für die Gefahr des Mißbrauchs aus bilanzpolitischen Gründen gelten unsere obigen Ausführungen entsprechend: Bei einer Aktivierungspflicht wird keinem Mißbrauch Vorschub geleistet; ein Mißbrauch könnte sowieso nicht verhindert werden, falls er vom Bilanzierenden aus beabsichtigt ist. Eine Regelung "höchstens zum Zeitwert" ist entbehrlich, da sie von vornherein zu Unterbewertungen verführt. Der Ansatz sollte grundsätzlich zum Zeitwert erfolgen; wenn nötig, ist möglicherweise eine Nachholabschreibung vorzunehmen.

bb) Die Herstellungskosten als Ausgangswert

Der zweite mögliche Abschreibungsausgangswert in Handels- und Steuerbilanz sind die Herstellungskosten. (211) Sie bilden den Ausgangswert für die von der Unternehmung selbsterstellten Anlagen. Im gleichen Sinne wie Herstellungskosten gebrauchen wir den Begriff Herstellungswert. Die Bezeichnung Herstellungsaufwand wird steuerlich für einen anderen Sachverhalt gebraucht: für zu aktivierende Anlagenunterhaltungsaufwendungen. Die Herstellungskosten werden in den gesetzlichen Vorschriften nicht definiert. Nach herrschender Auffassung sind sie aus den Herstellkosten abzuleiten, einer "Zwischensumme" in der Zuschlagskalkulation. Die Herstellkosten setzen sich zusammen aus Materialkosten, Fertigungslöhnen, Material- und Fertigungsgemeinkosten und Sondereinzelkosten der Fertigung. Als Probleme tauchen bei der Feststellung des Herstellungswertes auf: (a) Die Herstellkosten sind um die "Zusatzkosten" (Zinsen auf das Eigenkapital, Unternehmerlohn) zu verringern. (b) Die "Anderskosten" (Abschreibungen, Wagnisse) sind zu korrigieren, soweit ihr Ansatz in Kostenrechnung und Bilanzierung aufgrund gesetzlicher Vorschriften voneinander abweicht. (c) Es ist zu überlegen, inwieweit Beschäftigungsschwankungen zu berücksichtigen sind oder ob von einer bestimmten Normalbeschäftigung auszugehen ist. Diese Frage ist bedeutungsvoll, sobald fixe Kosten (echte Gemeinkosten) aktiviert werden. (d) Sind Verwaltungskosten des Fertigungsbereichs zu aktivieren? Werden Gemeinkosten grundsätzlich angesetzt, gehören auch die Verwaltungskosten des Fertigungsbereichs dazu. (e) Sollen überhaupt fixe Kosten (echte Gemeinkosten) in die Herstellungskosten eingerechnet werden?

Das letzte Problem ist das schwierigste und umfaßt die Fragen (c) und (d). Für die Handelsbilanz läßt § 153 Abs. 2 Aktiengesetz für den Ansatz der Gemeinkosten ein Wahlrecht zu; steuerlich fordert Abschnitt 33 Einkommensteuer-Richtlinien ausdrücklich die Aktivierung bestimmter Gemeinkosten und gibt nur für einige unbedeutendere Kosten ein Wahlrecht. Albach lehnt einen Ansatz der Fixkosten (echter Gemeinkosten) vom "Verursachungsprinzip" her ab; es bestünde kein Kausalzusammenhang zwischen Fixkosten und Herstellung. (212) Dem widerspricht Döllerer, der die Notwendigkeit der Aktivierung fixer Kosten aus dem "Finalprinzip" ableitet. (213) Die Anhänger der Teilkostenrechnungs-Verfahren schließlich heben die systembedingten Mängel der Vollkostenrechnungen (Schlüsselung) hervor und versuchen die Teilkosten-Theorien auf die Bilanzierung zu übertragen, d. h. nur variable Kosten (unechte Gemeinkosten und Einzelkosten) oder nur Einzelkosten zu aktivieren. (214) Von ähnlichen Überlegungen geht im Grundsatz D. Schneider aus, wenn er die Aktivierung von Abschreibungen (und anderen Fixkosten) ablehnt, weil die entsprechenden Nutzleistungsabgaben der Anlage nicht meßbar seien. Insofern spricht er sich für alleinige Aktivierung von Einzelkosten aus. (215)

Um ein Urteil für die Streitfrage zu finden, darf u. E. weder vom Verursachungsprinzip (auch nicht vom Finalprinzip) noch von den einzelnen Kostenrechnungsverfahren und ihrer "Genauigkeit" noch der Meßbarkeit ausgegangen werden. Den Einstieg geben die Zwecke der Rechnungslegung und die zuständigen GoB frei. Eine zweckgerechte Rechnungslegung zum Ausweis der Vermögens- und Ertragslage und zur Gewinnermittlung für Besteuerung und Ausschüttung verlangt u. E. den Ansatz von Gemeinkosten. Sie sind immer dann in die Herstellungskosten einzurechnen, wenn die (anteiligen) Absatzpreise über den Durchschnittskosten liegen. Im Gegenfall folgt aus dem Imparitätsprinzip ein niedrigerer Ansatz. (216) Als Problem taucht auf, ob die Durchschnittskosten auf Grund der (irgendwie zu definierenden) Normalbeschäftigung zu berechnen sind (217) oder auf Grund der Istbeschäftigung, was gegebenenfalls die Aktivierung von Unterbeschäftigungskosten zur Folge hätte. D. Schneider zeigt: Wenn überhaupt Gemeinkosten aktiviert werden, dann sind die Durchschnittskosten auf Basis von Istkosten anzusetzen. (218) Diese Lösung liegt in jedem Fall im Sinne einer nachprüfbaren Rechnungslegung.

Die Aktivierung von Gemeinkosten entspricht auch einer vergleichbaren Rechnungslegung, da eine vergleichbare Rechnungslegung möglichst ähnliche Abschreibungsausgangswerte für selbsterstellte Anlagen und durch Kauf und auf andere Weise erworbene Anlagen voraussetzt. Aus diesem Gesichtspunkt läßt sich auch ableiten, daß die anteiligen Verwaltungskosten des Fertigungsbereichs zu aktivieren sind. Man sollte lieber durch die Vollkostenrechnung bedingte Ungenauigkeiten hinnehmen, als überhaupt keine Gemeinkosten zu aktivieren. Dabei muß man sich vor Augen halten, daß Teilkostenrechnungen nicht nur systembedingt zu Unterbewertungen führen, sondern zusätzliche Unterbewertungen nicht verhindern können. Die unechten Gemeinkosten könnten als Einzelkosten erfaßt werden; man verzichtet in der Praxis aus verschiedenen Gründen darauf, sie einzeln festzustellen. Das führte in der externen Bilanzierung dazu, sie möglichst nicht zu aktivieren, um Steuern und Ausschüttungen zu vermeiden. D. h. aber: Auch Bewertungen zu variablen Kosten bzw. zu Einzelkosten schützten nicht vor Manipulationen. Dann ist es aber von den Zwecken der Rechnungslegung her sinnvoller, Gemeinkosten einzurechnen, vor allem in unserem besonderen Fall "selbsterstellte Anlagen".

Zu den fixen Kosten (echten Gemeinkosten), welche die Schwierigkeiten bei der Feststellung des Herstellungswertes zeigen, gehören die "anteiligen" Abschreibungen: Die "richtige" Abschreibungsberechnung ist nicht geklärt, aber die Abschreibungen gehen in den Herstellungswert ein. (219) Eigentlich wären die abgegebenen Nutzleistungen der Anlage zu messen und entsprechend wäre der Abschreibungsaufwand zu verrechnen. Mit der Bestimmung der Nutzleistung setzen wir uns noch beim Nutzungsdauerproblem und beim Abschreibungsverfahren auseinander. Es wurde oben angedeutet, und insofern greifen wir nicht vor, daß eine Messung der Nutzleistungsabgabe praktisch unmöglich ist. Daraus folgt, daß eine eigentliche Verrechnung des Abschreibungsaufwandes entsprechend der Nutzleistungen auf die mit der Anlage hergestellten Güter nicht möglich ist. Wie erwähnt, ziehen wir aber daraus nicht den Schluß: Gar keine Verrechnung der Abschreibungen, sondern: Verrechnung des periodischen Abschreibungsaufwandes auf die hergestellten Güter nach dem Durchschnittskostenprinzip. Soweit die Abschreibungen normiert werden, wären die normierten Abschreibungen maßgebend. Als Ergebnis folgt: Um eine zweckgerechte Bilanzierung zu erreichen, sind trotz der auftauchenden Schwierigkeiten die genannten Einzel- und Gemeinkosten in den Herstellungswert einzurechnen. Die steuerliche Regelung scheint in dieser Beziehung wie in vielen anderen Fällen vernünftiger und dem betriebswirtschaftlichen Standpunkt näher zu stehen als die handelsrechtlichen Vorschriften. Das für die Handelsbilanz erlaubte Wahlrecht über die Aktivierung der Gemeinkosten ist abzulehnen, eine Auffassung, die sich auch aus der Forderung nach einer vergleichbaren Rechnungslegung zwischen verschiedenen Unternehmungen ergibt. Es besteht kein Grund, den Ausgangswert Herstellungskosten in Handels- und Steuerbilanz unterschiedlich festzulegen.

Für Anschaffungs- und Herstellungskosten ist auf die einschlägigen Vorschriften des neuen Umsatzsteuergesetzes hinzuweisen, die naturgemäß in den älteren Quellen nicht berücksichtigt sind. Nach § 15 Umsatzsteuergesetz in Verb. mit § 9 b Abs. 1 Einkommensteuergesetz gilt: Soweit der Unternehmer steuerpflichtige Umsätze tätigt - und das stellt den Regelfall dar -, ist die im Kaufpreis als Vorsteuer enthaltene Umsatzsteuer abzugsfähig und braucht nicht aktiviert zu werden. Vorwiegend aus fiskalischen Gründen wurde dieser Vorteil jedoch durch eine Sondersteuer zum Teil eingeschränkt: Nach § 30 Umsatzsteuergesetz ist für aktivierungspflichtige abnutzbare Sachanlagen von 1968 bis 1972 die sogenannte Selbstverbrauchsteuer zu erheben, und zwar in fallenden Sätzen. Um diese Selbstverbrauchsteuer wird folglich der Abschreibungsausgangswert erhöht. Für die Steuerbilanz regelt das ausdrücklich § 9 b Abs. 3 Einkommensteuergesetz. Bei Gegenständen, mit denen steuerfreie Umsätze getätigt werden, ist die Vorsteuer nicht abzugsfähig (Ausnahme: gewisse Umsätze mit dem Ausland), demgemäß fällt keine Selbstverbrauchsteuer an. Soweit mit Gegenständen sowohl steuerpflichtige als auch steuerfreie Umsätze ausgeführt werden, findet eine Aufteilung statt: Anteilig ist die Vorsteuer abzugsfähig und im gleichen Maße die Selbstverbrauchsteuer zu aktivieren. Da es sich bei der Selbstverbrauchsteuer (Investitionsteuer) um eine Übergangsregelung handelt, brauchen uns Einzelheiten nicht zu beschäftigen. (220)

cc) Die zu aktivierenden Anlagenunterhaltungsaufwendungen

Anschaffungs- oder Herstellungswert legen den Abschreibungsausgangswert zu Beginn der Nutzungszeit fest. Die jeweiligen Ausgangswerte zu Anfang der einzelnen Nutzungsjahre (die Buchwerte) folgen dann bei der Normalabschreibung aus Abschreibungsdauer und -verfahren. Dieser Ablauf wird unterbrochen, wenn während der Nutzungszeit Anlagenunterhaltungsaufwendungen gemacht werden, die zu aktivieren sind. Steuerlich spricht man vom (aktivierungspflichtigen) Herstellungsaufwand; im Gegensatz dazu steht der Erhaltungsaufwand, der als laufender Aufwand verbucht wird. (221) Handelsrechtlich fehlt eine eindeutige Bezeichnung dieser Art, u. a. stellt man die Begriffe Instandsetzungs- und Instandhaltungsaufwand gegenüber. In der Praxis ist es meistens schwierig, die beiden Arten des Anlagenunterhaltungsaufwandes eindeutig abzugrenzen. (222) Zwar lassen sich in Anlehnung an Abschnitt 157 Einkommensteuer-Richtlinien, in den eine Reihe von RFH- und BFH-Urteilen eingegangen ist, einige allgemeine Grundsätze anführen:(223) Danach liegt Herstellungsaufwand vor, wenn die Substanz des Wirtschaftsgutes vermehrt, seine Gebrauchs- und Verwendungsfähigkeit geändert oder seine Nutzungsdauer erheblich verlängert wird und die Aufwendungen einmalig, unregelmäßig oder in größeren Zeitabständen erfolgen. Erhaltungsaufwendungen sollen hingegen den Gegenstand im ordnungsmäßigen Zustand erhalten, damit er möglichst in gleicher Weise wie bisher leistungsfähig bleibt; die Aufwendungen fallen regelmäßig an. Doch diese Grundsätze, die eine Abgrenzung der Sache nach bewirken sollen, geben nur sehr verschwommene Anhaltspunkte, können in Zweifelsfällen keine Lösung bringen. Um Herstellungs- und Erhaltungsaufwand voneinander abzugrenzen, bleibt u. E. letztlich kein anderer Weg, als (zusätzlich) die wertmäßige Höhe der Aufwendungen zum Unterscheidungsmerkmal zu erheben. Diese Auffassung ist schon in der älteren Literatur diskutiert und durch die Rechtsprechung erhärtet worden. (224) Sie klingt einerseits in Abschnitt 157 Abs. 3 Einkommensteuer-Richtlinien 1969 an. Hier ist festgelegt, daß bei Baumaßnahmen unter 2000 Mark die betreffenden Aufwendungen auf Antrag als Erhaltungsaufwand zu betrachten sind. Andererseits wird nach Abs. 4 vermutet, daß Herstellungsaufwand vorliegt, wenn die Aufwendungen "im Verhältnis zum Kaufpreis hoch sind". Was jedoch für eine aussagefähige und nachprüfbare Rechnungslegung fehlt, ist eine eindeutige relative und/oder absolute Großenregelung für Handels- und Steuerbilanz. Könnte man sich dazu grundsätzlich durchringen, genügte es aber nicht - ähnlich wie bei der Festlegung der Abschreibungsdauern -, Richtwerte anzugeben, die gleichermaßen für alle Betriebe verbindlich sind. Man brauchte jedoch auch nicht auf den einzelnen Betrieb abzustellen; Wertangaben für Branchen oder Wirtschaftszweige reichten aus. Die Regelungen müßten von der gleichen Normierungskommission getroffen werden, die die Abschreibungsdauern zu bestimmen hätte. Die Wertangaben könnten ohne Zweifel für Handels- und Steuerbilanz in gleicher Weise festgesetzt werden. In der Abschreibungstabelle für den Y-Wirtschaftszweig wäre etwa festzulegen: Herstellungsaufwand liegt vor, wenn die (jeweiligen) Anlagenunterhaltungsaufwendungen 30 % des Anschaffungs- oder Herstellungswertes oder absolut mehr als 2.500 Mark betragen.

Es könnte überlegt werden, ob der Herstellungsaufwand beim betreffenden Gegenstand zu aktivieren und mit ihm abzuschreiben sei oder besser aller Herstellungsaufwand in einem gesonderten Posten auszuweisen und selbständig zu verteilen sei. (225) Eine selbständige Aktivierung mit gesonderter Abschreibung hätte den Vorzug, daß die eigentliche Abschreibungsverrechnung (bei der reparierten Anlage) nicht gestört würde. Da aber dieses Vorgehen eher Wege zu Manipulationen eröffnet, ist es u. E. zweckmäßiger, den Herstellungsaufwand beim betreffenden Gut zu aktivieren. Für die Abschreibungsverrechnung ergeben sich dann verschiedene Möglichkeiten. Angenommen, ein Wirtschaftsgut koste 1000, der Unternehmer schätze die Nutzungsdauer unter Berücksichtigung des Herstellungsaufwandes auf fünf Jahre, ohne seine Berücksichtigung auf vier Jahre, der Herstellungsaufwand falle zu Beginn der vierten Periode an in Höhe von 150. Bei linearem Verfahren könnten abgeschrieben werden

	I	II	III
1.	230	200	250
2.	230	200	250
3.	230	200	250
4.	230	275	200
5.	230	275	200
	1150	1150	1150

Verfahren (I) würde zur besten vergleichbaren Rechnungslegung führen; es scheidet aber schon deshalb aus, weil sich die genaue Höhe eines (späteren) Herstellungsaufwandes zu Beginn der Nutzungsdauer nicht feststellen läßt. Bei (II) wird in den ersten drei Jahren nur der anteilige Ausgangswert auf Grundlage einer fünfjährigen Nutzungsdauer verrechnet, nach erfolgter Anlagenunterhaltung wird der Restbuchwert um den Herstellungsaufwand erhöht und auf die (neue) Restabschreibungsdauer verteilt. Dieses Verfahren ist im Grundsatz angebracht, wenn der Herstellungsaufwand fest eingeplant ist, berücksichtigt aber, daß sich seine Höhe nicht genau vorausschätzen läßt. Dieses Vorgehen hätte jedoch zur Folge, daß der Abschreibungsbetrag (bei linearem Verfahren) nach jeder Großreparatur höher wird. Unter diesen Umständen bietet sich Weg (III) an: Es werden zunächst Abschreibungen für die Nutzungsdauer ohne Berücksichtigung des Herstellungsaufwandes verrechnet, d. h. hier für vier Jahre. Nach erfolgter Anlagenunterhaltung ist der neue Restbuchwert entsprechend Verfahren (II) auf die Restabschreibungsdauer zu verteilen. Das Gebot der Nachprüfbarkeit erfüllen Weg (II) und (III) in etwa gleicher Weise.

Diese Überlegungen würden teilweise hinfällig, wenn die Nutzungsdauer unter Berücksichtigung des Anlagenunterhaltungsaufwandes von außerhalb vorgegeben wird, also der Unternehmer in seiner Abschreibungsverrechnung nicht frei ist. Unter diesen Umständen wäre zu überlegen, ob nicht Verfahren (II) angewendet werden sollte. In der höheren Abschreibung nach erfolgter Aktivierung der Anlagenunterhaltungsaufwendungen muß man keinen Nachteil sehen - zeigt sich doch darin, daß die Anlage unvorteilhafter wird.

Abschließend sei zu den behandelten Fragen festgestellt: Eine bis ins einzelne gehende und klare Regelung der Aktivierungsfrage und damit des Zugangsproblems ist für die praktische Bilanzierung von größter Bedeutung. Denn nur insoweit als darüber einheitliche Vorstellungen herrschen, sind die Abschreibungsausgangswerte in den Bilanzen der einzelnen Unternehmungen von Jahr zu Jahr und untereinander vergleichbar. Ein einheitliches Vorgehen wünschen die Interessenten an der Bilanzierung, und zwar unter Beachtung einer richtigen Gewinnrechnung und einer aussagefähigen Bilanzierung. Demgegenüber sind die Unternehmer an größtmöglichen Freiheiten interessiert. Die Praxis wünscht für den Normalfall, wenn es der Unternehmung gut geht, so wenig wie möglich zu aktivieren. Brauchte man etwa Anschaffungsnebenkosten beim Kauf oder Gemeinkosten beim Herstellungswert oder Herstellungsaufwendungen nicht zu aktivieren, würde das jeder vernünftige Unternehmer tun, um den Gewinn zu kürzen und damit die Besteuerung und Ausschüttung hinauszuschieben - mit entsprechenden Folgerungen für die Aussagefähigkeit der Bilanzierung. Geht es aber der Unternehmung schlecht, bestünde unter Umständen ein Interesse, mehr zu aktivieren, um etwa einen Verlustausweis zu vermeiden. Ob man den einen oder anderen Fall nimmt: Um Manipulationen zu verhindern, muß über den Umfang der Aktivierungspflicht Klarheit bestehen, und in einzelnen auftauchenden Zweifelsfragen bleibt nichts anderes übrig, als eine gerichtliche Entscheidung herbeizuführen. Um Manipulationen zu vermeiden, sind zugleich Wahlrechte bei der Aktivierung abzulehnen. Wahlrechte stiften u. E. überhaupt grundsätzlich mehr Schaden als Nutzen. (226) Daß das Zugangsproblem von entscheidender Bedeutung ist und einer sehr genauen Regelung bedarf, darauf weist schon Schmalenbach deutlich hin. Er hält eine Diskussion über die Abschreibungsnormierung für wenig sinnvoll, wenn nicht zugleich die Zugangsbuchungen normiert würden. "Normierung von Abschreibungssätzen ohne genaue Vorschriften über die Zugangsbuchungen ist ein Schlag ins Wasser."(227)

dd) Die Behandlung des Restverkaufserlöses

So weit zum Ausgangswert der Abschreibungen. Nun kurz zur zweiten Komponente der Abschreibungssumme. Da die Abschreibungssumme die Differenz von Ausgangswert und Restverkaufserlös ist, setzte eine genaue Abschreibungsverrechnung voraus, den Restverkaufserlös bei Ausscheiden des Wirtschaftsgutes abzuschätzen. Dem stellen sich wegen mangelnder Voraussicht der zukünftigen Entwicklung kaum zu überwindende Schwierigkeiten entgegen. Dazu kommt, daß der Vermögensgegenstand nicht immer am Markt verkauft wird, sondern mitunter als Reserveanlage oder dergleichen im Betrieb verbleibt. Das Wissen um die Schwierigkeiten und die allgemeine Erfahrung, daß in vielen Fällen ein anfallender Restverkaufserlös durch Abbruchkosten, Aufwendungen beim Verkauf usw. mehr oder weniger aufgezehrt wird, läßt es geraten erscheinen, den Restverkaufserlös i.d.R. bei der Bemessung der Abschreibungssumme völlig außer acht zu lassen (vgl. auch S. 132 f.).

D. h. die Abschreibungssumme in Höhe des Anschaffungs- oder Herstellungswertes festzulegen. Nur bei bestimmten Gegenständen, bei denen man von vornherein weiß, daß ein erheblicher Restverkaufserlös verbleibt, z. B. bei Schiffen, ist ausnahmsweise der wahrscheinliche Erlös bei der Festlegung der Abschreibungssumme zu berücksichtigen. Dieses Vorgehen im Normal- und im Ausnahmefall entspricht der allgemein üblichen Verfahrensweise in der Praxis, es ist für die Steuerbilanz durch Beschluß des großen Senats ausdrücklich erlaubt (228) und widerspricht auch nicht der Stellungnahme des Hauptfachausschusses vom Institut der Wirtschaftsprüfer für die Handelsbilanz. (229) Unter praktischen Bedingungen läßt sich für die Berücksichtigung des Restverkaufserlöses nicht mehr als diese sehr allgemeine Regel angeben. Unter diesen Umständen ist es um so dringender, Vorsorge zu treffen, daß aus den Schwierigkeiten keine Manipulationsmöglichkeiten erwachsen: In vielen Fällen werden sich am Ende der Nutzungszeit Restverkaufserlös und Restbuchwert ohnehin unterscheiden. Entstehen durch Verkauf des Wirtschaftsgutes Veräußerungsgewinne, ist ein verbliebener Buchwert abzubuchen, die Differenz zum erhaltenen Erlös stellt außerordentlichen Ertrag dar und ist als solcher in der Gewinn- und Verlustrechnung gesondert auszuweisen. Bei Veräußerungsverlusten ergibt sich entsprechend außerordentlicher Aufwand. Verbleibt die Anlage als Reserveanlage oder für andere Zwecke im Betrieb, könnte man diese Anlage zunächst ausbuchen und danach eine Zuschreibung vornehmen. Theoretisch gesehen, wäre ein Verrechnungspreis anzusetzen, der den "subjektiven Wert" der Anlage für den Betrieb ausdrückt. Auf diese Weise würde eine vorhandene stille Rücklage aufgelöst und die Rechnungslegung ins Lot gebracht hinsichtlich Gewinnermittlung und Aussagefähigkeit. Wegen der damit verbundenen Schwierigkeiten und den daraus erwachsenden Manipulationsmöglichkeiten sollte man darauf aber lieber verzichten und vom verbliebenen Restbuchwert ausgehen.

In diesem Zusammenhang ist ein Problem zu nennen, das zugleich den Abschreibungsausgangswert betrifft: das Problem der steuerneutralen Auflösung und Übertragung stiller Rücklagen auf Nachfolgeanlagen, beispielsweise nach § 6 b Einkommensteuergesetz. Da die übertragenen stillen Rücklagen den Abschreibungsausgangswert (bzw. bei nichtabnutzbaren Anlagen sogar den "bleibenden" Wertansatz) des Ersatzwirtschaftsgutes steuerneutral vermindern, wird die steuerliche Gleichbehandlung zwischen Unternehmungen und besonders gegenüber Unselbständigen verletzt, zugleich der Gewinn für die Ausschüttung verkürzt und die Aussagefähigkeit der Rechnungslegung verfälscht. Derartige ungerechtfertigte und unnötige Sonderregelungen sollten verschwinden. (230) Dieser Wunsch gilt für Handels- und Steuerbilanz in gleicher Weise.

Anders liegt der Sachverhalt bei der Rücklage für Ersatzbeschaffung nach Abschnitt 35 Einkommensteuer-Richtlinien 1969. Hier scheint es gerechtfertigt, eine durch höhere Gewalt aufgelöste stille Rücklage vor Besteuerung und Ausschüttung zu bewahren. Nicht notwendig ist aber, die Anschaffungs- oder Herstellungskosten des Ersatzwirtschaftsgutes um die Rücklage zu kürzen. Aussagefähiger wäre, zunächst den Ausgangswert und die Rücklage in voller Höhe auszuweisen und später die

Rücklage entsprechend den Abschreibungen aufzulösen. Materiell änderte sich dadurch nichts.

2. Die Wertbasis des Ausgangswertes

aa) Die Abschreibung von Wiederbeschaffungswerten

Gegen den "historischen" Anschaffungs- oder Herstellungswert ergeben sich Einwendungen aus dem fortwährenden Auf und Ab der Wirtschaft. Die tägliche Erfahrung zeigt: Die Preise für Sachgüter und Materialien, die Löhne usw. ändern sich laufend; in der Mehrzahl der Fälle steigen die Preise - einmal langsamer, einmal schneller. Der technische Fortschritt ist in allen Bereichen mehr oder weniger stark wirksam, am Markt wechselt der Bedarf. Gefährlich für die Unternehmungen können bei geltendem Recht insbesondere Preissteigerungen werden. Die Begründung scheint offensichtlich: Steigen die Preise, erfolgt aber die Gewinnermittlung aufgrund längst überholter Anschaffungsausgaben, werden Beträge als Gewinn ermittelt, die nicht im vollen Umfang entziehbar sind, soll die Unternehmung ohne Störungen erhalten bleiben. Verlassen diese Beträge trotzdem insgesamt in Form von Steuerzahlungen und Gewinnausschüttungen die Unternehmung, besteht Gefahr für deren weiteres Fortbestehen im bisherigen Rahmen. Der Unternehmung werden Mittel entzogen, die sie teilweise zum Ersatz der verbrauchten Produktionsfaktoren benötigt. Aufgrund einer "Scheingewinn"-Rechnung können also Substanzeinbußen eintreten. Zu überlegen ist, ob die Preissteigerungen nicht ausgeschaltet werden sollten.

Diese Überlegung wäre dann unnötig, wenn wir uns von vornherein auf den Standpunkt stellten: Bei der Bilanzierung sei vor allem das Realisationsprinzip zu beachten, aus diesem Grundsatz folge aber unmittelbar der Wertansatz zu Anschaffungs- oder Herstellungskosten. Demgegenüber kann man die Auffassung vertreten, welcher Gewinn ermittelt wird, ergebe sich erst aus der Verbindung von Realisationsprinzip und der gewünschten Form der Unternehmenserhaltung (vgl. S. 125). Bilanziert man etwa zu Wiederbeschaffungswerten, bedeutet das: Gewinn ist alles, was bei dieser Basis als "Überschuß" verbleibt. In diesem Sinne fragen wir, ob der nominelle Gewinn durch die Ausschaltung von Preissteigerungen um Bestandteile vermindert werden sollte, die unter dem Gesichtspunkt der Unternehmenserhaltung Aufwand bzw. Betriebsausgaben darstellen. Diese Maßnahme liefe also allein darauf hinaus, die wirtschaftliche Leistungsfähigkeit der Unternehmung zu erhalten. Das wünschen aber alle Interessenten (vgl. S. 22). Soll ein Gewinn errechnet werden, der der betriebswirtschaftlichen Forderung nach Unternehmenserhaltung gerecht wird, bieten sich als Wege an, den Wiederbeschaffungswert oder den Ertragswert anstelle der Anschaffungskosten als Abschreibungsausgangswert festzusetzen.

Der Ertragswert als möglicher Ausgangswert in der externen Bilanzierung kann erst voll gewürdigt werden, wenn die investitionstheoretische Bestimmung der Nutzungsdauer und des periodischen Abschreibungsbetrages behandelt worden sind. Aber schon bei Besprechung des ökonomischen Gewinnkonzepts von D. Schneider hat sich gezeigt, daß der Ertragswert völlig mit der herkömmlichen buchhalterischen Bilanzierung bräche. U. a. müßte die Einzelbewertung im herkömmlichen Sinn aufgegeben werden; eine allgemeinverbindliche aussagefähige Bilanzgliederung wäre nur im weiten Rahmen, also kaum möglich; daraus und der weitgehend subjektiven Ermittlung entstünden große Manipulationsmöglichkeiten. Diese Ausführungen mögen genügen, um den Ertragswert als Abschreibungsausgangswert bis auf weiteres aus der Diskussion zu ziehen.

Damit engt sich unsere Fragestellung ein auf: Anschaffungs- oder Wiederbeschaffungswert als Ausgangswert der Abschreibungen?

Stellt man allein auf den Zeitpunkt der Anschaffung oder Herstellung ab, ist diese Fragestellung nicht verständlich. Denn in diesem Fall entsprechen sich Anschaffungs- oder Herstellungskosten und Wiederbeschaffungspreise. Dann tauchte auch kaum die Frage auf, ob der Ausgangswert für andere Rechtsformen aufgrund § 40 Abs. 2 Handelsgesetzbuch von den Anschaffungs- oder Herstellungskosten abweichen kann (vgl. auch S. 125). Die Fixierung auf den Zeitpunkt der Anschaffung oder Herstellung scheint jedoch unter dem Gesichtspunkt einer betriebswirtschaftlich wünschenswerten Gewinnermittlung sachlich unbefriedigend und schon für die Wertbasis Herstellungskosten u. U. nicht haltbar. Die Herstellung einer Anlage kann lange Zeit erfordern, während der die Materialpreise, Löhne usw. steigen. Welche Preise sollen hier maßgebend sein? Die Preise zum Zeitpunkt der Beschaffung der Materialien, zum Zeitpunkt ihres Einsatzes in den Produktionsprozeß oder bei Inbetriebnahme der selbsterstellten Anlage?

Das eigentliche Hauptproblem liegt in der Frage: Soll die Abschreibung während der Nutzungszeit der Anlage von Anschaffungs- oder Wiederbeschaffungswerten erfolgen? Diese Fragestellung schließt ein: Ist von "tatsächlichen" Herstellungskosten oder von den Herstellungskosten einer (fiktiven) Neufertigung zu einem späteren Zeitpunkt abzuschreiben? Etwas allgemeiner gefragt heißt unser Problem: Soll in der externen Bilanzierung "nominelle Kapitalerhaltung" oder eine andere Form (buchhalterischer) Unternehmenserhaltung gelten?

Das Problem als Ganzes ist Praxis und Wissenschaft seit langem bewußt. Bezüglich der Bilanzierung ist es besonders in den zwanziger Jahren ausführlich diskutiert worden. Wir können uns deshalb bei unserer Untersuchung zum großen Teil auf altbekannte Argumente stützen. Auch dem Staat ist die Fragestellung nicht etwa fremd. Das kommt darin zum Ausdruck, daß bei der "Preisermittlung auf Grund von Selbstkosten" Abschreibungen von Wiederbeschaffungspreisen zulässig sind, "falls die Abweichung [von den Anschaffungspreisen oder Herstellkosten, der Verf.] erheblich und nicht nur vorübergehend ist". (231) Sowohl für die Handels- als auch für die Steuerbilanz hat sich aber der Gesetzgeber bisher geweigert, einen entsprechenden Schritt zu gehen. Ob zu Recht, wird sich zeigen (vgl. S. 125).

Die Wiederbeschaffungspreise von abnutzbaren Sachanlagen - wie die aller anderen Güter - können sich aus zwei Gründen ändern: wegen Geld- oder Sachwertänderungen, d. h. der Änderung des allgemeinen Preisniveaus (gemessen durch irgendeinen Index) oder der Preise der einzelnen Sachgüter. Deshalb kann es sich bei der Abschreibung von Wiederbeschaffungswerten bzw. allgemein bei der Ermittlung eines entziehbaren Gewinns darum handeln, Geld- oder Sachwertänderungen auszuschalten. Wir untersuchen beide Problemkreise, obwohl betriebswirtschaftlich in erster Linie die Eliminierung von Sachwertänderungen interessiert; das Problem der Geldwertänderung wird des Verständnisses und der Vollständigkeit halber behandelt.

Der gesamte Komplex ist leichter zu durchschauen, wenn wir uns zunächst die praktische Rechnung der Unternehmung kurz vor Augen führen. (232) Zur Erklärung nehmen wir der Einfachheit halber an, die Nutzungsdauer einer abnutzbaren Sachanlage sei mit fünf Jahren fest vorgegeben und die Anlage werde gleichbleibend direkt abgeschrieben. War der Anschaffungswert 100 Mark und treten keine Preissteigerungen ein, wäre der Abschreibungsbetrag 20. Nach fünf Jahren wären 100 Mark abgeschrieben und "angesammelt".

Nun soll der Wiederbeschaffungswert unerwartet im Ablauf des zweiten Wirtschaftsjahres wegen Geld- oder Sachwertänderungen auf 150 Mark steigen. Will man in der Bilanz am Ansatz von Anschaffungswerten festhalten, sind wie bisher pro Periode 20 abzuschreiben, daneben aber spätestens von der zweiten Periode ab jeweils 10 Mark des nominellen Gewinns in einen - wie auch immer zu benennenden - Wertberichtigungsposten einzustellen. (233) Dieser Wertberichtigungsposten ist in der Literatur als (Substanzerhaltungs-)Rücklage bezeichnet worden. Wir wollen uns diesem allgemeinen Sprachgebrauch anschließen, wenn er auch nicht den eigentlichen Sachverhalt trifft. Als Problem taucht auf, ob für das erste Jahr die Rücklage (Wertberichtigung) nachzuholen ist. Geschieht das, sind nach Ablauf von fünf Jahren 100 Mark abgeschrieben, zusätzlich sind 50 Mark durch die Rücklage gebunden. Wird die Rücklage nicht nachgeholt, werden nur 40 zusätzlich festgehalten.

Als zweites Problem stellt sich die Frage, ob die Anlage nicht besser zu Wiederbeschaffungspreisen anzusetzen sei. Eine derartige Bilanzierung wäre zweifellos aussagefähiger und deshalb zweckmäßiger. Bei diesem Vorgehen erfolgte praktisch beim Anlagewert eine einmalige Zuschreibung und in gleicher Höhe müßte eine Rücklage eingestellt werden. (234) Die Höhe der Zuschreibung und des notwendigen Korrekturpostens hängt davon ab, ob man die Abschreibung in Höhe von 10 für das erste Jahr nachholen will. Ist das die Absicht, ändert sich der Bilanzansatz in der zweiten Periode wie folgt: Anfangsbuchwert 80 plus Zuschreibung 50 minus(Abschreibung der zweiten Periode von 30 und nachgeholte Abschreibung der ersten Periode 10) gleich Endbuchwert von 90. Würde keine Abschreibung nachgeholt, wären nur 40 zuzuschreiben und 30 abzuschreiben, neuer Buchwert 90. Die korrigierende Rücklage betrüge dementsprechend entweder 50 oder 40. Von der zweiten Periode ab wären also jeweils 30 abzuschreiben.

Ob man an der Anschaffungswertbilanzierung festhält und eine von Jahr zu Jahr aufzustockende Rücklage bildet oder zu Wiederbeschaffungswerten bilanziert und dafür einmalig eine Rücklage einstellt, beides läuft beim geschilderten Vorgehen im Ergebnis auf das gleiche hinaus. Entscheidend für die Gewinnermittlung ist dabei, daß jeweils die Aufwands-(Abschreibungs-)Berechnung von Wiederbeschaffungspreisen erfolgt. Wegen der größeren Aussagefähigkeit setzen wir im folgenden das zweite Verfahren voraus.

Bisher wurde von einer einmaligen Preiserhöhung während der Nutzungszeit der Anlage ausgegangen. Hier sei nur darauf hingewiesen, daß bei jeder neuen Preissteigerung im Grundsatz auf gleiche Weise vorzugehen ist. Problematisch ist dabei auch wieder, ob für die früheren Jahre nachträglich Rücklagen zu bilden bzw. Abschreibungen nachzuholen sind. Diese Frage bleibe vorerst dahingestellt, ebenfalls ob und gegebenenfalls wie die Rücklage bei Preissenkungen aufzulösen wäre. Ändern sich die einzelnen Wiederbeschaffungswerte schwächer oder stärker als die allgemeine Geldwertänderung, soll aber nur die Geldwertänderung ausgeschaltet werden, treten an die Stelle der individuellen Wiederbeschaffungswerte die mit dem Geldwertindex multiplizierten Anschaffungs- oder Herstellungswerte der Anlagen, also fiktive Wiederbeschaffungswerte besonderer Art. Die Rechnung selbst verläuft entsprechend. In beiden Fällen werden Überabschreibungen vorgenommen. Auch wenn weitere Bilanzposten in die Rechnung einbezogen werden, bleibt sie grundsätzlich gleich und bedarf keiner besonderen Erläuterungen.

bb) Die Problematik der Ausschaltung von Geldwertänderungen

Um dem Problem der Geldwertänderungen Herr zu werden, schlugen Mahlberg und Schmalenbach unter dem Eindruck der galoppierenden Inflation nach dem ersten Weltkrieg Indexrechnungen vor. Sie strebten damit an, das eingesetzte Kapital in gleicher Kaufkraft zu erhalten ("reale Kapitalerhaltung"). Das gleiche Ziel verfolgte später in den USA Sweeny. Wie erwähnt, sind hier als Abschreibungsausgangswerte die mit dem Index multiplizierten Anschaffungs- oder Herstellungswerte zu wählen. (235)

Zur Kritik an der Ausschaltung von Geldwertänderungen wollen wir uns auf Argumente des Wissenschaftlichen Beirats beim Bundesministerium der Finanzen stützen. Er hat sie in bezug auf die Steuerbilanz vorgetragen. Doch wie wir sehen werden, lassen sich daraus auch Schlüsse für die handelsrechtliche Bilanzierung ableiten. Der Wissenschaftliche Beirat meint für die Steuerbilanz: Ein geldwertneutraler Gewinn (als Einkommen) wäre unter dem Gesichtspunkt der Besteuerung nach der Leistungsfähigkeit festzustellen. Denn dieser Grundsatz "würde an sich erfordern, das Realeinkommen der Besteuerung zugrunde zu legen, weil es die Basis der Bedürfnisbefriedigung darstellt, die letztlich durch das Steueropfer getroffen werden soll". (236) Bei stabilem Preisniveau sind Nominal- und Realeinkommen gleich; die Besteuerung kann von den Nominalwerten ausgehen. Ändere sich der Geldwert, so der

Beirat, wäre daran zu denken, für die Besteuerung alle Größen auf Realwerte umzurechnen. Diese totale Umrechnung setze jedoch voraus, "daß das gesamte Rechnungs- und Wertsystem der Wirtschaft in einheitlicher Weise dem Geldentwertungsprozeß laufend angepaßt und damit gleichsam dynamisiert würde". Nur dann "würden die relativen Positionen nicht verändert und damit weder die Gerechtigkeit der Besteuerung noch die optimale Kombination der Faktoren beeinträchtigt werden". Der Beirat kommt zu dem Schluß, "daß ein derartiges 'System' in der Praxis undurchführbar" sei. Durch einzelne Wertkorrekturen würden aber Ungerechtigkeiten bei der Verteilung der Steuerlasten und Störungen des Wirtschaftsprozesses eintreten. Deshalb sei "das Nominalwertprinzip kompromißlos beizubehalten". (237)

Inwieweit man den Aussagen des Beirates folgen kann, hängt zunächst davon ab, welche Schwierigkeiten die Umrechnung "in einheitlicher Weise" und "in laufender Anpassung" beinhaltet. Der Beirat geht darauf im einzelnen nicht weiter ein. Deshalb ein paar Sätze zur Erläuterung. Hinter der Umrechnung des ganzen Systems "in einheitlicher Weise" verbirgt sich u. E. als Hauptproblem die Bestimmung eines Index, der allgemein anerkannt würde und zugleich allgemein verbindlich wäre. Dieses Problem ist ausgiebig diskutiert worden (238), ohne daß ein unangreifbares Ergebnis vorläge. Theoretisch ist nicht geklärt, welcher Index maßgebend sein sollte - und es kann auch keinen Index geben, der alle Wirtschaftssubjekte gleichstellte. Im Regelfall ändern sich die Preise der einzelnen Güter unterschiedlich von der Geldwertänderung. Ein Index bildet sich dann als Durchschnittswert aus den Werten (gleich Preis mal Menge) der zu seiner Errechnung ausgewählten Güter. Die Wirtschaftssubjekte würden nur dann gleichbehandelt, wenn sie alle Güter entsprechend ihrer Gewichtung im Index kauften. Das aber ist auf keinen Fall gewährleistet, und daran scheitert schon eine Umrechnung "in einheitlicher Weise".

Zu den mehr theoretischen Problemen, die Güter samt ihren Mengen für einen Index auszuwählen und den Rechenansatz zu bestimmen, kommen mehr praktische Probleme hinzu, die eine Umrechnung in einheitlicher Weise verhindern. So sind für den Index die "richtigen" Preise zu bestimmen. Die Schwierigkeiten rühren hier zunächst daher, daß repräsentative Erhebungszeitpunkte festgelegt werden müssen. Weiter sind die Erhebungsstellen zu bestimmen, denn selbst für ein Gut ist der Preis von Ort zu Ort bzw. von Verkäufer zu Verkäufer verschieden. Schließlich sind Qualitätsänderungen der Güter festzustellen und auszuschalten. Die Unternehmungen und die anderen Wirtschaftssubjekte direkt betreffend, fordert eine Umrechnung in einheitlicher Weise ein gleichartiges Vorgehen - wenn man so will: eine übereinstimmende Organisation der Buchführung. Auch bei dieser Durchführung der eigentlichen Rechnung, (239) die oben für das abnutzbare Anlagevermögen im Grundsatz erläutert wurde, tauchen viele praktische Schwierigkeiten auf.

Mit der Forderung nach "laufender Anpassung" wird der Zeitfaktor angesprochen. Zeit wird beansprucht, um alle Daten für die Errechnung des Index zu erfassen. Dann ist der Index zu ermitteln, anschließend zu veröffentlichen. Alle Werte umzurechnen, erfordert noch einmal viel Zeit bei den Unternehmungen und anderen Wirtschaftssubjekten. Nur mit mehr oder weniger großen zeitlichen Verzögerungen ist also eine Anpassung an den Geldentwertungsprozeß möglich. Letztlich wird dadurch wiederum die Umrechnung "in einheitlicher Weise" betroffen.

Man muß also dem Urteil des Beirats über die lückenlose Durchführbarkeit eines derartigen Systems in der Praxis zustimmen: Weder eine Umrechnung in einheitlicher Weise noch in laufender Anpassung ist in vollkommener Weise durchführbar. Damit wird man auch den weiteren Aussagen des Beirates beipflichten müssen. Unter "einzelnen Wertkorrekturen" wird etwa verstanden, Zinserträge auf Realwerte umzurechnen. (240) Dadurch würden bei der Steuerlastverteilung diejenigen bevorzugt, deren Einkommen Zinserträge enthält. Weiter käme es zu Verzerrungen des Wirtschaftsprozesses: Jeder strebte nach Zinserträgen, das wiederum beeinflußte die Zinssätze, die Investitionen usw. Die Aussage würde entsprechend gelten, wenn einzelne Unternehmer mit Genehmigung versuchten, z. B. nur das abnutzbare Sachanlagevermögen oder andere Positionen (der Bilanz) mit Hilfe irgendwelcher offizieller oder gar selbstermittelter Indizes mehr oder weniger vollkommen auf Realwerte umzurechnen. Abgesehen von den auftretenden Störungen des Wirtschaftsprozesses, benachteiligte man hier die anderen Unternehmer und die Konsumenten. Führten alle Unternehmer Indexrechnungen durch, erlitten insbesondere die Konsumenten Schaden. Auf die angedeuteten Ungerechtigkeiten der Steuerlastverteilung durch Rechnungen zur Ausschaltung von Geld- oder Sachwertänderungen ist noch im einzelnen einzugehen, vgl. unter (5), S. 115. Alles spricht aber bereits dafür, unter diesen Umständen für steuerliche Zwecke auf eine Indexrechnung zu verzichten.

Soweit Ungerechtigkeiten bei der Steuerlastverteilung angesprochen sind, betrifft das nur die Steuerbilanz. Dieser Einwand zählt nicht, wenn die Umrechnung dort unterbleibt und nur in den Handelsbilanzen geschieht. Man darf jedoch nicht verkennen, daß der Anreiz zu solch einer Rechnung wesentlich abnähme, sofern sie nicht steuerlich anerkannt würde, d. h. nicht zu geringeren Steuerzahlungen führen würde. Zudem bleiben die grundsätzlichen Bedenken in theoretischer und praktischer Hinsicht gegen eine Umrechnung "in einheitlicher Weise" und "in laufender Anpassung" bestehen. D. h. Indexrechnungen sind nur unvollkommen durchführbar. Dann würden aber Störungen des Wirtschaftsprozesses schon eintreten, wenn sich die Umrechnung auf die Handelsbilanzen beschränkte. Weiter ist folgendes zu bedenken. Die Indexrechnung bezweckte in diesem Fall, "Scheingewinne" vor der Ausschüttung zu bewahren. Aus der Unvollkommenheit des Verfahrens folgte aber eine Manipulationsmöglichkeit der Unternehmensleitung gegenüber den außenstehenden Anteilseignern. Das gilt besonders, wenn die Unternehmung selbst die Indizes feststellt. Die mehr oder weniger fehlerhafte Umrechnung der Bilanzwerte von Jahr zu Jahr machte dann allgemein eine Vergleichbarkeit der Bilanzen einer Unternehmung mit ihren früheren Bilanzen und denen anderer Unternehmungen trügerisch.

Sie störte damit auch alle anderen Interessenten an der Handelsbilanz. Auch in den Handelsbilanzen sollten unter diesen Umständen Indexrechnungen unterbleiben.

Diese Auffassung ist möglicherweise unter gewissen Bedingungen für die handelsrechtliche Bilanzierung zu korrigieren (vgl. S. 124). Wir möchten aber schon an dieser Stelle darauf hinweisen, daß der Versuch, die Geldwertänderung durch eine Indexrechnung zu eliminieren, nur ein Behelf sein kann. Auf jeden Fall ist abzulehnen, für die ganze Bilanzierung nur einen Index zu verwenden. Dieses Urteil folgt aus der Erkenntnis, daß den Unternehmungen durch Indexrechnungen zur Ausschaltung der allgemeinen Geldwertänderung im Grunde nicht geholfen wird. Wir deuteten die Ursache dafür an: Nur zufällig werden die Preisänderungen der einzelnen Güter mit der Geldwertänderung übereinstimmen. Dann wird aber auch nur in diesen Ausnahmefällen die Unternehmenserhaltung durch eine Indexrechnung gewährleistet. Im Normalfall genügt eine Indexrechnung nicht, wie sie Mahlberg, Schmalenbach usw. vorschlagen. Für die Gewinnrechnung der Unternehmung sind Preissteigerungen bei den einzelnen Wirtschaftsgütern auszuschalten. (241) Dieser Einwand bleibt grundsätzlich auch dann bestehen, wenn mit Einzelindizes für die verschiedenen Gruppen von Wirtschaftsgütern gerechnet wird.

cc) Die Problematik der Ausschaltung von Sachwertänderungen

(1) Die Vorstellungen der Literatur

Geldmacher war einer der ersten, die vorschlugen, unmittelbar die Preisänderungen bei den von der Unternehmung benutzten Sachgütern auszuschalten - die Sachwertänderungen also und nicht die Geldwertänderungen. Seine Vorstellungen und die weiterer deutschsprachiger Autoren seien zuerst in historischer Reihenfolge wiedergegeben, (242) dann kritisch beleuchtet. Ausgerichtet an der mengenmäßigen Erhaltung der Unternehmung (Substanzerhaltung) will Geldmacher das Ziel durch Aufwandsbewertung zu Tages- bzw. Wiederbeschaffungswerten erreichen. Abzuschreiben wäre systemgerecht von den tatsächlichen Wiederbeschaffungswerten. Geldmacher scheint an Abschreibungen von Tagespreisen zu denken, nennt aber auch den mutmaßlichen (tatsächlichen) Wiederbeschaffungspreis. (243) Soweit dabei von den Tages- bzw. Wiederbeschaffungspreisen identischer (Ersatz-)Anlagen ausgegangen wird, handelt es sich um eine "reproduktive (materielle) Substanzerhaltung".

Während alle bisher genannten Autoren vornehmlich auf die Preisänderungen bzw. die damit verbundenen Geldwertänderungen abstellen, versucht Schmidt das "Problem der Wertänderung jeder Art" (244) in den Griff zu bekommen, demnach Geld- und Sachwertschwankungen, Änderungen neuer Produkte in qualitativer und quantitativer Hinsicht (technischer Fortschritt) usw. Sein Ausgangspunkt dafür ist, die Unternehmung "proportional der Gestaltung der Durchschnittsproduktivität in der Gesamtwirtschaft" zu erhalten (245) ("relative Substanzerhaltung"). Allgemein möchte Schmidt bewerten zu Tageswerten am Umsatztage; Ausgangswert für die bilanziellen Abschreibungen soll der Tagesbeschaffungswert am Abschlußtag sein. (246) Dabei unterstellt Schmidt offenbar, daß alle Produktivitätsänderungen u. dgl. m. sofort in den Preisen zum Ausdruck kommen. (247) Weil diese Unterstellung - nach aller Erfahrung und Erkenntnis - den tatsächlichen Gegebenheiten kaum gerecht wird, weniger vom Konzept aus an sich, kann man Schmidt vorwerfen, er erreiche durch die Bilanzierung zu Tageswerten nur eine reproduktive (materielle) Substanzerhaltung. (248)

Am weitesten unter den buchhalterischen Konzepten zur Unternehmenserhaltung gehen Sommerfelds Forderungen. Nach seiner "eudynamischen" Auffassung ist ein Ausbau der Unternehmung erforderlich; er will also den Gesichtspunkt des Wachstums einschließen ("qualifizierte Substanzerhaltung"). Die eigentliche Sicherung und der Ausbau der Unternehmung sollen vermittels einer Vielzahl von Rücklagen erreicht werden. Systemgerecht müßte hier von tatsächlichen Wiederbeschaffungswerten abgeschrieben werden, die um einen Wachstumskoeffizienten vergrößert sind. Sommerfeld selbst äußert sich zu dieser Frage nicht eindeutig. Er scheint auf die tatsächlichen Wiederbeschaffungswerte abstellen zu wollen. (249)

Nach dem zweiten Weltkrieg hat Fritz Schmidt ergänzende Ausführungen zur relativen Substanzerhaltung gemacht. (250) Als neue Form ist die "leistungsäquivalente Substanzerhaltung" zu nennen, die auf früheren Überlegungen Hasenacks (251) und Erörterungen seiner Schüler Schieb und Liebl (252) beruht. Diese Form der Substanzerhaltung kann als Weiterentwicklung von "relativer" und "qualifizierter Substanzerhaltung" angesehen werden. Abgestellt wird auf den Einzelbetrieb in der Gesamtwirtschaft; er soll jederzeit eine gleichwertige (äquivalente) Leistung erbringen können. Für eine zweckentsprechende Bewertung wird besonders betont, daß nicht nur Preisänderungen, sondern auch der technische Fortschritt und Bedarfsänderungen zu berücksichtigen sind. Dementsprechend soll abgeschrieben werden vom heutigen Anschaffungswert "äquivalenter" Güter, (253) also beispielsweise vom Wiederbeschaffungswert oder Wiederherstellungswert einer Maschine oder eines Gebäudes, die dem neuesten technischen Stand entsprechen und ihre Aufgaben optimal erfüllen.

Als besonders wichtig für die Diskussion erscheint uns ein Buch von Karl Hax. (254) Er rückt deutlich das Problem der Sachwertänderungen in den Vordergrund. Sein Ziel ist, das nominale Kapital und die (mengenmäßige) Substanz zu erhalten. Mit seinem "Prinzip des doppelten Minimums" gibt er die formelle Anweisung, wie Geldkapital- und Substanzerhaltung zu verbinden sind. (255) Bezüglich der Substanzerhaltung denkt er offenbar an eine leistungsäquivalente (leistungsmäßige) Substanzerhaltung. (256) Damit sind in seinem System zum einen Abschreibungen von Anschaffungswerten und zum anderen von heutigen Anschaffungswerten (gleich Wiederbeschaffungswerten) äquivalenter Güter (im obigen Sinne) zu berechnen.

(2) Kritik der Ausschaltung von Sachwertänderungen

Was läßt sich kritisch zu der geforderten Ausschaltung von Preisänderungen sagen? Wir nehmen für die Kritik Bezug auf Argumente des Wissenschaftlichen Beirats beim Bundesministerium der Finanzen und des Rechts- und des Wirtschaftsausschusses des Deutschen Bundestages. Zunächst zu drei Argumenten des Beirats. Er spricht sich damit gegen die Eliminierung von Sachwertänderungen aus. (257) Das ist nicht weiter verwunderlich, wenn man die zuvor behandelten Einwände gegen die Ausschaltung von Geldwertänderungen bedenkt.

(1) Marktpreisänderungen aller Art seien allgemeines Unternehmerrisiko; sie bildeten keinen Grund, Gewinne in spätere Perioden zu verschieben, das führe zu erheblichen Zinsvorteilen der Unternehmer. - Mit dem zweiten Teil der Behauptung ist das Problem der Steuergerechtigkeit angesprochen, aber auch, so will uns scheinen, das Verhältnis von Unternehmung zu außenstehenden Interessenten an der Handelsbilanz. Auf diese zwei Fragen kommen wir später zurück. Hier geht es um den ersten Teil der Behauptung. Mit ihm wird grundsätzlich bezweifelt, daß die Unternehmer berechtigt sein sollten, Preisänderungen auszuschalten. Tatsächlich muß man sich fragen, ob die Unternehmer mit Hilfe und womöglich auf Kosten der Rechnungslegung vor derartigen Risiken zu schützen sind.

(2) Preisänderungen seien ein Steuerungselement der Marktwirtschaft; es würde erheblich abgeschwächt. - Dieser Einwand aus volkswirtschaftlicher Sicht hat Gewicht, obwohl er sich kaum beziffern läßt. Bei der zur Zeit geltenden Regelung drängen die Unternehmer stärker auf preisgünstigen Einkauf. Dürften Preissteigerungen ausgeschaltet werden, bedeutete zwar Einkauf zu höheren Preisen wie bisher höheren Kapitalbedarf und damit stärkere Zinsbelastung. Doch der Unterschiedsbetrag zwischen Wiederbeschaffungs- und Anschaffungswert könnte im Gegensatz zu heute vor Besteuerung und Ausschüttung geschützt werden. Daraus folgte die abschwächende Wirkung.

(3) Sachwert- und Geldwertänderungen ließen sich in der Praxis schlecht trennen. - Diese Feststellung ist richtig, doch was soll sie bedeuten? Dahinter verbirgt sich möglicherweise die Vorstellung, die Wirtschaftssubjekte wollten die um die Geldwertänderung bereinigten Preisänderungen ausschalten. Diese Auffassung wäre u. E. nicht zutreffend. Die Unternehmer zumindest streben danach, die Preisschwankungen grundsätzlich auszuschalten, gleichgültig wie sie begründet sind. So gesehen, ist dieser Einwand ohne Belang.

Zum Teil vordergründig, zum Teil berechtigt sind die Argumente, die vom Rechts- und vom Wirtschaftsausschuß des Bundestages gegen die Ausschaltung von Sachwertänderungen durch unversteuerte offene Rücklagen vorgebracht wurden. Uns beschäftigen folgende Einwände:(258)

(1) Währungspolitisch würde damit "die Geldentwertung als unabänderlich" vorausgesetzt. - Hiergegen könnte man einwenden, das Argument

sei schon deshalb fehl am Platze, weil Sachwertänderungen und nicht Geldwertänderungen ausgeschaltet werden sollten. Und davon abgesehen, handele es sich um einen vordergründigen Einwand, denn die laufende Geldentwertung sei unabstreitbar, und man könne keinen Grund sehen, daß sich dies in Zukunft ändern werde. Aus dieser Sicht zeugte es nur von Wirklichkeitssinn, den Tatbestand anzuerkennen. So weit, so gut! Doch u. E. scheint es unzweifelhaft, daß die "Inflationsmentalität" erheblich gefördert würde, wenn Geld- oder Sachwertänderungen eliminiert werden dürften. Erfahrungen aufgrund derartiger Versuche in Frankreich und Finnland zeigen dies in erschreckendem Maße. Auch bei uns steigen die Preise offensichtlich schneller, seitdem "Inflationsraten" bei Lohnerhöhungen einkalkuliert, durch anschließende Preissteigerungen wettgemacht werden usw. Dieser Gesichtspunkt kann nicht stark genug beachtet werden.

(2) Wirtschaftspolitisch bliebe zu befürchten, daß vor allem mittelständische Unternehmungen nicht "die Zuweisungen zu einer solchen Rücklage... erwirtschaften" könnten. - Damit ist zunächst unterstellt, daß die Ausschaltung von Sachwertschwankungen, wenn schon, dann für alle Unternehmungen erlaubt werden müßte. Das trifft sicher zu, vgl. unter (5). Aber zum Argument selbst: Angenommen, manche Unternehmungen könnten die Zuweisungen tatsächlich nicht voll erwirtschaften, dann dürfte man doch erst recht nicht den "erwirtschafteten" Betrag besteuern oder ausschütten. Ohne die Ausschaltung von Sachwertänderungen müßten die Unternehmungen weit größere Substanzverluste verkraften; dann besser eine unvollkommene Unternehmenserhaltung.

(3) Mit den beiden Einwendungen zusammen hängt die Sorge, es träten Preiserhöhungen ein, "weil die Unternehmen die Zuweisungen zu einer solchen Rücklage über den Preis ihrer Erzeugnisse hereinholen würden". - Aus unseren vorstehenden Ausführungen folgt, daß wir diese Meinung teilen. Doch diese Überlegung ist insofern bedeutungslos, als den Unternehmern ohnehin im betriebswirtschaftlichen Schrifttum empfohlen wird, für die Preisstellung auf Basis von Wiederbeschaffungskosten zu kalkulieren - ohne Rücksicht darauf, ob eine Rücklage für Unternehmenserhaltung erlaubt ist oder nicht. Am Markt soll sich dann aus Angebot und Nachfrage bestimmen, ob die "Überwälzung" auf den Konsumenten gelingt.

(4) Die Rücklage "müßte steuerlich als gewinnmindernd anerkannt werden". Dadurch würde ein großer Steuerausfall entstehen, selbst wenn nur die Aktiengesellschaften Sachwertänderungen ausschalten und unversteuerte Rücklagen bilden dürften. - Der Einwand ist rein fiskalischer Natur und unter theoretischen Gesichtspunkten unhaltbar. Er zeugt jedoch von großer Weitsicht, wenn man überlegt, ob die diskutierte Maßnahme in der Praxis durchsetzbar ist.

(5) Dazu komme, daß die Ausschaltung von Sachwertänderungen zweifellos auch anderen Unternehmensformen erlaubt werden müßte. Zum einen, weil "die aktienrechtlichen Bewertungsvorschriften weitgehend als Grundsätze ordnungsmäßiger Buchführung auch auf andere Unter-

nehmensformen angewandt würden", zum anderen "unter steuerlichen Gesichtspunkten". - Durch die GoB wären alle Kaufleute angesprochen, durch die steuerlichen Gesichtspunkte zusätzlich wenigstens alle Gewinnermittler. Uns beschäftigen an dieser Stelle die steuerlichen Gründe. - Aus steuerlicher Sicht ist auch die Frage des Rechts- und des Wirtschaftsausschusses zu verstehen, "ob die steuerliche Anerkennung einer solchen Rücklage nicht noch andere, weitreichende steuerliche Konsequenzen haben müßte, da schließlich jedermann verlangen könnte, daß steigende Wiederbeschaffungspreise bei ihm steuermindernd berücksichtigt würden".

Diese Aussagen verdienen besondere Beachtung. Wer unter "jedermann" und was unter "weitreichende steuerliche Konsequenzen" zu verstehen ist, wird nicht angegeben. Dazu ist festzustellen: Von betriebswirtschaftlicher Seite wird gefordert, Sachwertschwankungen bei der Gewinnermittlung auszuschalten. Unter "jedermann" fielen deshalb aus betriebswirtschaftlicher Sicht alle Unternehmungen bzw. selbständigen Unternehmer, die (a) Sachwerte (Anlagen und/oder Vorräte) anschaffen, um Erzeugnisse, Dienstleistungen usw. zu produzieren und zu verkaufen, und (b) Gewinn ermitteln. Damit wäre bereits unter rein betriebswirtschaftlichen Gesichtspunkten ein weiter Kreis umspannt. Konkret zählten etwa dazu die "Industrie"-Aktiengesellschaft, die Handelsfirma Meyer & Co., aber auch der Friseur Müller, sofern er Gewinn ermittelt. Steuerlich wäre jedoch der Kreis noch weiter zu ziehen. Soweit für die Erzielung von Einkünften Sachwerte eingesetzt werden, müßte zunächst nicht nur bei Einkünften aus Gewerbebetrieb, aus Land- und Forstwirtschaft und aus selbständiger Arbeit, sondern auch bei solchen aus Vermietung und Verpachtung die Ausschaltung von Sachwertschwankungen zugelassen werden. Denn warum sollte beispielsweise eine "Bau-GmbH", die Wohnungen vermietet, Abschreibungen von Wiederbeschaffungswerten vornehmen dürfen, ein privater Hausbesitzer dagegen nicht? Der Grundsatz der Besteuerung nach der Leistungsfähigkeit und der Grundsatz der steuerlichen Gleichbehandlung verlangen im Fall der Gewinnermittlung und in entsprechenden Fällen der Einkunftsermittlung mit Hilfe der Überschußrechnung gleichartiges Vorgehen. Betriebswirtschaftlich ließe sich das rechtfertigen: Die Betroffenen können ohne große Künsteleien als Unternehmer angesehen werden.

Doch an dieser Stelle dürfte man nicht stehenbleiben. Auch die abhängigen Arbeitnehmer (die "Unselbständigen") setzen zur Erzielung ihrer Einkünfte Sachwerte ein. Soweit diese Arbeitsmittel der beruflichen Tätigkeit unmittelbar dienen, dürfen ihre Anschaffungskosten nach geltendem Recht als Werbungskosten abgezogen werden; besitzen sie eine längere Nutzungsdauer, ist eine "Abschreibung" in Form von Werbungskosten vorzunehmen. (259) Zumindest hierfür müßte bei Einkünften aus nichtselbständiger Arbeit (vgl. § 2 Abs. 3 Ziff. 4 Einkommensteuergesetz) eine Ausschaltung von Preisänderungen zugelassen werden, sofern sie bei den genannten anderen Einkunftsarten erlaubt würde. Das folgt ebenfalls aus den Grundsätzen der Besteuerung nach der Leistungsfähigkeit und der steuerlichen Gleichbehandlung. In allen Fällen wäre das Einkommen vor Besteuerung um die Änderungen aufgrund von Preisschwankungen (und bei Einkünften aus Kapitalvermögen dann entsprechend um Geldwertänderungen) zu bereinigen. Der Betrag nach Steuern, das für den Konsum verfügbare Einkommen, unterläge dann bei allen Gruppen gleichermaßen der Geldentwertung.

Man wird zustimmen, daß eine solche Regelung schon wegen des zu erwartenden Steuerausfalls keine Aussicht hat, jemals Gesetz zu werden. Unberührt davon ist die Ableitung selbst konsequent. Aber geht sie auch weit genug? Sind alle steuerlichen Winkel des Problems ausgeleuchtet? U. E. nicht. Keinesfalls darf übersehen werden, daß die Unternehmer - im weitesten Sinne aufgefaßt - gegenüber anderen Bevölkerungskreisen in noch größerem Ausmaß als bisher "Vermögen" bilden könnten, wenn die Ausschaltung von Sachwertschwankungen steuerlich anerkannt würde. Denn nur der um die Preisänderungen bereinigte Gewinn unterläge der Gewinnbesteuerung. Auf das der Rücklage für Unternehmenserhaltung entsprechende (Betriebs-)Vermögen würde höchstens Vermögensteuer anfallen, die gegenüber der Einkommen- bzw. Körperschaftsteuer geringfügig ist (die Gewerbesteuerarten ganz außer acht gelassen). Noch mehr Mittel als jetzt ständen folglich zur Verfügung, um (Gewinn-)Einkommen zu erzielen und - grob gesprochen: steuerbegünstigt - weiteres Vermögen anzuhäufen. Das scheint bedenklich. Erstens ist eine scharfe Trennung von Betriebs- und Privatbereich unmöglich, dementsprechend auch nicht von Betriebs- und Privatvermögen. Vielmehr besitzen die Unternehmer eine große Zahl von Möglichkeiten, Teile des Betriebsvermögens privaten Zwecken nutzbar zu machen, d. h. unberechtigte Vorteile wahrzunehmen. Zweitens schafft aber allein die Verfügungsmacht über Vermögen große Vorteile, unabhängig davon, ob es sich um Betriebs- oder Privatvermögen handelt. Dagegen könnten die Lohn- und Gehaltsempfänger im wesentlichen nur im gleichen Rahmen wie bisher Vermögen bilden. Beim geltenden Steuersystem, das durch die Ausschaltung von Preisänderungen im Grundsatz nicht geändert würde, und bei den derzeitigen Einkommen-, Körperschaft- und Vermögensteuersätzen würden die Unternehmer erheblich besser gestellt als die Arbeitnehmer. Im Grunde hätten nur sie Vorteile von solch einer Regelung. Durch die Ausschaltung von Sachwertänderungen bei der Gewinnermittlung tauchten (ebenso wie bei der Eliminierung von Geldwertänderungen) erhebliche Ungerechtigkeiten bei der Steuerlastverteilung auf bzw. bestehende Ungerechtigkeiten würden verschärft. Oder anders ausgedrückt: Die steuerliche Gleichbehandlung würde noch mehr verletzt, als es heute schon der Fall ist.

Aus diesen "steuerlichen" Gründen und - da das Problem der Vermögensverteilung allgemein berührt wird - zugleich aus wirtschaftspolitischen Erwägungen folgten starke Bedenken gegen den Vorschlag. Zusammen mit dem fiskalischen Einwand und den volkswirtschaftlichen Überlegungen würden sie die Ausschaltung von Preissteigerungen in der Steuerbilanz verbieten - damit zugleich für die Handelsbilanz an Bedeutung verlieren lassen. Unsere ablehnende Stellungnahme zur Ausschaltung von Sachwertänderungen aus steuerlicher Sicht wäre dann geringfügig einzuschränken, wenn die Vermögensteuer erheblich verstärkt und vor allem progressiv gestaltet würde. In Wirklichkeit denkt man im Zuge der Steuerreform daran, den normalen Vermögensteuersatz auf zum Beispiel 0,6 % zu senken (allerdings soll die Vermögensteuer zukünftig bei der Ermittlung des steuerpflichtigen Einkommens nicht mehr abzugsfähig sein). (260) Unser Urteil wäre auch dann leicht zu korrigieren, wenn grundsätzlich alles gesparte Einkommen einkommensteuerfrei bliebe, also eine alle Sparbeträge und Sparformen umfassende Regelung in Weiterentwicklung des 624 Mark-Gesetzes erfolgte. Doch zum einen würden davon vor allem die wenigen "besser Verdienenden" profitieren - folglich die Ungerechtigkeiten eher erhöht. Zum anderen scheidet ein solches Vorgehen aus fiskalischen Gründen aus.

(6) Der Rechts- und der Wirtschaftsausschuß bezweifeln, daß die Wiederbeschaffungswerte einwandfrei bestimmt werden könnten. "Bei Anlagen, die nicht mehr hergestellt würden, seien die Wiederbeschaffungskosten nicht sicher zu ermitteln. Der Einfluß des technischen Fortschritts auf die Preisentwicklung, ..., sei häufig nicht genau zu beziffern." - Die Bestimmung des Wiederbeschaffungswertes kann als rein betriebswirtschaftliches Problem angesehen werden. Diese Aussage soll der Anlaß sein, betriebswirtschaftliche Fragen zu erörtern, die mit der Ausschaltung von Preisschwankungen verbunden sind. Zuvor aber eine Anmerkung zum Zitat. Der erste zitierte Satz ist zumindest mißverständlich ausgedrückt. Denn werden Anlagen nicht mehr hergestellt, sind überhaupt keine Wiederbeschaffungspreise zu "ermitteln".

Für den Problemkreis selbst - die betriebswirtschaftliche Untersuchung - scheint eine begriffliche Klarstellung vonnöten. Unter Wiederbeschaffungswert oder Wiederherstellungswert kann ganz Verschiedenes verstanden werden, je nachdem welcher Zeitpunkt für die Wiederbeschaffung unterstellt wird. Deshalb verbietet es sich, schlichtweg von dem Wiederbeschaffungswert zu sprechen, ohne anzugeben, welcher Zeitpunkt für die Wiederbeschaffung angenommen wird. Tatsächlich wiederbeschafft wird eine abnutzbare Sachanlage - sofern überhaupt eine Reinvestition geplant ist - selbstverständlich nur einmal, und zwar nach Ablauf ihrer Nutzungsdauer. So gesehen, gibt es praktisch nur einen Wiederbeschaffungswert: den Preis (samt Nebenkosten und abzüglich Kostenminderungen), der für die Nachfolgeanlage effektiv bezahlt wird. Unter theoretischen Gesichtspunkten ist es aber sehr wohl möglich und notwendig, andere - fiktive - Zeitpunkte für die Wiederbeschaffung und damit fiktive Wiederbeschaffungswerte ins Auge zu fassen. Als solche kommen etwa in Frage: die Wiederbeschaffungswerte am Bilanzstichtag, am Bilanzaufstellungstag, zum Zeitpunkt der Bilanzprüfung, zum Bestelltermin oder am Tag der Inbetriebnahme. Für jeden entsprechenden Wert ließen sich Argumente ins Feld führen. Von größerer Bedeutung waren in der literarischen Diskussion für abnutzbare Sachanlagen nur der effektive Wiederbeschaffungspreis und der fiktive Wiederbeschaffungspreis am Bilanzstichtag (vgl. dazu S. 112 f.). Auch wir können uns auf diese Werte beschränken, denn grundsätzliche Einwände gegen ihre exakte Bestimmung und die sich daraus ergebenden Folgen gelten für alle Wiederbeschaffungspreise, und spezielle Bedenken lassen sich sinngemäß übertragen.

Steht die Unternehmungserhaltung im Vordergrund, wird man zuerst daran denken, den effektiven Wiederbeschaffungswert oder Wiederherstellungswert in der Bilanz anzusetzen bzw. von diesen Werten abzuschreiben - so, wie es sich offenbar Geldmacher und Sommerfeld vorstellten. Jedoch: Diese Werte liegen mehr oder weniger weit in der Zukunft. Selbst bei gründlicher Auswertung aller erreichbaren Informationen werden sie insbesondere bei langfristig nutzbaren Sachanlagen nur in großen Grenzen feststellbar sein. In die Bilanz sind aber bestimmte Werte einzustellen. Die Wahrscheinlichkeit dafür, daß diese geschätzten konkreten Werte tatsächlich eintreffen, wäre gering. Zusätzlich ist zu bedenken, daß die Unternehmer auf keinen Fall zu ihren Ungunsten bewerten. Ohne ins einzelne zu gehen, läßt sich schon daraus folgern: Durch die effektiven Wiederbeschaffungswerte würde der Willkür bei der Bilanzierung Tür und Tor geöffnet. Der Gewinn könnte manipuliert werden. Die Aussagefähigkeit der Bilanz wäre erheblich herabgesetzt. An eine Nachprüfbarkeit von Handels- und Steuerbilanz wäre kaum zu denken. Damit erweist sich der effektive Wiederbeschaffungswert als ungeeignet für die Bilanzierung. Er wird auch gar nicht gebraucht, wie sich gleich zeigen wird.

Die Bedeutung des fiktiven Wiederbeschaffungswertes zum Bilanzstichtag für Anlagegüter ist u. a. ausführlich von Fritz Schmidt und Karl Hax untersucht worden. Schmidt spricht vom "Beschaffungswert" zum "Zeitpunkt des Abschlusses" oder vom "zeitlichen Reproduktionswert", (261) Hax vom "Wiederbeschaffungspreis der Verbrauchsperiode oder des jeweiligen Bilanzstichtages", (262) andere Bezeichnungen sind "fiktiver Anschaffungswert", "Tages(beschaffungs)preis" und "Zeitwert" (jeweils bezogen auf den Bilanzstichtag). Sofern nicht anders angegeben, meinen wir im folgenden mit Wiederbeschaffungswert den fiktiven Wiederbeschaffungswert zum Bilanzstichtag. Schmidt und Hax zeigen, daß die Abschreibung von diesem Wert für die Substanzerhaltung ausreicht, wenn die freigesetzten Abschreibungsbeträge kontinuierlich für Ersatzbeschaffungen genutzt werden. (263) Die Preissteigerungen können gewissermaßen unterlaufen werden, indem man die "Finanzierungsfunktion" der Abschreibung ausnutzt. In der Regel könnte auch auf das Nachholen von Abschreibungen bei fortlaufenden Preissteigerungen verzichtet werden, eine Frage, die wir vorne offengelassen hatten (vgl. S. 108). In der Praxis ist eine völlig stetige Reinvestition und gar gleichartiger Sachanlagen selbstverständlich nicht möglich. Denn das hätte eine große Zahl identischer Anlagen mit gleichmäßiger Altersverteilung zur Voraussetzung. Sicher lassen sich aber in vielen Fällen Annäherungen an dieses Ideal finden. Zur Unternehmenssicherung "genügte" auch eine Reinvestition der Abschreibungsgegenwerte in völlig andersartige Anlagen oder sogar in Vorräte, sofern die Preise dieser Investitionsobjekte ähnlich stiegen wie die Preise der abzuschreibenden Anlage. Mit derartigen "Unzulänglichkeiten" würden sich die Unternehmer zweifellos abfinden, wenn eine Abschreibung von Wiederbeschaffungswerten zugelassen würde.

Was spricht unter betriebswirtschaftlichen Gesichtspunkten gegen den Ansatz des fiktiven Wiederbeschaffungswertes zum Bilanzstichtag?

Schmalenbach bezweifelt grundsätzlich die Notwendigkeit zu einem solchen Schritt, wenn er schreibt, ein Bilanzpflichtiger habe nur immer die ihm anvertraute "Substanz" zu erhalten, und das seien die Vermögensgegenstände zu Anschaffungs- und Herstellungswerten. Sei die Anlage nach Ablauf der Nutzungsdauer voll abgeschrieben, habe der Bilanzierende seine Schuldigkeit getan. (264) Die so interpretierte Rechenschaftspflicht erscheint als schwaches Argument, da der Unternehmer immer für den Fortbestand der Unternehmung sorgen muß.

Ein wichtiger Gesichtspunkt, der mit dem obigen leicht verbunden ist, scheint uns in der altbekannten Feststellung zu liegen, daß insbesondere bei abnutzbaren Anlagen während der Nutzungszeit eine Verbindung zur Welt außerhalb der Unternehmung fehlt, der Restverkaufserlös hier also bedeutungslos ist. Die Anlagen werden für eine bestimmte Aufgabe innerhalb der Unternehmung eingesetzt und haben im Aufgabenverbund einen für die Unternehmer ganz spezifischen Wert, der sich nicht mit Marktpreisen fassen läßt. Diese Tatsache ist vor allem der von manchen "Statikern" vorgeschlagenen Bewertung zu Veräußerungspreisen entgegengehalten worden, (265) sie paßt aber auch auf unseren Sachverhalt.

Gegen die genannten Auffassungen vom Wesen der Rechenschaftspflicht und von der fehlenden Verbindung abnutzbarer Anlagen zum Markt steht aber der Tatbestand, daß bei Sachwertschwankungen ein falscher Gewinn ausgewiesen werden kann - mit all seinen Folgen. Deshalb gilt es, weitere Argumente zu sammeln. Wir nennen als nächstes die Ermittlungsschwierigkeiten. Am einfachsten wäre es, den Wiederbeschaffungswert nach dem Fingerspitzengefühl zu schätzen und festzulegen. Solch ein Vorgehen ist aber für die externe Bilanzierung nicht vertretbar. Dem Bilanzierenden bliebe nichts anderes übrig, als für seine einzelnen Anlagen Preisangebote der Hersteller einzuholen oder Wiederherstellungswerte zu "kalkulieren". Aber auch dieser letzte Weg wird oft, wenn nicht in der Mehrzahl der Fälle kaum zum Ziel führen. Denn er lieferte bestenfalls dann ein zweifelsfreies Ergebnis, wenn die im Betrieb befindlichen Anlagen ohne jegliche technische Änderungen auf dem Markt angeboten würden. Wie sieht das in der Praxis aus?

Nur für die völlig unverändert gebliebenen Anlagen ließen sich einwandfreie Marktpreise ermitteln. Für Individualanlagen, d. h. Anlagen, die einmalig für einen bestimmten Zweck erworben oder hergestellt wurden, fehlt jegliches "Neu"-Angebot, und deshalb wären gar keine "Wiederbeschaffungs"-Preise feststellbar. Zu den Individualanlagen könnte man alle Bauwerke zählen. Verwaltungsgebäude, Lagerhallen usw. lassen sich aber auch jener Gruppe von abnutzbaren Sachanlagen zurechnen, die nicht mehr in der vorliegenden Art und Weise, sondern unter erheblichen technischen Änderungen angeboten bzw. hergestellt werden. Eine weitere Gruppe von Anlagen wird in der gegenwärtigen "Grund"-Form, jedoch mit einer mehr oder weniger großen Zahl kleiner technischer Verbesserungen angeboten. Bei allen in der einen oder anderen Weise vom technischen Fortschritt betroffenen Anlagen wären zwar Wiederbeschaffungspreise feststellbar, doch sie sind um den "Vorteil" des technischen Fortschritts zu bereinigen. (266) Auf diese Notwendigkeit spielt auch das zu Beginn des Punktes (6) gebrachte Zitat an.

Um zu erkennen, warum und wie der technische Fortschritt auszuschalten ist und welche Schwierigkeiten dabei auftauchen, das setzt voraus zu überlegen, was technischer Fortschritt eigentlich bedeutet. (267) Technischer Fortschritt kann bei abnutzbaren Sachanlagen in verschiedener Form auftreten. Normalfall des technischen Fortschritts ist, daß eine qualitativ verbesserte Anlage angeboten wird, die eine größere Anzahl von Produkten pro Zeiteinheit und/oder qualitativ wertvollere Produkte als die in Betrieb befindliche Anlage erzeugen kann. Der Preis der neuen Anlage kann niedriger oder höher liegen als der Preis der alten Anlage oder ihm entsprechen. Greifen wir den Fall heraus, daß der Preis der neuen Anlage höher ist. Das kann darin begründet sein, daß für ihre Herstellung qualitativ besseres und mehr Material verwendet wurde - aber auch in gestiegenen Wiederbeschaffungspreisen. Um die Wirkung des technischen Fortschritts zu erkennen, sind die Änderungen der Wiederbeschaffungspreise auszuschalten. Ist das geschehen, darf von technischem Fortschritt nur dann gesprochen werden, wenn der Gewinn pro Produkteinheit der neuen Anlage vergleichsweise höher ist als der Gewinn pro Einheit der alten Anlage oder - falls der Gewinn nicht feststellbar ist - wenn die Ausgaben (Kosten) pro Einheit der neuen Anlage vergleichsweise niedriger sind als die pro Einheit der alten. Dabei ist abzustellen auf eine Produkteinheit bestimmter Qualität.

Als Sonderfall muß man zählen, wenn eine Anlage in bisheriger Form, jedoch wegen des technischen Fortschritts billiger angeboten wird. Ein Sonderfall liegt deshalb vor, weil die Anlage selbst technisch unverändert ist und die Anzahl der Produkte pro Zeiteinheit und die Qualität der Produkte gleichgeblieben sind. In diesem Sonderfall sinken die Ausgaben (Kosten) pro Produkteinheit bei Produktion mit der "neuen" Anlage wegen geringerer Abschreibungen und Zinsen. Sonstige Ausgaben- bzw. Kostenänderungen durch diese Anlage - z. B. wegen geringeren menschlichen Arbeitseinsatzes -, gar Einnahmen- und Qualitätsänderungen, Änderungen also, die im Normalfall des technischen Fortschritts einzeln oder kombiniert auftreten, sind hier ohne Belang. Ob man aber den Normal- oder den Sonderfall des technischen Fortschritts ansieht, eines wird durch unsere Überlegung deutlich: Der technische Fortschritt bewirkt, daß der Gewinn pro Produkteinheit (bestimmter Qualität) steigt oder die Ausgaben (Kosten) pro Einheit (bestimmter Qualität) sinken. (268) Nur dann kann von technischem Fortschritt gesprochen werden.

Um den "Vorteil", den der technische Fortschritt bewirkt, ist der "Nachteil" gestiegener Wiederbeschaffungswerte zu kürzen. Geschähe das nicht, würden die Unternehmer einen zusätzlichen Vorteil "einstecken". Ob die Autoren, die eine leistungsäquivalente bzw. leistungsmäßige Substanzerhaltung fordern, den technischen Fortschritt ausschalten wollen, ist nicht zu erkennen. Auf jeden Fall hat beispielsweise von Opel andere Vorstellungen über den technischen Fortschritt, als wir sie haben. Er verlangt eine dreifache Abschreibung: Weil in der Realität neben "die 'normale' Verteuerung" eine "zusätzliche technologisch bedingte Verteuerung" trete, seien neben der normalen Abschreibung für "'Abnutzung'" zusätzliche Abschreibungen "für Teuerung und technologischen Fortschritt" notwendig. (269)

Wie der technische Fortschritt ausgeklammert werden muß, ist leicht zu erklären, aber schwierig durchzuführen: Wäre z. B. der Wiederbeschaffungswert einer Anlage in einem Jahr um 4 % gestiegen, der technische Fortschritt im gleichen Zeitraum um 3 %, dürften Abschreibungen nur von einem Wert berechnet werden, der gegenüber dem vorjährigen Ausgangswert um ein Prozent höher liegt. Das Problem besteht darin, den technischen Fortschritt zu messen. In der Praxis sind dazu am ehesten die Techniker in der Lage; eventuell müßte man sogar Sachverständige zu Rate ziehen. Sie hätten die jährlichen Einnahmen- und/oder Ausgabenänderungen festzustellen, die entstünden, wenn die verbesserte neue Anlage anstelle der in Betrieb befindlichen alten Anlage treten würde. Selbstverständlich wären für die Entscheidung nur die Änderungen von Bedeutung, die unmittelbar vom technischen Fortschritt ausgehen. Angenommen, man schätzte, mit der neuen Anlage würden allein wegen des technischen Fortschritts in dem betreffenden Jahr 3 % weniger Ausgaben (Kosten) anfallen, dann läge die Größe des technischen Fortschritts fest. Für eine derartige Schätzung tauchte allgemein das "Zurechnungsproblem" auf, das uns im einzelnen bei der Bestimmung von Nutzungsdauer und Abschreibungsverfahren beschäftigt. Dazu kommt die Schwierigkeit, die Wirkungen des technischen Fortschritts von den anderen Einflüssen zu trennen. So wird es beispielsweise in der Praxis äußerst schwerfallen, den Sonderfall des technischen Fortschritts überhaupt zu erkennen. Denn eine unveränderte Anlage muß nicht unbedingt wegen des technischen Fortschritts billiger geworden sein, vielmehr kann die Ursache in irgendwelchen Markteinflüssen liegen. Und Entsprechendes gilt für den Normalfall des technischen Fortschritts. Wir brauchen nicht weiter auszuholen, um feststellen zu können: In der Praxis wird man den technischen Fortschritt, wenn überhaupt, dann nur in weiten Grenzen feststellen können. Folglich wäre der um den technischen Fortschritt zu bereinigende Abschreibungsausgangswert nicht zweifelsfrei zu bestimmen und damit manipulierbar.

Bisher wurde der riesige Aufwand an Arbeitskraft und Arbeitszeit außer acht gelassen, der zusätzlich für die Anlagenbuchhaltung entstünde. Zeitraubend und kostspielig wäre die Feststellung der Abschreibungsausgangswerte und die Abschreibungsberechnung selbst. Vielfache Nachforschungen wären erforderlich, um die Ausgangswerte zu ermitteln. Das gilt schon für die unveränderten Anlagen, jedoch in weit stärkerem Ausmaße für die vom technischen Fortschritt betroffenen. Vor allem bei mittleren und größeren Unternehmungen fiele wegen der Vielzahl der Anlagen und der Ermittlungsschwierigkeiten ein Wust von Arbeit an, der eine "exakte" Bestimmung der Wiederbeschaffungswerte zur Illusion machte. Mit Sicherheit faßte man aus Vereinfachungsgründen ähnliche Anlagen zusammen und von zwei zur Wahl stehenden Werten würde immer der günstigere genommen. Selbst wenn die Unternehmungen Sachverständige einschalteten, könnte nicht verhindert werden, daß Wiederbeschaffungswerte "geschätzt" würden, die weniger den tatsächlichen Verhältnissen als den Wünschen des Bilanzierenden entsprächen. So berichtet Schmalenbach von einem großen mitteldeutschen Braunkohlenkonzern, der in den zwanziger Jahren den Versuch machte, Wiederbeschaffungswerte zum Bilanzstichtag durch Sachverständige schätzen zu lassen. Schmalenbach schreibt: "Die Arbeiten waren derartig umständlich und kostspielig und außerdem noch mit derartigen Unsicherheiten belastet, daß ich davor warnen muß, diesen Weg zu beschreiten. Einen besonders ungünstigen Eindruck machte es, daß die herangezogenen Schätzer offensichtlich erst wissen wollten, ob eine niedrige oder hohe Ziffer gewünscht wurde."(270) Mit der Feststellung der Wiederbeschaffungswerte ist die praktische Arbeit nicht erledigt. Erst anschließend erfolgt die eigentliche Abschreibungsberechnung. Diese laufende Neuberechnung der Abschreibungsbeträge von Jahr zu Jahr fiele bei degressivem Verfahren naturgemäß noch zeitraubender und kostspieliger aus als bei linearem.(271) Bei kleineren Unternehmungen, die nur einige Anlagen besitzen, z. B. eine Bauunternehmung mit einem Bagger, zwei Lastwagen, einer Betonmischmaschine und einigen kleineren Geräten, wäre der Arbeitsanfall sowohl hinsichtlich der Ermittlung der Wiederbeschaffungswerte als auch bezüglich der davon ausgehenden Abschreibungsberechnung nicht so groß. Dafür besteht in kleineren Unternehmungen die Gefahr, daß keine qualifizierten Mitarbeiter zur Verfügung stehen, die eine "richtige" Rechnung garantieren, selbst wenn sie vom Unternehmer gewünscht würde und soweit sie möglich ist.

Die theoretischen Schwierigkeiten bei der Ermittlung der (zu korrigierenden) Wiederbeschaffungswerte und die damit und mit der Abschreibungsberechnung verbundene zeitraubende und kostspielige Arbeit sind geeignet, Manipulationen bei der Bilanzierung zu fördern. Für Individualanlagen könnten zur Bestimmung der "Wiederbeschaffungs"-Werte nur "ähnliche" Anlagen als Anhaltspunkt dienen - im "ähnlich" liegt die Möglichkeit für Manipulationen offen zutage. Für die mehr oder weniger vom technischen Fortschritt betroffenen Anlagen folgte aus der Unmöglichkeit, den technischen Fortschritt exakt zu quantifizieren, ein erheblicher Manipulationsspielraum. Und selbst für die wenigen, vom technischen Fortschritt völlig unberührten Anlagen ließen sich notfalls Angebotspreise hereinholen, die den eigenen Zwecken entsprechen. Denn welcher Hersteller würde sich wohl für diesen Fall und allgemein weigern, ein gewünschtes "Phantasieangebot" zu unterbreiten - in der Hoffnung, einen Kunden zu behalten. Es böte sich also geradezu an, die Höhe der Abschreibungen nach Wunsch festzulegen. Und weder Finanzverwaltung noch außenstehenden Anteilseignern noch anderen Interessenten an der Bilanz wäre es möglich, die Abschreibungs- und die davon betroffene Gewinnrechnung auf ihre "Richtigkeit" zu überprüfen.

Diese Erkenntnis verstärkt die Gründe, die gegen die Abschreibung von Wiederbeschaffungswerten vor allem in der Steuerbilanz sprechen. Diese Einsicht läßt es aber auch nicht geraten erscheinen, das Verfahren in der Handelsbilanz zu benützen - ganz abgesehen davon, daß es für den Unternehmer weitgehend bedeutungslos wäre, das Verfahren allein in der Handelsbilanz anzuwenden. Was für bestimmte Kostenrechnungszwecke, z. B. die Preiskalkulation, gut ist, muß für die externe Bilanzierung noch lange nicht zweckmäßig sein. Mit der Möglichkeit, die Höhe der Abschreibungen zu manipulieren, wird nicht nur die Gewinnermittlung, sondern zugleich die Aussagefähigkeit der Bilanzierung für das ganze abnutzbare Sachanlagevermögen erheblich beeinträchtigt. Man sollte folglich auf Abschreibungen von Wiederbeschaffungswerten anstelle von Abschreibungen auf Anschaffungswerte verzichten. Schmalenbach meint dementsprechend aufgrund seiner Erfahrungen in der Praxis: "... ich (muß) dringend davon abraten, in der bilanzmäßigen Erfolgsrechnung den Abschreibungen Zeitwerte zugrunde zu legen. Man bleibe bei dem bewährten Anschaffungswert", (272) eine Auffassung, die von vielen Autoren geteilt wird. (273) Selbst Hax scheint nicht gerade von der Zweckmäßigkeit überzeugt, in der Praxis von Wiederbeschaffungswerten abzuschreiben, da "die Durchführung der Substanzrechnung im Bereich des Sach-Anlage-Vermögens erhebliche Schwierigkeiten bereitet". (274) Wir kommen damit im Grundsatz zum gleichen Ergebnis wie schon Rieger, der sich in scharfer Form gegen alle Versuche wendet, Geld-, Sachwertänderungen usw. auszuschalten. (275)

(3) Die Einführung einer Rechnung mit normierten Indizes

Wie schon angedeutet (vgl. S. 112), könnte man dennoch unter gewissen Bedingungen erwägen, eine Rechnung zur Ausschaltung von Sachwert- bzw. Geldwertänderungen einzuführen. U. E. müßte es eine Indexrechnung mit vielen Einzelindizes sein; sie stellte eine Art "modifizierte Rechnung auf Basis von Wiederbeschaffungswerten" dar. Solch eine Rechnung hat z. B. das Unternehmen Philips versucht. (276) Wir möchten aber vorschlagen, für eine derartige Rechnung wegen der Nachprüfbarkeit (soweit als möglich) Indizes zu verwenden, die von einer offiziellen Stelle vorgegeben werden, also normiert sind. Solche "Spezial-Indizes", mit denen die Anschaffungswerte (und die darauf berechneten Abschreibungen) zu multiplizieren wären, findet man etwa im Statistischen Jahrbuch. (277) Eine Normierungskommission könnte sich ihrer besonders annehmen.

Gegen diese Indizes läßt sich im Grundsatz alles das einwenden, was zuvor gegen einen "General-Index" zur Ausschaltung von Geldwertänderungen vorgebracht wurde. Desgleichen blieben die volkswirtschaftlichen und steuerlichen Gründe gegen die Ausschaltung von Sachwertänderungen bestehen. Unter diesen Gesichtspunkten dürfte die Rechnung u. E. keine Bedeutung für steuerliche Zwecke haben. Sie könnte auch nicht an die Stelle der herkömmlichen Bilanzierung rücken, sondern nur neben sie treten. Mit ihrer Hilfe könnten Schlüsse auf den ausschüttbaren Gewinn und über die wirtschaftliche Lage gezogen werden. Man darf aber dabei die zuvor erwähnten Bedenken nicht vergessen. Weiter ist darauf aufmerksam zu machen, daß bei den Spezialindizes wie bei Wiederbeschaffungswerten der technische Fortschritt auszuschalten wäre, soll man ihnen eine gewisse Aussagefähigkeit zusprechen. (278) Mit Blick auf die Aussagefähigkeit ist schließlich zu beachten, daß selbst diese Spezialindizes bestenfalls Gütergruppen betreffen, also sehr grob sind. So gibt es beispielsweise in der Tabelle des Statistischen Jahrbuchs jeweils einen Index für Bohrmaschinen und für Fräsmaschinen. Die Preise der Bohrmaschine A vom Hersteller X und der Fräsmaschine B vom Hersteller Y können sich aber ganz anders ändern als die Indizes. All dies ist zu berücksichtigen, wenn eine derartige Indexrechnung neben die herkömmliche Bilanzierung gestellt wird. Der Arbeitsaufwand hielte sich allerdings in vertretbaren Grenzen, vor allem, wenn die Indizes von außen vorgegeben würden.

(4) Ergebnis

Unser Ergebnis lautet, bei der Bewertung abnutzbarer Sachanlagen in der externen Bilanzierung im Grundsatz strikt von nomineller Kapitalerhaltung auszugehen. Von daher beantworten sich einige zu Beginn dieses Punktes aufgeworfenen Fragen wie folgt: Setzt man die nominelle Kapitalerhaltung als gesicherte Grundlage voraus, besagt das Realisationsprinzip (in Verbindung damit): Gewinn ist alles, was über die Anschaffungs- oder Herstellungswerte hinaus erwirtschaftet wird. Dieser buchhalterische Gewinn auf Basis von Anschaffungspreisen stellt die Obergrenze für die Ausschüttung dar. In der Regel ist er nicht voll ausschüttbar. Wir meinen, daß die vorgebrachten Gründe dafür sprechen, bei allen Rechtsformen und in Handels- und Steuerbilanz in gleicher Weise vorzugehen. Insofern wird der Standpunkt des Gesetzgebers bestätigt und erhärtet, der sich bisher geweigert hat, vom Anschaffungswertprinzip abzugehen. Durch eine zusätzliche Indexrechnung würde dieser Standpunkt grundsätzlich nicht verlassen.

In seiner praktischen Auswirkung erscheint uns das Ergebnis auch hinsichtlich der betriebswirtschaftlich notwendigen Unternehmenserhaltung nicht so nachteilig, wie es auf den ersten Blick aussehen mag. Zumindest in Deutschland hält sich das Ausmaß der Preissteigerungen in Grenzen, die gerade noch als tragbar erscheinen. Zudem kompensiert der "Vorteil" durch technischen Fortschritt den "Nachteil" durch Preissteigerungen in weitem Umfang. Vor allem aber sind die praktischen Gegebenheiten zu berücksichtigen: Von wenigen Ausnahmen abgesehen, liegen die Verkaufspreise der Produkte mehr oder weniger weit über den Kosten. Die Unternehmungen erwirtschaften also im Schnitt gesehen einen erheblichen Gewinn. Diese Tatsache erlaubt in der Praxis und läßt es zumutbar erscheinen, die Unternehmung über versteuerte freie Rücklagen zu sichern. Das bedeutet, der auf Basis von Anschaffungswerten ermittelte Gewinn ist voll zu versteuern, über die Ausschüttung entscheidet die Höhe der zu bildenden Rücklage. Handelsrechtlich steht einer solchen Rücklagenbildung nichts im Wege. In allen einschlägigen Gesetzen ist dafür die Möglichkeit gegeben. Im Aktiengesetz bestimmt § 58, daß in der Regel bis zur Hälfte des Jahresüberschusses in freie Rücklagen eingestellt werden darf. In der Diskussion um die (abgelehnte) unversteuerte "Substanzerhaltungsrücklage" wurde von der Mehrheit des Wirtschafts- und Rechtsausschusses des Deutschen Bundestages ausdrücklich darauf hingewiesen, "dem berechtigten Anliegen der Substanzerhaltung (könne und solle) durch die Bildung freier Rücklagen nach § 58 ... Rechnung getragen werden". (279) Die Regelung in § 58 gestattet u. E. nicht nur, die Unternehmenserhaltung zu sichern, sondern ermöglicht darüber hinaus ein Wachstum der Unternehmung. Soweit die Selbstfinanzierung nicht ausreicht, muß Eigen- und Fremdkapital aufgenommen werden.

Um die Höhe der dem Unternehmungsziel entsprechenden Rücklagen zu bestimmen, wäre die Bilanzierung zu "modifizierten Wiederbeschaffungswerten" ein Anhaltspunkt - ähnlich wie das ökonomische Gewinnkonzept. Angenommen, ein Unternehmer wollte seine Unternehmung mengenmäßig im gleichen Umfang wie bisher erhalten. Dann ist die versteuerte Rücklage aus dem Gewinn auf Basis von "modifizierten Wiederbeschaffungswerten" und auf Basis von Anschaffungswerten vor Steuern zu speisen. Dabei ist, ergänzend zu unserem anfangs gebrachten Beispiel, die anfallende Steuerzahlung einzukalkulieren. Verfolgt der Unternehmer ein anderes Ziel, ist die Rücklagenbildung entsprechend zu verändern. Nebenbei: Würden unversteuerte Rücklagen zugelassen, erscheint es uns als selbstverständlich, daß bei Preissenkungen eine vorhandene Rücklage entsprechend aufzulösen ist. Sie dann in unveränderter Höhe beizubehalten (oder sie gar zu erhöhen), dafür fehlt jede Berechtigung. (280) Es wäre denkbar, die "modifizierten Wiederbeschaffungswerte" und die davon berechneten Abschreibungen zusammen mit der herkömmlichen Bilanzierung auszuweisen. Dagegen spricht, daß die Bilanz und die Gewinn- und Verlustrechnung durch diese zusätzlichen Angaben unübersichtlicher würden. Aber was hinderte daran, sie als Sonderrechnung in den Geschäftsbericht aufzunehmen? Gegenüber außenstehenden Anteilseignern könnte die Unternehmensleitung anhand dieser zusätzlichen Rechnung die Höhe der notwendigen Rücklage begründen. Zugleich würde damit ein Beitrag zum Rechnungszweck "Darstellung der wirtschaftlichen Lage" geleistet. Diesem Zweck dient jede zusätzliche Information. Die Rechnung zu "modifizierten Wiederbeschaffungswerten" müßte mit gebotener Vorsicht betrachtet werden. Die Bilanzierung zu Anschaffungswerten gäbe einen Vergleichsmaßstab.

Unser Ergebnis vermag jedoch nicht darüber hinwegzutäuschen, daß Geld- und Sachwertschwankungen zu einer "falschen Gewinnermittlung" führen können. Aus dieser Sicht ergibt sich als wichtigste Forderung: In der Wirtschaftspolitik muß eines der Hauptziele sein und bleiben, die Stabilität des Geldwertes zu sichern. (281)

b) Die Normierung der Abschreibungsdauer

1. Die Problematik der Nutzungsdauerermittlung

aa) Der Rechenansatz

Die Abschreibungsdauer ist der zweite Bestimmungsgrund der Abschreibung. Mit dieser Abschreibungskomponente ist jener Zeitraum gemeint, in dem die Abschreibungssumme insgesamt verrechnet werden soll.

Davon zu unterscheiden ist die Nutzungsdauer: die Zeitspanne des tatsächlichen Gebrauchs eines Objektes. In der Praxis werden Abschreibungs- und Nutzungsdauer mehr oder weniger - absichtlich oder unabsichtlich - auseinanderfallen. Ergeben sich Abweichungen, wird die Rechnungslegung beeinträchtigt, denn eine richtige Rechnungslegung verlangt, daß beide Größen übereinstimmen. Daß sich Abschreibungs- und Nutzungsdauer decken, danach ist zu streben und soweit sich diesem Bestreben Hindernisse entgegenstellen, ist dafür zu sorgen, daß Manipulationen eingeschränkt werden. Wir gehen vorerst davon aus, Abschreibungs- und Nutzungsdauer seien gleich.

Um die Abschreibungs- bzw. Nutzungsdauer zu bestimmen, wird man sich zunächst nach einem theoretischen Verfahren umsehen müssen. Derartige Lösungsansätze sind in dieser Arbeit zu erörtern, denn wenn sich eine theoretische Basis für die Bestimmung der Abschreibungskomponenten, hier der Nutzungsdauer, finden läßt und sich das Verfahren zudem als praktikabel erweist, bleibt wenig Raum für eine Normierung. Für unser Problem drängt sich auf, investitionstheoretische Überlegungen anzuwenden: Ein Anlageobjekt gewinnt nicht erst im Zeitpunkt der Anschaffung oder gar der Inbetriebnahme für die Unternehmung Bedeutung. Lange vorher fangen die mit der Anlage verbundenen "Bewertungsprobleme" an. Zeitlich betrachtet, läuft der Prozeß im allgemeinen wie folgt ab: Ein Anlageobjekt, z. B. ein Lastwagen, ist zu einem bestimmten Termin neu anzuschaffen, oder ein in Betrieb befindliches Modell ist zu ersetzen. Im Rahmen der Investitionsplanung werden dann zunächst die verschiedenen Alternativen festgestellt. Von den zur Wahl stehenden Lastwagen wird sich der Unternehmer beim Ziel Gewinnmaximierung für denjenigen entscheiden, der den höchsten Gewinn erwarten läßt. Da die Gewinnhöhe eines Objektes von der Zahl der Nutzungsperioden abhängt, sind die Bestimmung der Vorteilhaftigkeit und die Ermittlung der gewinnmaximalen Investitionsdauer eng miteinander verbunden. Die gewinnmaximale Investitionsdauer stellt die wirtschaftliche Nutzungsdauer einer Anlage dar. (282) Zu untersuchen ist, inwieweit diese vor der Investierung zu bestimmende wirtschaftliche Nutzungsdauer als Grundlage der bilanziellen Abschreibungsverrechnung nach erfolgter Investition dienen kann. Entscheidend wird dafür sein, ob mit Hilfe der Investitionsrechnung "einzelne technisch-juristische Anlagengegenstände" bewertet werden können. Diese Einzelbewertung ist für eine nachprüfbare Rechnungslegung unabdingbar.

Um die Vorteilhaftigkeit und die gewinnmaximale Investitionsdauer zu ermitteln, bedarf es einer Investitionsrechnung. (283) Da in der externen Bilanzierung wegen der Nachprüfbarkeit von "Einzelobjekten" abzuschreiben ist, sind hier die Verfahren angesprochen, die auf Einzelinvestitionen abstellen. Das sind die Kapitalwert-, die Annuitäts- und die interne Zinsfuß-Methode, die Lösungen für Partialmodelle liefern. Von den drei in Frage kommenden Verfahren der Wirtschaftlichkeitsrechnung ist die Kapitalwertmethode für die Bestimmung der wirtschaftlichen Nutzungsdauer besser geeignet als die beiden anderen Verfahren. Mit der internen Zinsfuß-Methode sind einige Eigenschaften, verbunden, die ihre Anwendung in der Praxis als bedenklich erscheinen lassen. Wechseln die Vorzeichen in der Zahlungsreihe, treten mathematische Schwierigkeiten auf; und für "zwischenzeitliche" Kreditaufnahmen und Finanzanlagen unterstellt diese Methode, sie erfolgten zum internen Zinsfuß. (284) In unserem Zusammenhang ist darüber hinaus von Bedeutung, daß bei diesem Verfahren die Bestimmung der Vorteilhaftigkeit einer Investition und die Ermittlung der wirtschaftlichen Nutzungsdauer in zwei Rechenschritten erfolgen müßten. Für die Vorteilhaftigkeit kommt es auf den durchschnittlichen internen Zinsfuß an; dagegen wäre ein Entscheidungskriterium der Nutzungsdauer die Grenzrendite des Objektes.

Die Annuitätsmethode erfordert im Verhältnis zur Kapitalwertmethode einen zusätzlichen Rechenschritt: Die Kapitalwerte (bzw. Barwerte von Einnahmen- oder Ausgabenreihen) sind durch Multiplikation mit dem sogenannten Wiedergewinnungsfaktor in Annuitäten, d. h. gleichgroße durchschnittliche Zahlungsgrößen, umzuwandeln. Man wird deshalb, soweit zweckmäßig, die "vorgelagerte" Kapitalwertmethode anwenden.

Bei der Kapitalwertmethode werden die Vorteilhaftigkeit eines Objektes und seine Nutzungsdauer in einem Zuge ermittelt: Erst für eine Periode, dann für zwei, drei Perioden usw. sind die Kapitalwerte zu bestimmen. Die Periode, für die der höchste Kapitalwert errechnet wird, zeigt zugleich die wirtschaftliche Nutzungsdauer. Daraus folgt: Sind keine Einnahmen feststellbar, wird die Nutzungsdauer eines Objektes in der Periode beendet sein, in welcher der minimale Barwert der Ausgaben erreicht ist (ausgabenminimale Nutzungsdauer). Falls man allein auf die Ausgaben abstellt bzw. abstellen muß, wandelt sich der theoretisch richtige Lösungsweg, der im Verhältnis zu einem Totalmodell nur ein "Näherungsverfahren" darstellt, zu einem noch unvollkommeneren Verfahren. Das gilt im verstärkten Maße, wenn unter praktischen Bedingungen nicht mit Einnahmen und Ausgaben, sondern mit Erträgen und Kosten oder gar allein mit Kosten gerechnet werden muß.

Um die Analyse des Nutzungsdauerproblems haben sich vor allem Taylor, Hotelling und Preinreich verdient gemacht, deren Überlegungen auch den weiterführenden, darunter deutschsprachigen Untersuchungen zugrunde liegen. (285) Die in diesen Beiträgen enthaltenen Rechenansätze, d. h. die Formel, wollen wir nicht erörtern. Wie schwierig diese mathematischen Ansätze im einzelnen sein mögen, ihr Grundgedanke ist einfach: Um den Kapitalwert und die Nutzungsdauer festzustellen, sind die zukünftigen Einnahmen und Ausgaben zu diskontieren; die Kapitalwerte ergeben sich als Unterschied der Einnahmen- und Ausgabenbarwerte und unter Abzug der Anschaffungsausgaben. Genausogut kann man direkt die jeweiligen Periodenüberschüsse (Einnahmen minus Ausgaben) abzinsen und um die Anschaffungsausgaben kürzen. Uns beschäftigen die in die Rechenansätze eingehenden Daten und die bei deren Ermittlung auftauchenden praktischen und theoretischen Schwierigkeiten. Wir wollen also von wirklichkeitsnahen Bedingungen ausgehen, insbesondere das Ungewißheitsproblem beachten. Aus dieser Diskussion läßt sich ableiten, inwieweit sich Ergebnisse finden lassen, die für die externe Bilanzierung brauchbar sind.

Die Kapitalwertmethode setzt - wie die beiden anderen Methoden - voraus, daß die Einnahmen- und Ausgabenströme des Investitionsobjektes und der Kalkulationszinsfuß bekannt sind bzw. vorausgeschätzt werden können. Für eine Unternehmung auf Dauer - dem Regelfall - ist eine derartige Datenermittlung unzureichend. Nicht nur für die gegenwärtig zu investierende Anlage, sondern für alle nachfolgenden Anlagen sind im Grunde genommen die Zahlungsströme und der Verlauf des Kalkulationszinsfußes vorauszuplanen. In der Praxis umgeht man diese Schwierigkeit, indem man unterstellt, alle Anlagen in der "unendlichen Investitionskette" hätten die gleiche Rentabilität, sie seien identisch. An diese erste theoretische Vereinfachung, die in der Realität selten zutreffen wird, ist immer zusätzlich zu denken, wenn wir die Ermittlung der Daten besprechen.

bb) Der Kalkulationszinsfuß

Die Zahlungsströme werden unmittelbar von der jeweiligen Investition bewirkt. Demgegenüber ist der Kalkulationszinsfuß eine von außen vorzugebende Maßgröße. Er sei zuerst behandelt. (286)

Wie hoch der Kalkulationszinsfuß angesetzt wird, ist mit entscheidend für das Ergebnis der Investitionsrechnung, damit für die Länge der Nutzungsdauer. Deshalb ist es zwingend, sich über die Höhe des Zinsfußes Klarheit zu verschaffen. Die Höhe könnte davon abhängen, welche Aufgaben dem Kalkulationszinsfuß zufallen. Seine grundlegende Aufgabe ist, die Einnahmen und Ausgaben auf einen bestimmten Zeitpunkt zu beziehen, den Zeitfaktor auszuschalten. Durch Diskontierung werden die zu ganz verschiedenen Zeitpunkten und in unterschiedlicher Höhe anfallenden Zahlungen "gleichnamig" gemacht. Daß dies notwendig ist, leuchtet besonders deutlich ein, wenn zwei oder mehr Investitionsmöglichkeiten zu vergleichen sind.

Die Möglichkeiten können sich auf dreierlei Weise unterscheiden: durch den Kapitaleinsatz zum Anschaffungszeitpunkt, die Zahlungsströme während der Nutzungsdauer und schließlich durch die Nutzungsdauer selbst. Der Kalkulationszinsfuß "beseitigt" alle diese Unterschiede, er ermöglicht erst eine Lösung in den praktisch unentbehrlichen Partialmodellen. Sind die Anschaffungskosten eines Objektes (I) 1000 Mark, die des Objektes (II) 800 und verfügt der Unternehmer über 1000, muß man überlegen, wie bei Investition von Objekt (II) die Differenz von 200 gegenüber Anschaffung von (I) angelegt werden könnte. Nur dann ist der Vorteilsvergleich in diesem Punkte vollständig. Die Kapitalwertmethode unterstellt, der Betrag verzinse sich zum Kalkulationszinsfuß. Aufgabe des Kalkulationszinsfußes ist hier offenbar, als Anlagezinssatz des Differenzbetrages zu dienen. Besitzt der Unternehmer hingegen nur einen Teil oder gar keine Mittel für die Investition, so ist zu fragen, zu welchem Zinsfuß der benötigte Differenzbetrag beschafft werden kann. Die Kapitalwertmethode setzt voraus: zum Kalkulationszinsfuß. In diesem Fall soll der Kalkulationszinsfuß demnach die Finanzierungs- oder Kapitalkosten wiedergeben. Als Anlage- oder Finanzierungssatz dient der Kalkulationszinsfuß entsprechend, wenn die Zahlungsströme der einzelnen Objekte in den späteren Perioden voneinander abweichen, d. h. die Periodenüberschüsse (Einnahmen minus Ausgaben) zu den einzelnen Zahlungszeitpunkten differieren; die gleiche Aufgabe stellt sich bei unterschiedlicher Nutzungsdauer.

Zur Erklärung haben wir zwei Investitionsmöglichkeiten gegenübergestellt. Folgt ein Unterschied, wenn nur ein Objekt in die Rechnung eingeht, z. B. allein die Vorspinnmaschine Typ X des Herstellers Y? Hier, aber auch dann, wenn zwei oder drei usw. Möglichkeiten in die Auswahl kommen, kann man sagen, der Kalkulationszinsfuß sei "Ausdruck für die Rendite der nicht berücksichtigten Investitionsvorhaben". (287) Aber auch das bedeutet im Grundsatz: Der Kalkulationszinsfuß dient als Anlage- oder Finanzierungssatz.

Die Unterstellung der Kapitalwertmethode, Überschüsse könnten zum Kalkulationszinsfuß angelegt, fehlende Beträge zum gleichen Zinsfuß entliehen werden, entspricht nicht der Wirklichkeit. Zwar ist man nicht an diese Unterstellung gebunden: Weiß man Näheres über die Anlage- und Finanzierungsmöglichkeiten, kann man das in der Investitionsrechnung über "Differenzinvestitionen" berücksichtigen. (288) Die Differenzbeträge (zum Anschaffungszeitpunkt und/oder während der Nutzungszeit und/oder nach der Nutzungszeit) einer Anlage gegenüber einer zweiten gehen dann quasi als selbständige Investitionen in die Rechnung ein. Damit wird das Partialmodell in Richtung auf ein Totalmodell vervollständigt. Aber neben den rechentechnischen Schwierigkeiten scheitert dieses Vorgehen vielfach daran, daß keine Einzelheiten bekannt sind. In der Praxis muß in der Regel von der Unterstellung "Anlage und Entleihung zum Kalkulationszinsfuß" ausgegangen werden. Damit schleicht sich bewußt oder unbewußt ein vorsätzlicher Fehler in die Rechnung ein. Hierfür ist zwar festzustellen: Besser eine unvollkommene Lösung als gar keine. Man muß sich aber diesen Tatbestand vor Augen führen, um zu erkennen, wie unvollkommen diese theoretische Methode ist. Hierin liegt eine weitere Vereinfachung.

Kann aus der grundlegenden Aufgabe des Kalkulationszinsfußes, als Anlage- oder Finanzierungssatz zu dienen, auf seine Höhe geschlossen werden? Die Grundaufgabe, aber auch die Einzelaufgaben, die man dem Kalkulationszinsfuß zulegen kann, (289) deuten darauf hin, daß die Höhe des Kalkulationszinsfußes wesentlich von der Art der Finanzierung abhängt. (290) Bei Fremdfinanzierung muß der Unternehmer den Kalkulationszinsfuß mindestens in Höhe der Zinsausgaben ansetzen, die ihm selbst entstehen. Das werden in der Regel Ausgaben für einen Marktzinsfuß sein. Finanziert der Unternehmer die Investition(en) mit eigenen Mitteln, wird er als Zinsfuß die Rendite einer Alternativanlage wählen, die ihm offensteht. Das ist möglicherweise ein Marktzinsfuß, z. B. der von langfristigen Schuldverschreibungen, in die der Unternehmer jederzeit investieren kann, oder aber der interne Zinsfuß der Gesamtunternehmung oder ein anderer Zinsfuß, wenn der Unternehmer diesen Satz als Mindestverzinsung wünscht (vgl. auch S. 50). Bei einer Mischung aus Fremd- und Eigenfinanzierung kann der Kalkulationszinsfuß entsprechend der Kapitalanteile gemischt werden. Im Regelfall wird der

Kalkulationszinsfuß für die Investitionsrechnungen einer Unternehmung ein derartiger Mischsatz sein, denn bestenfalls ist bekannt, wieviel Fremd- und Eigenkapital für alle Investitionen zusammen zur Verfügung steht, nicht, ob das einzelne Objekt mit Fremd- oder Eigenkapital zu finanzieren ist. Berücksichtigt man im Kalkül die Besteuerung, ist der Kalkulationszinsfuß in der Regel zu korrigieren (vgl. dazu S. 135).

Wichtig ist für unsere Untersuchung: Es gibt keinen "richtigen" Kalkulationszinsfuß und schon gar nicht in bestimmter Höhe. Es hängt von den jeweiligen Umständen ab, wenn man so will: den jeweiligen Annahmen der Unternehmer, wie hoch der Zinsfuß zu bemessen ist. Für die Investitionsrechnung ist der Kalkulationszinsfuß (zumindest) für die ganze Investitionsdauer festzulegen. Geht der Unternehmer - wie im Regelfall - von einem Marktzinsfuß aus, muß er bei sorgfältiger Rechnung je nach Investitionsobjekt für eine mehr oder weniger große Zahl von Perioden vorausschätzen, wie sich der Zinsfuß entwickelt. Das heißt aber, daß z. B. Änderungen des Diskontsatzes, die die Höhe des Marktzinssatzes beeinflussen, vorhergesehen und eingeplant werden müßten. Änderungen des Diskontsatzes u. dgl. m. sind ihrerseits nur Folgen der allgemeinen wirtschaftlichen Entwicklung, die demnach zu beobachten ist.

Rein rechnerisch sind alle auftauchenden Probleme leicht zu erfassen. So kann man im Rechenansatz einen schwankenden Zinsfuß berücksichtigen, genauso wie es möglich ist, im Ansatz von stetiger, statt unstetiger Verzinsung auszugehen und gegenseitige Abhängigkeiten zwischen den Faktoren durch Funktionen auszudrücken, für deren Lösung sich die Variationsrechnung anbietet. In Anbetracht der Schwierigkeit, wenn nicht Unmöglichkeit, die erforderlichen Daten zu ermitteln, scheinen aber derartige Versuche mehr als mathematische Spielerei denn als unter praktischen Bedingungen brauchbare Verfahren. Hier muß man sich regelmäßig mit, vom mathematischen Standpunkt, wesentlich gröberen Rechenansätzen zufrieden geben, also mit einem bestimmten Zinssatz und jährlicher Verzinsung arbeiten. Der Zinsfuß selbst wird vom Unternehmer in der praktischen Rechnung in Höhe "ganzer" oder "halber" Prozentsätze (z. B. 8 %, 8,5 %, 9 %) angesetzt werden und eher etwas zu hoch als zu niedrig ausfallen. Selbst wenn von Marktzinsfüßen ausgegangen wird, werden verschiedene Unternehmer aufgrund ihrer unterschiedlichen Schätzungen zu ganz verschieden hohen Kalkulationszinssätzen kommen. Das gilt um so mehr, wenn der interne Zinsfuß der Gesamtunternehmung und ähnliches als Kalkulationszinsfuß dienen. Wenn auch der Einfluß des Kalkulationszinssatzes auf die Nutzungsdauer nicht von so großer Bedeutung ist, erwecken doch die Fehlermöglichkeiten bei der Voraussicht und die Unterstellungen hinsichtlich des Kalkulationszinsfußes weitere Zweifel, die auf investitionstheoretischem Wege bestimmte Nutzungsdauer als Grundlage der externen Bilanzierung zu nehmen. Zusätzlich wäre an die schon über den Kalkulationszinsfuß möglichen Manipulationen zu denken. Aus diesen Überlegungen folgt auch: Soweit eine (möglicherweise notwendige) Normierungskommission mit Zinsen rechnen muß, scheint es zweckmäßig, daß sie den Kalkulationszinsfuß normiert.

cc) Die Ermittlung der Einnahmen

Die Einnahmen- und Ausgabenströme kennzeichnen die einzelne Investition. Aus einem anderen Blickwinkel gesehen, sind die Zahlungsströme im wesentlichen Ausfluß der einzelnen Abschreibungsursachen, so daß man eine Problematik der Investitionsrechnung darin sehen kann, die Abschreibungsursachen in Zahlungsgrößen umzuformen. Zunächst sei die Ermittlung der Einnahmen behandelt.

Die Einnahmen sind Maßstab für die Abschreibungsursache wirtschaftliche Überholung, in der sich die Abhängigkeit und Verbindung des Einzelobjektes zur Gesamtunternehmung und der wirtschaftlichen Umwelt zeigt. Zwei Arten von Einnahmen sind zu unterscheiden: die laufenden Betriebseinnahmen für die mit der Anlage erzeugten Produkte und der einmalig zu erzielende Restverkaufserlös für die Anlage selbst. Zuerst zum Restverkaufserlös.

(1) Die Feststellung des Restverkaufserlöses

Die Wirtschaftlichkeitsrechnung, die vor der Investierung durchgeführt wird, um die Vorteilhaftigkeit und zugleich die Nutzungsdauer der Anlage zu ermitteln, verlangt im Grundsatz, den ganzen zukünftigen Verlauf des Restverkaufserlöses vorauszuschätzen. (291) Jeder zukünftige Zeitpunkt kann das Nutzungsdauerende sein, zu dem der Restverkaufserlös anfällt. Unter praktischen Bedingungen wird man sich damit begnügen, die Höhe des Restverkaufserlöses für bestimmte Zeitpunkte festzulegen, z. B. jeweils für das Jahresende. Das Problem der Vorausschätzung unter Ungewißheit bleibt bestehen. Wir können dazu im Grundsatz auf unsere Ausführungen im Zusammenhang mit der Abschreibungssumme zurückgreifen (vgl. S. 104). Dort haben wir gesehen, daß der Restverkaufserlös entweder ein Marktpreis oder ein Verrechnungspreis sein kann, je nachdem ob die Anlage verkauft oder in irgendeiner Form in der Unternehmung weiter verwendet werden soll. Für die Abschreibungssumme haben wir aber die Schätzungsfrage mehr oder weniger umgangen, indem wir für den Restverkaufserlös im Normalfall den Wert Null angesetzt und für Ausnahmefälle Vorsorge durch die Art des Verbuchens getroffen haben. Hier, bei der Berechnung der Nutzungsdauer, muß man für das investitionstheoretische Verfahren den zukünftigen Restverkaufserlös Jahr für Jahr im voraus festlegen.

Am einfachsten scheint noch das Problem lösbar zu sein, wenn die Anlage verkauft werden soll; Marktpreise stellen objektive Werte dar. Bei genauerem Hinsehen zeigt sich aber, daß es nur für ganz wenige Anlagen einen "Gebrauchtmarkt" gibt, beispielsweise für Kraftwagen. Hier kann man versuchen, von den gegenwärtigen Preisen früherer Jahrgänge der anzuschaffenden Anlage - sofern die Anlage früher schon gebaut wurde - auf ihren Marktpreis in späteren Perioden zu schließen. Dabei sind zum Teil als Daten, zum Teil als Variablen die geplante Anlagenunterhaltung und die zukünftige wirtschaftliche Entwicklung zu beachten. Bedenkt man alle Komplikationen, muß man zum Schluß kommen: Selbst für die wenigen Anlagen, für die es einen Gebrauchtmarkt gibt, lassen sich nur Restverkaufserlöse abschätzen, die von den tatsächlichen späteren Größen erheblich abweichen können. Bei den Anlagen, für die kein Gebrauchtmarkt, bestenfalls ein "Gelegenheitsmarkt" da ist, wird das Vorausplanen des Restverkaufserlöses zum Glücksspiel. Im Grunde genommen, kann man noch nicht einmal sicher sein, ob später überhaupt Bedarf für die Anlage besteht.

Wenn die Anlage für unternehmensinterne Zwecke gebraucht werden soll, ist, theoretisch gesehen, ein Verrechnungspreis anzusetzen, der den subjektiven Wert der Anlage für die Unternehmung ausdrücken muß. Die Höhe des Verrechnungspreises hängt von der geplanten Verwendung ab. Soll die Anlage als Reserveanlage dienen, ist vorauszuschätzen, welcher "Gewinnentgang" entstehen würde, wenn die Reserveanlage in einem Schadensfalle fehlte, abzüglich der Ausgabenerhöhung durch den Einsatz dieser (schlechteren) Reserveanlage. Dafür müßten u. a. die Ausfallzeiten der normalerweise für die Produktion eingeplanten Anlagen bekannt sein, weiterhin die Ausgaben und Einnahmen dieser Anlagen und die der Reserveanlage. Das Problem ist praktisch nicht lösbar. Soll die Anlage nach ihrer normalen Nutzungszeit nicht als Reserveanlage, sondern für eine neue Produktionsaufgabe mit niedrigeren qualitativen und quantitativen Anforderungen eingesetzt werden, müßte der Verrechnungspreis eine Größe annehmen, die alle vom neuen Verwendungszeitpunkt anfallenden zukünftigen Ausgaben und Einnahmen widerspiegelt. Das bedeutet praktisch, einen Ertragswert anzusetzen - damit tauchten alle Probleme auf, die für eine neu anzuschaffende Anlage zu lösen sind. Insgesamt ist festzustellen: Die Vorausschätzung des Restverkaufserlöses wirft erhebliche theoretische und praktische Schwierigkeiten auf. Soweit überhaupt Größenangaben möglich sind, lassen sich nur Werte mit weitem Fehlerspielraum angeben.

(2) Die Bestimmung der laufenden Betriebseinnahmen

Die größten Schwierigkeiten tauchen auf, wenn die laufenden Betriebseinnahmen vorausgeplant werden sollen. Die Höhe der Einnahmen ergibt sich als Produkt aus abgesetzten Mengen und Preisen. Für die Mengenplanung wird man zunächst die Produktionsmöglichkeiten der Anlage überdenken. Hier geht es darum, die optimale und die maximale Menge abzuschätzen, die mit der anzuschaffenden Anlage in den möglichen zukünftigen Nutzungsjahren erzeugt werden können. Als optimale Menge kann man den Umfang der Produktion bezeichnen, der mit den geringsten Durchschnittskosten zu erzielen ist. Die Kosten (Ausgaben) sind allerdings nicht bekannt, müssen selbst vorausgeschätzt werden. Die maximale Menge wird durch die technisch höchstmögliche Leistungsfähigkeit (höchste zeitliche und intensitätsmäßige Beanspruchung) begrenzt. Auch diese Größe ist mehr oder weniger unbekannt, läßt sich nur annähernd ermitteln.

Die Abschätzung der Produktionsmöglichkeiten stellt nur eine Voruntersuchung dar. Welche Menge tatsächlich zu erzeugen ist, muß mit den zukünftigen Absatzmöglichkeiten abgestimmt werden. Dabei ist auch daran zu denken, daß als Sicherung Bestände an Fertigprodukten vorhanden sein müssen. Sie sind ebenfalls - als Differenz zwischen erzeugter und abgesetzter Menge - vorauszuplanen. In die Investitionsrechnung gehen die Läger mit ihren Ausgaben ein. Auf den möglichen Absatz wirkt sich eine große Zahl von Faktoren aus, die sich kaum allumfassend beschreiben, geschweige denn in verläßliche Zahlengrößen umdeuten lassen. Abzuschätzen sind die Auswirkungen neuer Gesetze und von Regierungsbeschlüssen, die Konjunkturentwicklung, mögliche Arbeitsniederlegungen, die Lohn- und Gehaltsentwicklung in bezug auf die Konsumenten, mögliche Liquiditätsschwierigkeiten, die Konkurrenzlage, Auswirkungen von Konzentrationen, die Exportaussichten, Bedarfswandlungen, Modewechsel und vieles andere mehr - Größen also, die vielfältig miteinander verbunden sind. Vorausschätzungen auf gesamtwirtschaftlicher Basis (292) mögen die Schätzarbeit der "betroffenen" Unternehmungen befruchten oder gar erleichtern - doch welche Mengen die einzelne Anlage erzeugen wird, bleibt auch in solchen Fällen unsicher.

Der Preis als zweite Bestimmungsgröße der Einnahmen kann in Ausnahmefällen durch die Absatzmöglichkeiten vorgegeben sein; im Normalfall stellt er zusammen mit den anderen absatzpolitischen Instrumenten eine Variable der Unternehmung dar, die ihrerseits die Absatzmöglichkeiten beeinflußt. Beide Male tauchen die gerade aufgezählten Schätzschwierigkeiten auf, und weitere Probleme kommen hinzu. In einigen Sonderfällen wird man versuchen können, von den voraussichtlichen Kosten auf den möglichen Preis zu schließen. Für wenige Ausnahmen kann man sogar den Preis selbst einigermaßen zuverlässig festlegen, und zwar dann, wenn die Preise gebunden sind, sei es von seiten des Staates oder von der Unternehmung her. Vollkommen sichere Größen sind selbst hier nicht gegeben - denn, was die Zukunft bringen wird, ist nun einmal ungewiß.

Ob nun die Unternehmung selbst versucht, alle Faktoren abzuschätzen, die die Einnahmen beeinflussen, oder ausgefeilte Marktuntersuchungen durch Spezialinstitute durchführen läßt: Bedenkt man die ganzen Komplikationen, die aus der mangelnden Voraussicht für die Schätzung der Einnahmen auftauchen, muß man schließen, daß der Unternehmer die Einnahmen im Grunde nur "über den Daumen anpeilen" kann. Schon die vielfältigen Schwierigkeiten, die für die Einnahmen aus der mangelnden Voraussicht entstehen, legen die Frage nahe, ob die Abschreibungsursache wirtschaftliche Überholung - soweit sie die Einnahmenseite betrifft -, nicht ganz aus der Betrachtung bleiben soll.

(3) Die Berücksichtigung der Steuern

Im Zusammenhang mit der Ermittlung der Einnahmen ist auf die Berücksichtigung der Besteuerung im Investitionskalkül einzugehen. (293) Denn die Besteuerung kann praktisch nur bei Vorhaben berücksichtigt werden, bei denen die Periodenüberschüsse - als Differenz von Einnahmen und Ausgaben - "bekannt" sind. (294) Folgende Schwierigkeiten tauchen auf: Zunächst sind die zukünftigen Steuerzahlungen zu bestimmen. Die "Kostensteuern" gehen in den Ausgabenstrom ein. Bei den

"Gewinnsteuern" muß der jährliche Steuersatz ermittelt werden. Hierfür sind zwar bei den Körperschaften die Körperschaftsteuersätze für ausgeschüttete und einbehaltene Gewinne bekannt, nicht aber die Höhe der Ausschüttungsanteile in den zukünftigen Jahren. Bei den Nichtkörperschaften bereitet der Progressionstarif erhebliche Schwierigkeiten. Demgegenüber fällt es bei den meisten Unternehmungen geradezu leicht, den Gewerbeertragsteuersatz festzustellen; er ist in den Körper- bzw. Einkommensteuersatz "einzurechnen". Die Vermögensteuern kann man auf den so ermittelten Satz aufschlagen.

Neben den "Kostensteuern" und dem "Gewinnsteuersatz" müssen bei Berücksichtigung der Steuern in der Investitionsrechnung die jährlichen Abschreibungen und die jeweiligen Restbuchwerte vorausgeschätzt werden. Das ist einfach, wenn man kurzerhand von einer vorgegebenen Abschreibungsdauer und einem bestimmten (steuerlichen) Abschreibungsverfahren ausgeht. Ein solches Vorgehen bedeutet allerdings im Grunde genommen, das zu lösende Problem zu umgehen: Die "richtige" Nutzungsdauer und das "richtige" Verfahren wären eigentlich erst durch die Investitionsrechnung festzustellen. Rechnerisch bietet sich dafür die Variationsrechnung an. Man wird aber angesichts der erwähnten Schwierigkeiten den Wert eines derartigen Vorgehens bezweifeln dürfen.

Da die Abschreibung und die Restbuchwerte bei Berücksichtigung der Steuern in die Investitionsrechnung eingehen, ist auf zwei Punkte aufmerksam zu machen. Eine (geplante) Abschreibung aus bilanzpolitischen Gründen, die Gutenberg als eine Abschreibungsursache aufzählt, (295) wird gemeinhin nicht als Abschreibungsursache anerkannt. Bei Berücksichtigung der Steuern ist sie es, sofern die Abschreibung steuerlich zugelassen wird. Und was den Restbuchwert betrifft: Die langwierige Diskussion im Anschluß an die Behauptung Gutenbergs in den ersten Auflagen seines Werkes "Die Produktion", der Restbuchwert beeinflusse die Investitionsrechnung, hat ein anfangs ungeahntes Ende erfahren: Werden die Steuern berücksichtigt, hat der Restbuchwert sehr wohl einen Einfluß - sonst nicht. (296)

Neben den bisher aufgezählten Faktoren wirkt sich bei einer Investitionsrechnung mit Steuern die Art der Finanzierung auf die Steuerzahlungen aus. Gleichwohl ist in der Regel der Kalkulationszinssatz in gleicher Weise zu korrigieren. Beträgt der Zinssatz vor Steuern i, der Steuersatz s, so wandelt sich der Kalkulationszinssatz unter dem Einfluß der Besteuerung in (1-s)i. (297)

Die vielen auftauchenden Schwierigkeiten legen die Frage nahe, ob unter diesen Umständen nicht lieber auf die Berücksichtigung der Steuern in der Investitionsrechnung verzichtet werden sollte. Diese Frage stellt sich um so mehr, da man aus Zahlenbeispielen (298) erkennen kann, daß sich der Einfluß der Besteuerung auf die Länge der Nutzungsdauer in verhältnismäßig geringem Maße auswirkt. Dazu ist jedoch festzustellen: Die Auswirkung auf die Nutzungsdauer ist zwar gering, doch die Steuern beeinträchtigen erheblich die Vorteilhaftigkeit eines Investitionsobjektes. Die Besteuerung kann ohne Steuern vorteilhafte Objekte unvorteilhaft werden lassen und die Rangfolge von Investitionen verändern. Folglich müssen die Steuern berücksichtigt werden. Für die Bestimmung der Nutzungsdauer sind sie damit automatisch eingeschlossen - denn Vorteilhaftigkeit und Nutzungsdauer werden bei der Kapitalwertmethode in einem Zug ermittelt. Ob die Einnahmen und Steuern bei der einzelnen technisch-juristischen Anlage zu berücksichtigen sind - ja, ob sie dort überhaupt berücksichtigt werden können, diese Frage stellt sich aus einem viel wichtigeren Grund.

(4) Das Zurechnungsproblem

Bei unserer ganzen bisherigen Betrachtung haben wir eines der schwierigsten Probleme völlig außer acht gelassen: das sog. Zurechnungsproblem. Es taucht im Grunde genommen immer dann auf, wenn nicht von einer Unternehmung ausgegangen wird, die nur eine technisch-juristische Anlage anschafft und diese nicht mehr ersetzen will. Die "Einmaschinenunternehmung ohne Nachfolgeanlage" ist aber der Ausnahmefall; als Paradebeispiel dient der Taxifahrer mit einem Taxi. Im Regelfall werden jedoch in einer Unternehmung eine Vielzahl verschiedener Anlagen eingesetzt, die gemeinsam ein oder mehrere Produkte herstellen. Durch diese Produktion fällt ein ganzes Bündel von Ausgaben und Einnahmen an, die von allen Anlagen zugleich herrühren. Es besteht eine gegenseitige Abhängigkeit, ein Interdependenzproblem. Will man an der Einzelbewertung der Wirtschaftsgüter festhalten, ergibt sich die Frage: Läßt sich das Interdependenzproblem lösen? Kann man für die Nutzungsdauerermittlung den einzelnen technisch-juristischen Anlagegegenständen Ausgaben und Einnahmen zurechnen? Das Zurechnungsproblem ergibt sich für die Nutzungsdauerermittlung also auch für die Ausgabenseite, und zwar immer dann, wenn Gemeinkosten zu verteilen sind. (299) Beispielsweise ist der Lohn des Meisters, der mehrere Anlagen samt der daran beschäftigten Arbeiter überwacht, auf die einzelnen Anlagen zuzurechnen und Entsprechendes gilt für das Produktionsplanungsbüro. Bei den echten Gemeinkosten ist eine kausale Zurechnung nicht möglich und selbst die finale Zurechnung stößt in Einzelfällen auf Schwierigkeiten. Immerhin sind aber "Näherungslösungen" möglich, (300) auf die bei der Ermittlung der Ausgaben einzugehen ist.

Die Hauptschwierigkeiten ergeben sich für die Zurechnungen der Einnahmen. (301) Hier wird bei der Investitionsrechnung davon ausgegangen, die Einnahmen entstünden allein durch die Anlagen. Eine genauere Überlegung ergibt, daß der Erfolg einer Anlage erstens davon abhängt, (a) welche Anlagen bisher im Betrieb vorhanden sind und (b) welche zugleich mit ihr angeschafft werden. Zweitens ist maßgebend, welche Anlagen zukünftig investiert werden sollen. Jacob kennzeichnet den ersten Sachverhalt mit dem Begriff "zeitlich-horizontale Verflechtung (Interdependenz)", (302) im zweiten Fall spricht er von einer "zeitlich-vertikalen Verflechtung (Interdependenz)" (302) der Anlagen. Im Anschluß an Terborgh ist in der Investitionsrechnung versucht worden, das Zurechnungsproblem mit Hilfe der "Differenzmethode" zu lösen. (303) Er hat vorgeschlagen, von der Überlegung auszugehen, welche

Ausgaben und Einnahmen ohne und mit der zu investierenden Anlage zu erwirtschaften sind. Der anfallende Mehrüberschuß solle allein der neuen Anlage zugerechnet werden. Damit hat Terborgh einen Gedanken aufgegriffen bzw. wiederentdeckt, der seit den zwanziger Jahren im Zusammenhang mit dem Teilwertproblem diskutiert wird. Hilft uns dieser Vorschlag weiter?

Um die zeitlich-horizontalen und -vertikalen Verflechtungen zu erläutern und zu zeigen, daß die Differenzmethode für die Nutzungsdauerermittlung einzelner technisch-juristischer Anlagengegenstände bestenfalls in Sonderfällen eine Lösung liefert, sei ein Beispiel gebracht. Ein Kiesgrubenbesitzer mag von Arbeitern mit Schaufeln Kies fördern und von einem Lastwagen abtransportieren lassen. Für die betrachtete Periode sollen anfallen: Einnahmen 30.000, Ausgaben für Lastwagen und Arbeiter 20.000; Überschuß mithin 10.000. Die Zahlen der weiteren Perioden brauchen uns für unseren Zweck nicht weiter zu beschäftigen. Der ermittelte Überschuß kann (entsprechend der üblichen Auffassung) ganz dem Lastwagen zugerechnet werden. Hier - bei der "Einmaschinenunternehmung" - taucht insofern kein Problem auf.

Nun überlegt der Unternehmer, ob er zusätzlich einen Bagger investieren soll. Der Unternehmer plane: Einnahmen der Periode insgesamt 60.000, Ausgaben für Lastwagen und Arbeiter 22.000, Ausgaben für Bagger und Baggerführer 11.000; Überschuß 27.000. Nach der Differenzmethode ist der Mehrüberschuß von 27.000 minus 10.000 gleich 17.000 voll dem Bagger zuzurechnen. Aufgrund dieses Mehrüberschusses und der erwarteten zukünftigen Mehrüberschüsse gegenüber dem - gedachten - Fall ohne Bagger sind nach der Differenzmethode die Vorteilhaftigkeit und die Nutzungsdauer des Baggers zu bestimmen. Im Grunde genommen handelt es sich um eine Fiktion: Die Ausgabensteigerung für Lastwagen und Arbeiter von 20.000 auf 22.000 (der Lastwagen muß öfter fahren, und die Arbeiter haben weniger Pausen) zeigt eindeutig, daß der Mehrertrag auch auf diese bereits vorhandenen Faktoren zurückzuführen ist. Schon für diesen Unterfall (a) der zeitlich-horizontalen Verflechtung entstehen also Zweifel, ob die Differenzmethode für unsere Zwecke brauchbar ist.

Wie sieht aber der Sachverhalt aus, wenn zugleich mit dem Bagger ein zweiter Lastwagen investiert wird, also Unterfall (b) der zeitlich-horizontalen Interdependenz vorliegt? Angenommen, gegenüber dem Ausgangsbeispiel ohne Bagger und ohne zweiten Lastwagen würde mit Bagger und zweitem Lastwagen ein Mehrüberschuß von 31.000 erwartet. Dann ist festzustellen: Spätestens in diesem Fall versagt die Differenzmethode für die Einzelbewertung. Es gibt keine Möglichkeit, den Mehrüberschuß auf Bagger und zweiten Lastwagen aufzuteilen. Ein "Wegdenken" des einen oder anderen Objektes führt zu keinem Ergebnis, da die Anlagen zusammen immer mehr erwirtschaften als einzeln. Beispielsweise ergäbe sich: Mehrüberschuß mit Bagger, aber ohne den zweiten Lastwagen 17.000, Mehrüberschuß ohne den Bagger aber mit zweitem Lastwagen 9.000; das sind insgesamt nur 26.000 gegenüber 31.000. Das Zurechnungsproblem ist hier für unser Anliegen nicht lösbar. Diese

Feststellung gilt entsprechend für die zeitlich-vertikale Verflechtung; wir verzichten darauf, dies näher zu demonstrieren. Immer wenn eine Anlage zusammen mit weiteren Anlagen für einen Zweck angeschafft wird oder sich zukünftige Investitionen auf die Nutzungen der Anlage auswirken, ist folglich der vorgeschlagene Weg für uns nicht gangbar.

Für die Erläuterung des Zurechnungsproblems haben wir im Grunde genommen ein sehr überschaubares Beispiel gewählt. In der Praxis sind die Dinge viel verwickelter. Das sei durch Hinweis auf einzelne Anlagen unterstrichen, für die ganz augenscheinlich ist, daß sich keine Einnahmen zurechnen lassen. Welche Einnahmen sind etwa dem Schreibtisch und Sessel eines Angestellten zuzuteilen? Welche den Teppichen im Zimmer des Direktors? Schreibtisch und Sessel sind Anlagen, die sicherlich für die Einnahmenentstehung mit verantwortlich sind, und selbst bei den Teppichen des Direktors ist davon auszugehen, daß sie dessen Entscheidungsfreudigkeit steigern und damit ursächlich an der Einnahmenbildung mitwirken. Im Grunde läßt sich für alle Anlagen der Betriebs- und Geschäftsausstattung - für die Schreibtisch, Sessel und Teppiche stellvertretend stehen - feststellen: Es ist unmöglich, Einnahmen zu ermitteln. Für die Produktionsanlagen (im weiteren Sinne) sieht das Problem kaum hoffnungsvoller aus. Welche Einnahmen sind der Maschine zuzurechnen, die in einem fünfstufigen Fertigungsprozeß an zweiter Stelle arbeitet? Hier wären Verrechnungspreise als Einnahmen zu bestimmen. Wie steht es mit der Einnahmenzurechnung für das Transportsystem? Wie für die Lagerhalle und für das Fabrikgebäude? In all diesen Fällen - das ist offensichtlich - hilft es wenig weiter zu fragen: Wie entwickeln sich die Einnahmen- und Ausgabenströme mit und ohne die Anlage? Für die Einnahmenseite läßt sich die Frage nicht beantworten, sie bleibt offen. Das trifft aber in der Praxis für die weitaus größere Zahl der Anlagen zu.

Soweit Einnahmen zu ermitteln sind, ist das höchstens für wirtschaftliche Anlageneinheiten möglich, die aus mehreren bzw. einem System von Einzelanlagen bestehen, wenn nicht sogar die Einnahmen allein für die Unternehmung als Ganzes feststellbar sind. Diese Anlageneinheiten bilden das Investitionsobjekt der Wirtschaftlichkeitsrechnung und gehören dem Wesen nach zu den Zahlungsstromrechnungen und ökonomischen Gewinnkonzepten. Mithin kann der Unternehmer in der Regel nicht die Vorteilhaftigkeit der einzelnen technisch-juristischen Anlagen und damit auch nicht ihre Nutzungsdauer auf investitionstheoretischem Wege unter Berücksichtigung der Einnahmen bestimmen - selbst wenn der Unternehmer das wollte. Zugleich bedeutet das: Die Ertragswerte der einzelnen Anlagen (gleich Kapitalwerte plus Anschaffungsausgaben) lassen sich regelmäßig nicht feststellen und sind insofern nicht als Abschreibungsausgangswerte diskutabel (vgl. S. 106 f.).

Für die Lösung des ganzen Dilemmas bieten sich zwei Möglichkeiten an: Man gibt die herkömmliche Einzelbewertung auf und bilanziert wirtschaftliche Anlageneinheiten. Dieser Weg wird offenbar mancherseits für gangbar erachtet. (304) Wir haben diese Möglichkeit an anderer Stelle abgelehnt (vgl. S. 53). Wir wenden uns damit nicht gegen die

Investitionsrechnung als solche - sie ist für die Planung der Unternehmung unerläßlich -, sondern wir sträuben uns dagegen, die Ergebnisse der Investitionsrechnung in die externe Bilanzierung zu übernehmen. Vermögensgegenstand bzw. Wirtschaftsgut muß für eine nachprüfbare Rechnungslegung die einzelne technisch-juristische Anlage sein. Dann bleibt als zweite Möglichkeit, die Nutzungsdauer nur aufgrund der Ausgaben zu bestimmen. Darauf drängt nicht nur das bei den Einnahmen regelmäßig unlösbare Zurechnungsproblem. Das legen auch die Schätzschwierigkeiten nahe, die bei den Einnahmen wesentlich schwieriger zu bewältigen sind als bei den Ausgaben.

dd) Die Festlegung der Ausgaben

Unsere Aufmerksamkeit gilt nun der Ausgabenseite. Wir wollen überlegen, ob wenigstens eine Investitionsrechnung allein mit den Ausgaben bzw. Kosten möglich ist. Mit Blick auf die Normierung der Nutzungsdauer stellt sich dabei die Frage: Kann man bei der Datenermittlung davon ausgehen, daß die verschiedenen Arten von Ausgaben einigermaßen gleichmäßig anfallen, selbst wenn die Anlagen in verschiedenen Betrieben arbeiten? Anders gefragt: Lassen sich die Ausgaben einheitlich planen? Zusätzlich ist bei allen Ausgabenarten zu prüfen, inwieweit das Zurechnungsproblem auftaucht und lösbar ist. Soweit Ausgaben nicht voraussehbar und/oder die Zurechnungsfrage nicht zu lösen ist, muß die betreffende Ausgabenkategorie in der Rechnung vernachlässigt werden. Schließlich ist zu fragen: Könnte eine außerbetriebliche Kommission bei den Schätzungs- und Zurechnungsproblemen zu den gleichen Ergebnissen kommen wie die (am besten) planende Unternehmung?

Wäre dies nachweisbar, bestünden u. E. keine Bedenken gegen eine Normierung der Nutzungsdauer. Denn die Kommission käme bei Rechnungen nur aufgrund der Ausgaben bzw. Kosten zu gleichen Ergebnissen wie der Unternehmer selbst.

(1) Die Vorausschätzung der Anschaffungsausgaben

Zu den Ausgaben einer jeden Investition zählen die Investitionsausgaben und die laufenden Betriebsausgaben. Für die Anschaffungsausgaben können wir an unsere Ausführungen zum Problem Abschreibungssumme anknüpfen. Jedoch ist zu beachten: Der Abschreibungsausgangswert wird nach der Investition der Anlage festgelegt, d. h. nachdem die Ausgaben angefallen sind. Die Investitionsausgabe in der Wirtschaftlichkeitsrechnung bei der Nutzungsdauerbestimmung stellt hingegen eine Plangröße dar. Im Regelfall "Kauf der Anlage" bilden die Preisangebote der Hersteller eine sichere Grundlage für die Ermittlung der Investitionsausgabe. Das gilt für bewegliche und unbewegliche Anlagegüter in gleicher Weise. Zu bedenken ist aber die unterschiedliche Wirksamkeit der unternehmerischen Einkaufs- und Beschaffungspolitik. Die Anschaffungsnebenkosten und die Kostenminderungen sind abzuschätzen. Hier kann ein weiterer, wenn auch in der Regel unbedeutender Unterschied auftauchen. In den Sonderfällen des Erwerbs ist darauf zu achten, daß für die Investitionsrechnung allein die tatsächlichen Ausgaben von Bedeutung sind. Hier können die Investitionsausgaben erheblich auseinanderfallen und selten ganz genau vorausgesehen werden. Größere Schwierigkeiten bei der Schätzung der Investitionsausgaben werden auch auftauchen, wenn die Anlage selbsthergestellt wird. Wenn Erfahrungswerte für gleiche oder ähnliche Konstruktionen vorliegen, ist das Problem verhältnismäßig einfach. Bei Neukonstruktionen können hingegen geplante und tatsächliche Investitionsausgaben erheblich voneinander abweichen. Da in allen Fällen der Selbstherstellung die Gemeinkosten zuzurechnen sind, hat es der Unternehmer hier teilweise in der Hand, die Investitionsausgaben nach eigenem Gutdünken festzulegen.

Für die Anschaffungsausgaben der Anlagen läßt sich die Frage nach einer einheitlichen Vorausschätzung in verschiedenen Betrieben und von Unternehmern und einer Kommission wie folgt beantworten: Für den Regelfall "Kauf der Anlage" dürfte die Planung der Investitionsausgaben bei beweglichen Anlagen gleicher Art trotz der gemachten Einschränkungen nicht wesentlich voneinander abweichen. Von daher ergibt sich u. E. kein entscheidender Einwand gegen einen gleichartigen Ansatz in der Rechnung zur Bestimmung der Nutzungsdauer. Bei unbeweglichen Anlagen, also insbesondere bei Gebäuden, fallen die Anschaffungsausgaben erheblich auseinander. Die Investitionsausgaben hängen insbesondere von der Größe und Zwecksetzung ab. Hier zeigt aber die Erfahrung, daß bei der Nutzungsdauer keine allzu großen Abweichungen auftreten. Allerdings dürfen z. B. nicht für alle Arten von Gebäuden die gleichen Nutzungsdauern angesetzt werden. Fabrikationsgebäude u. ä. können wegen der größeren Belastung nicht so lange genutzt werden wie Wohngebäude. In den Sonderfällen des Erwerbs sind die Anschaffungsausgaben kaum vergleichbar. Das ist kein Wunder, denn es handelt sich meistens um gebrauchte Anlagen, d. h. aber Individualanlagen, für die eine Normierung der Nutzungsdauer schwierig ist. Bei bestehender Normierung würde sich folgender Weg anbieten. Angenommen, die Nutzungsdauer für eine gebrauchte Anlage sei bei Neuanschaffung zwölf Jahre gewesen, und sie sei bisher fünf Jahre genutzt worden. Im neuen Betrieb ist dann von der Restnutzungsdauer sieben Jahre auszugehen. Wird die Anlage im neuen Betrieb vor der Weiternutzung generalüberholt, müßte die Nutzungsdauer u. U. eher höher angesetzt werden. Auch bei Selbstherstellung handelt es sich regelmäßig um individuelle Anlagen, deren Herstellungswerte schwer mit Anschaffungswerten von Anlagen am Markt zu vergleichen sind. Für eine Normierung kann man nur auf die Nutzungsdauern ähnlicher Anlagen zurückgreifen.

(2) Die Planung der Anlagenunterhaltungsaufwendungen

Betriebsausgaben fallen bei den weitaus meisten, jedoch nicht bei allen Investitionsobjekten an. Zu den Betriebsausgaben gehört ein ganzes Bündel verschiedener Ausgaben, die sich in verschleißabhängige und verschleißunabhängige gliedern lassen. Zu den verschleißabhängigen Betriebsausgaben zählt zunächst die große Gruppe der Anlagenunterhaltungsaufwendungen. Deren einzelne Spielarten sollen uns nicht weiter beschäftigen. Sie sind insgesamt Ausdruck der physischen Abschreibungsursachen, also des ruhenden und abnutzungsbedingten Verschleißes. Beide Verschleißarten verändern die Eigenart und den Zustand der Anlagen. Anlagenunterhaltungsaufwendungen sind notwendig, um die Auswirkungen des ruhenden Verschleißes, wie Rosten, Verwittern usw., zu vermeiden oder zu beseitigen. Sie sind gleichermaßen erforderlich, um zu verhindern, daß die Anlage durch Gebrauch allzu schnell ihre quantitative und qualitative Leistungsfähigkeit einbüßt.

Die Anlagenunterhaltungsaufwendungen für eine Nutzungsdauerrechnung vorauszuschätzen, wirft zwei Hauptprobleme auf. (305) Es geht, im großen gesehen, einerseits um den zeitlichen Aspekt, die Reparaturtermine, andererseits um den wertmäßigen Aspekt, das Ausmaß der Anlagenunterhaltungsaufwendungen. Eine gute Planung der Reparaturzeitpunkte ist vor allem in Großbetrieben unerläßlich, um die Reparaturkolonnen optimal auszunutzen, die Stillstandskosten zu minimieren usw. und in Folge davon die Aufwendungen so gering wie möglich zu halten.

Die Termine und die Höhe der Anlagenunterhaltung festzulegen, beides verlangt offenbar, die Einflußfaktoren des Verschleißes zu analysieren und zu messen. Eine ganze Reihe von Ursachen läßt sich aufzählen. (306) Das Ausmaß des Verschleißes wird zunächst von den Eigenschaften des Wirtschaftsgutes abhängen. Bekanntlich können etwa zwei nagelneue Personenwagen eines Typs am gleichen Tag hergestellt worden sein und sich äußerlich zum Verwechseln ähneln, ohne daß sie deswegen auch die gleichen Verschleißerscheinungen zeigen werden. Wegen Mängel des verwendeten Materials, technischer Fehler beim Zusammenbau u. dgl. m. können später zu ganz verschiedenen Zeitpunkten Reparaturen notwendig sein und in unterschiedlicher Höhe anfallen, selbst wenn alle weiteren Faktoren (Verhalten des Fahrers, gefahrene Kilometerzahl usw.) ausgeschaltet werden. Was für zwei gleichartige neue Anlagen gilt, trifft erst recht für zwei Anlagen gleichen Typs, aber unterschiedlichen Alters zu. Jeder Autofahrer weiß aus eigener Erfahrung, daß ein alter Wagen in der Regel häufiger "bockt", und spürt es am eigenen Geldbeutel, daß er mehr Ausgaben verursacht als ein neuer. Selbstverständlich ist schließlich, daß nicht alle Anlagen stets von den gleichen Einflußfaktoren betroffen werden, auch nicht von den einzelnen Faktoren in derselben Weise. Für die Wirkung der Faktoren ist die Art der Leistungsfähigkeit von Bedeutung: Handelt es sich um eine Anlage mit konstanter Leistungsfähigkeit, die plötzlich "erlischt", oder um eine Anlage mit der Neigung zu sinkender Leistungsfähigkeit, sei es in quantitativer oder qualitativer Hinsicht? (307) Sehr große Gemeinsamkeiten bestehen allerdings auch nicht zwischen den Anlagen, die jeweils zu einer der zwei Hauptarten von Anlagen gehören. Manche Güter mit gleichbleibender und dann plötzlich endender Leistungsfähigkeit werden praktisch nur vom ruhenden Verschleiß berührt, andere von beiden Verschleißursachen. Das ist bei den Anlagen mit abnehmender Leistungsfähigkeit ähnlich, wenn auch bei ihnen oft der Gebrauchsverschleiß eine größere Rolle spielt.

Zu den Einflußfaktoren der beiden Verschleißarten selbst: Für den ruhenden Verschleiß könnten verschiedenartige Umweltbedingungen (die "natürlichen" Bedingungen des jeweiligen Standorts) ganz unterschiedliche Auswirkungen haben. Und der Gebrauchsverschleiß wird von allen Produktionsbedingungen beeinflußt: der Beschaffenheit der verwendeten Roh-, Hilfs- und Betriebsstoffe und dem Können der Arbeiter (z. B. des Fahrers) - man kann beides zusammenfassen unter qualitativer Beanspruchung der Anlage; weiter hängt der abnutzbedingte Verschleiß von der Beschäftigung der Anlage ab, d. h. ihrer zeitlichen (z. B. Schichtzahl) und intensitätsmäßigen Beanspruchung. Die Beschäftigung ihrerseits ist mit den Absatzbedingungen verbunden. Alle diese grob skizzierten Einflußfaktoren müßten womöglich in ihrer Auswirkung auf den Verschleiß vorausgesehen werden, um die Reparaturtermine und die Höhe der Anlagenunterhaltungsaufwendungen festlegen zu können - soweit man nicht bei einigen Gütern völlig auf Anlagenunterhaltung verzichtet. Plant man eine Anlagenunterhaltung, darf nicht übersehen werden, daß die Güte der Anlagenunterhaltung auf das Ausmaß des Verschleißes zurückwirkt, also gegenseitige Abhängigkeiten vorliegen.

Dabei steht im Hintergrund immer noch zusätzlich das Problem, ob die Anlage überhaupt eine "normale" Nutzungszeit, d. h. eine von den Anlagen gleichen Typs durchschnittlich erreichte Nutzungsdauer, ermöglichen oder ob sie nicht durch unvorhersehbare Ereignisse unvermutet ausfallen wird, sei es für kürzere oder längere Zeit oder gar für immer. Dieses "Sterblichkeitsproblem", das bei nicht völligem Ausfall u. a. zu zusätzlichen Anlagenunterhaltungsaufwendungen führt, ist praktisch nicht vorauszuplanen. Jeder Unternehmer muß - wie es eine Kommission müßte - bei der Schätzung der Ausgaben (und Einnahmen) von einer normalen Nutzungszeit ausgehen und kann für Schadensfälle Vorsorge treffen.

Wie wir gesehen haben, können auf die Höhe des Anlagenunterhaltungsaufwandes eine Vielzahl von Faktoren einwirken. Sie lassen auf den ersten Blick jeden Gedanken an eine einheitliche Vorausschätzung als unnütz erscheinen. Bei der Planung der Anlagenunterhaltung könnten die einzelnen Unternehmungen und eine Kommission aufgrund unterschiedlicher Einschätzung der zukünftigen Entwicklung selbst bei gleichen Anlagen zu völlig verschiedenen Ergebnissen kommen. Aber braucht das wirklich so zu sein? Um zu Aussagen zu kommen, müssen wir uns vor Augen führen, daß es zwei Hauptarten von Anlagenunterhaltungsaufwendungen gibt: "vorbeugende" und "schadensbedingte". (308) Bei vorbeugenden Reparaturen sind Schätzungen möglich sowohl hinsichtlich der Termine als auch der Höhe der Aufwendungen. Bei der Planung muß sowohl der Erhaltungs- als auch der Herstellungsaufwand vorausgeschätzt werden. Daß der Herstellungsaufwand im Gegensatz zum Erhaltungsaufwand zu aktivieren ist, wirkte sich selbst in der Investitionsrechnung mit Einnahmen nur aus, wenn der Einfluß der Steuern berücksichtigt wird. Der Herstellungsaufwand schlägt sich dann über die Abschreibungen in der Höhe der Steuerzahlungen nieder. Bei den vorbeugenden Reparaturen ist nicht einzusehen, daß bei rationaler Planung einzelne Unternehmungen und eine Kommission die Termine und Aufwendungen von Reparaturen wesentlich unterschiedlich vorausschätzen werden.

Im Gegensatz zu den vorbeugenden stehen die schadensbedingten Anlagenunterhaltungsaufwendungen. Sie treten immer dann auf, wenn die Anlage unverhofft ausfällt, sind also eine Folge des "Sterblichkeitsproblems". Welche Gründe auch für die Ausfälle im einzelnen verantwortlich sein mögen, eines ist klar: Da sich derartige Ausfälle nicht voraussehen lassen, können weder die Zeitpunkte noch die Höhe der schadensbedingten Reparaturen festgelegt werden. In einer Rechnung zur Ermittlung der Nutzungsdauer lassen sich sowohl von Unternehmungen als auch einer Kommission nur die geplanten Anlagenunterhaltungsaufwendungen berücksichtigen. Bei jeder Planung ist jedoch daran zu denken, daß u. U. auch schadensbedingte Reparaturen auftreten werden und deshalb Vorsorge zu treffen ist. Dafür ist einleuchtend: Je besser die vorbeugenden Reparaturen sind, um so weniger ist mit schadensbedingten Reparaturen zu rechnen, wenn diese auch nicht völlig zu verhindern sind. Taucht unerwartet ein Schaden auf, können sich Auswirkungen auf die Nutzungsdauer ergeben, wenn nicht gar ein sofortiger Ersatz notwendig wird; in diesen Fällen müssen möglicherweise Nachholabschreibungen vorgenommen werden.

Mit Blick auf eine einheitliche Vorausschätzung des Anlagenunterhaltungsaufwandes (für vorbeugende Reparaturen) muß man weiter beachten: Bisher haben wir nur von einer Nutzungsdauer gesprochen: der wirtschaftlichen Nutzungsdauer, die im Prinzip aufgrund aller mit der Investition verbundenen Einnahmen und Ausgaben zu berechnen ist, d. h. bei Berücksichtigung aller Abschreibungsursachen. Davon ist die technische Nutzungsdauer zu unterscheiden. Sie wird allein mit Hilfe der Ausgaben ermittelt und diese sind insbesondere durch den ruhenden und abnutzungsbedingten Verschleiß bedingt. Läßt man die Höhe der Ausgaben unbeachtet, kann die Anlage, technisch gesehen, im Grunde genommen durch fortwährende Anlagenunterhaltung, sei es durch laufende Instandhaltung oder Großreparaturen, unendlich lang genutzt werden. Von Bedeutung ist aber die technische Nutzungsdauer höchstens als ausgaben- bzw. kostenminimale Nutzungsdauer. In unserem Zusammenhang ist von Bedeutung, daß diese technische Nutzungsdauer in der Regel erheblich über der wirtschaftlichen liegt. Technische und wirtschaftliche Überholung lassen es geraten erscheinen, die Anlage weniger lang zu nutzen, als es technisch möglich ist. So mag die technische Nutzungsdauer bei einer bestimmten Beschäftigung zwölf Jahre betragen, die wirtschaftliche Nutzungsdauer hingegen nur acht Jahre. Daraus ergibt sich eine Folgerung für die Anlagenunterhaltungsaufwendungen. Die Reparaturen dürfen nicht im Hinblick auf die technische, sondern müssen im Hinblick auf die wirtschaftliche Nutzungsdauer geplant werden. Weil aber die Anlagenunterhaltung nur auf die wirtschaftliche Nutzungsdauer abgestellt werden muß, wäre bei rationeller Planung für gleichartige Anlagen - selbst wenn sie in verschiedenen Betrieben genutzt werden - mit Anlagenunterhaltungsaufwendungen in etwa gleicher Höhe zu rechnen. Ob die Anlage in dem einen Betrieb etwas mehr, im anderen Betrieb etwas weniger beschäftigt werden soll, der ruhende Verschleiß im einen Fall etwas stärker, im anderen etwas weniger stark wirkt, dadurch wird zwar die technische Nutzungsdauer beeinflußt, nicht aber die wirtschaftliche. So mag die technische Nutzungsdauer im "Normalfall" zwölf Jahre betragen, in Sonderfällen dagegen zehn oder neun. Die Anlagenunterhaltung braucht dann nicht unterschiedlich auszufallen, vor allem aber nicht unterschiedlich geplant zu werden, denn es gilt ja nur, die wirtschaftliche Nutzungsdauer von acht Jahren zu erreichen. Insofern sind die Einwendungen Riebels gegen eine Normierung der Nutzungsdauer bedeutungslos, soweit sie die unterschiedlichen Einflußfaktoren auf die technische Nutzungsdauer der einzelnen Anlagen hervorheben. (309)

Eine Kommission, die die Nutzungsdauer festzulegen hätte, müßte sich wie die Unternehmungen über die Anlagenunterhaltung schlüssig werden. Da die Vorausschätzungen der Anlagenunterhaltungsaufwendungen von Unternehmungen und Kommission wenigstens ähnlich ausfallen werden, spricht nichts dagegen, der Nutzungsdauerberechnung die Schätzzahlen der Kommission zugrunde zu legen. Zu fragen ist, ob es dann nicht dienlich wäre, wenn die Kommission das Ergebnis ihrer Überlegungen zusammen mit den Nutzungsdauern veröffentlichen würde. Ja, es könnte sogar gefragt werden, ob man nicht die Höhe des Anlagenunterhaltungsaufwandes verbindlich für alle Betriebe vorgeben sollte. Bredt hat ähnliche Überlegungen im Hinblick auf die Kostenrechnung angestellt. (310) Er spricht sich nicht nur für eine Normierung der Nutzungsdauer - eines "Erneuerungssatzes" -, sondern auch für eine feste Vorgabe der Anlagenunterhaltungsaufwendungen - eines "Instandhaltungssatzes" - aus. Die vorgegebenen "Sätze" müßte der Unternehmer nach Bredt fest verrechnen; durch Einsparungen gegenüber den verrechnenden Sätzen soll der Unternehmer quasi "belohnt" werden. Für die Anlagenunterhaltung würden wir auf keinen Fall so weit wie Bredt gehen. Hier muß jeder Betrieb selbst entscheiden, welche Aufwendungen er für Anlagenunterhaltung machen will. Manipulationen sind kaum möglich, die betreffenden Ausgaben sind nachprüfbar. Aber sicherlich wäre es nützlich, wenn die Kommission ihre Unterstellungen hinsichtlich der Anlagenunterhaltung zusätzlich zu den Nutzungsdauern veröffentlichte. Diese Angaben würden für manche Unternehmungen, insbesondere solche von kleiner und mittlerer Größe, ein guter Anhalt für eigene Planungen sein.

Die Kommission kann bei ihren Überlegungen auf Erfahrungswerte aus der Vergangenheit bei der Nutzung gleicher oder ähnlicher Anlagen, Angaben der Hersteller usw. aufbauen. Zu den Erfahrungswerten müßte die Auswertung von Einzeluntersuchungen über die Wirkung des Verschleißes bzw. einzelner Verschleißursachen hinzukommen. Bisher gibt es allerdings nur wenige solcher Untersuchungen. (311) Derartige Untersuchungen könnte eine Kommission, die sich speziell mit dem Nutzungsdauerproblem und den damit zusammenhängenden Fragen beschäftigt, viel schneller in Erfahrung bringen und auswerten als einzelne Betriebe. Zu nennen sind in diesem Zusammenhang auch "Lebensdauerstatistiken", d. h. Statistiken über die tatsächlich erreichten Nutzungsdauern von Anlagegütern. Sie liefern nicht nur direkte Hinweise für die "wirtschaftliche" Nutzungsdauer, sondern ebenso für eine zweckmäßige Anlagenunterhaltung (vgl. S. 152).

Nicht berücksichtigt wurde bisher, inwieweit das Zurechnungsproblem bei den Anlagenunterhaltungsaufwendungen zu lösen ist. Es wird auftauchen, soweit etwa ein Meister verschiedene Reparaturkolonnen beaufsichtigt, die verschiedene Anlagen reparieren, soweit Reparaturwerkzeuge für unterschiedliche Anlagen gebraucht werden usw. Der Lohn des Meisters, die Abschreibungen auf das Reparaturwerkzeug usw. können einzelnen Anlagen nur näherungsweise - durch Schlüsselung - zugerechnet werden. Die notwendigen Schätzungen für die Nutzungsdauerrechnung könnten Unternehmungen und eine Kommission genausogut oder so schlecht bewerkstelligen. Hier muß man sich mit groben Werten zufriedengeben.

Alles in allem gesehen, könnte u. E. eine Kommission eher zu besseren Schätzwerten für die Anlagenunterhaltung kommen als ein Unternehmer. Auch von den Anlagenunterhaltungsaufwendungen her ergeben sich deshalb keine wesentlichen Bedenken gegen eine Normierung der Nutzungsdauer.

(3) Die Bestimmung der Löhne und der Ausgaben für Roh-, Hilfs- und Betriebsstoffe

Als weitere mögliche Betriebsausgaben sind die Löhne der an den Anlagen beschäftigten Arbeiter und die Ausgaben für Roh-, Hilfs- und Betriebsstoffe zu nennen. Soweit diese Ausgaben durch die Abnahme der Leistungsfähigkeit einer Anlage zusätzlich hervorgerufen werden, muß man sie den verschleißabhängigen Betriebsausgaben zuordnen. Davon abgesehen, sind sie verschleißunabhängig und bilden einen Aspekt der Abschreibungsursache wirtschaftliche Überholung. Die Planung der Lohnausgaben setzt zunächst voraus, sich über die Art und Zahl der Arbeiter, die z. B. mit der zu investierenden Maschine Erzeugnisse herstellen, Klarheit zu verschaffen. Das ist nicht möglich, ohne zu wissen, was und wie auf der Anlage produziert werden soll. Begnügen wir uns an dieser Stelle wie beim Problem Anlagenunterhaltung mit der Feststellung: Die zukünftige Beschäftigung muß bekannt sein. Ergebnis der Überlegungen mag sein: Es werden zwei Hilfsarbeiter, ein Facharbeiter und gelegentlich zur Überwachung ein Meister gebraucht. Im "gelegentlich" liegt als ein Problem die Zurechnungsfrage verborgen. Sie läßt sich auch hier nur näherungsweise durch Schlüsseln lösen.

Hauptproblem ist in unserem Zusammenhang, die Lohnentwicklung für die Hilfsarbeiter, den Facharbeiter und den Meister vorauszuschätzen. Eine solche Schätzung mag für einige Wochen oder gar Monate verhältnismäßig genau möglich sein, für Jahre, wie es für eine abnutzbare Sachanlage erforderlich ist, kann eine verläßliche Voraussage kaum gelingen. Zu viele Einflußfaktoren und gegenseitige Abhängigkeiten sind zu berücksichtigen. Wie wird der Absatzmarkt aussehen? Läßt sich die Konjunkturentwicklung auch nur für zwei Jahre einigermaßen vorausschätzen? Werden weiterhin Gastarbeiter zuwandern und den Arbeitsmarkt entlasten, oder ist mit einer gewissen Stagnation der Zuwanderung zu rechnen, weil die Wirtschaften der in Frage kommenden Länder selbst genügend Arbeitskräfte nachfragen? Wie wird sich die Produktivität entwickeln und auf die Lohnhöhe auswirken? Werden die Gewerkschaften einen Streik wagen, um angekündigte hohe Lohnforderungen durchzusetzen, oder sich wie bisher "auf halber Strecke" zwischen dem Angebot der Arbeitgeber und der eigenen Forderung mit den Arbeitgebern treffen? Es vermag trivial erscheinen, derartige Fragen aufzuwerfen. Aber erst wenn man sich die Einzelprobleme klarmacht, erkennt man die vielen Schwierigkeiten. Diese und viele weitere Fragen müßten geklärt werden, soll die Planung der Lohnausgaben einigermaßen zuverlässig sein. Für die Lohnausgaben einschließlich der Zurechnungsfrage läßt sich jedenfalls folgern, daß nur sehr grobe Schätzungen möglich sind. Dafür ist nicht einzusehen, daß eine Kommission zu wesentlich anderen Ergebnissen kommen sollte als ein Unternehmer. Dabei kann man davon ausgehen, daß bei gleichen Anlagen, selbst wenn sie in verschiedenen Betrieben arbeiten, ähnliche Lohnausgaben anfallen, denn für eine Bohrmaschine etwa müssen in allen Betrieben gleichqualifizierte Arbeiter angestellt werden.

Die Ausgaben für die Roh-, Hilfs- und Betriebsstoffe, die auf der Anlage verarbeitet bzw. bei der Verarbeitung verbraucht werden, ergeben sich aus gekaufter Menge mal Beschaffungspreis. Für die Feststellung der Mengen muß sowohl bei den verschleißabhängigen als auch den verschleißunabhängigen, grob gesprochen, die zukünftige Beschäftigung bekannt sein. Die notwendigen Mengen zu günstigen Preisen zu erwerben und die Preisentwicklung selbst vorauszusehen, macht erforderlich, das Marktgeschehen für Roh-, Hilfs- und Betriebsstoffe genauestens zu beobachten. Das fällt verhältnismäßig leicht im Hinblick auf Energiekosten u. dgl. m.; hier ist der Verbrauch in etwa abzuschätzen, und in der Regel kann von festen Preisen ausgegangen werden. Die Ausgaben werden für gleichartige Anlagen selbst in verschiedenen Betrieben ähnlich sein. Insbesondere für Rohstoffe ist aber jede Voraussage nahezu unmöglich. Hier hängt es u. a. von der Art der verwendeten "Materialien" ab, ob mit großen Schwankungen des Angebotes und, davon abhängig, mit großen Ungenauigkeiten bei der Abschätzung der Ausgaben zu rechnen ist. Dazu kommt noch in vielen Fällen, daß die Qualitäten der Stoffe unterschiedlich ausfallen und deshalb ein Mehr- oder Minderverbrauch einzukalkulieren ist. Am einfachsten gestaltet sich noch die Datenermittlung, wenn ein Produzent Lieferverträge mit festen Terminen, Mengen, Preisen und Qualitäten abschließen kann. Aber das ist die große Ausnahme. Nicht zu vergessen ist schließlich das Zurechnungsproblem, da die Stoffe bei der Güterherstellung meistens verschiedene Anlagen durchlaufen bzw. von verschiedenen Anlagen verbraucht werden. Das Problem läßt sich hier für die Planung kaum bewältigen. In der Regel gilt: Die Ausgabenplanung ist vor allem für Rohstoffe sowohl für Unternehmungen als auch für eine Kommission praktisch unmöglich.

Soweit Lohnausgaben, Energiekosten usw. überhaupt geschätzt werden können, sind ähnliche Ergebnisse zu erwarten. Und eine außerbetriebliche Stelle würde kaum andere Größen einplanen als ein Unternehmer. Auch daran scheiterte eine Normierung nicht.

(4) Die Berücksichtigung des technischen Fortschritts als Ausgabenerhöhung

Als Gewinnminderung bzw. Ausgabenerhöhung kann man die Abschreibungsursache technische Überholung berücksichtigen. Denn der technische Fortschritt hat zur Folge, daß der Gewinn pro Produkteinheit (bestimmter Qualität) der alten Anlage fällt oder ihre Ausgaben (Kosten) pro Produkteinheit (bestimmter Qualität) steigen (vgl. S. 121). Der technische Fortschritt bewirkt infolgedessen ein Veralten der in Betrieb befindlichen Anlage. Theoretisch macht es wenig Mühe, den technischen Fortschritt als eigenständigen Faktor bzw. besonderes Glied in Gleichungen zur Nutzungsdauerbestimmung einzubeziehen. (312) Doch eine solche Vorgehensweise verharmlost eher das tatsächliche Problem: den technischen Fortschritt zu messen. Die Messung des technischen Fortschritts verlangt zunächst, die neuen technischen Entwicklungen, die während und nach der möglichen Nutzungszeit in Konkurrenz zur alten Anlage treten und die sie verdrängen könnten, überhaupt zu erkennen bzw. vorauszusehen. Danach taucht erst das Problem auf, die Wirkungen des technischen Fortschritts in eine Ausgabenerhöhung umzudeuten. (313)

Im Hinblick auf eine einheitliche Vorausschätzung und Festlegung des technischen Fortschritts ist wichtig, zwei unterschiedliche Entwicklungsformen des technischen Fortschritts deutlich zu unterscheiden. Zum einen kann sich der technische Fortschritt in fortwährenden kleinen Verbesserungen ausdrücken; in diesem Fall verläuft er stetig. Zum anderen können aber in größeren und ungleichen zeitlichen Abständen völlig neuartige, umwälzende Erfindungen gemacht werden, die mit einem gegebenen herkömmlichen Verfahren völlig brechen; Gutenberg spricht einprägsam von "Pioniererfindungen". (314) In diesem Fall handelt es sich um einen abrupten technischen Fortschritt, er schreitet ruckartig fort. Denkt man sich den technischen Fortschritt als Stufenfolge, bildet der stetige technische Fortschritt eine Treppe mit einer Vielzahl kleiner Stufen. Der ruckartige technische Fortschritt besteht dagegen aus wenigen großen Stufen mit unregelmäßiger Stufenbreite und -höhe.

Ein für jeden überschaubares Beispiel des stetigen technischen Fortschritts sind die kleinen laufenden Verbesserungen der Automobile von Jahr zu Jahr. In derartigen Fällen läßt sich die technische Überholung verhältnismäßig gut voraussehen und quantifizieren. Um den Trend zu bestimmen, wird man regelmäßig von Erfahrungswerten der Vergangenheit ausgehen können. Man mag sich darüber streiten, ob sich der technische Fortschritt näherungsweise geradlinig fortsetzt oder ob er durch eine Exponentialfunktion wiedergegeben werden müßte. Der letzten Auffassung wäre beizupflichten, wenn die Beobachtung zuträfe, daß sich der technische Fortschritt immer schneller entwickelt. Demgegenüber meint Gudehus: Derartige Annahmen seien in den meisten Fällen irrig, "da die jüngste Entwicklung stets besonders stürmisch erscheint. Mit entgegengesetzter Dialektik könnte man sogar behaupten: Wenn der technische Fortschritt in der letzten Zeit wirklich außergewöhnlich stark war, so kann er für die Zukunft, von der wir nichts Näheres wissen, doch vorerst nur als normal angenommen werden."(315) Das bedeutet aber, von der Vermutung auszugehen, die technische Entwicklung schreite gleichmäßig voran, eine Unterstellung, die auch bei der MAPI-Methode gemacht wird.(316) Diese Methode bemüht sich als ausgesprochen praxisbezogene Form der Wirtschaftlichkeitsrechnung um äußerste Wirklichkeitsnähe ihrer Prämissen.

Könnte man sich darüber einigen zu unterstellen, die stetige Form der technischen Überholung schreite gleichbleibend von Jahr zu Jahr voran, wäre noch ein bestimmter Wert festzulegen. Interessant erscheint in diesem Zusammenhang der Hinweis, daß in der sowjetischen Literatur generell mit einer konstanten jährlichen Steigerung der Arbeitsproduktivität von 6 % gerechnet worden ist.(317) Bei der Normierung der Nutzungsdauer könnte man für den technischen Fortschritt von Schätzwerten in ähnlicher Größenordnung ausgehen. Einen einheitlichen Maßstab für alle Anlagen anzunehmen, scheint nicht unbedingt ratsam zu sein. Eine gewisse Variierung wäre möglich. Kriterien dafür sind vor allem der "Reifezustand" der Anlagen und die Länge der Nutzungsdauern. Beispielsweise könnte man für verhältnismäßig neuartige Anlagen und für langlebige Anlagen die Fortschrittsrate in der Regel höher bemessen als in den entsprechenden Gegenfällen.

Setzt man für den technischen Fortschritt bestimmte Schätzwerte an und erhöht dementsprechend die Ausgaben in der Wirtschaftlichkeitsrechnung, heißt das, die stetige technische Entwicklung in der Normalabschreibung zu berücksichtigen. Kann das auch für den ruckartigen technischen Fortschritt gelingen? Man wird dazu neigen festzustellen: Regelmäßig nicht, denn das Wesen dieser Form des technischen Fortschritts liege ja gerade darin, daß er sich nicht voraussehen läßt. Hier ist jedoch zu berücksichtigen: Auch Pioniererfindungen kommen meistens nicht ohne jegliche Vorankündigung, gleichsam über Nacht, auf den Markt. Um ein anschauliches Beispiel zu bringen, greifen wir wieder auf das Auto zurück. Der Wankelmotor ist wenigstens seit 1960 im Gespräch, ohne daß diese überraschende Erfindung zu einem völligen Umbruch geführt hätte, d. h. die Nutzungsdauern sämtlicher Personenwagen verkürzt worden sind. Vielleicht von ganz wenigen Ausnahmen abgesehen, ist durch diese große Neuerung überhaupt kein spürbarer Effekt eingetreten. Autos mit Wankelmotor sind in erster Linie von denjenigen angeschafft worden und werden von denjenigen gekauft, die ihren Wagen sowieso ersetzen wollten. Ein tiefer Einschnitt ist schon deshalb nicht erfolgt, weil diese Erfindung noch keineswegs ausgereift ist und ein Ausgabenvergleich bisher keineswegs zu ihren Gunsten ausschlägt. Es liegt eben ein weiter Weg zwischen der Idee und ihrer völlig fehlerlosen praktischen Anwendung.(318) Das Beispiel zeigt: Auch Pioniererfindungen kündigen sich oft lange vorher an. Sie haben nicht unbedingt einen spürbaren Einfluß auf die im Betrieb befindlichen Anlagen. Die alten Anlagen werden vielmehr nach und nach von der großen technischen Neuerung abgelöst - die Pioniererfindung hat hier ähnliche Folgen wie der stetige technische Fortschritt, geht in ihn über.

Von diesem Beispiel darf man aber nicht ohne weiteres alles umfassende allgemeine Schlüsse ableiten. In manchen Fällen kann der ruckartige technische Fortschritt eine außergewöhnlich starke Verkürzung der Nutzungsdauer zur Folge haben - außergewöhnlich im Verhältnis zur normalen Verkürzung durch den stetigen technischen Fortschritt gesehen. Deshalb gilt: Bewirkt der ruckartige technische Fortschritt eine außergewöhnlich starke Nutzungsdauerverkürzung, ist notfalls eine Nachholabschreibung vorzunehmen. Ganz davon abgesehen, ob der Unternehmer die Ursachen einer zusätzlichen Nutzungsdauerverkürzung gegenüber dem Fiskus oder anderen Interessenten begründen muß - hier wäre die Begründung verhältnismäßig leicht: Die Pioniererfindung steht gut ersichtlich vor aller Augen.

In diesem Zusammenhang ist jedoch auch zu beachten: Im Gegensatz zum stetigen technischen Fortschritt, der die Nutzungsdauern der Anlagen immer verkürzt, kann der ruckartige technische Fortschritt in manchen Fällen verkürzend, in anderen Fällen aber auch verlängernd wirken. Die Verlängerung der Nutzungsdauer tritt ein, wenn der Unternehmer einen fälligen Ersatz der alten Anlage hinausschiebt, ihn überspringt, um eine angekündigte größere Neuerung abzuwarten. (319) Das Überspringen des Ersatzzeitpunktes (damit die Verlängerung der Nutzungsdauer der in Betrieb befindlichen Anlage) ist dann vorteilhaft, wenn die zusätzlich anfallenden Ausgaben bei Weiterbenutzung mindestens wettgemacht werden durch den Mehrgewinn bzw. die zusätzliche Ausgabenersparnis der Neuanlage. Bei einer derartigen Nutzungsdauerverlängerung wäre im Grunde genommen eine Zuschreibung erforderlich.

Für die Frage, ob ein Unternehmer eher in der Lage ist, den technischen Fortschritt vorauszuschätzen, als es eine Kommission wäre, ist zu beachten: Immer unterscheiden sich der (objektive) Stand des technischen Wissens und der (subjektive) technische Horizont der Unternehmung. Zwischen beiden besteht aus einer Reihe von Ursachen ein mehr oder minder großer Abstand. (320) Das bedeutet aber, der "normale" Unternehmer kennt noch nicht einmal unbedingt die zu einem bestimmten Zeitpunkt insgesamt vorhandenen technischen Produktionsmöglichkeiten. Wegen mangelnder Information kann er schon eine falsche Anlage anschaffen, vermag erst recht nicht alle während ihrer Nutzungszeit auftauchenden technischen Möglichkeiten zu überblicken und wird selten in der Lage sein, die anschließenden technischen Verbesserungen vorauszusehen. Im Erkennen überhaupt sind also schon Unterschiede festzustellen. Sie wirken sich naturgemäß auf die Bemessung des technischen Fortschritts aus. Aber selbst wenn wir unterstellen dürften, jeder Unternehmer, der eine bestimmte Art von Anlagen benutzt, hätte vollkommen gleichen Einblick in die für seine Zwecke gegebenen und zukünftigen Möglichkeiten, so könnte jeder das Ausmaß des technischen Fortschritts unterschiedlich in Zahlungsgrößen umdeuten. Im Vergleich zum einzelnen Unternehmer schiene uns eine Kommission, die sich auch mit diesem Problem zu beschäftigen hätte, wesentlich besser geeignet zu sein, objektive Werte für die Entwicklung des technischen Fortschritts festzulegen. Für und durch die Kommission könnte ein Dokumentationszentrum geschaffen werden, das sich dieser Frage annimmt. Dadurch ließe sich erreichen, daß der Unterschied zwischen objektivem Stand des technischen Wissens und subjektivem technischen Horizont praktisch auf Null zusammenschrumpft. Im Falle eines ruckartigen technischen Fortschritts, der sich stark auf schon investierte Anlagen auswirkt, könnte die Kommission zudem vorschlagen, allgemein für diese Anlagen eine bestimmte Nachholabschreibung zuzulassen.

2. Die Möglichkeit und Zweckmäßigkeit einer Abschreibungsdauernormierung

Das Ergebnis unserer bisherigen Überlegungen zur Nutzungsdauer ist: Die Ermittlung der Nutzungsdauern einzelner technisch-juristischer Anlagengegenstände auf investitionstheoretischem Wege unter Einschluß der Einnahmenseite ist regelmäßig nicht möglich. Zum einen sind die Einnahmen vielfach nicht oder nur in großen Grenzen vorauszuschätzen. Zum anderen - und das ist u. E. der schwerwiegendere Grund - bereitet die Zurechnungsfrage unüberwindliche Schwierigkeiten. Unter diesen Umständen bleibt nur die Möglichkeit, die Nutzungsdauer allein aufgrund der Ausgaben bzw. Kosten zu bestimmen. Das entspricht im wesentlichen dem heutigen Vorgehen der Praxis (321) - ein Indiz dafür, daß die Einnahmen nicht zu berücksichtigen sind. Für die voraussichtlichen Ausgaben haben wir aber festgestellt, daß sie bei gleichen Anlagen, selbst wenn diese in verschiedenen Betrieben eingesetzt werden, zumindest in ähnlicher, wenn nicht in gleicher Höhe anfallen werden, vor allem aber in etwa gleicher Höhe eingeplant würden. Auch für die Ausgaben taucht das Zurechnungsproblem auf, ist aber hier nicht so bedeutsam und läßt sich näherungsweise durch Schlüsseln lösen. Die Ausgabenschätzung könnte eine außerbetriebliche Stelle wenigstens ebensogut durchführen wie der einzelne Unternehmer bzw. die Unternehmung. Unter diesen Umständen steht u. E. wenig im Wege, die Nutzungsdauer aufgrund der Ausgabenrechnung einer Kommission zu normieren.

Die Nutzungsdauer einheitlich festzulegen, diese Forderung folgt noch aus einem gewichtigeren Gedanken. Selbst wenn wir bezüglich der Vorausschätzung insbesondere der Einnahmen viel zu pessimistisch urteilen würden, rechtfertigt sich die Normierung der Nutzungsdauer für Handels- und Steuerbilanz aus dem Zweck der externen Bilanzierung. Sowohl für die Handels- als auch für die Steuerbilanz stellt sich als wichtigste Forderung: die Nachprüfbarkeit. Ohne unbedingte Nachprüfbarkeit ist weder eine gerechte Besteuerung noch eine aussagefähige Rechnungslegung zu erreichen. Nachprüfbar sind aber nicht die Nutzungsdaueransätze der einzelnen Unternehmungen. Eine langjährige Erfahrung zeigt, daß Unternehmer die Abschreibungsdauern bei freier Entscheidungsmöglichkeit normalerweise zu kurz festlegen. Das ist aus ihrer Sicht nur allzu verständlich, lassen sich doch auf diese Weise Steuerzahlungen und Gewinnausschüttungen hinausschieben, wenn nicht sogar ganz vermeiden. Durch den Ansatz zu kurzer Nutzungsdauern verschaffen sich die Unternehmer jedoch bei der Besteuerung Vorteile gegenüber den Unselbständigen, die keine derartigen Manipulationsmöglichkeiten besitzen. Die steuerliche Gleichbehandlung kann aber auch zwischen den Unternehmungen verletzt werden, wenn für gleichartige Anlagen ungerechtfertigterweise verschiedene Nutzungsdauern zugrunde gelegt werden. Im Hinblick auf die Handelsbilanz wird durch zu geringe Nutzungsdauern die Aussagefähigkeit eingeschränkt. Zu kurze Nutzungsdauern verstoßen also gegen die Zwecke der externen Bilanzierung.

Um die Unterbewertungen über zu kurze Nutzungsdauern auszuschalten, bleibt keine andere Möglichkeit, als die Nutzungsdauern einheitlich zu normieren. Selbst wenn man der Meinung ist, daß eine außerbetriebliche Stelle die "richtige" Nutzungsdauer bestenfalls genausogut feststellen könnte wie der Unternehmer selbst, würde die Rechnungslegung "bei einer solchen Reglementierung wenigstens nicht noch tendenziös verfälscht". (322) Für die Steuerbilanz ist diese Folgerung gezogen worden, wenn auch die AfA-Tabellen nur "als Anhaltspunkt für die Beurteilung der Angemessenheit der steuerlichen Absetzung für Abnutzung (AfA) dienen" sollen (Vorbemerkung 5 zu den AfA-Tabellen für verschiedene Wirtschaftszweige). Es ist an der Zeit, für die handelsrechtliche Bilanzierung wenigstens das gleiche zu fordern. Wir gehen aber darüber hinaus: Die normierten Nutzungsdauern sollten für Handels- und Steuerbilanz als verbindlich gelten. Durch Normierung der Nutzungsdauern würde auf dem Gebiete der Anlagenbewertung der Grundsatz der Vorsicht, einer der strittigsten und dehnbarsten GoB, insofern umgangen, als dem Unternehmer die Möglichkeit genommen wäre, "vorsichtig" - und das heißt u. U. willkürlich - zu bewerten.

Für die Normierung der Nutzungsdauer wäre, wie schon angedeutet, eine Kommission einzusetzen. Sie müßte sich in Anbetracht vielfältiger Aufgaben aus qualifizierten Mitarbeitern der verschiedensten Bereiche zusammensetzen. Hier mag der Hinweis genügen: Es wären Wissenschaftler und Praktiker erforderlich, die der technischen und kaufmännischen Richtung angehören. Den Aufwand für eine derartige Kommission muß man im Verhältnis zu den Ersparnissen bei Unternehmungen, Wirtschaftsprüfern, u. U. auch bei der Finanzverwaltung und bei Betriebsprüfern sehen. (322 a)

Die Kommission hätte Nutzungsdauern zu bestimmen, die für Handels- und Steuerbilanz in gleicher Weise anzuwenden wären - denn es ist kein triftiger Grund zu sehen, warum die handels- und steuerrechtliche Bilanzierung unterschiedliche Ansätze erfordern sollten. Bei der Nutzungsdauernormierung einzelner Arten von Anlagen ist von einer Rechnung auf Basis von Ausgaben auszugehen. Soweit dabei mit Zinsen gerechnet wird, könnte der Zinsfuß einheitlich normiert werden. Die technische Überholung ist bei den Ausgaben zu berücksichtigen. Die Kommission könnte sich der Frage des technischen Fortschritts im besonderen Maße annehmen (vgl. S. 149). Von den aufgrund der Ausgaben allein ermittelten Nutzungsdauern ist ein Abschlag zu machen, um auch die wirtschaftliche Überholung einzufangen. Nur auf diesem Wege kann u. E. für einzelne technisch-juristische Anlagengegenstände die "kumulative Wirkung" der Abschreibungsursachen (323) berücksichtigt werden.

Weitere Anhaltspunkte für die Nutzungsdauernormierung geben eine Reihe von Vorarbeiten, die in Form von Tabellen vorliegen. (324) Allerdings trifft für diese Zahlenwerte mit Einschränkung die Feststellung von Gudehus zu, "daß die bestehenden derartigen Tabellen meistens zu kurze Abschreibungszeiten enthalten, teils zum Ausgleich des Fehlers der linearen Abschreibung und teilweise, damit auf diese Weise bewußt stille Reserven gelegt werden können. "(325) Die Einschränkung würden wir in bezug auf den angeblichen Fehler der linearen Abschreibung machen. Daß die Nutzungsdauern i. d. R. zu kurz festgelegt sind, gilt auch hinsichtlich der AfA-Tabellen. Der beste Beweis dafür ist, daß, abgesehen von den Einwendungen während der zeitlich kurzfristigen Diskussion vor und nach Einführung der Tabellen im Jahre 1957, keine Klagen mehr über die AfA-Tabellen zu verzeichnen sind - ein Zeichen dafür, daß die Praxis mehr als zufrieden mit den darin enthaltenen Nutzungsdauern ist. (326) Unter diesen Umständen könnten die Nutzungsdauern aus den vorhandenen Zahlenwerken nicht ungeprüft übernommen werden. Zweifellos stellen aber die AfA-Tabellen eine einzigartige Ausgangsbasis dar. Die Finanzverwaltung hat, in vielen Fällen in Zusammenarbeit mit der Wirtschaft, praktisch die Hauptarbeit für Tabellen geleistet, die einheitlich für Handels- und Steuerbilanz gelten sollten.

Gute Hinweise für die Normierung von Nutzungsdauern sind auch aus Lebensdauerstatistiken zu erwarten, die das "Sterblichkeitsproblem" der Anlagen beinhalten. Derartige Statistiken sind bisher hauptsächlich von amerikanischen Ingenieuren aufgestellt worden, und zwar in der Mehrzahl der Fälle für Anlagengegenstände mit gleichbleibender Leistungsfähigkeit. (327) Gegen die Lebensdauerstatistiken lassen sich eine Reihe von Einwendungen vorbringen: (328) Die Statistiken enthielten Vergangenheitszahlen, aus denen nicht auf die wirtschaftlichen Nutzungsdauern von in vieler Hinsicht andersartigen Anlagen geschlossen werden könnte. Aus diesem Hinweis ist zu folgern, daß der technische Fortschritt nicht unberücksichtigt bleiben darf. Schreitet der technische Fortschritt jedoch gleichmäßig voran, gelten die Vergangenheitszahlen auch für die Zukunft, denn bei ihnen wurde ja der gleichmäßige Fortschritt unterstellt, der die Nutzungsdauern verkürzt. Aus dem Hinweis folgt auch, daß einmal bestehende Nutzungsdauertabellen von Zeit zu Zeit auf notwendige Änderungen überprüft werden müssen.

Weiter läßt sich gegen Nutzungsdauerstatistiken einwenden, daß derartige Statistiken nur die tatsächlich erreichten Nutzungsdauern zeigten; das brauchten aber nicht die wirtschaftlich-optimalen im Sinne der Investitionsrechnung zu sein. Dieser Einwand gilt beispielsweise für die "Absterbeordnungen" für Kraftfahrzeuge, aus denen die Gründe für das jeweilige Ausscheiden nicht erkennbar sind. Abgesehen davon, daß die wirtschaftliche Nutzungsdauer aufgrund aller Einnahmen und Ausgaben bei einzelnen Anlagen selten zu ermitteln ist, würde ein derartiger Einwand aber übersehen, daß Lebensdauerstatistiken nur Hinweise liefern sollen. Die aus den Statistiken errechenbaren Mittelwerte (genauer: die gewogenen arithmethischen Mittel) stellen nur Anhaltspunkte für die Normierung der Nutzungsdauern dar.

Inwieweit das Datenmaterial verläßliche Aussagen ermöglicht, ist bei statistischen Untersuchungen immer ein besonderes Problem. Damit verbunden ist schließlich der Einwand: Es seien meistens nicht genug Unterlagen für derartige Statistiken vorhanden. Dieser Einwand ist heute gerechtfertigt. Aus ihm könnte abgeleitet werden: Man sollte alle Unternehmer auffordern, Nutzungsdauerstatistiken für die in ihren Betrieben eingesetzten Anlagen aufzustellen und bei der Normierungskommission einzureichen. Wenn schon nicht auf betrieblicher Basis, so könnten dann wenigstens auf überbetrieblicher Grundlage Lebensdauerstatistiken aufgestellt werden. Auf den Einwand, das bedeute unvertretbare Mehrarbeit für die Unternehmungen, kann auf amerikanische Unternehmungen hingewiesen werden, die für Steuerzwecke wesentlich mehr Unterlagen einreichen müssen als deutsche. Die Unternehmer sollten aber auch an die Vorteile denken. Zum einen lieferten die eigenen Statistiken den Unternehmungen wertvolle Hinweise für ihre Anlagenpolitik. Zum anderen ließen sich möglicherweise aufgrund dieser Statistiken auf außerbetrieblicher Grundlage Vorschläge für eine vernünftige Anlagenunterhaltung entwickeln, die allen Unternehmungen zugute kämen. Insbesondere für kleine und mittlere Betriebe wären diese Vorschläge von unschätzbarem Wert. Daß für das Problem der Anlagenunterhaltung heute Statistiken fehlen, darauf verweist Männel. (329)

Wirtschaftlichkeitsrechnungen auf Basis von Ausgaben, Nutzungsdaueransätze in bestehenden Tabellen und Lebensdauerstatistiken wären das "Ausgangsmaterial" für die Normierungskommission zur Bestimmung der Nutzungsdauern. Diese Unterlagen erlauben der Kommission, glaubwürdige Erwartungen über die Bandbreite der Nutzungsdauern einer Anlage zu gewinnen, z. B. sechs bis zwölf Jahre. Das Problem ist, ob die Kommission nach dem Grundsatz der Vorsicht die mittlere Nutzungsdauer von neun Jahren oder die Nutzungsdauer am unteren Ende der Bandbreite von sechs Jahren ansetzen sollte. (330) Aus den Gedanken heraus, daß glaubwürdigerweise bezüglich der durchschnittlichen Nutzungsdauer zu kurze durch zu lange Nutzungsdauern ausgeglichen werden und dementsprechend gleichglaubwürdig in etwa ebenso viele Anlagen länger wie kürzer als die mittlere Nutzungsdauer gebraucht werden können und schließlich die stillen Rücklagen so gering wie möglich sein sollen, würden wir der Kommission vorschlagen, den Mittelwert zu normieren. Wir sind aber dabei der Meinung, daß für eine nachprüfbare Rechnungslegung die Normierung an sich wichtiger ist als die "richtige" Normierung. Für mögliche Abweichungen zwischen normierter und tatsächlicher Nutzungsdauer ist auf die Erörterungen zur Nachholabschreibung zu verweisen (vgl. ab S. 166).

Eine Normierung der Nutzungsdauer, die wesentliche Verbesserungen für eine aussagefähige Rechnungslegung und eine gerechte Besteuerung brächte, bedeutete eine Lösung des Nutzungsdauerproblems in materieller Hinsicht. Die Aussagefähigkeit der Bilanzierung könnte verstärkt werden durch ergänzende Maßnahmen in formeller Richtung. Man könnte die Maschinen und maschinellen Anlagen und die Anlagen der Betriebs- und Geschäftsausstattung getrennt ausweisen lassen. Zu denken ist an die Gruppen: Geringwertige Anlagen, Anlagen mit einer Nutzungsdauer bis z.B.

acht Jahre und solche über acht Jahre. Dazu würden die Bauten als vierte Gruppe hinzutreten; diese sollten u. E. keinesfalls wie heute üblich mit den Grundstücken zusammengefaßt werden dürfen. (331) Wenn zu dieser Aufstellung, die am besten im Geschäftsbericht aufgehoben wäre, eine indirekte Abschreibung käme (also auf der Aktivseite die Anschaffungswerte und auf der Passivseite die vorgenommenen Abschreibungen ausgewiesen würden), ließe sich u. E. ein besserer Einblick in das Anlagevermögen einer Unternehmung gewinnen, als es heute der Fall ist. Das gilt insbesondere bei Anwendung des linearen Verfahrens.

c) Die Normierung des Abschreibungsverfahrens

Sind Abschreibungssumme und Abschreibungsdauer festgelegt, ist das Verfahren zu bestimmen, um den jährlichen Abschreibungsbetrag errechnen zu können. Beim Begriff "Abschreibungsverfahren" denkt man meist nur an die buchhalterischen Abschreibungsverfahren, also lineares Verfahren usw. Wir wollen den Begriff so weit fassen, daß jedes Vorgehen darunter fällt, mit dessen Hilfe der Abschreibungsbetrag ermittelt werden kann.

1. Die Ableitung des Verfahrens aus dem Verursachungsgedanken

aa) Die investitionstheoretischen Lösungsansätze

Als erstes zu den Überlegungen, die den Abschreibungsbetrag aus dem "Verursachungsgedanken" ableiten möchten. Daß die Abschreibungen verursachungsgemäß verrechnet werden müßten, das fordern fast alle Autoren, die sich mit diesem Problem beschäftigt haben. Theoretisch am weitesten gehen dabei die Versuche, auf investitionstheoretischer Grundlage eine "Ertragswertabschreibung" abzuleiten. Zwar wird schon aus unserer Erörterung zum Nutzungsdauerproblem ersichtlich, daß diese Verfahren für unsere Zwecke nicht in Frage kommen. Wir wollen sie aber der Vollständigkeit halber streifen. Die Ansätze sind aus der Kritik an der "Unit Cost-(Abschreibungs-)Methode" hervorgegangen, auf die wir noch später kurz zu sprechen kommen. Weiterentwickelt wurde die Unit Cost-Methode von Taylor, der meinte, über die Ermittlung der minimalen Stückkosten einer Anlage einen Weg gefunden zu haben, um die Nutzungsdauer, den Ersatzzeitpunkt und die Verteilung des Abschreibungsaufwandes simultan bestimmen zu können. (332) Hotelling ergänzte Taylors Ansatz in mathematischer Hinsicht und ging zusätzlich von der investitionstheoretischen Überlegung aus, daß der Ertragswert eines Investitionsobjektes aus der Summe der diskontierten Periodenüberschüsse plus dem diskontierten Restverkaufserlös besteht. Durch die im Regelfall nicht zutreffende Prämisse, der Ertragswert entspreche dem Anschaffungswert, erreicht er jedoch keine allgemein gültige Lösung des Abschreibungsproblems. (333) Auf diese Vorarbeiten baut eine lange Reihe von Autoren auf, unter denen Preinreich hervorzuheben ist. (334) Er hat das Problem der Ertragswertabschreibung in vielerlei Richtungen und bis in feinste Verästelungen untersucht. Ähnlich wie Taylor und Hotelling will Preinreich die wirtschaftliche

Nutzungsdauer und die periodischen Abschreibungsbeträge zugleich bestimmen. Bei diesem Bestreben und dem Versuch, die Abschreibung auf Basis von Ertragswerten mit dem Anschaffungswertprinzip zu verbinden, ist Preinreich auf die Idee verfallen, als Diskontierungsfaktor den internen Zinsfuß des Investitionsobjektes zu wählen. Preinreich kommt jedoch zu dem Schluß, daß für den Normalfall, wenn der Ertragswert von den Anschaffungsausgaben abweicht, keine simultane Lösung des Nutzungsdauer- und des Abschreibungsproblems möglich sei. (335) Für möglich hält er, die Nutzungsdauer auf investitionstheoretischem Wege zu bestimmen; die Abschreibungsfrage müsse nach dem Nutzungsdauerproblem untersucht werden. (336)

Als Ausweg aus dem Dilemma bietet sich demnach für eine zweitbeste theoretische Lösung an, zunächst die Nutzungsdauer mit der Kapitalwertmethode zu bestimmen. Für die eigentliche Abschreibungsbemessung stehen dann zwei Möglichkeiten offen. Erstens kann man die zukünftigen Periodenüberschüsse mit Hilfe des gleichen Kalkulationszinsfußes abzinsen, mit dem die wirtschaftliche Nutzungsdauer ermittelt wurde. In diesem Falle wird insgesamt der Ertragswert (also Anschaffungswert plus Kapitalwert) abgeschrieben und erhalten. (337) Zweitens besteht die Möglichkeit - nachdem die Nutzungsdauer festgelegt ist -, die zukünftigen Periodenüberschüsse mit dem internen Zinsfuß des Investitionsobjektes zu diskontieren. Auf dieser Basis wird der Anschaffungswert abgeschrieben und erhalten. Wie vorne erklärt, lassen sich die periodischen Abschreibungen als Differenz der Buchwerte bestimmen; diese wiederum erhält man durch Abzinsung der jeweiligen zukünftigen Periodenüberschüsse (vgl. S. 61). Wir wollen einen Blick auf den Verlauf der periodischen Abschreibungsbeträge werfen. (338) Bei gleichbleibenden Periodenüberschüssen ergeben sich wegen des "Abzinsungseffektes" progressive Abschreibungen. Fallen die Periodenüberschüsse genau entsprechend dem Abzinsungseffekt, dann folgen lineare Abschreibungen. Beispielsweise führen bei einem Objekt mit vierjähriger Nutzungsdauer die Periodenüberschüsse 140, 130, 120, 110 (zu den Zeitpunkten t_1, t_2, t_3, t_4) bei einem Zinssatz von 10 % zu den Buchwerten B_0 = 400, B_1 = 300, B_2 = 200, B_3 = 100 und B_4 = 0 und mithin zu einer gleichbleibenden Abschreibung von 100. Erst bei noch stärkerem Abfall der Periodenüberschüsse ergeben sich degressive Abschreibungen.

Der Sinn sowohl des simultanen Lösungsansatzes als auch der beiden zweitbesten Lösungen für eine Ertragswertabschreibung ist offensichtlich. Der Wert eines Objektes und damit die Abschreibungen sollen entsprechend der Periodenüberschüsse berechnet werden, die das Objekt in den zukünftigen Nutzungsjahren "verursachen" wird und in denen alle Abschreibungsursachen zum Ausdruck kommen. Im voraus ist zunächst die Einnahmenfunktion zu bestimmen, daraus folgt dann "automatisch" die Abschreibungsermittlung. Im Hinblick auf die Tauglichkeit dieser Methoden für die externe Bilanzierung brauchen wir uns nur unserer früheren Kritik im Zusammenhang mit den ökonomischen Gewinnkonzepten und unserer kritischen Anmerkungen zur Nutzungsdauerbestimmung auf investitionstheoretischer Basis unter Einschluß der Einnahmen zu erinnern. Die erste Ausweglösung der Ertragswertabschreibung gehört dem Wesen nach zum ökonomischen Gewinnkonzept von D. Schneider. Die zweite Ausweglösung läßt sich dem ökonomischen Gewinnkonzept Albachs zuordnen, nur daß Albach in Sonderheit den internen Zinsfuß der Gesamtunternehmung benutzen will, was zusätzliche Schwierigkeiten hervorruft. Für die externe Bilanzierung sind diese Verfahren nicht geeignet. Unter Berücksichtigung der Zurechnungsfrage ist sogar zu bezweifeln, ob man Bouldings Behauptung gelten lassen soll, der zwar die Ertragswertabschreibung nicht für praktikabel hält, aber als eine nützliche Konstruktion ansieht, "um damit die verschiedenen praktischen Verfahren zu überprüfen". (339)

Von der gleichen Auslegung des "Verursachungsarguments" wie die zuvor genannten Methoden geht im Grundsatz Saario bei seiner ersten Untersuchung aus. Sein Ansatzpunkt ist allerdings, das Realisationsprinzip im Hinblick auf die Abschreibungsberechnung zu klären. Dafür hat er vorgeschlagen, die Abschreibungen im Verhältnis zu den zukünftigen nichtdiskontierten Periodenüberschüssen festzulegen. (340) Sind z. B. die Anschaffungsausgaben eines Objektes 100 und erwirtschaftet es während seiner dreijährigen Nutzungszeit die Überschüsse 70, 80 und 50, sollen die Abschreibungen 35, 40 und 25 betragen. Unser Urteil zu diesem Vorschlag kann nicht anders ausfallen als zu den verschiedenen Formen der Ertragswertabschreibung. Wegen mangelnder Voraussicht und wegen des Zurechnungsproblems ist auch diese Vorgehensweise für einzelne Anlagen nicht anwendbar.

Ertragswertabschreibung und der Vorschlag Saarios bezwecken eine "verursachungsgemäße" Ex ante-Abschreibungsberechnung an Hand der zukünftig erwirtschafteten Periodenüberschüsse der einzelnen Objekte. In diesem Zusammenhang sei darauf hingewiesen, daß der gleiche Gedanke unbewußt mitgespielt haben mag bei der früher allgemein üblichen Ex post-Festlegung der Abschreibung in Anlehnung an die Höhe des Bruttogewinns der Gesamtunternehmung. Bei hohen Bruttogewinnen wurden hohe Abschreibungen, bei niedrigen Bruttogewinnen niedrige oder auch gar keine Abschreibungen verrechnet. (341) Zweckgerecht ist eine Abschreibungsberechnung nach den Bruttogewinnen nicht. Erstens weiß man nicht, wie hoch die jährliche Abschreibung insgesamt angesetzt werden soll; dazu müßten auch die zukünftigen Bruttogewinne bekannt sein. Zweitens ist nicht bekannt, wie hoch die Abschreibungen für die einzelnen Anlagen zu bemessen sind, die unterschiedlich an der Gewinnentstehung mitwirken. Drittens wird auf diese Weise der Gewinn so nivelliert, daß gute und schlechte Erfolgsjahre der Unternehmung kaum erkennbar werden.

bb) Der produktionstheoretische Lösungsansatz

Mit der Abschreibungsberechnung auf investitionstheoretischer Grundlage eng verwandt ist der produktionstheoretische Ansatz zur Lösung der Abschreibungsfrage. Wir meinen damit den Vorschlag, die periodischen Abschreibungsbeträge an Hand der zukünftigen Nutzleistungen festzulegen. (342) Nach diesem Ansatz ist zu bestimmen, wieviel Nutzleistungen die Anlage insgesamt innerhalb ihrer - vorher zu ermittelnden - wirtschaftlichen Nutzungsdauer abzugeben vermag und wieviel Leistungen die Anlage in den einzelnen Perioden abgeben soll. Maßgebend für die Abschreibungsbemessung sei "die beabsichtigte Leistung, die der Grund für die Anschaffung der Anlage war und deren Hervorbringung also den Aufwand 'verursacht' ". (343) Demnach sind für jeden Periodenbeginn (bzw. für jedes Periodenende) die Barwerte der zukünftigen Nutzleistungen zu ermitteln; die Abschreibung ergibt sich als Differenz der benachbarten Werte. Will man auf die Abzinsung verzichten, wären die Abschreibungen im direkten Verhältnis zu den periodischen Nutzleistungen festzulegen. Hier ist also jeweils die Funktion der zukünftigen Nutzleistungen zu bestimmen, die Abschreibung folgt daraus.

Für den produktionstheoretischen Ansatz zur Lösung des Abschreibungsproblems stellt sich als wichtige Vorfrage: Lassen sich die Leistungsabgaben überhaupt messen? Um diese Frage zu beantworten, werfen wir einen Blick auf die Produktionstheorie. Gutenberg faßt die Anlagen ("Betriebsmittel", "Potentialfaktoren") ähnlich wie Käfer als "Bündel von Leistungen" auf, deren "Inanspruchnahme" er in "Verbrauchsfunktionen" einfangen will. (344) Im Hinblick auf diese Überlegungen hat Riebel in der Besprechung des Gutenbergschen Werkes festgestellt, daß "alle Aussagen über die Leistungsabgaben und die Verbrauchsfunktionen von Potentialfaktoren hypothetisch bleiben" müssen, "da sie kurzfristig nicht meßbar sind. Auch die langfristige Messung ... kann allein aus Wirtschaftlichkeitsgründen nur in Ausnahmefällen durchgeführt werden."(345) Das bedeutet aber, daß die eigentliche Leistungsabgabe einer Anlage im Regelfall nicht bekannt ist und die Abschreibungsbemessung auf produktionstheoretischer Grundlage schon von daher einen "Schönheitsfehler" besitzt.

Als Ausweg aus dem Dilemma kann man die erzeugten Mengeneinheiten, gefahrenen Kilometer, Maschinenlaufstunden (346) u. dgl. m. als Ausdruck der Nutzleistungen ansehen. Man muß sich aber darüber im klaren sein, daß es sich hierbei nur um Hilfsmaßstäbe handelt. (347) Kommt man auf diesem Wege zum Ziel? Bezüglich der Ersatzgröße erzeugte Mengen ist zweierlei festzustellen: Nimmt man die Mengeneinheiten als Ausgangspunkt der Überlegungen, schaltet man gegenüber dem investitionstheoretischen Ansatz das Problem der Einnahmen- und Ausgabenzurechnung aus - das kann man als Vorteil auslegen. Doch der damit verbundene Nachteil darf nicht übersehen werden: Sobald mit einer Anlage verschiedenartige Erzeugnisse hergestellt werden, sind die produzierten Mengen nicht mehr vergleichbar, können nicht auf einen Nenner gebracht werden. (348) Die Ausstoßmenge fällt dann als Grundlage der Abschreibungsbemessung weg. Für Erzeugnismengen, gefahrene Kilometer, Maschinenstunden und alle weiteren Hilfsmaßstäbe stellt sich aber zusätzlich - wie beim investitionstheoretischen Vorgehen - das Problem der mangelnden Voraussicht. Es gibt letztlich den entscheidenden Ausschlag für das Urteil: Der produktionstheoretische Ansatz ist für die externe Bilanzierung nicht brauchbar.

cc) Die Bemessung der Abschreibung nach den verursachten Kosten

Da die Abschreibungsberechnung aufgrund der von der Anlage verursachten zukünftigen Periodenüberschüsse oder Nutzleistungen für die externe Bilanzierung nicht in Frage kommt, muß nach weniger anspruchsvollen Verfahren Ausschau gehalten werden. Dazu gehören die Vorschläge, die Abschreibungen nach den von der Anlage verursachten Kosten zu bemessen. Allen diesen Versuchen ist gemeinsam, daß zuerst die Abschreibung festgelegt wird; sie bestimmt (mit den anderen Aufwendungen und den Erträgen) den Gewinn. Die Verfahren unterscheiden sich durch die "Hilfsmaßstäbe", die zur Berechnung des Anlagewertes von Periode zu Periode und infolgedessen der Abschreibungen benötigt werden.

Als erstes ist der Vergleichsmaßstab "neue Anlage" zu nennen. Bei der schon erwähnten "Unit Cost-(Abschreibungs-)Methode" wird versucht, aus dem Vergleich der Stückkosten der im Betrieb befindlichen alten Anlage und den Stückkosten einer neuen Anlage auf den "Gebrauchswert" (den "wahren Wert") der alten Anlage zu schließen. Zu den Stückkosten gehören Abschreibungen, Zinsen und Betriebskosten. Vermindert man den Wertansatz einer Anlage, verringern sich ihre zukünftigen Abschreibungs- und Zinskosten und damit ihre Stückkosten. Der Vorschlag geht dahin, die alte Anlage so weit abzuwerten, daß ihre Stückkosten denen der neuen Anlage entsprechen. Aus der Differenz der so ermittelten Gebrauchswerte zum Ende der aufeinanderfolgenden Jahre ergibt sich die jeweilige Abschreibung für die alte Anlage. (349) Den Vergleichsmaßstab "neue Anlage" wählen weitere Autoren. (350)

Das Verfahren bietet mehrere Angriffspunkte. In vielen Fällen wird es schon daran scheitern, daß keine neue Vergleichsanlage vorhanden ist. Steht aber eine neue Anlage für Vergleichszwecke zur Verfügung, lassen sich ihre durchschnittlichen Kosten nur in weiten Grenzen angeben, denn es handelt sich um Zukunftswerte. Das Verfahren führte zu jährlichen Abschreibungen von ganz unterschiedlicher Höhe. Aus den beiden letzten Argumenten folgt: Manipulationen könnten nicht verhindert werden, und an eine nachprüfbare Rechnungslegung wäre nicht zu denken. Außerdem ist aber das Verfahren viel zu aufwendig, und zwar sowohl in zeitlicher als auch in kostenmäßiger Hinsicht, als daß es für die jährliche Abschreibungsbemessung in Frage käme.

Als zweites ist auf den Hilfswert "Marktpreis" hinzuweisen. Nach diesem Vorschlag soll der Wert der Anlage in Höhe ihres mutmaßlichen Verkaufspreises festgesetzt werden. Der Verkaufs- oder Veräußerungswert war einer der Wertansätze, der von einer Reihe von "Statikern" als richtiger Wert im Sinne des § 40 Abs. 2 Handelsgesetzbuch angesehen wurde. (351) Grundsätzlich ist zu diesem Vorschlag anzumerken: Die Bewertung zu Verkaufspreisen stellt auf den Einzelwert der Anlagen für unbeteiligte Außenstehende ab. Die Anlehnung an Verkaufswerte kann man als "objektive Bewertung" deuten. Aber der Verkauf der einzelnen Anlagen muß fingiert werden. In Wirklichkeit denkt man in einer "laufenden" Unternehmung gar nicht daran, die noch nutzbaren

Anlagen zu verkaufen. Die Bewertung sollte - soweit als möglich - die Verbundenheit der Anlagen zur Unternehmung ausdrücken, insofern "subjektiv" sein. Im einzelnen betrachtet, muß man - wie schon an anderer Stelle zum Ausdruck kam - zwei mögliche Verkaufswerte unterscheiden: den Verkaufspreis unter normalen Bedingungen, dem steuerlich der Gemeine Wert entspricht, und den Preis im Falle des "Zwangsverkaufs", also den Liquidationswert. Wie sähe die Abschreibung aus? Im Regelfall sinkt der Verkaufspreis einer abnutzbaren Anlage sofort nach Inbetriebnahme und insgesamt in den ersten Nutzungsjahren besonders stark. Dabei liegen die Liquidationswerte regelmäßig unter den Verkaufswerten zu normalen Bedingungen. Die Bewertung zu Verkaufspreisen würde zu einer Art degressiven Abschreibung führen. Die ersten Abschreibungsraten wären besonders hoch, die letzten würden sich wenig unterscheiden. Prozentual gesehen, wäre die Degression völlig unregelmäßig. Je nach Marktbedingungen müßten u. U. auch Zuschreibungen gemacht werden. Da die Anlage nicht tatsächlich verkauft wird, handelt es sich bei den angenommenen Verkaufspreisen um reine Schätzwerte, die nur im geringen Maße nachprüfbar sind. Das Verfahren wäre äußerst aufwendig. Im großen gesehen, gelten mithin die gleichen Bedenken wie bei dem vorher behandelten Vorschlag.

Als dritte Möglichkeit für eine verursachungsgemäße Abschreibungsberechnung auf Grundlage von Kosten ist der Vorschlag zu erwähnen, die Abschreibung einer Anlage nach ihrer Leistungsfähigkeit, Gebrauchsfähigkeit, Nutzbarkeit, Brauchbarkeit, ihrem Gebrauchswert, Nutzwert, Betriebswert - und wie es sonst noch heißen mag - festzulegen. Hilfsmaßstab für die Abschreibungsbemessung einer Anlage ist in diesem Fall die Anlage selbst, und zwar im Neuzustand. Diese Art der Bewertung könnte man als den Versuch einer "subjektiven Bewertung" auffassen; der Wert der Anlage für die Unternehmung und von der Unternehmung her gesehen soll zum Ausdruck kommen. Interessanterweise haben diese Bewertung im Grundsatz sowohl eine Reihe von "Statikern" (352) als auch die sie "bekämpfenden" "Dynamiker" vorgeschlagen. (353) Allerdings zielten die Statiker damit auf eine "Vermögensbewertung" im eigentlichen Sinn ab, während Schmalenbach aus der Bewertung zum Gebrauchswert (und der Wirkungsweise der einzelnen Abschreibungsursachen) die Notwendigkeit der degressiven Buchwertabschreibung als Methode der "Aufwandsverteilung" begründen wollte. Wie der Gebrauchswert usw. bei diesem Verfahren genau zu bestimmen ist, wird nicht recht deutlich. (354) Offenbar schwebt vor, miteinander zu vergleichen, in welcher Zeit und mit welchen Kosten die zu bewertende Anlage eine Produkteinheit bestimmter Qualität herstellt im Verhältnis zur gleichen Anlage im Neuzustand. (355) Erfahrungen zeigen, daß der auf diese oder ähnliche Weise zu ermittelnde Gebrauchswert selbst bei gleichartigen Anlagen, besonders aber bei verschiedenen Typen von Anlagen unterschiedlich verläuft. (356) Die Gebrauchsfähigkeit mancher Anlagen sinkt von Anfang an; das verlangte eine degressive Abschreibung. In anderen Fällen bleibt die Gebrauchsfähigkeit lange Zeit gleich und nimmt dann plötzlich ab; das drängte auf eine lineare Abschreibung. Häufig brauchen auch Anlagen eine längere Anlaufszeit, so daß ihre Gebrauchsfähigkeit mit der Zeit ansteigt; das erforderte eine progressive Abschreibung. Keinesfalls läßt sich also an Hand des Gebrauchswertverlaufs die Notwendigkeit und Allgemeingültigkeit des degressiven Abschreibungsverfahrens begründen, wie es sich Schmalenbach vorstellte. Im Grunde genommen wären die Abschreibungen für jede Anlage oder wenigstens für jede Art von Anlagen individuell zu bemessen, womit der Willkür Tür und Tor geöffnet würde. (357) Die obige Erklärung, was der Gebrauchswert sein könnte, zeigt schon die Schwierigkeiten dieser Bewertung. Bestenfalls sind Näherungslösungen möglich, die kaum nachprüfbar sind. Manipulationen wären nicht auszuschließen. Wenige Einzeluntersuchungen zeigen zudem, daß der Gebrauchswert von Jahr zu Jahr ganz unterschiedlich verläuft, z. B. keinesfalls gleichmäßig abnimmt. (358) Dann müßten aber die Abschreibungsbeträge der einzelnen Jahre unregelmäßig bemessen werden, ein weiterer Ansatzpunkt für Manipulationen. Damit ist auch diese verursachungsgemäße Abschreibungsbemessung für die externe Bilanzierung nicht brauchbar.

dd) Ergebnis

Unsere Überlegungen zum "Verursachungsargument" führen mithin zum Ergebnis, daß für die externe Bilanzierung eine verursachungsgemäße Abschreibung weder nach den zukünftigen Periodenüberschüssen oder Nutzleistungen noch auf Basis von Kosten abgeleitet werden kann. Da auch die Verfahren auf kostenmäßiger Grundlage untauglich sind, steht damit zugleich fest, daß eine "Vermögensbewertung" im Sinne der "Statiker" nicht möglich ist. Was bleibt, ist die "Aufwandsverteilungstheorie" der Abschreibung. Sie muß an Hand anderer Argumente als des Verursachungsgedankens "ausgefüllt" werden. Dabei geht es darum, herauszufinden, welches der bekannten buchhalterischen Abschreibungsverfahren am geeignetsten ist - der Verfahren also, die an sich schon Normierungen sind.

2. Die Festlegung des Verfahrens aus dem Risikogesichtspunkt

Neben dem Verursachungsargument ist als zweites das "Risikoargument" zu nennen. Es besagt im Kern: Weil die Zukunft ungewiß ist und insbesondere die technische und die wirtschaftliche Überholung unliebsame Überraschungen bringen könnten, sollte man die Anlagen so schnell wie möglich abschreiben.

Die Abschreibung aus dem Risikoargument abzuleiten, diesem Gedanken sind wir bei Riebels "Risikotheorie" der Abschreibung begegnet (vgl. S. 78). Riebel fordert von daher im Grundsatz die Sofortabschreibung, wenigstens aber das degressive Abschreibungsverfahren. (359) Den gleichen Gesichtspunkt hat Karl Hax in seiner Kritik an Albach hervorgehoben. Albach versucht - unter Verwendung verschiedener Teilaspekte der zuvor genannten "verursachungsgemäßen" Verfahren - im Hinblick auf die steuerlichen Abschreibungen nachzuweisen, daß (allein) das degressive Abschreibungsverfahren (mit Abschreibungssätzen zwischen zwanzig und fünfundzwanzig Prozent) zu verbrauchsbedingten Abschreibungen führe und deshalb betriebswirtschaftlich notwendig sei. (360) Demgegenüber betont Hax, daß eine verbrauchsbedingte Abschreibung, die eine Verteilung des Abschreibungsaufwandes nach dem Verursachungsprinzip bedeutet, am ehesten durch eine gleichbleibende Abschreibung erreicht würde. Die degressive Abschreibung ließe sich jedoch aus dem Risikoaspekt begründen. (361)

Wie steht es mit diesem Argument? Unbestritten wird beim degressiven Verfahren in den Anfangsperioden mehr Aufwand verrechnet als beim linearen Verfahren. Dadurch kann der Unternehmer über entsprechend mehr finanzielle Mittel für Investitionszwecke verfügen, d. h. die Finanzierungsfunktion der Abschreibung besser ausnutzen. Diesen Vorteil des degressiven Verfahrens im Verhältnis zum linearen Verfahren bezüglich der Investitionstätigkeit streiten wir nicht ab. Aber uns geht es um die Rechnungslegung. Dafür sollte man bedenken: Den Risikogesichtspunkt bei der Wahl des Abschreibungsverfahrens zu betonen, bedeutet im Grunde genommen nichts anderes, als einem weit gefaßten Vorsichtsprinzip anzuhängen. Demgegenüber vertreten wir die Ansicht, daß das Vorsichtsprinzip so eng wie möglich auszulegen ist. U. E. sind die voraussehbaren Risiken allein bei der Schätzung der Nutzungsdauer zu berücksichtigen. Wir können uns dafür nicht auf den Standpunkt Albachs stellen: "Für die ... Diskussion um die degressive Abschreibungsmethode sind die Nutzungsdauern als fest anzusehen."(362) Er spielt mit dieser Bemerkung auf die normierten Nutzungsdauern in den AfA-Tabellen an. Ganz abgesehen davon, daß er offenbar die Meinung vertritt, diese Nutzungsdauern seien zu lang angesetzt, während wir eher das Gegenteil vermuten, haben wir uns dafür ausgesprochen, die Nutzungsdauern durch eine Normierungskommission neu festlegen zu lassen. Die Kommission muß dabei die absehbaren Risiken berücksichtigen und insofern das Vorsichtsprinzip anwenden.

Für Abweichungen der tatsächlichen von der normierten Nutzungsdauer sind besondere Überlegungen erforderlich. Zunächst ist darauf hinzuweisen, daß es neben den zu früh ausscheidenden Anlagen andere Anlagen gibt, die länger nutzbar sind; insofern erfolgt ein Ausgleich. Darüber hinaus sind Schwierigkeiten im Einzelfall gegebenenfalls über die Nachholabschreibung zu regeln. Soweit man auf die Nachholabschreibung verzichten will, kann man den Unternehmer für das Problem der Unternehmenserhaltung, das hier angesprochen wird, für die Steuerbilanz auf den Verlustrücktrag oder gar auf den Verlustausgleich verweisen, für die Handelsbilanz auf das Instrument offene Rücklagen (vgl. ab S. 166). Das Risiko über zu kurze Nutzungsdauern und zusätzlich über das degressive Abschreibungsverfahren zu berücksichtigen, wie es heute allgemein üblich ist, scheint uns nicht der richtige Lösungsweg zu sein. Auch das Risikoargument ist u. E nicht besonders überzeugend, um eine bestimmte Form der Abschreibung zu begründen.

3. Die Ableitung des linearen Verfahrens aus dem Vergleichbarkeitsargument

Wenn das "Verursachungs-" und das "Risikoargument" für die Ermittlung der jährlichen Abschreibung ganz oder teilweise ausfallen, bleibt als drittes und letztes das "Vergleichbarkeitsargument". Es geht von dem Grundgedanken aus: Wenn schon keine absolut richtige Abschreibung auf rechnerischem Wege zu bestimmen ist, sollte man die Abschreibungsverfahren danach untersuchen und auswählen, inwieweit sie eine vergleichbare Rechnungslegung gewährleisten.

Der Grundsatz der Vergleichbarkeit beherrscht u. E. alle GoB und damit die externe Bilanzierung (vgl. S. 69). Vergleichbarkeit beinhaltet die Aussagefähigkeit der Bilanzierung einschließlich der Probleme Besteuerung und Ausschüttung. Dasjenige Abschreibungsverfahren ist auszuwählen, das zur aussagefähigsten Rechnungslegung und zu den besten Wirkungen in bezug auf Besteuerung und Ausschüttung führt. Das aus dieser Sicht zweckmäßigste Verfahren kann man auch als "richtiges Verfahren" bezeichnen. So gesehen, erweist sich die Behauptung Preinreichs als voreilig, daß die Verteilung des Abschreibungsaufwandes innerhalb der Nutzungsdauer "nur eine Sache von Feder und Tinte" sei. (363) Bei der Ableitung des zweckmäßigsten Abschreibungsverfahrens sind die zuvor gesammelten Erkenntnisse im Zusammenhang mit dem "Verursachungs-" und dem "Risikoargument" soweit als möglich zu berücksichtigen.

Zur Diskussion stehen praktisch nur das lineare Abschreibungsverfahren und das geometrisch-degressive Verfahren, bei dem ein gleichbleibender Abschreibungssatz auf den (Rest-)Buchwert zu Beginn jeder Periode bezogen wird. Wir wollen die Auswirkungen dieser beiden Verfahren miteinander vergleichen. (364)

Beim degressiven Verfahren werden mit der Zeit abfallende Abschreibungen verrechnet, dadurch ergibt sich eine unterschiedliche Periodenbelastung. Das wäre höchstens dann gerechtfertigt, wenn die "Leistungsfähigkeit der Anlage" im gleichen Maße abnehmen würde. Das ist, wie wir gesehen haben, regelmäßig nicht der Fall. Mit der Einschränkung, daß die Leistungsfähigkeit nur ungenau zu bestimmen ist (vgl. S. 157), darf man im allgemeinen vielmehr davon ausgehen, daß gegebenenfalls Anlagenunterhaltungsaufwendungen gemacht werden, um die Leistungsfähigkeit einer Anlage auf (annähernd) gleicher Höhe zu halten. (365) Aus dieser Sicht wird der Gewinn bei degressiver Abschreibung in den ersten Perioden zu stark gekürzt. Die Anlagenwerte in der Bilanz und die Gewinnziffer sagen weniger aus als bei linearer Abschreibung. Das wird noch deutlicher, wenn wir eine wachsende Unternehmung einer stagnierenden Unternehmung gegenüberstellen. Da die wachsende Unternehmung beim degressiven Verfahren hohe Abschreibungsquoten verrechnen kann, kommt das Wachstum beim ausgewiesenen Anlagevermögen nicht voll zum Ausdruck und der Gewinn unterscheidet sich wenig von dem der stagnierenden Unternehmung. "Verzerrungen" ergeben sich besonders bei Wachstumsschüben. Eine bessere Aussagefähigkeit im Hinblick auf das vorhandene Anlagevermögen ließe sich (auch) beim degressiven Verfahren durch indirekte Abschreibung erreichen. Was bleibt, ist die zu niedrige Gewinnziffer, die zu geringe Gewinnsteuerzahlungen und Ausschüttungen zur Folge hat. Insbesondere wachsende Unternehmungen können beim degressiven Verfahren immer höhere stille Rücklagen bilden, mit entsprechenden nachteiligen Auswirkungen für Aussagefähigkeit, Besteuerung und Ausschüttung.

In bezug auf die Besteuerung bietet das degressive Verfahren also die Möglichkeit zur Selbsteinsteuerung, die Unselbständige nicht besitzen. Zwischen den Unternehmungen wird die steuerliche Gleichbehandlung verletzt, wenn die Unternehmungen verschiedene Verfahren anwenden. Davon abgesehen, fällt die Verteilung der Steuerlast durch das degressive Verfahren zugunsten der Unternehmungen und Kapitaleigner aus. Es ermöglicht Steuerverschiebungen und mithin Zinsgewinne, wenn nicht sogar durch Ausnutzung des Progressionstarifs oder bei Änderung der Steuersätze echt Steuern gespart werden können. Die zu hohen Abschreibungen, durch die Gewinne zurückbehalten werden, stehen für Investitionen zur Verfügung und haben mithin "Zusatzgewinne" zur Folge. Die Förderung der Investitionstätigkeit durch das degressive Verfahren schwächt die Möglichkeiten konjunkturpolitischer Eingriffe ab. Die Anhäufung des Vermögens bei Unternehmungen und Kapitaleignern wird verstärkt. (366) Die (alleinige) Anwendung des linearen Verfahrens führte zu zweckmäßigeren Ergebnissen.

Für das degressive Verfahren ist vorgebracht worden, es wirke sich günstig aus, wenn man zugleich das Problem der Anlagenunterhaltungsaufwendungen einbeziehe. Darauf hat vor allem Schmalenbach immer wieder hingewiesen. Sein wichtigster Gesichtspunkt scheint dabei zu sein, daß sich die degressive Abschreibung bei Aktivierung der Anlagenunterhaltungsaufwendungen auf den durchschnittlichen Stand der Anlagenzugänge einspiele, und zwar ohne Rücksicht auf den gewählten Abschreibungssatz. Bei zu niedrigem Abschreibungssatz stiegen die Buchwerte und damit die Abschreibungsbeträge, bei zu hohem Satz sänken die Buchwerte, und infolgedessen fielen die Abschreibungen. Ein falsch gewählter Abschreibungssatz würde so automatisch berichtigt. (367) Soweit Anlagenunterhaltungsaufwendungen aktiviert werden müssen, führt also das degressive Verfahren bei der einzelnen Unternehmung zu einer gleichmäßigeren Verteilung der Abschreibungen einer Anlage als das lineare Verfahren. Und zwei Unternehmungen könnten demnach für die gleiche Anlage unterschiedliche Abschreibungssätze wählen und trotzdem würden sich die Abschreibungen angleichen. Das bedeutete einen Vorteil bei falsch gewählter Nutzungsdauer. Bei linearem Verfahren käme der Ausgleich nicht zustande.

Dieser Vorteil ist dann nicht von Belang, wenn die Nutzungsdauer normiert würde. Zudem hat insbesondere Endres darauf hingewiesen, daß diese Auswirkung des degressiven Verfahrens erst nach längerer Zeit eintritt und auch nur dann ins Gewicht fällt, wenn die Zugänge (durch Aktivierung der Anlagenunterhaltungsaufwendungen) ausreichend und von annähernd gleicher Höhe sind. In der Wirklichkeit schwanken aber die Zugänge erheblich. (368) Außerdem macht Schmalenbach selbst darauf aufmerksam, daß sich zwar die jährlichen Abschreibungen - bei den Unternehmungen, die von unterschiedlichen Abschreibungssätzen ausgehen - annähern (können), die Buchwerte in der Bilanz aber ganz verschieden bleiben, ja, immer auseinanderlaufen. (369) Es fragt sich also, ob man hier überhaupt von einem Vorteil des degressiven Verfahrens sprechen kann.

Im Zusammenhang mit den Anlagenunterhaltungsaufwendungen soll uns ein weiteres Argument beschäftigen. Man stellt fest, wenn die laufenden Unterhaltungsaufwendungen einer Anlage mit der Nutzungsdauer stiegen, führten Abschreibungen und laufende Anlagenunterhaltungsaufwendungen zusammen zu einer gleichmäßigen Periodenbelastung. (370) Die Feststellung ist richtig, aber daraus einen Vorteil des degressiven Verfahrens abzuleiten, beruht u. E. auf einer falschen Deutung des Vergleichbarkeitsargumentes. Vergleichbar soll die Bilanzierung einer Unternehmung von Jahr zu Jahr und mit der Bilanzierung anderer Unternehmungen sein. Dabei soll aber gerade zum Ausdruck kommen, wann Anlagenunterhaltungsaufwendungen anfallen und wie hoch sie sind.

Zu aktivierende Anlagenunterhaltungen sind Ausdruck für die "Erneuerung" der Anlage, entsprechen praktisch einem Neuzugang. Die degressive Abschreibung führt hier zu einer "Gleichmacherei" in den einzelnen Perioden und setzt infolgedessen - wie in den vorhergehenden Ausführungen erörtert - die Aussagefähigkeit der Bilanzierung herab. Und ansteigende Anlagenunterhaltungsaufwendungen weisen, für sich genommen, die Unternehmung darauf hin, daß immer mehr aufgewandt werden muß, damit die Anlage den gleichen oder annähernd gleichen Ertrag erbringen kann. Sie zeigen an, daß das Ende der Nutzungszeit unaufhaltsam näher rückt und daß man sich fortwährend Gedanken machen muß, ob der Ersatzzeitpunkt gekommen ist. Strebt man hingegen mit Hilfe der degressiven Abschreibung nach gleichmäßiger Periodenbelastung, verdeckt man sich diese Sicht. Geht man von zwei Unternehmungen aus, von denen die eine Unternehmung eine neue Anlage, die zweite eine alte Anlage des gleichen Modells besitzt, erkennt man besonders deutlich, zu welchen Fehldeutungen hier eine gleichmäßige Periodenbelastung durch fallende Abschreibungen und steigende Anlagenunterhaltungsaufwendungen führt. Beide Unternehmungen zeigten die gleiche Belastung, obwohl im einen Fall eine "alte", im anderen Fall eine "junge" Unternehmung vorliegt. Ältere Anlagen erfordern höheren Anlagenunterhaltungsaufwand, die wirtschaftliche Lage verschlechtert sich. Das müßte in der Erfolgsziffer zum Ausdruck kommen. Bei linearer Abschreibung würde das geschehen.

Die Begründung des degressiven Verfahrens aus der Zusammenwirkung mit dem Anlagenunterhaltungsaufwand ist aus einem weiteren Grund verfehlt. Es ist nicht einzusehen, warum gerade die Abschreibungen und Aufwendungen für Anlagenunterhaltung zusammen betrachtet werden, die anderen Aufwendungen hingegen ausgeschlossen bleiben sollen. (371) Hier ist vor allem auf das Verhältnis von Abschreibungen und Zinsen hinzuweisen. (372) Da die Restbuchwerte der Anlage infolge der Abschreibung sinken, fällt die Zinsbelastung von Jahr zu Jahr. Der Ruf nach gleichmäßiger Periodenbelastung verlangte aus dieser Sicht ein progressives Abschreibungsverfahren. Diese Ansicht vertritt im Grundsatz Fritz Schmidt. (373) Daß die Berücksichtigung von Zinsen in Richtung progressive Abschreibung drängt, haben wir schon bei der Ertragswertabschreibung gesehen; derselbe Effekt zeigt sich bei den einfacheren Methoden der Zinseszinsabschreibung. (374)

Der Vollständigkeit halber sei in diesem Zusammenhang auf ein Verfahren hingewiesen, das die Zinsrechnung einschließt, gleichwohl nicht zu progressiven Abschreibungen führt. (375) Saario multipliziert den Anschaffungswert der Anlage mit dem Kapitalwiedergewinnungsfaktor und erhält damit den gleichhohen Kapitaldienst für die zukünftigen Nutzungsjahre. Anschaffungswert, Nutzungsdauer und Kalkulationszinsfuß müssen also bekannt sein. Die gleichhohen Beträge der einzelnen Perioden, die sich aus Abschreibungen und Zinsen zusammensetzen, zinst Saario dann auf den Anschaffungszeitpunkt ab. Der Einfluß der Zinsen wird dadurch wieder ausgeschaltet. Es ergibt sich eine degressive Abschreibung. Saario wendet sozusagen zuerst die Annuitätenmethode an, sodann die Kapitalwertmethode. Diese Vorgehensweise kann man als komplizierte Investitionsrechnung ansehen, um zu bestimmen, welche Periodenüberschüsse ein Objekt mindestens erwirtschaften muß, damit es gerade vorteilhaft ist. Für die Abschreibungsberechnung in der externen Bilanzierung stellt dieses Verfahren u. E. ein "Kuriosum" dar.

Wir wollen aus unseren Überlegungen die Lehre ziehen, daß es wohl am zweckmäßigsten ist, alle Aufwandsarten getrennt zu betrachten. Wenn man aber von diesem Grundsatz abgehen will, so darf zur Ableitung eines bestimmten Abschreibungsverfahrens nicht nur eine Aufwandsart zusätzlich betrachtet werden. Und man könnte schließen: Wenn man aus den Anlagenunterhaltungsaufwendungen das degressive Verfahren begründen will, so läßt sich aus der Berücksichtigung der Zinsen die progressive Abschreibung herleiten - als Mittelweg folgt die lineare Abschreibung.

Zuletzt, aber nicht am wenigsten, sei darauf aufmerksam gemacht, daß Berechnung und Verrechnung der Abschreibungen beim linearen Verfahren am einfachsten und übersichtlichsten sind. Dieses Argument darf keinesfalls gering eingeschätzt werden. Es betrifft den Gesichtspunkt der Vergleichbarkeit, aber auch den der Nachprüfbarkeit - ganz abgesehen von den damit verbundenen Vorteilen für die Unternehmungen.

Insgesamt gesehen, erscheint uns nach dem Vergleichbarkeitsargument das lineare Abschreibungsverfahren am zweckmäßigsten. Das gilt im Hinblick auf die Aussagefähigkeit der Bilanzierung unter Einschluß der Auswirkungen auf Besteuerung und Ausschüttung. Die Schlußfolgerung lautet: Alleinige Anwendung des linearen Verfahrens! Auch für langfristig nutzbare Anlagen, z. B. Gebäude, braucht man von dieser Normierung nicht abzuweichen. Den Risikoaspekt sollte man auch hier nur bei Festlegung der Nutzungsdauer berücksichtigen.

Unser Ergebnis stimmt mit den Überlegungen des Wissenschaftlichen Beirats beim Bundesministerium der Finanzen überein. (376) Es entspricht insoweit dem "Gesetz zur Förderung der Stabilität und des Wachstums der Wirtschaft", das die Bundesregierung in § 26 ermächtigt, die degressive Abschreibung durch Rechtsverordnung ganz oder teilweise abzuschaffen, als darin zum Ausdruck kommt, das degressive Verfahren sei entbehrlich. Wir stimmen aber nicht mit der Zielsetzung überein, das degressive Verfahren aus konjunkturpolitischen Gründen aufzuheben oder zu verändern - wie inzwischen geschehen. (377) Nicht weil wir das degressive Verfahren für notwendig erachten, (378) sondern weil wir bezweifeln, daß durch eine zeitlich befristete Variation des Abschreibungssatzes der gewünschte Zweck kurzfristig erreicht wird, (379) und glauben, daß es ähnlich wie für "steuerliche Sonderabschreibungen" bessere Mittel gibt (vgl. S. 179).

Manchem Leser wird bei dem Ergebnis "nur lineare Abschreibung" unbehaglich zumute sein. Soweit das der Fall ist, müßte er gleichwohl zugeben, daß die heutigen handelsrechtlichen Vorschriften für eine ordnungsgemäße Bilanzierung der Abschreibungen nicht ausreichen. Die aktienrechtliche Bestimmung über "planmäßige Abschreibungen" in § 154 Abs. 1 läßt nach wie vor erhebliche Unterbewertungen zu, und die Vorschrift in § 132 Abs. 3 des Referentenentwurfs eines Gesetzes über Gesellschaften mit beschränkter Haftung, nach der "über die ... gebotenen oder zulässigen Abschreibungen ... hinaus ... weitere Abschreibungen" erlaubt werden, sofern im Gesellschaftsvertrag vorgeschrieben, kann man nur als Verhöhnung der Publizitätspflicht ansehen. (380) Da auch die GoB keine festen Grenzen setzen, bleibt höchstens der Schluß: Sofern man das degressive Verfahren beibehalten will, sollte man wie für die Steuerbilanz feste Abschreibungssätze vorschreiben. (381) Es ist kein Argument zu sehen, warum diese Sätze in Handels- und Steuerbilanz unterschiedlich sein sollten. Stichhaltig begründen ließe sich die weitere Verwendung des degressiven Verfahrens (mit vorgeschriebenen Höchstsätzen) u. E. nicht. Vom Standpunkt der Rechnungslegung ist das Verfahren nachteilig. Die Nachteile könnten teilweise durch indirekte Abschreibung eingedämmt werden.

IV. Die Problematik der Nachholabschreibung

a) Die Normierung der Nachholabschreibung

Sind Abschreibungssumme, Abschreibungsdauer und Abschreibungsverfahren festgelegt, ist die periodische Abschreibung bestimmt. Die für die verschiedenen Arten von Anlagen normierten Abschreibungen hätten die Unternehmer in ihrer externen Bilanzierung anzusetzen. Problematisch wird die Normierung dann, wenn in Einzelfällen die für die Normierung unterstellten Voraussetzungen durch den tatsächlichen Wirtschaftsablauf widerlegt werden. Der technische Fortschritt kann anders als vorausgeplant eintreten, für die von der Anlage hergestellten Produkte kann der Bedarf sinken usw. In diesen Fällen wirken sich die Abschreibungsursachen zum Teil oder insgesamt anders aus als erwartet. Die Folge kann sein, daß manche Anlagen vor der normierten Nutzungsdauer zu ersetzen sind, andere später - ähnlich wie es in den Häufigkeitsverteilungen der Lebensdauerstatistiken für zurückliegende Jahre zum Ausdruck kommt. Möglicherweise kann aber auch der "Wert" einer Anlage sinken, ohne daß die Nutzungsdauer zu ändern ist; hieran ist im folgenden zusätzlich zu denken.

Weichen tatsächliche und normierte Nutzungsdauern voneinander ab, ist zwangsläufig die auf der normierten Nutzungsdauer aufbauende Abschreibungsberechnung falsch. Ist die tatsächliche Nutzungsdauer kürzer als die normierte (bzw. sinkt der Wert einer Anlage bei gleicher Nutzungsdauer), werden zu niedrige Abschreibungen verrechnet. Den erwirtschafteten Erträgen stehen dann zu geringe Aufwendungen in Form von Abschreibungen gegenüber; es kommt zum Ausweis unrealisierter Gewinne. Dadurch würde die Aussagefähigkeit der Bilanzierung herabgesetzt: Die Bilanzierung gäbe die wirtschaftliche Lage der Unternehmung falsch wieder, es wären zu hohe Gewinnsteuern zu zahlen, und die Ausschüttung könnte zu hoch ausfallen. Um diese für die Unternehmer negativen Folgen zu vermeiden, müßten u. U. Nachholabschreibungen vorgenommen werden. Im umgekehrten Fall, wenn die normierte Nutzungsdauer kürzer ist als die tatsächliche (oder der Wert bei gleicher Nutzungsdauer stiege), wären möglicherweise Zuschreibungen erforderlich. Allerdings entsteht durch die Normierung - darauf ist deutlich hinzuweisen - grundsätzlich kein Unterschied zu dem Fall, daß der Unternehmer die Abschreibungen nach bestem Wissen und Gewissen selbst festlegt. Auch er kann sich verschätzen. Ob normiert wird oder nicht: In Einzelfällen kommt man nicht ohne aperiodische Aufwendungen oder Erträge aus. Es fragt sich, ob und inwieweit hier eine befriedigende Regelung möglich ist. Dabei steht wieder die Nachprüfbarkeit der Rechnungslegung im Mittelpunkt der Überlegungen.

Zunächst muß die Vorfrage beantwortet werden, ob wir uns tatsächlich mit diesem Problem zu befassen brauchen. Für die Normierung der Nutzungsdauer hatten wir uns dafür ausgesprochen, den arithmetischen Mittelwert als Ausgangspunkt für die Normierung zu nehmen. Bei Anlehnung an das arithmetische Mittel kann man aber davon ausgehen, daß in etwa gleich viele Anlagen vor wie nach der normierten Nutzungsdauer ersetzt werden müssen. Sind keine ins einzelne gehende Unterlagen vorhanden, bleibt gar nichts anderes übrig, als diese Unterstellung zu machen. Wenn aber die Zahl der Anlagen, die die normierte Nutzungsdauer überschreiten, in etwa so groß ist wie die Zahl der Anlagen, die die festgelegte Nutzungsdauer unterschreiten, ergibt sich ein Ausgleich. Die notwendigen Nachholabschreibungen würden den erforderlichen Zuschreibungen entsprechen. Erledigt sich damit nicht das ganze Problem von selbst?

Sofort wird man einwenden: Zu lange und zu kurze Nutzungsdauern können sich ausgleichen; doch nur wenn ein Unternehmer von einem bestimmten Anlagetyp eine große Zahl von Anlagen besitzt, genauer: wenn das Gesetz der großen Zahl gilt, darf mit Sicherheit ein Ausgleich erwartet werden; in allen anderen Fällen ist mit Abweichungen zu rechnen. Diese Feststellung wäre dahingehend zu berichtigen und zu ergänzen, daß es nicht unbedingt auf einen Anlagetyp ankommt. Ein Ausgleich kann sich auch dadurch ergeben, daß z. B. ein Gebäude kürzer als die normierte Nutzungsdauer gebraucht wird, dafür aber drei Maschinen länger nutzbar sind als angenommen. Aber auch für einen derartigen Ausgleich muß eine große Zahl von Anlagen vorhanden sein. Aus dieser Sicht würde sich das Problem also bestenfalls in Großunternehmungen ohne Korrekturen von selbst erledigen. Bei mittleren und vor allem bei kleineren Unternehmungen besteht es nach wie vor, und wir müssen uns damit auseinandersetzen. (382) Davon abgesehen, erfordern schon die bestehenden gesetzlichen Vorschriften eine kritische Untersuchung.

Helfen uns bei den Problemen Nachholabschreibung und Zuschreibung die gesetzlichen Vorschriften weiter? Für die Handelsbilanz bestimmt § 154 Abs. 2 Aktiengesetz (und gleichlautend § 132 Abs. 2 Referentenentwurf eines Gesetzes über Gesellschaften mit beschränkter Haftung), daß "bei Gegenständen des Anlagevermögens außerplanmäßige Abschreibungen oder Wertberichtigungen vorgenommen werden" können, "um die Gegenstände ... mit dem niedrigeren Wert, der ihnen am Abschlußstichtag beizulegen ist, ..., anzusetzen; sie sind vorzunehmen bei einer voraussichtlich dauernden Wertminderung." Die Vorschrift: Ansatz zum (niedrigeren) Wert, der den Gegenständen am Bilanzstichtag beizulegen ist, entspricht § 40 Abs. 2 Handelsgesetzbuch. Insofern handelt es sich bei der aktienrechtlichen Vorschrift um eine für alle Rechtsformen von Unternehmungen geltende Regelung.

Läßt sich aufgrund dieser Vorschrift eine nachprüfbare Rechnungslegung erhoffen? Eindeutig ist nur, daß mit dem niedrigeren Wert bei abnutzbaren Anlagen ein Ansatz unter den durch planmäßige Abschreibungen erreichten Wert zu verstehen ist. Wie die außerplanmäßige Abschreibung errechnet werden soll, bleibt offen. Desgleichen, ob dabei die Nutzungsdauer zu korrigieren ist oder nicht. Nachprüfbar würde die Rechnungslegung nur dann, wenn es objektive Kriterien gäbe, an denen der niedrigere Wert am Abschlußstichtag auszurichten wäre und mit dem er verglichen werden könnte. Aus der Vorschrift selbst ist aber womöglich zu entnehmen, daß es auf derartige objektive Kriterien gar nicht ankommen soll. In § 154 Abs. 1 Aktiengesetz ist von planmäßigen Abschreibungen die Rede, hier in Abs. 2 von außerplanmäßigen. Demnach, so ließe sich schließen, könnten immer dann außerplanmäßige Abschreibungen vorgenommen werden, wenn sich die unternehmensinterne Planung in bezug auf die Anlagen nicht erfüllte. In diesem Sinne legt beispielsweise Vodrazka § 154 Abs. 2 Aktiengesetz aus. (383)

Wie noch zu erläutern ist, läßt sich u. E. auf diesem Wege schwerlich eine nachprüfbare Rechnungslegung erreichen. Als Bestätigung für diese Feststellung sehen wir Vodrazkas Vorschlag an, den niedrigeren Wert als Einzelertragswert abzuleiten. (384) Theoretisch ist das Verfahren einfach zu erklären. Es handelt sich um die Ertragswertabschreibung bei Datenänderungen. Die neuen Daten wären bei der Berechnung zu berücksichtigen. Angenommen, man könnte die zukünftigen Periodenüberschüsse vorausschätzen und habe mit den Werten 250, 200, 150 gerechnet, nimmt aber nach einiger Zeit an, die Überschüsse seien nur 200, 130 und 100. Dann ergeben sich bei der Berechnung "automatisch" niedrigere Buchwerte als bei der ersten Schätzung. Vodrazka baut bei seinen Überlegungen auf Albach auf. Dieser hat für sein Konzept vorgeschlagen, im Fall von Datenänderungen an dem einmal gewählten internen Zinsfuß der Gesamtunternehmung festzuhalten (vgl.

S. 63). Im Unterschied dazu will Vodrazka offenbar den Zinsfuß korrigieren; ob er dabei an den internen Zinsfuß der Gesamtunternehmung denkt oder an die individuellen internen Zinsfüße der einzelnen Investitionen, wird nicht recht deutlich. Das soll uns nicht weiter beschäftigen. Wir haben in den vorhergehenden Teilen zu belegen versucht, daß dieser investitionstheoretische Ansatz für abnutzbare Sachanlagen in der externen Bilanzierung nicht anwendbar ist.

Zielt man auf eine nachprüfbare Rechnungslegung ab, kommt man auch für den niedrigeren Wert nicht ohne objektive Kriterien aus. In diesem Sinne erscheint uns die Auffassung von Adler/Düring/Schmaltz schon etwas realistischer. Der Handkommentar weist darauf hin, daß zur Ermittlung des niedrigeren Wertes Hilfsmaßstäbe herangezogen werden könnten, und nennt als derartige Hilfswerte für abnutzbare Sachanlagen den Wiederbeschaffungswert zum Bilanzstichtag und den Einzelveräußerungspreis. (385)

Hier können wir die Verbindung zum Teilwert schlagen. Auf den niedrigeren Teilwert kann in der Steuerbilanz nach § 6 Abs. 1 Ziff. 1 Einkommensteuergesetz abgeschrieben werden; daneben ermöglicht die Absetzung für außergewöhnliche technische oder wirtschaftliche Abnutzung bei linearem Verfahren (§ 7 Abs. 1, 2) einen niedrigeren Wertansatz. Folgte man der Legaldefinition "Teilwert ist der Betrag, den ein Erwerber des ganzen Betriebs im Rahmen des Gesamtkaufpreises für das einzelne Wirtschaftsgut ansetzen würde; dabei ist davon auszugehen, daß der Erwerber den Betrieb fortführt", und wollte man im Sinne dieser Definition bilanzieren, erreichte man das Ziel am besten durch eine (Form der) Ertragswertabschreibung. (386) Dieser Weg ist nicht gangbar. Ja, überhaupt hat sich gezeigt, daß die Legaldefinition für die praktische Bilanzierung unbrauchbar ist. (387) Das kommt deutlich darin zum Ausdruck, daß der RFH in seiner Rechtsprechung die sogenannten Teilwertvermutungen entwickelt hat. Sie besagen mit Blick auf die abnutzbaren Anlagen: (a) Der Teilwert entspricht dem jeweiligen Wiederbeschaffungspreis am Bilanzstichtag. (b) Sind keine Wiederbeschaffungspreise feststellbar, ist von den fortgeführten Anschaffungs- bzw. Herstellungskosten auszugehen. (c) Der niedrigste Wertansatz für den Teilwert ist der Einzelveräußerungspreis. (388) Diese Teilwertvermutungen weisen einen möglichen Weg: In der praktischen Bilanzierung wird bei der Ermittlung des Teilwertes von Marktpreisen ausgegangen. Entsprechend müßte in der Handelsbilanz bei der Feststellung des niedrigen Wertes verfahren werden, sofern man keine günstigere Möglichkeit findet.

Wir wollen uns etwas näher mit den in den Gesetzen genannten Formen der Nachholabschreibung beschäftigen. Zunächst zum Verhältnis von "niedrigerem Wert" der Handelsbilanz und dem "Teilwert" der Steuerbilanz. Folgt man der herrschenden Meinung, so bestehen zwischen beiden Wertansätzen erhebliche Unterschiede. (389) In der Praxis mögen die beiden Wertansätze heute erheblich voneinander abweichen. Von den Zwecken der externen Bilanzierung her gesehen, ergibt sich dafür keine zwingende Notwendigkeit. Sinn des Ansatzes zum "niedrigeren Wert" als auch zum "Teilwert" ist gleichermaßen, dem Imparitätsprinzip Geltung zu verschaffen. (390) Strebt man dabei auch eine nachprüfbare Rechnungslegung an, müßte in Handels- und Steuerbilanz in gleicher Weise von möglichst "objektiven Werten" ausgegangen werden. Will man eine niedrigere Bewertung als zu den fortgesetzten Anschaffungs- bzw. Herstellungswerten zulassen und dabei mehr als eine formale Korrektur der Abschreibungen aufgrund des tatsächlichen Anschaffungswertes und der neuen Nutzungsdauer ermöglichen (vgl. S. 171), stellen nur noch der niedrigere Wiederbeschaffungspreis (zum Bilanzstichtag) und der Einzelveräußerungspreis einigermaßen objektive und dementsprechend nachprüfbare Wertansätze dar.

So gesehen, könnte man Wiederbeschaffungspreise und Einzelveräußerungspreise in gleicher Weise für Handels- und Steuerbilanz als Grundlage derselben Nachholabschreibung nehmen. Dabei wäre der fortgesetzte Wiederbeschaffungspreis für diejenigen Anlagen maßgebend, die weiter genutzt werden sollen, der Einzelveräußerungspreis käme nur in Frage, wenn die Nutzungsdauer abgelaufen ist. Ein Ansatz zwischen beiden Werten ist beim Teilwert zulässig, und zwar dann, wenn die Teilwertvermutungen widerlegt werden können. Wir wollen es uns ersparen, auf die dafür vorgebrachten Gründe näher einzugehen. (391) Etwaige (stichhaltige) Gründe würden gleichermaßen für die Handelsbilanz gelten. Zu einer derartigen Bewertung ist aber festzustellen: Weicht man sogar von den Wertansätzen Wiederbeschaffungspreis und Einzelveräußerungspreis ab, geht die auch so schon eingeschränkte Objektivität noch weiter verloren und entsprechend sinkt die Nachprüfbarkeit. Diese Feststellung trifft auch auf Jacobs Versuch zu, den Teilwert durch den sogenannten "betriebsindividuellen Wert" zu ersetzen. Jacob geht dabei im Grundsatz von Wiederbeschaffungspreisen und Einzelveräußerungspreisen aus, führt aber insbesondere bei der Ableitung des betriebsindividuellen Wertes, der zwischen beiden Bewertungsgrenzen liegt, einige "Subjektivismen" ein, die die Brauchbarkeit dieses Wertes für die praktische Bilanzierung abschwächen. (392)

Aus den Ausführungen zum niedrigeren Wert und zum Teilwert läßt sich unsere Stellung zum Verhältnis von Teilwertabschreibung und Absetzung für außergewöhnliche Abnutzung (AfaA) ableiten. Mit der AfaA kann logischerweise nur derselbe Zweck verfolgt werden wie mit dem niedrigeren Wert und dem Teilwert, nämlich das Imparitätsprinzip durchzusetzen. Demnach ist zumindest einer der beiden steuerrechtlichen Bewertungsmaßstäbe entbehrlich; er könnte bei einer Änderung des Gesetzes ohne Nachteile gestrichen werden. Zu diesem Urteil berechtigt auch die Erkenntnis, daß von den angeführten Unterscheidungsmerkmalen (393) betriebswirtschaftlich keines haltbar ist. (394) Daß in der Praxis Schwierigkeiten bestehen, Teilwertabschreibung und AfaA voneinander abzugrenzen, (395) ist ein Zeichen dafür.

Wie unsere früheren Ausführungen gezeigt haben, sind Wiederbeschaffungspreise und Einzelveräußerungspreise vielfach nur schwierig zu ermitteln und stellen deshalb keine objektiven Wertansätze dar; diese Feststellung gilt verstärkt für Wertansätze zwischen beiden Grenzwerten. Deshalb ist zu überlegen, wie wir für die Nachholabschreibung in Handels- und Steuerbilanz ohne diese Wertansätze auskommen können. Der Weg besteht in einer mehr formalen Korrektur der Normalabschreibung aufgrund des Anschaffungswertes und der neu geschätzten Nutzungsdauer. Unsere vorhergehenden Ausführungen können dann allein dazu dienen zu zeigen, daß grundsätzlich kein Anlaß besteht, in Handels- und Steuerbilanz unterschiedlich zu verfahren.

Nachholabschreibungen (und Zuschreibungen) bringen immer Unsicherheiten in die Bilanzierung. Will man sie überhaupt zulassen, muß man Manipulationen vorbeugen und die Nachprüfbarkeit sichern helfen. Mehr eine Selbstverständlichkeit ist hierfür die Forderung, daß von der Normalabschreibung nur abgegangen werden sollte, wenn der Bilanzierende zugleich beabsichtigt, die Nutzungsdauer zu ändern. Das heißt für den Fall der Nachholabschreibung, wenn er die Nutzungsdauer kürzer ansetzen will. Diese Forderung scheint deshalb gerechtfertigt, weil regelmäßig die Nutzungsdauer betroffen wird, wenn die Abschreibungsursachen anders wirken als erwartet. (396) Aus investitionstheoretischen Überlegungen folgt, daß die Nutzungsdauer nur dann nicht beeinträchtigt wird, wenn sich die Änderungen der Abschreibungsursachen gegenseitig aufheben. Meint der Unternehmer, er wäre in der Lage - auf welchem Wege auch immer -, eine kürzere Nutzungsdauer als die normierte Nutzungsdauer festzustellen, könnte man erwägen, den Ansatz der vom Unternehmer ermittelten Nutzungsdauer und darauf aufbauend eine Neuberechnung der Abschreibungen zu erlauben. Als Vorbeugemaßnahme wäre dem Unternehmer vorzuschreiben, die neue Nutzungsdauer und damit das (voraussichtliche) Ende der Nutzung in der Anlagenkartei festzuhalten. Daneben müßte der tatsächliche Ausscheidungszeitpunkt eingetragen werden. Weichen die beiden Termine voneinander ab, nutzt der Unternehmer die Anlage also länger als es der Neuschätzung entspricht, wären Zinsen auf die früher zu wenig entrichteten Steuern nachzuzahlen. Die Zinszahlungen ließen sich aus den Unterschieden von Normalabschreibung und Nachholabschreibung errechnen. Äußerst problematisch ist dabei, ob und wie Abweichungen und damit Manipulationen festzustellen sind. Für die Steuerbilanz sind heute wegen der völligen Überlastung des Betriebsprüfungsdienstes Manipulationen zu befürchten. Ob für die Handelsbilanzen der Aktiengesellschaften und der anderen prüfungspflichtigen Gesellschaftsformen die zuständigen Prüfer dieser Aufgabe voll nachkommen könnten, sei dahingestellt. Bei nicht prüfungspflichtigen Gesellschaftsformen fehlte für die Handelsbilanz eine Kontrollmöglichkeit. Das wäre in der Praxis deshalb nicht so schlimm, weil sich in diesen Fällen meistens Handels- und Steuerbilanz völlig decken.

Sind Nachholabschreibungen grundsätzlich erlaubt und will der Unternehmer eine kürzere Nutzungsdauer ansetzen als die normierte, ergeben sich für die Abschreibungsberechnung mehrere Möglichkeiten. (397) Die u. E. wichtigsten seien am Beispiel gezeigt. Eine alte Anlage habe 12.000 Mark gekostet, die normierte Nutzungsdauer sei zehn Jahre. Anfang des fünften Jahres schätze der Unternehmer aufgrund irgendwelcher Ereignisse die Restnutzungsdauer der in Betrieb befindlichen

Anlage auf vier Jahre, so daß ihre Gesamtnutzungszeit acht statt ursprünglich zehn Jahre beträgt. Es wird lineare Abschreibung vorausgesetzt. Aus dem Beispiel ist zu erkennen, daß das degressive Verfahren hier zumindest erhebliche Mehrarbeit erfordert.

Stimmten normierte und tatsächliche Nutzungsdauer überein, wären nach vier Jahren 4.800 abgeschrieben, der jährliche Abschreibungsaufwand betrüge weiterhin 1.200. Aufgrund der neuen Daten sind Überlegungen erforderlich. (1) Die erste Korrekturmöglichkeit bestände darin, weiterhin 1.200 Mark abzuschreiben, nach acht Jahren wäre der Gesamtabschreibungsbetrag 9.600. Die notwendige Nachholabschreibung von 12.000 minus 9.600 gleich 2.400 könnte (a) am Ende des achten Jahres oder (b) am Ende des fünften Jahres zusätzlich zur Normalabschreibung vorgenommen werden. (2) Man könnte den vorhandenen Restbuchwert von 12.000 minus 4.800 gleich 7.200 auf die restlichen Nutzungsjahre verteilen, so daß vom fünften Jahr an pro Jahr 1.800 abzuschreiben wären. (3) Die Möglichkeit drei geht von der Tatsache aus, daß bei anfangs richtiger Schätzung der Nutzungsdauer von acht Jahren jährlich 1.500 hätten verteilt werden müssen. Vom fünften Jahr an werden 1.500 verrechnet; nach acht Jahren sind 4.800 plus 6.000 gleich 10.800 abgeschrieben. Die hier notwendige Nachholabschreibung von 1.200 kann wieder entweder (a) am Ende des achten oder (b) des fünften Jahres vorgenommen werden.

Nutzungsjahr	1 a	1 b	2	3 a	3 b
.	.	.	.	.	.
.	.	.	.	.	.
4.	1.200	1.200	1.200	1.200	1.200
5.	1.200	1.200	1.800	1.500	1.500
		+ 2.400			+ 1.200
6.	1.200	1.200	1.800	1.500	1.500
7.	1.200	1.200	1.800	1.500	1.500
8.	1.200	1.200	1.800	1.500	1.500
	+ 2.400			+ 1.200	
	12.000	12.000	12.000	12.000	12.000

Welches Verfahren ist vorzuziehen? (398) Von den erwähnten Methoden kommen u. E. nur (1 b) oder (3 b) ernsthaft in Betracht. Verfahren (2) führt zwar zu einer vergleichbaren Rechnungslegung, verteilt aber den Abschreibungsaufwand früherer Perioden über mehrere zukünftige Perioden. (1 a) und (3 a) lassen außer acht, daß eine Nachholabschreibung, wenn schon, dann "im Jahre der Erkenntnis" berücksichtigt werden sollte. Bei (1 b) könnte man die bisherige Normalabschreibung beibehalten. Steuerlich wäre das Verfahren günstiger für den Unternehmer als (3 b). Trotzdem sprechen wir uns für Methode (3 b) aus. Wenn man überhaupt Korrekturen zulassen will, so sollte man die Abschreibungsberechnung so ändern, daß wenigstens in den Jahren nach der Änderung richtig gerechnet wird. Wenn man an der Nachholabschreibung festhalten will, wäre Verfahren (3 b) verbindlich vorzuschreiben, und zwar in Handels- und Steuerbilanz in gleicher Weise.

Im Beispiel sind wir davon ausgegangen, daß die Abschreibungssumme dem Ausgangswert entspricht. Wir wollen nur der Vollständigkeit halber darauf hinweisen, daß in den gebotenen Fällen ein anfallender Restverkaufserlös bei der Bemessung der Abschreibungssumme und damit der periodischen Abschreibungen zu berücksichtigen wäre.

Wir haben bisher unser Augenmerk einseitig auf die Nachholabschreibung gerichtet. Das ist verständlich deshalb, weil in der Regel nur in diesem Fall negative Folgen für den Unternehmer zu erwarten sind. Doch wenn Nachholabschreibungen erlaubt sind, sollte es genauso selbstverständlich sein, daß der Unternehmer auch Zuschreibungen vornehmen muß. Die gesetzlichen Vorschriften lassen Zuschreibungen nur im beschränkten Umfange zu. Zwar werden im Aktiengesetz Zuschreibungen nicht erwähnt, und insofern ist die Auslegung von Adler/Düring/Schmaltz fraglich, daß nach § 154 Abs. 2 Satz 2 Zuschreibungen nur möglich seien, um außerplanmäßige Abschreibungen rückgängig zu machen; zu hohe planmäßige Abschreibungen dürften dagegen nicht durch eine Zuschreibung korrigiert werden. (399) In der Steuerbilanz sind aber nach § 6 Abs. 1 Ziff. 1 Einkommensteuergesetz bei abnutzbaren Anlagen höchstens die durch die AfA erreichten Wertansätze bilanzierbar; nach vorausgegangener Teilwertabschreibung darf der Bilanzansatz des vorangegangenen Jahres beibehalten werden. (400) Demgegenüber vertreten betriebswirtschaftliche Autoren die Ansicht, daß Zuschreibungen auch möglich sein sollten, um zu hohe Normalabschreibungen rückgängig zu machen. (401) Wir schließen uns dieser Auffassung an. Wenn Nachholabschreibungen zulässig sein sollen, müssen es auch Zuschreibungen sein. Für notwendige Zuschreibungen sind entsprechende Methoden ableitbar wie für die Nachholabschreibung. Wir wollen darauf verzichten. (402) In Frage kommt nur eine Korrektur aufgrund des Anschaffungswertes (bzw. der Abschreibungssumme) und der neuen Nutzungsdauer. Richtig wäre das Verfahren analog (3 b). Die Zuschreibung sollte wie die Nachholabschreibung in dem Jahr vorgenommen werden, in dem die Datenänderung erkennbar ist. Im Gegensatz zum Fall der Nachholabschreibung ist in der Praxis allerdings damit zu rechnen, daß der Unternehmer in der Regel möglichst spät zuschreiben wird. Hier sind Manipulationsmöglichkeiten gegeben, die kaum auszuräumen sind.

Nachholabschreibungen und Zuschreibungen tragen den Charakter des Außergewöhnlichen. Das müßte sich vor allem in formeller Hinsicht bei der Bilanzierung äußern. Sowohl Nachholabschreibungen als auch Zuschreibungen sollten in besonderen Posten ausgewiesen werden. Ist die Normalabschreibung im ganzen normiert, wären außerdem über Nachholabschreibungen und Zuschreibungen Angaben im Geschäftsbericht zu machen. Geht man so vor, verschwinden ein Teil der Bedenken, die manche Autoren dazu führen, Nachholabschreibungen und Zuschreibungen abzulehnen. (403)

b) Der Ersatz der Nachholabschreibung

Auch durch die genannten Vorbeugemaßnahmen lassen sich nicht alle Bedenken gegen Nachholabschreibungen und Zuschreibungen ausräumen. Sie ermöglichen nun einmal Manipulationen und erschweren die Nachprüfbarkeit. Solange man bei der Abschreibungsberechnung die Planungen des Unternehmers gelten lassen will, läßt man ihm mehr oder weniger freie Hand, die Anlagen nach eigenem Gutdünken zu bewerten. Etwas überspitzt könnte man behaupten: Von den Planungen des Unternehmers auszugehen, bedeutet heute, daß sich der Unternehmer mehr oder weniger plausible Gründe einfallen lassen muß, um durch außerplanmäßige Abschreibungen bzw. Teilwertabschreibungen die durch planmäßige Abschreibungen bzw. AfA erreichten Unterbewertungen zusätzlich zu vergrößern. Und bei einigem Nachdenken lassen sich immer Gründe finden, um außerplanmäßige Abschreibungen - scheinbar - zu rechtfertigen. Nicht umsonst heißt es: Wer suchet der findet!

Wir müssen deshalb fragen, ob eine radikale Verbesserungsmöglichkeit nicht darin bestehen würde, die vorher erörterte Form der Nachholabschreibung ganz zu verbieten, d. h. bei abnutzbaren Sachanlagen auf das Imparitätsprinzip zu verzichten. Diese Fragestellung scheint auch deshalb naheliegend, weil das Imparitätsprinzip nach Ansicht mancher Autoren für abnutzbare Sachanlagen (nahezu) bedeutungslos ist. Für eine Anlage sei in den wenigsten Fällen bis zum Ende der Nutzungsdauer vorauszuplanen, welche Güter auf ihr hergestellt werden sollen. Auch sei selten bekannt, welche Kosten und Erlöse ihr zurechenbar seien. Darüber hinaus ließen sich kaum die voraussichtlichen Absatzpreise für die mit der Anlage hergestellten Erzeugnisse ermitteln. Damit fehle aber eine unmittelbare Beziehung der Anschaffungsausgaben einer Anlage zu einem erfolgswirksamen Einzelgeschäft, das bei voraussichtlich negativem Ausgang durch das Imparitätsprinzip zu erfassen ist. (404) Verzichtete man bei Anlagen auf das Imparitätsprinzip und damit auf eine eigentliche Nachholabschreibung, wäre die normierte Normalabschreibung bei kürzerer Nutzungsdauer als der vorgesehenen analog Verfahren (1 a), S. 172, bis zum Ausscheiden der Anlage zu verrechnen; erst im Jahr des Ausscheidens könnte der verbleibende Aufwand voll als aperiodischer Betrag abgeschrieben werden. Bei längerer Nutzung als der festgelegten Nutzungsdauer wäre entsprechend eine Zuschreibung beiseite zu lassen, die sich auf mehrere Perioden auswirkte. Hier böte sich an, für eine verbesserte Aussagefähigkeit den Vorschlag Leffsons zu verwirklichen, jährliche Zuschreibungen und Abschreibungen in gleicher Höhe vorzunehmen und dementsprechend keine Wertansätze in der Bilanz zu belassen. (405)

Die größte Gefahr dieser Bilanzierung bestände darin, daß bei kürzerer Nutzungsdauer zu viele Steuern gezahlt würden und zu hohe Ausschüttungen möglich wären. Da nach Ansicht vieler Autoren die Gefahr zu hoher Steuerzahlungen höher zu veranschlagen ist als die zu hoher Ausschüttungen, (406) gehen wir zuerst auf die Besteuerung ein.

Ein Ausgleich für den Wegfall der Nachholabschreibung könnte für die Besteuerung durch Einführung des Verlustrücktrags und erst recht des sofortigen (außerbetrieblichen) Verlustausgleichs geschaffen werden. Heute ist neben dem innerbetrieblichen Verlustausgleich, d. h. dem Ausgleich zwischen verschiedenen Einkunftsarten, nur ein Verlustvortrag möglich nach § 10 d Einkommensteuergesetz, d. h. die Verrechnung von Verlusten mit zukünftigen Gewinnen. Verlustrücktrag bedeutet den Ausgleich von Verlusten mit Gewinnen vorangegangener Perioden und läuft auf eine Steuerrückzahlung hinaus. (407) Sofortiger (außerbetrieblicher) Verlustausgleich heißt Beteiligung des Fiskus am Verlust eines Jahres in Höhe Steuersatz mal Verlust und Zahlung dieses Betrages an die Unternehmung, wirkte also noch besser als ein Verlustrücktrag. Der Wissenschaftliche Beirat beim Bundesministerium der Finanzen hat vorgeschlagen, den Verlustrücktrag (verbunden mit Zinszahlungen für die zuviel entrichteten Steuern) für die beiden der Veranlagung vorangehenden Jahre zuzulassen, (408) ohne daß er aber an der Möglichkeit der Teilwertabschreibung rüttelt - wenn er auch, wie wir gesehen haben, das degressive Verfahren abschaffen möchte. Man könnte erwägen, über den Wissenschaftlichen Beirat hinauszugehen, das soll heißen, die Teilwertabschreibung ganz zu verbieten und den Verlustrücktrag oder sogar den sofortigen (außerbetrieblichen) Verlustausgleich zusätzlich zu den heutigen Möglichkeiten des "Verlustausgleichs" einzuführen. (409)

Ein Vorteil dieser Maßnahmen wäre offensichtlich: Die ganzen Streitereien um den Teilwert wären vom Tisch gefegt. Ein weiterer Vorteil könnte in der Verbesserung der steuerlichen Gleichbehandlung zwischen Selbständigen und Unselbständigen gesehen werden. Der Teilwertabschreibung mit ihren steuerlichen Folgen entspräche beim Unselbständigen (mit Progressionstarif) eine Verminderung von Einkommensteuerzahlungen aufgrund der Erwartungen eines geringeren Verdienstes in den nächsten Jahren. Diese Möglichkeit steht dem Unselbständigen nicht offen. Daß der Unternehmer Verluste machen kann, der Unselbständige hingegen nicht, wird durch den Verlustrücktrag oder den sofortigen (außerbetrieblichen) Verlustausgleich berücksichtigt.

Ein Nachteil des Verlustrücktrags oder -ausgleichs anstelle der Teilwertabschreibung liegt für den Unternehmer darin, daß die Teilwertabschreibung bei der einzelnen Anlage vorgenommen werden kann, ein Verlustrücktrag oder -ausgleich hingegen nur möglich ist, wenn die Unternehmung als Ganzes Verlust macht. Da aber die Unternehmer heute bei der Besteuerung bevorzugt werden, ergäbe sich dadurch ein gewisser Ausgleich. Man sollte auch nicht unbeachtet lassen, daß mit dem Verlustrücktrag oder -ausgleich kleinere Unternehmer u. U. besser gestellt werden als durch die heutige Möglichkeit der Teilwertabschreibung. Man denke an den Taxiunternehmer mit einem neuen Taxi, der einen selbstverschuldeten Totalschaden erleidet, ohne versichert zu sein.

U. E. kann man ernsthaft erwägen, die Teilwertabschreibung fallen zu lassen, wenn der Verlustrücktrag oder gar der Verlustausgleich eingeführt wird. Den Verlustrücktrag oder -ausgleich einzuführen, ohne eine derartige "Kompensation" vorzunehmen, wie es sich möglicherweise Jacob vorstellt, (410) hielten wir nicht für vertretbar.

Wie steht es mit dem Wegfall der Nachholabschreibung (außerplanmäßigen Abschreibung) in bezug auf die Handelsbilanz und die Ausschüttungen? Angenommen, zu geringe Abschreibung (zu hohe Ausschüttung) in der Vergangenheit bewirkte heute einen Verlust. Wie wir gesehen haben, bedeutet ein Verlustrücktrag die Rückerstattung von zu viel gezahlten Steuern und der Verlustausgleich eine echte Beteiligung des Fiskus am Verlust. Dem würde in diesem - hypothetischen - Fall entsprechen, daß die Anteilseigner bei Aufforderung zu hohe Ausschüttungen zurückzahlen bzw. eine Zubuße leisten. Die Rückzahlung von Ausschüttungen bzw. eine Zubuße stößt u. E. auf größere Schwierigkeiten als die Steuererstattung. Bei Personengesellschaften wären die Schwierigkeiten noch nicht einmal so groß. Insbesondere bei Aktiengesellschaften ist aber die Maßnahme schon wegen des dauernden Wechsels der Aktionäre nicht zu verwirklichen.

Aber dieses Ergebnis ist nicht weiter von Bedeutung. Es setzte voraus, daß der aufgrund des Realisationsprinzips errechnete Gewinn in voller Höhe ausgeschüttet würde. Wir haben aber schon an anderer Stelle gesehen, daß er die Obergrenze für die Ausschüttung darstellt und regelmäßig nicht voll ausschüttbar ist. Für die Unternehmenserhaltung ist durch die allgemeine Maßnahme Vorsorge zu treffen, ausreichend hohe (versteuerte) Rücklagen zu bilden (vgl. S. 126). Baetge schlägt darüber hinaus eine besondere Rückstellung zum Auffangen von Normierungsfehlern vor. (411) Wir sehen das Problem darin, diese Rückstellung zu bemessen. Insgesamt gilt auch in bezug auf die Handelsbilanz und die Ausschüttungen, daß für die Abschaffung der Nachholabschreibungen keine empfindlichen Einschränkungen ersichtlich sind.

Wir wollen kurz prüfen, wie sich eine Abschaffung der Nachholabschreibung auf den Ausweis der wirtschaftlichen Lage auswirkte. Es bedarf keiner großen Erklärungen, um feststellen zu können, daß die Brauchbarkeit der externen Bilanzierung für diesen Bilanzierungszweck nur in den Einzelfällen eingeschränkt würde, in denen normierte und tatsächliche Nutzungsdauer voneinander abweichen. Dieser Nachteil wird aber durch die erhöhte Nachprüfbarkeit mehr als wettgemacht.

Wir kommen damit zu dem Ergebnis: Wenn man die geschilderten "Ausgleichsmaßnahmen" in Betracht zieht, kann man getrost in der Steuer- wie auch in der Handelsbilanz auf die Nachholabschreibung verzichten. Eine nachprüfbare Rechnungslegung erfordert geradezu diesen Verzicht.

V. Kritische Analyse grundlegender Einwendungen gegen die Abschreibungsnormierung

Gegen die Normierung der Abschreibung lassen sich eine Reihe von Einwendungen erheben. Sie sind vor allem im Zusammenhang mit der Normierung der Nutzungsdauer für die Steuerbilanz vorgebracht worden, gelten aber allgemein für die Festlegung der Nutzungsdauer und im Grundsatz für jede Abschreibungsregelung. Wir können sie leicht von den Ergebnissen der vorhergehenden Untersuchung aus beurteilen.

Der gewichtigste Einwand scheint uns im Hinweis auf die "Betriebsindividualität" der Abschreibungen zu liegen. (412) Darauf führen im Grundsatz die meisten weiteren Einwendungen zurück. Gemeint ist die Behauptung, selbst gleiche Anlagen würden in der Unternehmung und von Unternehmung zu Unternehmung ganz verschieden genutzt, daraus folgten unterschiedliche Abschreibungen. Diese Auffassung findet sich auch im Gesetz; so ist in § 7 Abs. 1 Satz 2 Einkommensteuergesetz von der "betriebsgewöhnlichen Nutzungsdauer" die Rede.

Der Einwand träfe u. E. nur dann zu, wenn sich für die einzelne technisch-juristische Anlage alle Einnahmen und Ausgaben vorausschätzen ließen. Das ist aber bestenfalls für wirtschaftliche Anlageneinheiten der Fall; für sie gilt dann das Argument der Betriebsindividualität. Dagegen haben wir nachzuweisen versucht, daß für einzelne technisch-juristische Anlagen die Einnahmen regelmäßig gar nicht feststellbar sind. Die Ausgaben einer bestimmten Anlagenart werden aber von verschiedenen Betrieben und einer Kommission ähnlich vorausgeplant werden und möglicherweise selbst bei abweichender Nutzung nicht erheblich auseinanderfallen. Bei der Vorausschätzung der Ausgaben, bei der Auswertung von Lebensdauerstatistiken und anderer Unterlagen als Grundlage für die Bestimmung der Nutzungsdauer steht der Unternehmer vor denselben Schwierigkeiten wie eine Normierungskommission. Beide sind gleich gut bzw. schlecht in der Lage, "richtige" Werte zu ermitteln. Von "Betriebsindividualität" kann keine Rede sein.

Bei der Festlegung der Nutzungsdauer handelt es sich um ein Problem objektiver Ungewißheit. Die Nutzungsdauer, die die Kommission festsetzt, ist aber im Unterschied zu derjenigen des Unternehmers nachprüfbar. Aus dieser Sicht ist der Einwand Riebels abzulehnen, (413) normierte Nutzungsdauern ließen sich als Durchschnittszahlen nur anwenden, wenn das Gesetz der großen Zahl gelte, für den Einzelfall könnten sie noch nicht einmal grob zutreffen. (414) Zum einen bleibt oft gar nichts anderes übrig, als die überbetrieblichen Ergebnisse nach dem Gesetz der großen Zahl auf die Bilanzierung der einzelnen Unternehmung zu übertragen. (415) Und selbst wenn man zum anderen annähme, der Unternehmer könne die Nutzungsdauer besser ermitteln als eine Normierungskommission, spräche die Nachprüfbarkeit für die Normierung der Nutzungsdauer.

Der Unternehmer ist wegen seiner Interessenlage gar nicht darauf erpicht, in der externen Bilanzierung so "richtig" wie möglich zu rechnen. Er strebt danach, einen möglichst hohen Gewinn zu erwirtschaften. Unter diesem Gesichtspunkt wird er aber bei der Bewertung der Anlagen in der externen Bilanzierung - sofern ihm freie Hand bleibt - von einer möglichst kurzen Nutzungsdauer ausgehen und das degressive Verfahren mit hohen Abschreibungssätzen anwenden - wenn er nicht gar die Sofortabschreibung wählt. Sein Eigeninteresse als Unternehmer gebietet ihm, die "Finanzierungsfunktion" der Abschreibung bestmöglich auszunutzen. Diese Möglichkeit wird durch eine Abschreibungsnormierung naturgemäß beschnitten (vgl. auch S. 183). Aber zugleich wird durch die Normierung die Aussagefähigkeit der externen Bilanzierung erhöht, die sonst immer tendenziös verfälscht ist. (416) Der Verweis auf die Abschreibungsrechnung als echter "Zukunftsrechnung", deren Risiken nur vom Unternehmer beurteilt werden könnten, da er die Verhältnisse seines Betriebes am besten kenne, (417) hilft für die externe Bilanzierung nicht weiter. Hier geht es im Grunde darum zu entscheiden, ob das Interesse des Unternehmers im Vordergrund stehen soll oder ob die Interessen der von der Bilanzierung betroffenen Gruppen, letztlich also die Interessen der Allgemeinheit, wichtiger sind. Bei uns neigt sich die Waagschale eindeutig zugunsten der Interessenten an der Bilanzierung und damit für die Normierung der Nutzungsdauer. Meint der Unternehmer, "richtigere" Ergebnisse feststellen zu können als der Normierung entsprechend, bleibt es ihm unbenommen, diese Ansicht im Geschäftsbericht auszudrücken. (418)

Aus den vorhergehenden Ausführungen ist leicht ein Einwand gegen Normierungen zu beurteilen, der seinen Ausdruck findet in der Feststellung, es gäbe keine richtige Abschreibungsmethode. (419) Eben weil es keine festen Anhaltspunkte für die Bemessung des Abschreibungsbetrages gibt, rechtfertigt sich im Interesse der Außenstehenden die Normierung der Nutzungsdauer und die Vorgabe eines bestimmten Verfahrens, u. E. des linearen, weil so die Zwecke der Bilanzierung am besten erreicht werden. Läßt man dem Unternehmer freie Hand, ist mit Manipulationen zu rechnen.

Ein weiterer Einwand betrifft die Gefahren einer falschen Abschreibungsberechnung aufgrund der Normierungen, insbesondere im Hinblick auf den Entzug finanzieller Mittel durch zu hohe Steuerzahlungen. (420) Dazu ist zunächst festzustellen, daß auch bei betriebsindividueller Ermittlung der Abschreibungen Fehler entstehen können, denn in beiden Fällen handelt es sich um Schätzungen. (421) Insofern ergibt sich kein Unterschied zu normierten Abschreibungen. Vor allem ist aber an die "Ausgleichsmaßnahmen" zu erinnern. Für die Steuerbilanz ermöglichte der Verlustrücktrag (verbunden mit einer Verzinsung der zuviel gezahlten Steuern) oder gar der sofortige außerbetriebliche Verlustausgleich eine erhebliche Sicherung. In der Handelsbilanz könnte über die verstärkte Bildung offener versteuerter Rücklagen ein ausreichend großer Schutz geschaffen werden.

Gegen die Normierung könnte man einwenden, sie schränke den Unternehmer in seiner Dispositionsfreiheit ein. Hier ist als erstes zu überlegen, ob die Normierung der Nutzungsdauer den Unternehmer daran hindert, den notwendigen Ersatz einer Anlage vorzunehmen. Das ist nicht der Fall. Hält der Unternehmer den Ersatzzeitpunkt einer Anlage für gekommen, steht nichts im Wege, von der normierten Nutzungsdauer abzuweichen, d. h. die Anlage auszubuchen und zu ersetzen. Die Reaktionsfähigkeit auf unverhofft eintretende Ereignisse wird also nicht herabgesetzt. Durch die Normierung der Abschreibungen in der externen Bilanzierung erübrigen sich keineswegs die internen Planungsrechnungen - im Gegenteil, vor allem die normierten Nutzungsdauern müßten ein Ansporn sein, ihre Stichhaltigkeit durch interne Rechnungen soweit als möglich zu überprüfen. Die internen Rechenergebnisse können und werden die Unternehmer unbehelligt als Grundlage ihrer Entscheidungen nehmen. (422) Aus dieser Sicht kann auch keine Rede davon sein, daß die Normierung die Einführung neuer Rechenverfahren und -methoden erschwere oder gar verhindere, z. B. den Versuch einer Nutzungsdauerberechnung mit Hilfe des linearen Programmierens durch Elektronenrechner. Wie der Unternehmer die dafür benötigten Daten ermitteln will, ist seine Sache.

Gegen die Normierung der Abschreibung ließe sich weiterhin vorbringen, die Normierung behindere die Möglichkeit "steuerlicher Sonderabschreibungen". Damit sind die gesetzlich erlaubten Vorwegabschreibungen gemeint, die aus sozial-, struktur-, konjunkturpolitischen Gründen u. dgl. m. für bestimmte Anlagen verschiedener Personenkreise, Wirtschaftszweige und Gebiete erlaubt sind oder erlaubt werden können. Wir wollen es uns ersparen, die gesetzlichen Vorschriften zu nennen und die einzelnen Möglichkeiten zu besprechen. (423)

Durch erlaubte Vorwegabschreibungen wird - wie durch unerlaubte Vorwegabschreibungen - unterbewertet und damit die Aussagefähigkeit der handelsrechtlichen Bilanzierung herabgesetzt. Schlimmer ist, daß in steuerlicher Hinsicht durch Vorwegabschreibungen gegen die Besteuerung nach der Leistungsfähigkeit und die steuerliche Gleichbehandlung verstoßen wird, weil die Vorwegabschreibungen "die steuerliche Bemessungsgrundlage verändern und dadurch bei einer progressiven Steuer zu starken gewinnabhängigen Unterschieden in der Begünstigung führen (Pervertierung der Progression)."(424) Diese Aussage kann an Hand des Flottenaufbaus nach dem 2. Weltkrieg durch die Firma Oetker und andere bewiesen werden. Sie wird heute vor allem bestätigt durch die Blüten, die das sogenannte Berliner Abschreibungswunder treibt, (425) gilt aber ganz allgemein. (426)

Die Vorwegabschreibungen beeinträchtigen also die externe Bilanzierung erheblich, ohne daß mit ihnen unbedingt die beabsichtigten Wirkungen zu erzielen sind. (427) Die Vorwegabschreibungen kommen im allgemeinen nur denen zugute, die auch ohne sie investieren könnten. Denjenigen, die tatsächlich Hilfe benötigen, nützen sie in der Regel nichts. Allgemein und für konjunkturpolitische Zwecke im besonderen hat sich die Auffassung durchgesetzt, daß bei notwendigen Hilfsmaßnahmen direkte Subventionen, z. B. in Form von Investitionsprämien, wesentlich besser helfen. (428) Und bei notwendigen Dämpfungsmaßnahmen wirken Investitionsteuern wesentlich schneller als eine Aussetzung von Vorwegabschreibungen (oder der degressiven Abschreibung). Grundsätzlich gilt also: Keine Manipulation an den Bemessungsgrundlagen. (429)

Damit bricht auch dieser Einwand in sich zusammen. Die Zwecke, die mit "steuerlichen Sonderabschreibungen" erreicht werden sollen, lassen sich viel besser auf anderem Wege erreichen. Folglich ist es auch hier grundsätzlich möglich, die normale Abschreibungsberechnung beizubehalten. Will der Staat aber trotzdem zum Mittel der Vorwegabschreibung greifen, sind diese Vorwegabschreibungen gesondert auszuweisen. Die Normalabschreibung wäre demnach formell weiterzuführen, die Vorwegabschreibung erfolgte in der Bilanz am besten in einem besonderen Posten auf der Passivseite.

Bei den Einwänden gegen eine Abschreibungsnormierung kann auf eine mögliche Beeinträchtigung der Wettbewerbslage deutscher gegenüber ausländischen Unternehmungen verwiesen werden. Grundgedanke wäre hier, daß die Abschreibungsregelung in anderen Ländern günstiger sei als in Deutschland, (430) und durch eine Normierung weiter verschlechtert würde. Hiergegen kann man mit Krause-Kärsten einwenden, daß man für einen derartigen Einwand nicht allein auf die Abschreibung abstellen dürfte. Um hier klar zu sehen, sei ein Steuerbelastungsvergleich unter Berücksichtigung aller Komponenten (Einflußfaktoren) durchzuführen. (431) Derartige Belastungsvergleiche existieren aber kaum. davon abgesehen, muß man sich schlechten Gewohnheiten nicht anschließen. Auch dieser Einwand ist nicht berechtigt.

C. Auswirkungen und Rückwirkungen der Abschreibungsnormierung in Handels- und Steuerbilanz

Wir haben im Verlaufe unserer Untersuchung festgestellt, daß die externe Bilanzierung weiterhin gebraucht wird. Die Recheninstrumente ohne Gewinnermittlung und die ökonomischen Gewinnkonzepte entsprechen nicht den Anforderungen an die externe Rechnungslegung. Die externe Bilanzierung kann wesentlich besser nachgeprüft werden als die anderen Rechenwerke und ist nicht zuletzt aus diesem Grund geeignet, die verschiedenen Wünsche der Interessenten zu erfüllen. Die anderen Recheninstrumente erhöhten zweifellos die Aussagefähigkeit der externen Rechnungslegung, doch nur wenn sie neben und nicht an die Stelle der externen Bilanzierung treten würden. Auf eine solche Entwicklung ist zu hoffen.

Wenn Handels- und Steuerbilanz unentbehrlich sind, vermag das nicht darüber hinwegzutäuschen, daß sie erhebliche Mängel besitzen. Auf der Suche nach Verbesserungsmöglichkeiten haben wir beispielhaft das Problem der Abschreibungsberechnung herausgegriffen. Mit Betonung auf die Nachprüfbarkeit der Rechnungslegung lauten dazu unsere wichtigsten Ergebnisse: (1) Bei der Abschreibungssumme ist beim Ausgangswert die Bilanzierung auf Basis von Wiederbeschaffungswerten statt von Anschaffungswerten abzulehnen. Ausgangswert der Abschreibung bleibt grundsätzlich der Anschaffungs- oder Herstellungswert, d. h. an der nominellen Kapitalerhaltung ist festzuhalten. (2) Eine zusätzliche Indexrechnung mit normierten Indizes ist im Hinblick auf eine erhöhte Aussagefähigkeit der Rechnungslegung erwägenswert. (3) Das Problem der Unternehmenserhaltung ist durch offene (versteuerte) Rücklagen zu lösen. (4) In den Sonderfällen des Erwerbs ist vom "Zeitwert" auszugehen, d. h. dem fiktiven Wiederbeschaffungspreis zum Zeitpunkt der Anschaffung. Mindestens wäre aber der Verkaufspreis unter normalen Bedingungen zu bilanzieren. (5) Für die Feststellung der Herstellungskosten sollte die tatsächliche Beschäftigung maßgebend sein. Die entsprechenden Gemeinkosten sind zu aktivieren. (6) Für die Aktivierung von Anlagenunterhaltungsaufwendungen wurde neben den üblichen Unterscheidungsmerkmalen auf die Möglichkeit hingewiesen, relative und/oder absolute Werte anzugeben, die grundsätzlich Aktivierungspflicht auslösen. Diese Grenzwerte müßte eine Normierungskommission feststellen. (7) Es wurde eine bestimmte Abschreibungsberechnung für den aktivierten Anlagenunterhaltungsaufwand vorgeschlagen. (8) Der Restverkaufserlös ist bei der Bemessung der Abschreibungssumme regelmäßig nicht zu berücksichtigen. (9) Für eine nachprüfbare Bilanzierung ist grundsätzlich an der "Einzelbewertung" festzuhalten. (10) Die Nutzungsdauer ist von einer Normierungskommission für die einzelnen Arten von Anlagen verbindlich festzulegen. Dafür (und für andere Aufgaben) hätte die Kommission alle Unterlagen zu beschaffen. Analog zu den AfA-Tabellen ist von branchen- und nichtbranchengebundenen Anlagen auszugehen. (11) Die Anlagen könnten im Geschäftsbericht in Gruppen nach Nutzungsdauern untergliedert werden. Dabei wäre auch die Abschreibung auf geringwertige Güter gesondert auszuweisen. (12) Abschreibungen auf materielle und immaterielle Anlagen sind grundsätzlich zu trennen. (13) Unter den Abschreibungsverfahren ist das lineare Verfahren am geeignetsten. (14) Soll das degressive Verfahren weiterhin angewendet werden, wären (ähnlich wie für die Steuerbilanz) Abschreibungshöchstsätze zu erlassen. (15) Es wird an indirekte Abschreibung gedacht. (16) Die Nachholabschreibung ist entbehrlich. Sie könnte in der Steuerbilanz durch den Verlustrücktrag (einschließlich Verzinsung der Steuern) oder gar den sofortigen außerbetrieblichen Verlustausgleich "ersetzt" werden; für die Handelsbilanz ist auf die Ausgleichsmaßnahme offene versteuerte Rücklagen hinzuweisen. (17) Erst recht auf Vorwegabschreibungen, gleichgültig in welcher Form, kann und sollte man - wie auf alle weiteren Bewertungsmanipulationen - verzichten. (18) Will man Nachholabschreibungen beibehalten, sollte man sie nur bei Änderung der Nutzungsdauer zulassen und dann eine bestimmte Verrechnungsweise vorschreiben. (19) Sofern weiter an Nachholabschreibungen (und Zuschreibungen) und gegebenenfalls Vorwegabschreibungen festgehalten werden soll, sind sie gesondert auszuweisen. (20) Bewertungswahlrechte sind bei der Abschreibungsberechnung (und für die Bewertung allgemein) abzulehnen.

Die ermittelten Ergebnisse sind als GoB für Abschreibungen denkbar. Ihre Anwendung verlangte allerdings, gesetzliche Vorschriften zu ändern. Es ist kein Grund zu sehen, weshalb die Abschreibungsberechnung in Handels- und Steuerbilanz unterschiedlich sein sollte. Demnach kann zumindest für die Abschreibung in beiden Bilanzen von einheitlichen Wertansätzen ausgegangen werden.

Durch die vorgeschlagene Normierung der Abschreibungen würde die externe Bilanzierung gegenüber dem jetzigen Zustand verbessert. Für dieses Urteil gehen wir nicht davon aus, wie die externe Bilanzierung bei "richtiger" Bewertung durch die Unternehmer sein könnte, sondern wie sie wegen der Interessenlage der Unternehmer heute aussieht. Die Interessenlage findet durch eine neuere Untersuchung einen schlagenden Beweis. Nach allgemeiner Auffassung ist das Aktiengesetz 1965 gegenüber seinen Vorgängern nicht zuletzt durch die größere Berichterstattungspflicht verbessert worden. (432) Eine Untersuchung von Castan zeigt aber, daß noch nicht einmal alle großen Aktiengesellschaften ihren Erläuterungspflichten für die Bewertungs- und Abschreibungsmethoden im Geschäftsbericht im gesetzlich vorgeschriebenen Rahmen nachkommen. (433)

Dabei bleibt noch ganz unberücksichtigt, inwieweit die Bilanzierung Unterbewertungen enthält. Die vorgeschlagene Normierung der Abschreibung löste das Problem der stillen Rücklagen in weitem Umfang, ebenfalls die Frage der Wertuntergrenze. Manipulationen bei der Anlagenbewertung wird vorgebeugt. Im Hinblick auf die Berechnung des Gewinns für Besteuerung und Ausschüttung bringt die Normierung der Abschreibungen ebenfalls Vorteile. Dazu gehört auch, daß die Steuer- und Handelsbilanzen früher vorgelegt und dementsprechend früher die Steuern gezahlt und die Gewinne ausgeschüttet werden könnten, als das heute der Fall ist (vgl. S. 40 f.). Auf die Hebung der steuerlichen Gerechtigkeit durch Normierung der Abschreibung weisen insbesondere Autoren aus der Finanzverwaltung hin. Sie machen auch auf die große Arbeitsersparnis für Finanzverwaltung und Unternehmer aufmerksam. (434)

Die Ausführungen von seiten der Finanzverwaltung könnten leicht als Interessenstandpunkt abgetan werden. U. E. sind sie gerechtfertigt. Mit Blick auf die Steuerbilanz ist allerdings zu berücksichtigen, daß diese schon heute durch Normierungen und schärfere Vorschriften in höherem Maße nachprüfbar ist als die Handelsbilanz. Größere Vorteile ergeben sich deshalb für die Gewinnermittlung in bezug auf die Handelsbilanz.

Neben den Auswirkungen der Abschreibungsnormierung auf die Rechnungslegung müssen die Rückwirkungen auf die ganze Unternehmenspolitik betrachtet werden. Die Normierung der Abschreibungen würde die Möglichkeiten der Unternehmer einschränken, die Finanzierungsfunktion der Abschreibung auszunutzen. Diese Funktion ist in der Praxis von Bedeutung. (435) Aufgrund der Normierung könnte womöglich die Anpassung des Unternehmers an den technischen Fortschritt gebremst und das Wachstum der Unternehmung geschwächt werden. (436) Das beträfe nicht nur das Einkommen der Unternehmer, sondern wirkte sich u. U. auf die Beschäftigung usw. aus. Es fragt sich, ob die Normierung wegen dieser denkbaren unternehmens- und gesamtwirtschaftlichen Folgen abzulehnen ist. Ein Urteil darüber verlangt, zwei Interessengegensätze abzuwägen: das Interesse der Allgemeinheit an einer "richtigen" Bilanzierung und das Interesse des Unternehmers, das teilweise mit gesamtwirtschaftlichen Interessen verknüpft ist. Unser Urteil fällt für die "richtige" Rechnungslegung aus. Der mögliche Nachteil kann auf andere Weise verhindert werden als durch bewußt falsche Berechnung der Abschreibungen. Der Weg heißt ganz einfach: Verlustausgleich und offene statt stiller Rücklagen! Wir stimmen im übrigen mit Peter überein, daß die Abschreibungsnormierung im Zuge staatskapitalistischer Entwicklungen liegt, dadurch aber die Demokratie keineswegs gefährdet wird. (437)

Anmerkungen

1) Vgl. allgemein zur Ausdehnung der Publizitätspflicht auf alle Großunternehmen u.v.a. Klaus H. Arntz, Zum Entwurf eines Gesetzes über die Rechnungslegung von Großunternehmen und Konzernen (Publizitätsgesetz). In: GmbH-Rundschau, Jg. 59 (1968), S. 134-138; Edgar Castan, Publizitätspflicht für alle Großunternehmen? In: Der Betrieb, Jg. 21 (1968), S. 515-520; Lutz Fischer, Betriebswirtschaftliche Beurteilung der Ausdehnung der Publizitätspflicht auf alle Großunternehmen. In: BFuP, Jg. 20 (1968), S. 558-571; Hermann Greiffenhagen, Zur Problematik der Rechnungslegungspublizität von Großunternehmen und Konzernen außerhalb der aktienrechtlichen Unternehmensform mit der Sicht auf europäische Entwicklungen. In: Die Wirtschaftsprüfung, Jg. 21 (1968), S. 113-123; Hans-Joachim Grobe, Publizitätsfessel für Konzerne? In: Der Volkswirt, Jg. 22 (1968), Nr. 12, S. 22 f.; Rembert van Delden, Ist Heinemanns Publizitätsgesetz eine Fehlkonstruktion? In: Der Volkswirt, Jg. 22 (1968), Nr. 46, S. 32, und dazu die Antwort von Wolfgang Wegmann; Klaus Hölscher, "Geheimniskrämerei" - leicht variiert. In: Der Volkswirt, Jg. 22 (1968), Nr. 49, S. 33 f.; Gert Brüning, Die Auswahl der Unternehmen bei der Erweiterung der Publizitätspflicht. In: BFuP, Jg. 21 (1969), S. 36-46; vgl. weiter die von den Autoren genannte Literatur.

2) Die Publizitätspflichten der Aktiengesellschaften sind durch das Aktiengesetz 1965 vergrößert worden.
Weiter wird erörtert, die Publizitätspflicht auf alle Großunternehmungen auszudehnen. Vgl. Entwurf eines Gesetzes über die Rechnungslegung von Großunternehmen und Konzernen [Publizitätsgesetz]. Vorlage der Bundesregierung. In: Verhandlungen des Deutschen Bundestages, 5. Wahlperiode. Anlagen-Band 122, Drucksache V/3197. Bonn 1968. - Nach § 5 Abs. 2 des Entwurfes sollen für die Rechnungslegung die §§ 149, 151 bis 158 des Aktiengesetzes (mit gewissen Abweichungen) gelten.
Für die Gesellschaften mit beschränkter Haftung soll ein neues Gesetz geschaffen werden. Vgl. Referentenentwurf eines Gesetzes über Gesellschaften mit beschränkter Haftung, herausgegeben vom Bundesministerium der Justiz. Köln-Marienburg 1969. - Die Vorschriften zur Rechnungslegung (§§ 127 bis 155) lehnen sich an die für Aktiengesellschaften an.
Ferner sollen die börsennotierten Aktiengesellschaften Zwischenberichte erstatten. - Ursprünglich sollten Halbjahresberichte gesetzlich vorgeschrieben werden. Vgl. §§ 11, 12 im Referentenentwurf eines Gesetzes über Maßnahmen auf dem Gebiet des Börsenwesens, erarbeitet vom Bundeswirtschaftsministerium. Offiziell nicht veröffentlicht, abgedruckt unter der Überschrift "Der Referentenentwurf zur Börsenreform". In: Blick durch die Wirtschaft, 16. Januar 1968, Nr. 13, S. 5; siehe auch den Kurzbericht NN, Börsenzwang, Halbjahresberichte und Umsatzpublizität. In: Frankfurter Allgemeine Zeitung, 16. Januar 1968, Nr. 13, S. 11. - Jetzt wird an eine freiwillige Berichterstattung gedacht, und zwar periodisch, möglichst vierteljährlich. Vgl. NN, Pressekommuniqué über die Schlußsitzung der Börsensachverständigenkommission am 14. März 1969. In: Mitteilungen des Bundesministers für Wirtschaft. Tagesnachrichten, Nr. 5914 vom 19. März 1969, S. 1-4, hier S. 1 und 3.
Schließlich wird an einem Gesetz für eine Europäische Aktiengesellschaft

gearbeitet. Vgl. Carsten-Peter Claussen, Wunschdenken oder Realismus? Ein Gesetzentwurf in der Diskussion. In: Der Volkswirt, Jg. 22 (1968), Nr. 48, S. 38 f., Nr. 49, S. 43 f.

3) Vgl. die Vorschläge zur Erhöhung des Grenzsteuersatzes der Einkommensteuer auf 60 % und die Erhöhung des Körperschaftsteuersatzes auf 62, 5 % unter gleichzeitiger Beseitigung der Doppelbesteuerung im Gutachten zur Reform der direkten Steuern (Einkommensteuer, Körperschaftsteuer, Vermögensteuer und Erbschaftsteuer) in der Bundesrepublik Deutschland, erstattet vom Wissenschaftlichen Beirat beim Bundesministerium der Finanzen. Schriftenreihe des Bundesministeriums der Finanzen. Heft 9. Bonn 1967, S. 43, 51 f.
Ob diese Vorschläge allerdings im Hinblick auf die Schaffung eines "wirklichen" Gemeinsamen Marktes Aussicht auf Verwirklichung haben, bleibe dahingestellt. So meint z. B. Geertmann, daß für dieses Ziel u. a. in allen sechs Staaten eine Erhöhung des Mehrwertsteuersatzes und in Holland und der BRD eine Ermäßigung der Progression der Einkommensteuer erforderlich sind. Vgl. J.A. Geertmann, Die Zukunft der Steuern in der EWG. In: Zur Besteuerung der Unternehmung. Festschrift für Peter Scherpf zur Vollendung des 65. Lebensjahres, herausgegeben von Otto Hintner und Hanns Linhardt unter Mitwirkung von Werner Schubert. Berlin 1968, S. 185-202, bes. S. 190-192, 197 f.

4) Vgl. Adolf Moxter, Die Grundsätze ordnungsmäßiger Bilanzierung und der Stand der Bilanztheorie. In: ZfbF, Jg. 18 (1966), S. 28-59, hier S. 53; vgl. ähnlich Walther Busse von Colbe, Aufbau und Informationsgehalt von Kapitalflußrechnungen. In: ZfB, Jg. 36 (1966), 1. Ergänzungsheft, S. 82-114, hier S. 105; zum Ansatz von Zahlungsströmen vgl. weiter die unter Punkt A.III. genannte Literatur.

5) Vgl. etwa Dieter Schneider, Bilanzgewinn und ökonomische Theorie. In: ZfhF, NF, Jg. 15 (1963), S. 457-474; ders., Ausschüttungsfähiger Gewinn und das Minimum an Selbstfinanzierung. In: ZfbF, Jg. 20 (1968), S. 1-29; ders., Publizität der Manipulationen. Bilanztheorie gestern und heute. In: Der Volkswirt, Jg. 22 (1968), Nr. 45, S. 47-50; Horst Albach, Grundgedanken einer synthetischen Bilanztheorie. In: ZfB, Jg. 35 (1965), S. 21-31; und die in Punkt A.IV. angegebene Literatur.

6) Vgl. dazu insbesondere Ulrich Leffson, Wesen und Aussagefähigkeit des Jahresabschlusses. In: ZfbF, Jg. 18 (1966), S. 375-390.

7) Vgl. Moxter, Die Grundsätze ordnungsmäßiger Bilanzierung und der Stand der Bilanztheorie, S. 53; vgl. ähnlich Busse von Colbe, Aufbau und Informationsgehalt von Kapitalflußrechnungen, S. 105.

8) Vgl. die Bilanzstatistiken für das Jahr 1967 von 1817 Aktiengesellschaften mit einer Abschreibungssumme von 13, 9 Mrd. Mark. In: Statistisches Jahrbuch für die Bundesrepublik Deutschland, herausgegeben vom Statistischen Bundesamt, Wiesbaden, Stuttgart und Mainz 1970, Teil XI. C., hier S. 172-177. - Die dortigen Angaben für "Sachanlagen und Anzahlungen" und "Abschreibungen auf Sachanlagen" decken sich nicht völlig mit den Posten unserer Untersuchung. Vgl. dazu Adler/Düring/Schmaltz, Die neue Gewinn- und Verlustrechnung. Ergänzungsband zur 3. Aufl. des Handkommentars. Von Hans Adler, Walther Düring, Kurt Schmaltz und Karl-Heinz Forster, Reinhard Goerdeler. Stuttgart 1961, § 132 Tz. 207, 211; Adler/Düring/Schmaltz, Rechnungslegung und Prüfung der Aktiengesellschaft. Handkommentar. 4. Aufl., bearbeitet von Kurt Schmaltz, Karl-Heinz Forster, Reinhard Goerdeler, Hans Havermann. Band 1: Rechnungslegung. Stuttgart 1968, § 157 Tz. 154, 158.
Vgl. auch für das Jahr 1967 NN, Bilanzen und Erfolgsrechnungen 1967 von Aktiengesellschaften der Industrie. In: Wirtschaft und Statistik, Jg. 1969, S. 27-30. - Untersucht wurden 1064 Gesellschaften. In der Abschreibungssumme von 12, 4 Mrd. Mark sind auch Abschreibungen auf Grundstücke und immaterielle Anlagewerte enthalten.

9) Vgl. NN, Sozialprodukt und Einkommen im zweiten Halbjahr 1969. In: Monatsberichte der Deutschen Bundesbank, Jg. 22 (1970), Nr. 2, S. 47-58,

hier Tabelle S. 55. - Der Posten "Abschreibungen" in der Tabelle ist nicht weiter untergliedert. Es handelt sich ebenfalls nicht nur um Abschreibungen auf abnutzbare Sachanlagen.
Zur größenmäßigen Bedeutung des Anlagevermögens und der Abschreibungen vgl. auch das umfangreiche Zahlenmaterial und die Literaturangaben bei Wolfgang Watter, Anlageinvestitionen und Anlagevermögen in Berlin (West) 1950 bis 1965. In: DIW-Beiträge zur Strukturforschung. Heft 2. Berlin 1967; Wolfgang Kirner, Zeitreihen für das Anlagevermögen der Wirtschaftsbereiche in der Bundesrepublik Deutschland. [Diss. Münster 1968.] In: DIW-Beiträge zur Strukturforschung. Heft 5. Berlin 1968; vgl. weiter Horst Albach, Kennzahlen deutscher Aktiengesellschaften. In: Die Wirtschaftsprüfung, Jg. 20 (1967), S. 505-509.

10) So Karl Lechner, Forderungen an eine moderne Bewertungstheorie und Bewertungspraxis. In: Wirtschaftlichkeit, Jg. 1967, S. 12-18, hier S. 17 - im Vertrauen auf das Verantwortungsbewußtsein des Unternehmers auch auf dem Bewertungsgebiet, vgl. in gleicher Quelle, S. 18. - "Größere Freiheit" fordert Flick im Hinblick auf die Steuerharmonisierung in der EWG. "Nicht eine Verschärfung der Betriebsprüfung ist notwendig, sondern größere Freiheit für die Unternehmer bei Abschreibungen, Rückstellungen, Bewertungen." Hans Flick, Das deutsche Steuerwesen muß attraktiver werden! In: Finanz-Rundschau, Jg. 23 (50)(1968), S. 447 f., hier S. 448.

11) Gerhard Krüger, Normung. In: Handwörterbuch der Sozialwissenschaften. Band 7. Stuttgart/Tübingen/Göttingen 1961, S. 618-621, hier S. 618.

12) Vgl. etwa E(ugen) Schmalenbach, Grundlagen dynamischer Bilanzlehre. In: ZfhF, Jg. 13 (1919), S. 1-60, 65-101, hier S. 95.

13) So Henrik Virkkunen, Das Rechnungswesen im Dienste der Leitung. Helsinki 1956, S. 49-59; im Anschluß an Billy E. Goetz, Management Planning and Control. New York - Toronto - London 1949, S. 2-4.

14) Zu den Vorzügen und der Erläuterung dieser Systematik des Rechnungswesens samt weiterer Untergliederung, die im folgenden zum Teil verwandt wird, vgl. im einzelnen Dieter Schneider, Die wirtschaftliche Nutzungsdauer von Anlagegütern als Bestimmungsgrund der Abschreibungen. Köln und Opladen 1961, S. 4-10; vgl. aber Karl Vodrazka, Die Möglichkeiten der Kostenzurechnung. In: Der Österreichische Betriebswirt, Jg. 14 (1964), S. 11-50, hier S. 15 f.

15) Vgl. Dieter Schneider, Theoretisches und praktisches Denken in der Unternehmensrechnung. In: Wissenschaft und Praxis. Festschrift zum zwanzigjährigen Bestehen des Westdeutschen Verlags 1967. Köln und Opladen 1967, S. 225-243, hier S. 225.

16) Virkkunen hat die Entscheidung als unternehmerische Aufgabe nicht etwa vergessen. Er sieht die Entscheidung als unmittelbare Stufe nach der Planung. Vgl. Virkkunen, Das Rechnungswesen im Dienste der Leitung, S. 50 f.

17) Vgl. etwa Ulrich Leffson, Der Ausbau der unternehmerischen Rechenschaft durch vollständigen Kapitaldispositionsnachweis. In: Neue Betriebswirtschaft, Jg. 21 (1968), Nr. 1, S. 1-17, bes. S. 8 f.; Wolfgang von Zwehl, Untersuchung zur Erstellung einer Planbilanz als Ergänzung des Jahresabschlusses. Berlin 1968; Wilhelm Elmendorff, Vom Jahresabschluß zur Planbilanz. In: Unternehmensführung und Unternehmensberatung. Düsseldorf 1969, S. 27-34.

18) Vgl. Busse von Colbe, Aufbau und Informationsgehalt von Kapitalflußrechnungen, S. 99-109, S. 109-112.

19) Vgl. Moxter, Die Grundsätze ordnungsmäßiger Bilanzierung und der Stand der Bilanztheorie, S. 51 f. ("finanzplanorientiertes" und "horizontale" im Original kursiv).

20) Vgl. dazu auch Punkt A.V. a).

21) Vgl. dazu auch für die Handelsbilanz Adolf Moxter, Der Einfluß von Publizitätsvorschriften auf das unternehmerische Verhalten. Köln und Opladen 1962, z. B. S. 1; Ulrich Leffson, Die Grundsätze ordnungsmäßiger Buchführung. 2. Aufl., Düsseldorf 1970, S. 28; für die Steuerbilanz Dieter Schneider, Buchbesprechung zu Herrmann - Heuer, Kommentar zur Ein-

kommensteuer (einschließlich Lohnsteuer) und Körperschaftsteuer. In: ZfbF, Jg. 19 (1967), S. 738 f.

22) Siehe dazu die entsprechenden Ausführungen der auf S. 184, Fußn. 1 genannten Literatur - vor allem aber die aufschlußreichen Artikel im Industriekurier, z. B. Hans Mundorf, Publizität für alle Großunternehmen? In: Industriekurier, 23. Mai 1967, Nr. 76, S. 1.

23) Zur Geschichte der Bilanzierung vgl. im einzelnen Fritz Wall, Grundsätzliche Erwägungen zur Handels- und Steuerbilanz. Stuttgart 1952, S. 44-51; Kuno Barth, Die Entwicklung des deutschen Bilanzrechts und der auf ihm beruhenden Bilanzauffassungen, handelsrechtlich und steuerrechtlich. Band I: Handelsrechtlich. Stuttgart 1953, bes. S. 61-113, Band II: Steuerrecht, Teilband I. Stuttgart 1955; Theodor Ascher, Die Steuerbilanz. Ihre Entstehung und Gestalt. Essen 1958, bes. S. 15-108.

24) Barth, Die Entwicklung des deutschen Bilanzrechts, Band I, S. 63; zur besonders hervorstechenden "Periode des Aktienschwindels", die Anlaß der Aktiennovelle von 1884 war, vgl. in gleicher Quelle, S. 75 f.

25) Vgl. Ascher, Die Steuerbilanz, S. 59.

26) Vgl. Moxter, Der Einfluß von Publizitätsvorschriften auf das unternehmerische Verhalten.

27) Wiedergegeben nach Grobe, Publizitätsfessel für Konzerne? S. 23.

28) So z. B. für viele Richard Passow, Die Bilanzen der privaten und öffentlichen Unternehmungen. Band I: Allgemeiner Teil. 3. Aufl., Leipzig/Berlin 1921, S. 10-12; Leffson, Die Grundsätze ordnungsmäßiger Buchführung, bes. S. 51-58.

29) Hermann Staub, Handelsgesetzbuch, Großkommentar. 3. Aufl., neubearbeitet von Dieter Brüggemann u. a. Band 1: §§ 1-104. Berlin 1967, S. 441.

30) Hermann Rehm, Die Bilanzen der Aktiengesellschaften[usw.]. München 1903, Vorwort, S. III.

31) Als ein Sonderfall sei der Vorschlag von Vatter erwähnt. In seiner Rechnung über die Veränderungen des "Net Working Capital", die eine Kombination aus gegenwärtiger Erfolgsrechnung und einer Zahlungsstromrechnung ohne Gewinnermittlung darstellt, tauchen die Abschreibungen auf - jedoch nur als durchlaufender Posten. Vgl. William J. Vatter, Operating Confusion in Accounting - Two Reports ore One? In: The Journal of Business, Vol. 36 (1963), S. 290-301, hier S. 298 f.; vgl. auch Franz Eisenführ, Anforderungen an den Informationsgehalt kaufmännischer Jahresabschlußrechnungen. Diss. Kiel 1966. Köln 1967, S. 137 f.

32) Zur Unterscheidung von personen- und firmenbezogenem Unternehmensbegriff vgl. im einzelnen Dieter Schneider, Modellvorstellungen zur optimalen Selbstfinanzierung, In: ZfbF, Jg. 20 (1968), S. 705-739, bes. S. 709 f., 727 f.; ders., Investition und Finanzierung. Köln und Opladen 1970, S. 149 f.

33) Vgl. dazu D. Schneider, Modellvorstellungen zur optimalen Selbstfinanzierung, bes. S. 710 f. ("Einkommensmaximierung", "Vermögensmaximierung", "Wohlstandsmaximierung" im Original kursiv); ähnlich ders., Ausschüttungsfähiger Gewinn und das Minimum an Selbstfinanzierung, S. 3 f.; ders., Investition und Finanzierung, S. 146-149. - Bei variablem Handlungszeitraum gelten die folgenden Ausführungen entsprechend; "schlimmstenfalls" müßte (ähnlich wie bei Wohlstandsmaximierung) eine Austauschregel bekannt sein, und zwar hier zwischen Arbeitszeit und Einkommen oder Vermögen.

34) D. Schneider, Ausschüttungsfähiger Gewinn und das Minimum an Selbstfinanzierung, S. 4.

35) Vgl. auch Friedrich and Vera Lutz, The Theory of Investment of the Firm. Princeton 1951, S. 219. - Über den Zusammenhang von Unternehmenserhaltung und Gewinnermittlung vgl. auch die Punkte A.II. b) 1. und A.IV. a).

36) D. Schneider, Modellvorstellungen zur optimalen Selbstfinanzierung, S. 710.

37) D. Schneider, Modellvorstellungen zur optimalen Selbstfinanzierung, S. 711.

38) Vgl. dazu Moxter, Der Einfluß von Publizitätsvorschriften auf das unternehmerische Verhalten. (Moxter prüft jeweils unter 1. in Teil A seiner

Untersuchung ausführlich die möglichen Gründe für eine - zwangsweise - Information der genannten Interessenten, mit Ausnahme des Fiskus.); Robert Aaron Gordon, Business Leadership in the Large Corporation. (First printing 1945). Fifth printing, Berkeley and Los Angeles 1961, bes. Teil II ab S. 147; Karl-Heinz Maul, Grundfragen der Rechnungslegung bei Publikums-Aktiengesellschaften. Diss. Frankfurt am Main 1968, S. 16; Castan, Publizitätspflicht für alle Großunternehmen? S. 515-518; und die Quellenangaben, S. 188, Fußn. 43.

39) Vgl. für viele Passow, Die Bilanzen der privaten und öffentlichen Unternehmungen, S. 9-12; Eugen Schmalenbach, Dynamische Bilanz. 13. Aufl., bearbeitet von Richard Bauer, Köln und Opladen 1962, S. 53-56; Adler/Düring/Schmaltz, Rechnungslegung und Prüfung der Aktiengesellschaft, 4. Aufl., Band 1, § 151 Tz. 29-34 (aber auch Tz. 35-39); Walter le Coutre, Bilanztheorien. In: Handwörterbuch der Betriebswirtschaft. Band I. 3. Aufl., Stuttgart 1956, Sp. 1153-1177; Moxter, Der Einfluß von Publizitätsvorschriften auf das unternehmerische Verhalten, S. 1, Fußn. 2, und S. 224, Fußn. 561; Leffson, Die Grundsätze ordnungsmäßiger Buchführung, S. 48-74. (Der von Leffson und ähnlich von anderen Autoren genannte Zweck "Rechenschaftslegung vor sich selbst", S. 51-53, wurde in einem anderen Zusammenhang als interne Bilanzierung gekennzeichnet. Zum Zweck "Ausgangspunkt für Sonderrechnungen", S. 61-63, ist anzumerken: Derartige Sonderrechnungen haben mit der externen Bilanzierung nur die Ausgangsdaten gemeinsam, zählen nach unserer Begriffsfassung auch zur internen Rechnungslegung, vgl. dazu auch Leffson selbst, S. 62 f.)

40) Vgl. dazu für viele Fritz Neumark, Theorie und Praxis der modernen Einkommensbesteuerung. Bern 1947, §§ 5, 6, 8; ders., Grundsätze der Besteuerung in Vergangenheit und Gegenwart. In: Sitzungsberichte der Wissenschaftlichen Gesellschaft an der Johann Wolfgang Goethe-Universität Frankfurt/Main. Band 3, Jahrgang 1964, Nr. 2. Wiesbaden 1965; ders., Grundsätze gerechter und ökonomisch rationaler Steuerpolitik. Tübingen 1970; Günter Schmölders, Allgemeine Steuerlehre. 4. Aufl., Berlin 1965, bes. S. 52-58; Heinz Haller, Finanzpolitik. 4. Aufl., Tübingen/Zürich 1968, S. 235-266; ders., Die Steuern. Tübingen 1964; Karl Hax, Die Substanzerhaltung der Unternehmung als Problem der Besteuerung. In: Steuer und Wirtschaft, Jg. 39 (1962), Sp. 255-270, bes. Sp. 258, 267 f.; Gutachten zur Reform der direkten Steuern, S. 13-16.

41) Vgl. Günter Wöhe, Betriebswirtschaftliche Steuerlehre. Band I. 2. Aufl., Berlin und Frankfurt a.M. 1966, S. 7.

42) Vgl. dazu die Überlegungen von D. Schneider, Publizität der Manipulationen, bes. S. 50; ders., Bilanztheorien, neuere Ansätze. In: Handwörterbuch des Rechnungswesens, herausgegeben von Erich Kosiol. Stuttgart 1970, Sp. 260-270, hier Sp. 267 f.; ders., Investition und Finanzierung, S. 188-191.

43) Vgl. etwa Moxter, Die Grundsätze ordnungsmäßiger Bilanzierung und der Stand der Bilanztheorie, bes. S. 53-57; ders., Präferenzstruktur und Aktivitätsfunktion des Unternehmers. In: ZfbF, Jg. 16 (1964), S. 6-35, bes. S. 13 f.; Busse von Colbe, Aufbau und Informationsgehalt von Kapitalflußrechnungen, bes. S. 89-97; vgl. auch Eisenführ, Anforderungen an den Informationsgehalt kaufmännischer Jahresabschlußrechnungen, bes. Teil II und S. 137-142; Maul, Grundfragen der Rechnungslegung bei Publikums-Aktiengesellschaften; und die dort jeweils angegebene Literatur.

44) Es geht hier deshalb in erster Linie um die herkömmliche Gewinnermittlung, weil Gewinnrechnungen auf kapitaltheoretischer Basis auf zukünftigen Zahlungsströmen aufbauen und diese auch ausweisen könnten. Insofern ergibt sich bei ihnen in diesem Zusammenhang kein Gegensatz zu Zahlungsstromrechnungen.

45) Zur Kritik an Zahlungsstromrechnungen vgl. auch Leffson, Wesen und Aussagefähigkeit des Jahresabschlusses, bes. S. 377 f.; ders., Der Ausbau der unternehmerischen Rechenschaft durch vollständigen Kapitaldispositionsnachweis, S. 4-8; Karl Käfer, Kapitalflußrechnungen. Funds Statement, Liquiditätsnachweis, Bewegungsbilanz als dritte Jahresrechnung der Unter-

nehmung. Stuttgart 1967, z. B. S. 404 f.; und die dort angegebene Literatur.

46) Vgl. auch Leffson, Der Ausbau der unternehmerischen Rechenschaft durch vollständigen Kapitaldispositionsnachweis, S. 6 f.

47) Busse von Colbe, Aufbau und Informationsgehalt von Kapitalflußrechnungen, S. 100, 104 (wörtliches Zitat auf S. 104, im Original kursiv).

48) Vgl. Moxter, Die Grundsätze ordnungsmäßiger Bilanzierung und der Stand der Bilanztheorie, S. 53 f.

49) Vgl. auch D. Schneider, Modellvorstellungen zur optimalen Selbstfinanzierung, S. 726, Fußn. 15.

50) Moxter, Die Grundsätze ordnungsmäßiger Bilanzierung und der Stand der Bilanztheorie, S. 54 ("Kapitalerhaltung" im Original kursiv).

51) Moxter, Die Grundsätze ordnungsmäßiger Bilanzierung und der Stand der Bilanztheorie, S. 55.

52) Moxter, Die Grundsätze ordnungsmäßiger Bilanzierung und der Stand der Bilanztheorie, S. 55.

53) Moxter, Die Grundsätze ordnungsmäßiger Bilanzierung und der Stand der Bilanztheorie, S. 56.

54) Vgl. Moxter, Die Grundsätze ordnungsmäßiger Bilanzierung und der Stand der Bilanztheorie, S. 57.

55) NN, Haftbefehl nach Millionenkonkurs. Der Fall Hofbauer & Maier/Banken, Handwerker und Rentner betrogen. In: Frankfurter Allgemeine Zeitung, 10. April 1969, Nr. 83, S. 8.

56) Vgl. Maul, Grundfragen der Rechnungslegung bei Publikums-Aktiengesellschaften, bes. S. 99-122; ders., Bemerkungen zum Gläubigerschutz im Rahmen der aktienrechtlichen Rechnungslegung und einer verschuldungsgradbedingten Ausschüttungsregelung. In: Die Wirtschaftsprüfung, Jg. 21 (1968), S. 537-542.

57) So Maul, Bemerkungen zum Gläubigerschutz, S. 538.

58) Maul, Bemerkungen zum Gläubigerschutz, S. 537 f. (wörtliches Zitat S. 538).

59) Vgl. Maul, Bemerkungen zum Gläubigerschutz, bes. S. 539, 542.

60) So zwei Zwischenüberschriften bei Maul. Vgl. Maul, Bemerkungen zum Gläubigerschutz, S. 539, 541, mit Ausführungen auf S. 539 f., 541 f.; zur Kritik dazu und zu einer Reihe weiterer Punkte vgl. auch Irmin Bergschneider, Zum Gläubigerschutz im Aktienrecht. In: Die Wirtschaftsprüfung, Jg. 22 (1969), S. 96-100.

61) So die Unterscheidung von Busse von Colbe, Aufbau und Informationsgehalt von Kapitalflußrechnungen, S. 98 f.; Käfer, Kapitalflußrechnungen, S. 55.

62) Vgl. dazu die entsprechenden Ausführungen im Hinblick auf zukunftsbezogene Gewinnrechnungen, ab S. 54.

63) So besonders deutlich Käfer, der schon im Untertitel seines Werkes zum Ausdruck bringt, Zahlungsstromrechnungen seien als dritte Rechnung neben Bilanz und Gewinn- und Verlustrechnung zu erstellen, vgl. Käfer, Kapitalflußrechnungen. Funds Statement, Liquiditätsnachweis, Bewegungsbilanz als dritte Jahresrechnung der Unternehmung, s. auch S. V und S. 406; eine "Synthese der Instrumente zum vollständigen Kapitaldispositionsnachweis" entwickelt Leffson, vgl. Leffson, Der Ausbau der unternehmerischen Rechenschaft durch vollständigen Kapitaldispositionsnachweis, Kapitel 4; für Zahlungsstromrechnungen neben dem Jahresabschluß spricht sich neuerdings auch Busse von Colbe aus - vgl. Walther Busse von Colbe, Prognosepublizität von Aktiengesellschaften. In: Beiträge zur Lehre von der Unternehmung. Festschrift für Karl Käfer, herausgegeben von Otto Angehrn und Hans Paul Künzi. Stuttgart 1968, S. 91-118, hier S. 91; ders., Kapitalflußrechnungen als Berichts- und Planungsinstrument. In: Schriften zur Unternehmensführung. Band 6/7. Wiesbaden 1968, S. 9-28, hier S. 15, 28 -, der früher eher der Meinung schien, die herkömmliche Bilanzierung könne ganz abgeschafft werden, vgl. ders., Aufbau und Informationsgehalt von Kapitalflußrechnungen, S. 96, 114.

64) Vgl. Eisenführ, Anforderungen an den Informationsgehalt kaufmännischer

Jahresabschlußrechnungen, S. 164-171.

65) Eisenführ, Anforderungen an den Informationsgehalt kaufmännischer Jahresabschlußrechnungen, S. 165.

66) Vgl. Eisenführ, Anforderungen an den Informationsgehalt kaufmännischer Jahresabschlußrechnungen, S. 165 f., bis einschließlich Formel (2a).

67) Vgl. Eisenführ, Anforderungen an den Informationsgehalt kaufmännischer Jahresabschlußrechnungen, S. 170. (Im Beispiel müßte der Steuersatz t_3 übrigens rund 22,7 % und nicht 17 % betragen.)

68) Eisenführ, Anforderungen an den Informationsgehalt kaufmännischer Jahresabschlußrechnungen, S. 166.

69) Siehe dazu für viele Gutachten zur Reform der direkten Steuern, S. 13 f.; und den kurzen Beitrag von Fecher, mit weiteren Einwänden gegen die Mehrwertsteuer - und damit auch gegen verwandte indirekte Steuern wie im diskutierten Vorschlag. Vgl. Hans Fecher, Buchbesprechung zu A. R. Prest, The Capital Gains Tax and the Corporation Tax. In: Zeitschrift für die gesamte Staatswissenschaft, Bd. 125 (1969), S. 337-339, hier S. 338 f.

70) Vgl. Eisenführ, Anforderungen an den Informationsgehalt kaufmännischer Jahresabschlußrechnungen, S. 167.

71) Eisenführ, Anforderungen an den Informationsgehalt kaufmännischer Jahresabschlußrechnungen, S. 167.

72) Vgl. Eisenführ, Anforderungen an den Informationsgehalt kaufmännischer Jahresabschlußrechnungen, S. 168.

73) Vgl. Eisenführ, Anforderungen an den Informationsgehalt kaufmännischer Jahresabschlußrechnungen, S. 170.

74) Vgl. Haller, Die Steuern, S. 78-82.

75) Vgl. Eisenführ, Anforderungen an den Informationsgehalt kaufmännischer Jahresabschlußrechnungen, S. 167.

76) Vgl. Eisenführ, Anforderungen an den Informationsgehalt kaufmännischer Jahresabschlußrechnungen, S. 169.

77) Vgl. Busse von Colbe, Aufbau und Informationsgehalt von Kapitalflußrechnungen, S. 113.

78) Vgl. Busse von Colbe, Aufbau und Informationsgehalt von Kapitalflußrechnungen, S. 113.

79) Busse von Colbe, Aufbau und Informationsgehalt von Kapitalflußrechnungen, S. 113.

80) Vgl. Busse von Colbe, Aufbau und Informationsgehalt von Kapitalflußrechnungen, z. B. im Schema auf S. 100.

81) Vgl. Busse von Colbe, Aufbau und Informationsgehalt von Kapitalflußrechnungen, S. 114.

82) Vgl. Kurt Schmidt, Zur Reform der Unternehmungsbesteuerung. In: Finanzarchiv, NF, Bd. 22 (1962/63), S. 35-70, hier S. 35, 70; vgl. zur Auseinandersetzung mit diesen Besteuerungsgrundlagen die von Schmidt angegebene Literatur (bes. ab S. 54).

83) Eine "personelle Methode" und eine "reale Methode" zur Errechnung der Wertschöpfung unterscheidet E. Schneider. Vgl. Erich Schneider, Einführung in die Wirtschaftstheorie. Teil I. Theorie des Wirtschaftskreislaufs. 12. Aufl., Tübingen 1965, S. 54, 60 ("personelle Methode" und "reale Methode" im Original kursiv); K. Schmidt, Zur Reform der Unternehmungsbesteuerung, S. 55, Fußn. 3.

84) Vgl. Paul Studenski, Toward a Theory of Business Taxation. In: The Journal of Political Economy, Vol. 48 (1940), S. 621-654, hier S. 648.

85) K. Schmidt, Zur Reform der Unternehmungsbesteuerung, S. 56.

86) K. Schmidt, Zur Reform der Unternehmungsbesteuerung, S. 56.

87) K. Schmidt, Zur Reform der Unternehmungsbesteuerung, S. 56.

88) Vgl. K. Schmidt, Zur Reform der Unternehmungsbesteuerung, S. 56 f., Fußn. 2.

89) Vgl. K. Schmidt, Zur Reform der Unternehmungsbesteuerung, S. 59 ("Abschreibungsbasis der Unternehmungsteuer" im Original kursiv).

90) Vgl. K. Schmidt, Zur Reform der Unternehmungsbesteuerung, S. 59 f., Fußn. 3.

91) Daß es eine solche Möglichkeit sei, bemerkt Schmidt. Vgl. K. Schmidt, Zur Reform der Unternehmungsbesteuerung, S. 62.

92) Vgl. Paul Riebel, Die Problematik der Normung von Abschreibungen. In: Der Betrieb, Jg. 13 (1960), S. 729-734, bes. S. 733 f. (Als Sonderdruck erschienen in: Veröffentlichungen der Wirtschaftshochschule Mannheim, Reihe 2: Reden, Heft 11. Stuttgart 1963); ähnlich Moxter, Die Grundsätze ordnungsmäßiger Bilanzierung und der Stand der Bilanztheorie, S. 57.

93) Riebel, Die Problematik der Normung von Abschreibungen, S. 734.

94) Riebel, Die Problematik der Normung von Abschreibungen, S. 734 ("bei Unternehmungen, die laufend investieren" im Original kursiv).

95) Vgl. Günter Schmölders, Bemessungsgrundlagen der Betriebsbesteuerung. In: Steuer und Wirtschaft, Jg. 26 (1949), Sp. 985-994, hier Sp. 993. - Zu den Untersuchungen des Betriebsteuerausschusses insgesamt vgl. Bericht und Gesetzentwürfe zur Betriebsteuer, vorgelegt vom Betriebsteuerausschuß der Verwaltung für Finanzen. In: Steuer und Wirtschaft, Jg. 26 (1949), Sp. 929-1068 (mit umfangreichen Literaturangaben, Sp. 1065-1068); und dazu Carl Boettcher; Günter Schmölders, Betriebsteuer. In: Handwörterbuch der Sozialwissenschaften. Band 2. Stuttgart/Tübingen/Göttingen 1959, S. 92-94; Carl-Heinz Tretner, Wettbewerbsneutrale Gewinnbesteuerung. Köln und Opladen 1963, S. 83-86; Horst Schulte, Der Vorschlag einer "Betriebsteuer" und das geltende deutsche Steuersystem. Berlin 1967, S. 29-44; jeweils mit weiteren Literaturangaben.

96) Vgl. Neumark, Theorie und Praxis der modernen Einkommensbesteuerung, S. 79, 161; Schmölders, Bemessungsgrundlagen der Betriebsbesteuerung, Sp. 988 (mit Hinweis auf die Kritik von Studenski, vgl. Studenski, Toward a Theory of Business Taxation, S. 634-636); K. Schmidt, Zur Reform der Unternehmungsbesteuerung, S. 38; Tretner, Wettbewerbsneutrale Gewinnbesteuerung, S. 33, 89-91; Schulte, Der Vorschlag einer "Betriebsteuer" und das geltende deutsche Steuersystem, S. 34, 36.

97) Ein "Anrechnungsverfahren" sah der erste der drei Entwürfe des Betriebsteuerausschusses vor, vgl. dazu die entsprechenden Ausführungen der auf S. 191, Fußn. 95 genannten Literatur (mit Ausnahme des Beitrags von Schmölders); vgl. als weitere Beispiele die Vorschläge im Gutachten zur Reform der direkten Steuern, bes. S. 50-53; und von Wolfram Engels; Wolfgang Stützel, Teilhabersteuer. Ein Beitrag zur Vermögenspolitik, zur Verbesserung der Kapitalstruktur und zur Vereinfachung des Steuerrechts. 2. Aufl., Frankfurt am Main 1968, bes. S. 11-16; zur Kritik am Vorschlag des Wissenschaftlichen Beirats beim Bundesministerium der Finanzen vgl. etwa Gerd Rose, Große Steuerreform für Kapitalgesellschaften? In: GmbH-Rundschau, Jg. 58 (1967), S. 223-227; zur Kritik an Engels und Stützel vgl. Fritz Neumark, Teilhabersteuer. Keine Patentmedizin. Interview mit Fritz Neumark. In: Der Volkswirt, Jg. 22 (1968), Nr. 30, S. 27-29; zu beiden und weiteren Vorschlägen vgl. Zur Reform der Körperschaftsteuer, herausgegeben vom Institut "Finanzen und Steuern" e.V. Heft 91. Bonn a. Rh. 1968.

98) Vgl. dazu auch Gutachten zur Reform der direkten Steuern, Teile A. bis C.

99) Vgl. dazu im einzelnen Punkt B.III. a) 2.

100) Vgl. insbesondere Irving Fisher, The Nature of Capital and Income. New York 1906, reprinted 1965.

101) Vgl. F(riedrich) A. von Hayek, The Maintenance of Capital. In: Economica, New Series, Vol. 2 (1935), S. 241-276; ders., Maintaining Capital Intact: A Reply [zu Pigou]. In: Economica, New Series, Vol. 8 (1941), S. 276-280; ders., The Pure Theory of Capital. First published 1941. Fourth impression, London 1962, S. 307 f., 312 f.; A.C. Pigou, Maintaining Capital Intact. In: Economica, New Series, Vol. 8 (1941), S. 271-275; J(ohn) R(ichard) Hicks, Maintaining Capital Intact: a Further Suggestion. In: Economica, New Series, Vol. 9 (1942), S. 174-179; ders., Value and Capital. Second Edition, Oxford 1946. Reprinted 1965, bes. S. 173; Lutz, The Theory of Investment of the Firm, bes. S. 221-224; Albert Schnettler, Betriebsanalyse. (1. Aufl., 1958.) 2. Aufl., Stuttgart 1960, bes. S. 34-37; vgl.

dazu auch Walther Busse von Colbe, Substanzerhaltung. In: Handwörterbuch der Betriebswirtschaft. Band III. 3. Aufl., Stuttgart 1960, Sp. 5310-5321, hier Sp. 5314; vgl. auch schon Ernst Walb, Die Erfolgsrechnung privater und öffentlicher Betriebe. Berlin/Wien 1926, S. 344: "Als Rechnungsziel kommt beim Kapital nur der 'Verkehrskapitalwert' in Betracht."

102) Vgl. z. B. Fisher, The Nature of Capital and Income, S. 51 f.; von Hayek, The Maintenance of Capital, bes. S. 251-256; ders., The Pure Theory of Capital, vor allem S. 307 f.; Hicks, Maintaining Capital Intact, S. 177; ders., Value and Capital, S. 171-181; Erik Lindahl, The Concept of Income. In: Economic Essays in Honour of Gustav Cassel. London 1933. New impression 1967, S. 399-407; ders., Studies in the Theory of Money and Capital. London 1939. Second impression 1950, bes. S. 104-111; vgl. dazu auch George F. Break, Capital Maintenance and the Concept of Income. In: The Journal of Political Economy, Vol. 62 (1954), S. 48-62, hier S. 58-61.

103) Vgl. dazu im einzelnen die Quellenangaben bei D. Schneider, Bilanzgewinn und ökonomische Theorie; Hans Münstermann, Dynamische Bilanz: Grundlagen, Weiterentwicklung und Bedeutung in der neuesten Bilanzdiskussion. In: ZfbF, Jg. 18 (1966), S. 512-531, hier S. 525; ders., Unternehmungsrechnung. Wiesbaden 1969, S. 39-57; Maul, Grundfragen der Rechnungslegung bei Publikums-Aktiengesellschaften, S. 145-150, 160 f.

104) Vgl. D. Schneider, Bilanzgewinn und ökonomische Theorie; ders., Diskussionsbeitrag [über den ökonomischen Gewinnbegriff auf der Arbeitstagung der Schmalenbach-Gesellschaft in Köln am 1. Juli 1966]. In: ZfbF, Jg. 18 (1966), S. 571-575; ders., Substanzerhaltung und technischer Fortschritt. In: Der Volkswirt, Jg. 21 (1967), S. 2651-2654; ders., Ausschüttungsfähiger Gewinn und das Minimum an Selbstfinanzierung, bes. S. 10-27; ders., Publizität der Manipulationen; ders., Modellvorstellungen zur optimalen Selbstfinanzierung, bes. S. 723-727; ders., Bilanztheorien, neuere Ansätze, Sp. 264-267; ders., Investition und Finanzierung, Teil B. III.

105) Vgl. Horst Albach, Zur Bewertung von Wirtschaftsgütern mit dem Teilwert. In: Die Wirtschaftsprüfung, Jg. 16 (1963), S. 624-631, ab S. 628; ders., Grundgedanken einer synthetischen Bilanztheorie; ders., Neue Entwicklungstendenzen in der Teilwertlehre. In: Steuerberater-Jahrbuch 1965/66. Köln 1966, S. 307-329, bes. S. 318-321.

106) Vgl. zur Kritik aber auch Karl Käfer, Die Bilanz als Zukunftsrechnung. Zürich 1962; Herbert Hax, Der Bilanzgewinn als Erfolgsmaßstab. In: ZfB, Jg. 34 (1964), S. 642-651, ab S. 646; Jaakko Honko, Über einige Probleme bei der Ermittlung des Jahresgewinns der Unternehmung. In: ZfB, Jg. 35 (1965), S. 611-642; Moxter, Die Grundsätze ordnungsmäßiger Bilanzierung und der Stand der Bilanztheorie, bes. S. 39-41; Busse von Colbe, Aufbau und Informationsgehalt von Kapitalflußrechnungen, S. 95 f.; Leffson, Wesen und Aussagefähigkeit des Jahresabschlusses, S. 378 f.; Münstermann, Dynamische Bilanz, S. 525-531; ders., Die Bedeutung des ökonomischen Gewinns für den externen Jahresabschluß der Aktiengesellschaft. In: Die Wirtschaftsprüfung, Jg. 19 (1966), S. 579-586; ders., Unternehmungsrechnung, bes. S. 43-57; Eisenführ, Anforderungen an den Informationsgehalt kaufmännischer Jahresabschlußrechnungen, S. 85-97; Hermann Göppl, Die Gestaltung der Rechnungslegung von Aktiengesellschaften unter Berücksichtigung der neueren bilanztheoretischen Diskussion. In: Die Wirtschaftsprüfung, Jg. 20 (1967), S. 565-574; Maul, Grundfragen der Rechnungslegung bei Publikums-Aktiengesellschaften, S. 144-177; Helmut Koch, Der Begriff des ökonomischen Gewinns - Zur Frage des Optimalitätskriteriums in der Wirtschaftlichkeitsrechnung. In: ZfbF, Jg. 20 (1968), S. 389-441; Adolf Gerhard Coenenberg, Gewinnbegriff und Bilanzierung. In: ZfbF, Jg. 20 (1968), S. 442-469, bes. S. 443-452; Klaus Lippmann, Der Beitrag des ökonomischen Gewinns zur Theorie und Praxis der Erfolgsermittlung. Düsseldorf 1970.

107) Vgl. D. Schneider, Modellvorstellungen zur optimalen Selbstfinanzierung, S. 725; ders., Investition und Finanzierung, S. 198 f.

108) D. Schneider, Diskussionsbeitrag, S. 573.
109) D. Schneider, Ausschüttungsfähiger Gewinn und das Minimum an Selbstfinanzierung, S. 11 (im Original kursiv).
110) Zum Rechenansatz vgl. D. Schneider, Ausschüttungsfähiger Gewinn und das Minimum an Selbstfinanzierung, S. 13. - Aus dem Rechenansatz ist zu erkennen, daß die Bewertung zum Planungshorizont kein besonderes Problem darstellt.
111) So D. Schneider, Bilanzgewinn und ökonomische Theorie, S. 469; ders., Diskussionsbeitrag, S. 575; ders., Ausschüttungsfähiger Gewinn und das Minimum an Selbstfinanzierung, bes. S. 14.
112) Vgl. D. Schneider, Ausschüttungsfähiger Gewinn und das Minimum an Selbstfinanzierung, S. 11.
113) Vgl. Sven-Erik Johansson, Skatt - investering - värdering. Summary. Stockholm 1961, bes. S. 218-220; vgl. auch Anton Heigl, Der Ertragswert der Unternehmung bei Geldwertänderung. In: Die Wirtschaftsprüfung, Jg. 20 (1967), S. 34-39.
114) Vgl. D. Schneider, Ausschüttungsfähiger Gewinn und das Minimum an Selbstfinanzierung, S. 18.
115) Vgl. die Ausführungen und das Beispiel von D. Schneider, Diskussionsbeitrag, S. 571 f.
116) Vgl. dazu im einzelnen D. Schneider, Bilanzgewinn und ökonomische Theorie, S. 462-464.
117) Vgl. D. Schneider, Bilanzgewinn und ökonomische Theorie, S. 469-472; ders., Ausschüttungsfähiger Gewinn und das Minimum an Selbstfinanzierung, S. 14.
118) Vgl. dazu auch D. Schneider, Bilanzgewinn und ökonomische Theorie, S. 472 f.; ders., Diskussionsbeitrag, S. 572 f.
119) Zum Fall des subjektiven Zinsfußes ohne Risikoprämie vgl. unten im Text. Für einen subjektiven Zinsfuß mit Risikoprämie spricht sich etwa Lindahl aus. Vgl. Lindahl, The Concept of Income, S. 400 und S. 402, Fußn. - Den Marktzinssatz erhöht um eine Risikoprämie nennt als eine Möglichkeit allgemein für Investitionsrechnungen z. B. E. Schneider. Vgl. Erich Schneider, Wirtschaftlichkeitsrechnung. 7. Aufl., Tübingen/Zürich 1968, S. 68 f.
120) So z. B. Albach, Grundgedanken einer synthetischen Bilanztheorie, S. 25-27.
121) Vgl. vor allem D. Schneider, Ausschüttungsfähiger Gewinn und das Minimum an Selbstfinanzierung, S. 12, 23-27; vgl. auch ders., Modellvorstellungen zur optimalen Selbstfinanzierung, S. 725 f.
122) Vgl. Jaakko Honko, Yrityksen Vuositulos. The Annual Income of an Enterprise and Its Determination. A Study from the Standpoint of Accounting and Economics. Summary. Helsinki 1959, S. 231 f.; ders., Über einige Probleme bei der Ermittlung des Jahresgewinns der Unternehmung, S. 628 f.; D. Schneider, Bilanzgewinn und ökonomische Theorie, S. 468.
123) Vgl. D. Schneider, Bilanzgewinn und ökonomische Theorie, S. 468; ders., Modellvorstellungen zur optimalen Selbstfinanzierung, S. 725 f.
124) Gegebenenfalls auch die Finanzierung der Gewinnsteuern, falls der ökonomische Gewinn als insgesamt entziehbarer Betrag angesehen würde, d. h. auch für die Gewinnbesteuerung Grundlage sein sollte.
125) Vgl. auch D. Schneider, Bilanzgewinn und ökonomische Theorie, S. 468.
126) Vgl. Punkt B. III. b) 1. cc) (4).
127) Vgl. dazu auch Dieter Schneider, Die Problematik betriebswirtschaftlicher Teilwertlehren. In: Die Wirtschaftsprüfung, Jg. 22 (1969), S. 305-313, hier S. 309.
128) Vgl. bes. das Beispiel auf S. 61, das hier analog gilt.
129) Vgl. D. Schneider, Ausschüttungsfähiger Gewinn und das Minimum an Selbstfinanzierung, S. 8.
130) Vgl. auch D. Schneider, Diskussionsbeitrag, S. 574.
131) D. Schneider, Ausschüttungsfähiger Gewinn und das Minimum an Selbstfinanzierung, S. 6.
132) Vgl. dazu im einzelnen D. Schneider, Bilanzgewinn und ökonomische Theorie,

S. 469; ders., Diskussionsbeitrag, S. 575; ders., Substanzerhaltung und technischer Fortschritt, S. 2653; ders., Ausschüttungsfähiger Gewinn und das Minimum an Selbstfinanzierung, S. 15. - D. Schneider wandelt damit das Prinzip des doppelten Minimums von Karl Hax ab, das dieser als formelle Anweisung entwickelt hat, um die nominelle Kapitalerhaltung und die Substanzerhaltung zu sichern. Vgl. Karl Hax, Die Substanzerhaltung der Betriebe. Köln und Opladen 1957, z. B. S. 37; ders., Unternehmenserhaltung und Gewinnbesteuerung. In: Finanzarchiv, NF, Bd. 20 (1959/60), S. 102-114, hier S. 108 ("Prinzip des doppelten Minimums" im Original kursiv).

133) Vgl. S. 192, Fußn. 105.

134) Vgl. bis hierher Albach, Grundgedanken einer synthetischen Bilanztheorie, S. 23-26.

135) E. Schneider, Wirtschaftlichkeitsrechnung, S. 10 (im Original kursiv).

136) Vgl. Albach, Zur Bewertung von Wirtschaftsgütern mit dem Teilwert, S. 629; ders., Grundgedanken einer synthetischen Bilanztheorie, S. 26 f.; ders., Neue Entwicklungstendenzen in der Teilwertlehre, S. 318.

137) Vgl. Albach, Grundgedanken einer synthetischen Bilanztheorie, S. 26 f.

138) Albach, Zur Bewertung von Wirtschaftsgütern mit dem Teilwert, S. 628.

139) Albach, Zur Bewertung von Wirtschaftsgütern mit dem Teilwert, S. 629.

140) Albach, Grundgedanken einer synthetischen Bilanztheorie, S. 27.

141) Vgl. Albach, Zur Bewertung von Wirtschaftsgütern mit dem Teilwert, bes. S. 628 f.; ders., Neue Entwicklungstendenzen in der Teilwertlehre, bes. S. 318 f.

142) Albach, Grundgedanken einer synthetischen Bilanztheorie, S. 27.

143) Vgl. bes. Albach, Zur Bewertung von Wirtschaftsgütern mit dem Teilwert, S. 629 f.

144) Vgl. D. Schneider, Die Problematik betriebswirtschaftlicher Teilwertlehren, S. 309 f.

145) Vgl. Albach, Grundgedanken einer synthetischen Bilanztheorie, S. 29-31.

146) Vgl. Staub, Handelsgesetzbuch, Großkommentar, S. 441; siehe dazu auch den Besprechungsaufsatz zu Staub von Adolf Moxter, Die statische Bilanztheorie heute. In: ZfbF, Jg. 19 (1967), S. 724-733, hier S. 724.

147) Vgl. Staub, Handelsgesetzbuch, Großkommentar, S. 443; Moxter, Die statische Bilanztheorie heute, S. 725.

148) In diesem Sinne auch Moxter, Der Einfluß von Publizitätsvorschriften auf das unternehmerische Verhalten, z. B. S. 145 und 224.

149) Vgl. z. B. RFH vom 23.5.1935 I A 110/33, RStBl 1935, S. 1467-1470, hier S. 1469; BFH vom 4.2.1958 I 173/57 U, BStBl III 1958, S. 109 f., hier S. 110; Wöhe, Betriebswirtschaftliche Steuerlehre, S. 218 f.

150) Vgl. z. B. Helmut Koch, Die Problematik des Niederstwertprinzips. In: Die Wirtschaftsprüfung, Jg. 10 (1957), S. 1-6, 31-35, 60-63, hier S. 63; Georg Döllerer, Grundsätze ordnungsmäßiger Bilanzierung, deren Entstehung und Ermittlung. In: Der Betriebs-Berater, Jg. 14 (1959), S. 1217-1221, bes. S. 1220. (Die Ausführungen sind ferner abgedruckt in: Die Wirtschaftsprüfung, Jg. 12 (1959), S. 653-658.); D. Schneider, Bilanzgewinn und ökonomische Theorie, S. 460; ders., Buchbesprechung zu Herrmann - Heuer, S. 738 f.; Leffson, Die Grundsätze ordnungsmäßiger Buchführung, bes. S. 23-25, 40 f.; Moxter, Die Grundsätze ordnungsmäßiger Bilanzierung und der Stand der Bilanztheorie, S. 28 f.; Adler/Düring/Schmaltz, Rechnungslegung und Prüfung der Aktiengesellschaft, 4. Aufl., Band 1, § 149 Tz. 20, mit weiteren Literaturangaben.

151) Vgl. Leffson, Die Grundsätze ordnungsmäßiger Buchführung, S. 2, 49-58, vor allem aber ab S. 92.

152) Vgl. dazu die entsprechenden Ausführungen in den folgenden Quellen. Für die Handelsbilanz: Adler/Düring/Schmaltz, Rechnungslegung und Prüfung der Aktiengesellschaft, 4. Aufl., Band 1, Tz. zu § 149; für die Steuerbilanz: Herrmann - Heuer, Kommentar zur Einkommensteuer (einschl. Lohnsteuer) und Körperschaftsteuer, herausgegeben von Carl Herrmann und Gerhard Heuer. 13. Aufl., Köln-Marienburg 1950/69, Anm. zu § 5; für die handels-

und steuerrechtliche Bilanzierung: Wirtschaftsprüfer-Handbuch 1968, herausgegeben vom Institut für Wirtschaftsprüfer in Deutschland e. V. Düsseldorf 1968, Fachlicher Teil, Abschnitt I; Abschnitt 29 Einkommensteuer-Richtlinien für das Kalenderjahr 1969 (EStR 1969).

153) Vgl. dazu Leffson, Die Grundsätze ordnungsmäßiger Buchführung, Abschnitte 54, 55, 56 und 58.

154) Vgl. dazu Leffson, Die Grundsätze ordnungsmäßiger Buchführung, S. 154 f., 182.

155) Vgl. Leffson, Die Grundsätze ordnungsmäßiger Buchführung, S. 76-79, 95.

156) D. Schneider spricht von einer "technischen Vorschrift". D. Schneider, Bilanzgewinn und ökonomische Theorie, S. 460; ders., Theorie und Praxis der Unternehmensbesteuerung. In: ZfbF, Jg. 19 (1967), S. 206-230, hier S. 213.

157) Koch, Die Problematik des Niederstwertprinzips, S. 5; vgl. auch ders., Zur Problematik des Teilwerts. In: ZfhF, NF, Jg. 12 (1960), S. 319-353, hier S. 331.

158) Vgl. K. Hax, Die Substanzerhaltung der Betriebe, S. 221.

159) Vgl. z. B. Albach, Zur Bewertung von Wirtschaftsgütern mit dem Teilwert, S. 629.

160) Vgl. Leffson, Die Grundsätze ordnungsmäßiger Buchführung, S. 182.

161) Vgl. Leffson, Die Grundsätze ordnungsmäßiger Buchführung, S. 79, 335.

162) Vgl. dazu Leffson, Die Grundsätze ordnungsmäßiger Buchführung, Abschnitte 52, 53 und 57.

163) Vgl. Leffson, Die Grundsätze ordnungsmäßiger Buchführung, S. 301; siehe aber auch in gleicher Quelle, S. 82 f., Fußn. 83.

164) Vgl. Leffson, Die Grundsätze ordnungsmäßiger Buchführung, Abschnitt 51, insbesondere 511 und 512.

165) So D. Schneider in seiner Kritik am weit ausgelegten Vorsichtsprinzip. D. Schneider, Theorie und Praxis der Unternehmensbesteuerung, S. 214.

166) Vgl. etwa Wöhe, Betriebswirtschaftliche Steuerlehre, S. 167.

167) Vgl. hierzu schon Passow, Die Bilanzen der privaten und öffentlichen Unternehmungen, S. 112 f.; und in neuerer Zeit Wilhelm Hasenack, Zur Rechnungslegung der Aktiengesellschaft, insbesondere zur Berichtspflicht des Wirtschaftsprüfers über stille Reserven. In: BFuP, Jg. 12 (1960), S. 94-110, hier S. 105; Ulrich Leffson, Der Jahresabschluß in der Aktienrechtsreform. Wiesbaden 1961, bes. S. 28 f.; ders., Die Grundsätze ordnungsmäßiger Buchführung, S. 72 f.; D. Schneider, Theorie und Praxis der Unternehmensbesteuerung, S. 214, Fußn. 9; Moxter, Die statische Bilanztheorie heute, S. 729; allgemein zum Problem der stillen Reserven Erich Kosiol, Bilanzreform und Einheitsbilanz. 2. Aufl., Berlin - Stuttgart 1949, bes. ab S. 122; Dieter Pohmer, Wesen und Grenzen der betriebswirtschaftlichen Berechtigung stiller Reserven in der Jahresbilanz in dynamischer und statischer Betrachtung. Diss. Freie Universität Berlin 1953; Gustav Saage, Die stillen Reserven in der aktienrechtlichen Pflichtprüfung. Köln und Opladen 1959; Moxter, Der Einfluß von Publizitätsvorschriften auf das unternehmerische Verhalten, ab S. 181. Winfried Gail, Stille Reserven, Unterbewertung und Sonderprüfung. Herne/Berlin 1969.

168) Vgl. auch D. Schneider, Publizität der Manipulationen, S. 50.

169) Vgl. zum Begriff und Wesen der Abschreibung auch Walter le Coutre, Abschreibung. In: Handwörterbuch der Betriebswirtschaft. Band I. 2. Aufl., Stuttgart 1938, S. 38-69; M(artin) Lohmann, Abschreibungen, was sie sind und was sie nicht sind. In: Der Wirtschaftsprüfer, Jg. 2 (1949), S. 353-357; Hans Ruchti, Abschreibung, Abschreibungsarten und -verfahren. In: Handwörterbuch der Betriebswirtschaft. Band I. 3. Aufl., Stuttgart 1956, Sp. 41-53.

170) Vgl. Reiner Päsold, Der Einfluß der Betriebswirtschaftslehre auf die steuerliche Regelung der Abschreibung. Diss. Frankfurt 1954, S. 2.

171) Vgl. auch D. Schneider, Die wirtschaftliche Nutzungsdauer von Anlagegütern, S. 17 mit Fußn. 53 auf S. 18.

172) Vgl. Adler/Düring/Schmaltz, Rechnungslegung und Prüfung der Aktiengesellschaft, 4. Aufl., Band 1, § 154 Tz. 18.

173) Riebel nennt in anderem Zusammenhang neben dem "Verzehrcharakter" als weitere Unterscheidungsmerkmale die "Wirkungsweise im Produktionsprozeß" und das "Anpassungsverhalten gegenüber Veränderungen der Produktionsaufgabe". Vgl. Paul Riebel, Eine betriebswirtschaftliche Theorie der Produktion. In: Finanzarchiv, NF, Bd. 26 (1967), S. 124-149, hier S. 130.

174) Zu den Abschreibungsursachen vgl. D. Schneider, Die wirtschaftliche Nutzungsdauer von Anlagegütern, bes. S. 33-35; und die dort angegebene Literatur. - Vgl. weiter die Punkte B. III. b) 1. cc) und dd).

175) Auch einige "Betriebsstoffe" werden im Produktionsprozeß nach und nach körperlich verzehrt, wie z. B. Schmierstoffe, Katalysatoren und Kühlstoffe. Ihre Nutzung ist jedoch von verhältnismäßig kurzer Dauer. Darauf und auf weitere Unterschiede verweist Riebel. Vgl. Riebel, Eine betriebswirtschaftliche Theorie der Produktion, S. 128.

176) Vgl. D. Schneider, Die wirtschaftliche Nutzungsdauer von Anlagegütern, S. 17.

177) Vgl. etwa E(ugen) Schmalenbach, Über Abschreibungen. In: ZfhF, Jg. 23 (1929), S. 193-212, hier S. 195 (allerdings sehr verschwommen ausgedrückt); ders., Dynamische Bilanz, 13. Aufl., S. 117.

178) Vgl. etwa den Titel des Gutachtens von Albach: "Die degressive Abschreibung". Horst Albach, Die degressive Abschreibung. Ist die degressive Abschreibung eine nach betriebswirtschaftlichen Grundsätzen notwendige Abschreibung? Wiesbaden 1967.

179) So D. Schneider, Die wirtschaftliche Nutzungsdauer von Anlagegütern, S. 18.

180) Vgl. § 152 Abs. 6 Aktiengesetz; und dazu Aktiengesetz. Textausgabe, zusammengestellt von Bruno Kropff. Düsseldorf 1965, S. 235 f.

181) Ähnliche Aufstellungen finden sich in der Literatur. Vgl. z. B. Wöhe, Betriebswirtschaftliche Steuerlehre, S. 370.

182) Vgl. le Coutre, Bilanztheorien, bes. ab Sp. 1159.

183) Vgl. für viele Hermann Veit Simon, Die Bilanzen der Aktiengesellschaften und der Kommanditgesellschaften auf Aktien. 3. Aufl., Berlin 1899, S. 130; Rehm, Die Bilanzen der Aktiengesellschaften, S. 43 f., 493; Friedrich Leitner, Wirtschaftslehre der Unternehmung. 5. Aufl., Berlin und Leipzig 1926, S. 165; W(ilhelm) Prion, Die Lehre vom Wirtschaftsbetrieb. Zweites Buch: Der Wirtschaftsbetrieb als Wirtschaft (Unternehmung). Berlin 1935, S. 160; Walter le Coutre, Grundzüge der Bilanzkunde. Teil 1. 4. Aufl., Wolfenbüttel 1949, S. 118 f.

184) Vgl. R(udolf) Fischer, Die Bilanzwerte, was sie sind und was sie nicht sind. Teil 1. Leipzig 1905, bes. S. 55-57; vgl. auch zu Fischers Ansicht über die Abschreibung Paul Münch, Die Bilanztheorie Rudolf Fischers. Leipzig 1940, bes. S. 66 f.

185) Vgl. z. B. Schmalenbach, Grundlagen dynamischer Bilanzlehre, S. 44; ders., Dynamische Bilanz, 13. Aufl., S. 117; Ernst Walb, Kaufmännische Betriebswirtschaftslehre. Leipzig 1938, S. 99; Erich Kosiol, Anlagenrechnung. Wiesbaden 1955, S. 24.

186) Riebel, Die Problematik der Normung der Abschreibungen, S. 729 ("Risikocharakter der Abschreibungen" im Original gesperrt).

187) So Hans Ruchti, Die Abschreibung. Stuttgart 1953, S. 11; Riebel spricht von einer "Aufgabe, das Betriebsvermögen zu erhalten". Riebel, Die Problematik der Normung von Abschreibungen, S. 729 (im Original gesperrt).

188) Vgl. etwa NN, Zur Finanzgesetzgebung. In: Finanz-Rundschau, Jg. 21 (48) (1966), S. 57; Ernst Feuerbaum, Notwendigkeit und Methoden der Substanzerhaltung. In: ZfbF, Jg. 19 (1967), S. 172-184, hier S. 176.

189) Vgl. Hans Ruchti, Die Bedeutung der Abschreibung für den Betrieb. Berlin 1942; ders., Die Abschreibung. (Untertitel: Ihre grundsätzliche Bedeutung als Aufwandsfaktor, Ertragsfaktor, Finanzierungsfaktor); Karl-Heinz Forster, Finanzierung durch Abschreibungen nach den Ergebnissen von D-Markbilanzen. Stuttgart 1953.

190) Vgl. dazu die Ausführungen und Literaturangaben von Robert Buchner, Das Problem der Kapazitätsausweitung durch laufende Reinvestition in Höhe des Abschreibungsaufwandes. Diss. Frankfurt a. M. 1960; D. Schneider, Die

wirtschaftliche Nutzungsdauer von Anlagegütern, S. 29-31; ders., Investition und Finanzierung, S. 497-505; Erich Gutenberg, Grundlagen der Betriebswirtschaftslehre. Band III: Die Finanzen. Berlin/Heidelberg/New York 1969, S. 31-38.

191) Vgl. Kosiol, Anlagenrechnung, S. 23 f.

192) Vgl. etwa Kosiol, Anlagenrechnung, S. 23.

193) Vgl. dazu im einzelnen D. Schneider, Die wirtschaftliche Nutzungsdauer von Anlagegütern, S. 20-28.

194) So Konrad Mellerowicz, Abschreibungen in Erfolgs- und Kostenrechnung. Heidelberg 1957, S. 55. - Mellerowicz behandelt die Unterschiede zwischen den Abschreibungsarten in der genannten Quelle bes. ab S. 53; vgl. dazu auch ders., Kosten und Kostenrechnung. Band II, Teil 1. 4. Aufl., Berlin 1966, S. 295-305; Fritz Oberli, Die kalkulatorische und die bilanzmäßige Abschreibung. Diss. Bern 1945; Kosiol, Anlagenrechnung, bes. S. 23-30.

195) Vgl. Leffson, Wesen und Aussagefähigkeit des Jahresabschlusses, S. 387.

196) Mellerowicz, Abschreibungen in Erfolgs- und Kostenrechnung, S. 62 ("muß wahr" im Original kursiv).

197) Ruchti z. B. spricht von "Zweckmäßigkeitsgesichtspunkten". Ruchti, Die Abschreibung, S. 39.

198) Karl Weber, Besonderheiten der amerikanischen Kostenrechnung. In: ZfB, Jg. 38 (1968), S. 837-858, hier S. 842.

199) Riebel, Die Problematik der Normung von Abschreibungen, S. 733.

200) Zum Problem der Einheitsbilanz vgl. insbesondere Peter Scherpf, Handelsbilanz - Steuerbilanz. Berlin 1941; Kosiol, Bilanzreform und Einheitsbilanz; Gertraud Eichin, Möglichkeiten der Anpassung der Steuerbilanz an die Handelsbilanz. Diss. Mannheim 1960.

201) Krüger, Normung, S. 618 - Zum Begrifflichen vgl. auch Wolfgang Lücke, Die außerbetriebliche Normierung der Abschreibungen. In: ZfhF, NF, Jg. 11 (1959), S. 313-328; NN, Norm, Normung. In: Der Große Brockhaus. Band 8. 16. Aufl., Wiesbaden 1959, S. 457 und S. 461; Otto Frank; Normung und Typung. In: Handwörterbuch der Betriebswirtschaft. Band III. 3. Aufl., Stuttgart 1960, Sp. 4112-4118; Clemens Ries, Normung nach Normzahlen. Diss. Köln 1961, S. 9-11; Fünfzig Jahre Deutscher Normenausschuß, herausgegeben vom Deutschen Normenausschuß (DNA). Berlin, Köln und Frankfurt (Main) 1967, S. 5-8.

202) Die AfA-Tabellen sind z. B. abgedruckt in: Beck'sche Textausgaben, Steuerrichtlinien. 10. Aufl., München 1970, Stand: 15. Juli 1970, Anlage 1/90.

203) Die Tabellen des BFM lassen jedoch Abweichungen im Einzelfall zu. Vgl. Vorbemerkung 6 zu der "AfA-Tabelle für die allgemein verwendbaren Anlagegüter" und Vorbemerkung 7 zu den Tabellen für verschiedene Wirtschaftszweige.

204) Vgl. "Besondere Vorbemerkungen" der AfA-Tabelle für den Wirtschaftszweig Zellstoff, Holzstoff, Papier und Pappe erzeugende Industrie", Nr. 264, 26520 des Systemat. Verz. d. Wirtschaftszweige.

205) Zitiert nach Ascher, Die Steuerbilanz, S. 21.

206) Vgl. dazu auch Helmut Schrader, Der Anschaffungskostenbegriff im Handels- und Steuerrecht. Diss. Universität München 1964.

207) Leitsätze für Abschreibungen auf Produktionsmittel, insbesondere in Maschinenfabriken, nebst Begründung und Erläuterung, herausgegeben vom Verein Deutscher Maschinenbau-Anstalten. Berlin 1929, S. 7-9. Zitiert nach Kurt Merkmann, Inwieweit sind die Auswirkungen veränderter Wirtschaftsverhältnisse bei der Bemessung des Anlagewertaufwandes im Rechnungswesen der Unternehmung zu berücksichtigen? Diss. Jena 1930, S. 14.

208) Vgl. unter vielen Karl Hast, Grundsätze ordnungsmäßiger Bilanzierung für Anlagegegenstände. Bergisch Gladbach 1934, S. 29-79; Johann Dahl, Die Aktivierung der Sachanlagegüter in Handels- und Steuerbilanz. Köln und Opladen 1959, bes. S. 48-68 und Zweiter Teil; Hans Escher, Der Umfang der Aktivierungspflicht bei den Ausgaben für das Sachanlagevermögen in Handels- und Steuerbilanz. 2. Auflage, Düsseldorf 1962, bis S. 62: Adler/Düring/Schmaltz, Rechnungslegung und Prüfung der Aktiengesellschaft, 4.

Aufl., Band 1, bes. § 153 Tz. 11-57, § 157 Tz. 177; Wirtschaftsprüfer-Handbuch 1968, bes. S. 497-499; Handbuch des Bilanzsteuerrechts, herausgegeben von Arnulf Gnam. Freiburg/Br. 1965 (mit 8. Ergänzungslieferung 1968), Ordnungs-Nr. 11; Herrmann - Heuer, Kommentar, § 6 Anm. 37-48; und die jeweils angegebene Literatur.

209) Adler/Düring/Schmaltz, Rechnungslegung und Prüfung der Aktiengesellschaft, 4. Aufl., Band 1, § 153 Tz. 30.

210) Adler/Düring/Schmaltz, Rechnungslegung und Prüfung der Aktiengesellschaft, 4. Aufl., Band 1, § 153 Tz. 52, 53.

211) Vgl. dazu im einzelnen die entsprechenden Ausführungen der auf S. 197 f., Fußn. 208, angegebenen Quellen; vgl. weiter Kurt van der Velde, Herstellungskosten in der Kostenrechnung und in der Steuerbilanz. 3. Aufl., Stuttgart 1960; ders., Herstellungskosten in neuester Sicht. In: Der Betrieb, Jg. 22 (1969), S. 1213-1221.

212) Vgl. z. B. Albach, Neue Entwicklungstendenzen in der Teilwertlehre, S. 313; ders., Bewertungsprobleme des Jahresabschlusses nach dem Aktiengesetz 1965. In: Der Betriebs-Berater, Jg. 21 (1966), S. 377-382, bes. S. 380 f.

213) Vgl. Georg Döllerer, Anschaffungskosten und Herstellungskosten nach neuem Aktienrecht unter Berücksichtigung des Steuerrechts. In: Der Betriebs-Berater, Jg. 21 (1966), S. 1405-1409, hier S. 1407 f.

214) Vgl. für viele Wolfgang Männel, Kann die Vollkostenrechnung durch den Ausweis "gesonderter Fixkostenbeiträge" gerettet werden? In: ZfB, Jg. 37 (1967), S. 759-782, bes. S. 774-779; ders., Stehen die handels- und steuerrechtlichen Bestandsbewertungs-Vorschriften der Anwendung der Deckungsbeitragsrechnung im Wege? In: Rechnungswesen, Datentechnik, Organisation, Jg. 15 (1969), S. 172-175; und die jeweils angegebene Literatur.

215) Vgl. Dieter Schneider, Sieben Thesen zum Verhältnis von Handels- und Steuerbilanz. In: Der Betrieb, Jg. 23 (1970), S. 1697-1705, hier S. 1703.

216) Vgl. auch Dieter Schneider, Neue Aufgaben der betriebswirtschaftlichen Steuerlehre. In: Jahrbuch der Fachanwälte für Steuerrecht 1967/1968. Herne 1967, S. 125-145, hier S. 142 f.; und Ulrich Leffson, Die Niederstwertvorschrift des § 155 AktG. In: Die Wirtschaftsprüfung, Jg. 20 (1967), S. 57-61.

217) Dafür spricht sich z. B. Leffson aus. Vgl. Leffson, Die Grundsätze ordnungsmäßiger Buchführung, S. 173.

218) Vgl. D. Schneider, Sieben Thesen zum Verhältnis von Handels- und Steuerbilanz, S. 1702.

219) Darauf verweisen besonders Lutz, The Theory of Investment of the Firm, S. 212, 216.

220) Vgl. dazu für viele G(ünther) Felix, Steuerjuristische Einführung in das neue Umsatzsteuerrecht. In: Schriften zur Unternehmensführung. Band 3. Wiesbaden 1967, S. 7-34, bes. S. 17-26; Jürgen Lemberg, Die Ermittlung und Verrechnung der Abschreibungen auf die Investitionssteuer. In: Kostenrechnungs-Praxis, Jg. 1969, S. 175-179, Hans-Joachim Güldenagel, Zur Bilanzierung von Wirtschaftsgütern des Anlagevermögens unter Berücksichtigung der Investitionssteuer. In: Der Betrieb, Jg. 22 (1969), S. 1032 f.; Siegfried Weirich, Zur Behandlung der Selbstverbrauchsteuer im aktienrechtlichen Jahresabschluß. In: Die Wirtschaftsprüfung, Jg. 22 (1969), S. 277-279.

221) Vgl. zum Anlagenunterhaltungsaufwand auch Punkt B. III. b) 1. dd) (2).

222) So schon E(ugen) Schmalenbach, Die Verbuchung von Reparaturen. In: ZfhF, Jg. 2 (1907/08), S. 472-474; vgl. zur Abgrenzung auch Günther Felix; F. Drees; Hans-Joachim Flick; Heinz Krollmann; Karl F. Everding, Herstellungs- und Erhaltungsaufwand. Eine Abgrenzung unter betriebswirtschaftlichen, handelsrechtlichen und steuerlichen Gesichtspunkten. Köln 1958.

223) Vgl. auch Adler/Düring/Schmaltz, Rechnungslegung und Prüfung der Aktiengesellschaft, 4. Aufl., Band 1, § 152 Tz. 23.

224) Vgl. dazu Hast, Grundsätze ordnungsmäßiger Bilanzierung für Anlagegegenstände, S. 78 f.; und die dort angegebene Literatur.

225) Vgl. etwa Kosiol, Anlagenrechnung, S. 53.

226) Vgl. auch Jörg Baetge, Möglichkeiten der Objektivierung des Jahreserfolges. Düsseldorf 1970, S. 43 f.

227) Schmalenbach, Dynamische Bilanz, 13. Aufl., S. 142; vgl. schon ders., Dynamische Bilanz. 4. Aufl., Leipzig 1926, S. 168 f.

228) Vgl. BFH vom 7.12.1967 Beschluß Gr. S 1/67, BStBl II 1968, S. 268-270.

229) Vgl. Stellungnahme NA 1/1968 des Hauptfachausschusses. In: Die Wirtschaftsprüfung, Jg. 21 (1968), S. 72 f., hier S. 72.

230) Vgl. auch Gutachten zur Reform der direkten Steuern, S. 21.

231) Leitsätze für die Preisermittlung auf Grund von Selbstkosten. Anlage zur Verordnung PR Nr. 30/53 vom 21. November 1953, Nr. 38 Abs. (2). - Die Verordnung und die Leitsätze sind abgedruckt bei Guido Fischer, LSÖ - LSP. Preis und Kosten. 2. Aufl., Heidelberg 1954, hier S. 174.

232) Vgl. zur "Ermittlung der Abschreibungen zum Wiederbeschaffungswert" und zur "Rücklage für Substanzerhaltung bei Anlagegütern" auch K. Hax, Die Substanzerhaltung der Betriebe, S. 209-219, 219-225. - Vgl. auch Wendell P. Trumbull, Price-Level Depreciation and Replacement Cost. In: The Accounting Review, Vol. 33 (1958), S. 26-34.

233) So im Prinzip die Überlegungen von Karl Hax. Vgl. K. Hax, Die Substanzerhaltung der Betriebe, S. 219 f.

234) Das entspricht im Grundsatz dem Vorgehen Fritz Schmidts. Vgl. Fritz Schmidt, Die organische Tageswertbilanz. (3. Aufl. 1929.) Unveränderter Nachdruck, Wiesbaden 1951, S. 190-193.

235) Vgl. Walter Mahlberg, Bilanztechnik und Bewertung bei schwankender Währung. (1. Aufl., 1921.) 3. Aufl., Leipzig 1923, bes. S. 60 f., 116 f.; E(ugen) Schmalenbach, Goldmarkbilanz. Berlin 1923, bes. S. 28 f.; ders., Dynamische Bilanz, 4. Aufl., S. 267 f.; Henry W(hitcomb) Sweeny, Stabilized Accounting. (1936.) Reissue, New York - Chicago - San Franzisco - Toronto - London 1964, S. 25, 27. - Für die Behandlung des Problems im angelsächsischen Bereich vgl. etwa Josef Brunner, Geldwertschwankungen in Erfolgsrechnung und Bilanz. Neue amerikanische Praxis und Lehre. Zürich 1962, bes. II. Teil, 4. und 6. Kapitel; Edgar O. Edwards, Depreciation and the Maintenance of Real Capital. In: Depreciation and Replacement Policy, herausgegeben von J. L. Meij. Amsterdam 1961, S. 46-140; R. J. Chambers, Price Variation Accounting - An Improved Representation. In: Journal of Accounting Research, Vol. 5 (1967), S. 215-220; und die angegebene Literatur.

236) Gutachten zur Reform der direkten Steuern, S. 18 ("Realeinkommen" im Original kursiv).

237) Gutachten zur Reform der direkten Steuern, S. 18 f. (wörtliche Zitate auf S. 19; "das Nominalwertprinzip kompromißlos beizubehalten" im Original kursiv)

238) Vgl. dazu die entsprechenden Ausführungen in den auf S. 199, Fußn. 235, genannten Quellen; vgl. weiter E(ugen) Schmalenbach, Abschreibungen bei Preisveränderungen von Anlagegegenständen. In: ZfhF, NF, Jg. 1 (1949), S. 49-58, hier S. 56-58; Break, Capital Maintenance and the Concept of Income, bes. S. 53; Walter Busse von Colbe, Preis- und Geldwertschwankungen, Eliminierung von ... In: Handwörterbuch der Betriebswirtschaft. Band III. 3. Aufl., Stuttgart 1960, Sp. 4423-4438, bes. Sp. 4425 f.

239) Vgl. dazu Schmalenbach, Dynamische Bilanz, 4. Aufl., Teil H, ab S. 235; zur Rechnung speziell für Anlagegegenstände vgl. in gleicher Quelle, bes. S. 267 f.

240) Vgl. Gutachten zur Reform der direkten Steuern, S. 18 f.

241) Vgl. auch S. 193, Fußn. 114.

242) Vgl. auch Ernst Wyder, Der Wiederbeschaffungspreis. Zürich 1946, S. 71-97; Busse von Colbe, Substanzerhaltung, bes. ab Sp. 5314; für den amerikanischen Bereich vgl. Brunner, Geldwertschwankungen in Erfolgsrechnung und Bilanz, bes. II. Teil, 5. Kapitel.

243) Vgl. Erwin Geldmacher, Wirtschaftsunruhe und Bilanz. Teil 1: Grundlagen und Technik der bilanzmäßigen Erfolgsrechnung. Berlin 1923, S. 56 f.,

60, 62. - Für eine Substanzerhaltung auf Basis von Wiederbeschaffungskosten hat sich Walb in einem frühen kleinen Beitrag ausgesprochen - vgl. Ernst Walb, Das Problem der Scheingewinne. Freiburg i. B. o. J. (1921 oder 1922), bes. S. 14, 20 -; später ist er von diesen Vorstellungen abgerückt, vgl. ders., Die Erfolgsrechnung privater und öffentlicher Betriebe, S. 336. Walb schreibt im übrigen Geldmacher "das Verdienst" zu, "in Zeitungsartikeln als erster Betriebswirtschaftler auf das Versagen der überlieferten Rechnung bei der Geldentwertung hingewiesen zu haben (Industrie- und Handelszeitung 1920)". Walb, Die Erfolgsrechnung privater und öffentlicher Betriebe, S. 336.

244) F. Schmidt, Die organische Tageswertbilanz, Vorwort zur 3. Auflage.

245) F. Schmidt, Die organische Tageswertbilanz, S. 146 (im Original gesperrt).

246) Vgl. F. Schmidt, Die organische Tageswertbilanz, S. 190, 192.

247) Vgl. F. Schmidt, Die organische Tageswertbilanz, S. 41, 194 f.

248) Diesen Vorwurf erhebt schon Walb, Die Erfolgsrechnung privater und öffentlicher Betriebe, S. 337-339.

249) Vgl. Heinrich Sommerfeld, Der Unternehmer als Verwalter von Volksvermögen. Hamburg 1934, S. 40 f.; so schon ders., Die Wertansätze in der Inventur mit Berücksichtigung steuerlicher Vorschriften. Berlin 1921, S. 60.; vgl. aber ders., (erneuert von Wilhelm Auler), Abschreibung. In: Lexikon des kaufmännischen Rechnungswesens, herausgegeben von Karl Bott. Band I. 2. Aufl., Stuttgart 1955, Sp. 49-67, hier Sp. 54.

250) Vgl. Fritz Schmidt, Die relative Erhaltung der Betriebe. In: ZfB, Jg. 22 (1952), S. 189-195.

251) Vgl. z. B. W(ilhelm) Hasenack, Die Anlagenabschreibung im Wertumlauf der Betriebe und die Sicherung der Wirtschaft. In: ZfB, Jg. 15 (1938), S. 113-144, bes. ab S. 127.

252) Vgl. Brigitta Schieb, Grundsätzliche Probleme der Kapitalerhaltung. In: Fragen der Kapitalerhaltung und Finanzierung. Wolfenbüttel o. J. (1948 oder 1949), S. 18-38; Josef Liebl, Kapitalerhaltung und Bilanzrechnung. In: BFuP, Jg. 5 (1953), S. 493-513, 568-593, 630-651, 675-691.

253) Vgl. Schieb, Grundsätzliche Probleme der Kapitalerhaltung, S. 28; Liebl, Kapitalerhaltung und Bilanzrechnung, S. 586.

254) Vgl. Karl Hax, Die Substanzerhaltung der Betriebe. Köln und Opladen 1957. - Weiter sind zu nennen für viele Schnettler, Betriebsanalyse, 1. Kapitel; Wilhelm Hasenack, Betriebsvergleich, Substanzwert- und Betriebserhaltungs-Probleme. In: BFuP, Jg. 13 (1961), S. 175-178; Horst Eckardt, Die Substanzerhaltung industrieller Betriebe. Köln und Opladen 1963; Adolf-Friedrich Jacob, Betriebserhaltung kommunaler Eigenbetriebe. Köln und Opladen 1963; Werner Ganz, Abschreibung und Substanzerhaltung. Winterthur 1963; Ernst Feuerbaum, Die polare Bilanz. Berlin 1966; Walter Endres, Der erzielte und ausschüttbare Gewinn der Betriebe. Köln und Opladen 1967.

255) Vgl. S. 193 f., Fußn. 132.

256) Vgl. K. Hax, Die Substanzerhaltung der Betriebe, S. 51, 205.

257) Vgl. Gutachten zur Reform der direkten Steuern, S. 19.

258) Aktiengesetz, Textausgabe, S. 242.

259) Vgl. § 9 Abs. 1 Ziff. 6 Einkommensteuergesetz; § 20 Abs. 2 Ziff. 4, 5 Lohnsteuer-Durchführungsverordnung; zum Arbeitnehmer als Abschreibungsberechtigten vgl. auch Hans Müthling, Das gesamte Steuerrecht der Abschreibungen. 2. Aufl., Wiesbaden 1964 (einschließlich Erg.-Lfg. August 1966), S. 27.

260) So z. B. Gutachten zur Reform der direkten Steuern, S. 67 f.

261) F. Schmidt, Die organische Tageswertbilanz, S. 192 f. (im Original gesperrt).

262) K. Hax, Die Substanzerhaltung der Betriebe, S. 205.

263) Vgl. F. Schmidt, Die organische Tageswertbilanz, S. 198 f.; K. Hax, Die Substanzerhaltung der Betriebe, bes. S. 215-219.

264) Vgl. Schmalenbach, Abschreibungen bei Preisänderungen von Anlagegegenständen, S. 55.

265) Vgl. Walb, Die Erfolgsrechnung öffentlicher und privater Betriebe, S. 392.

266) Darauf weist besonders deutlich D. Schneider hin. Vgl. D. Schneider, Substanzerhaltung und technischer Fortschritt.

267) Vgl. zum technischen Fortschritt auch S. 147-150.

268) Vgl. Gerhard Schätzle, Technischer Fortschritt und Produktionsfunktion. In: Produktionstheorie und Produktionsplanung. Karl Hax zum 65. Geburtstag, herausgegeben von Adolf Moxter, Dieter Schneider, Waldemar Wittmann. Köln und Opladen 1966, S. 37-61, hier S. 41, und die dort genannte Literatur.

269) Vgl. Fritz von Opel, Über die Notwendigkeit dreifacher Abschreibungen. In: Zeitschrift für das gesamte Kreditwesen, Jg. 21 (1968), S. 230.

270) Schmalenbach, Abschreibungen bei Preisänderungen von Anlagegegenständen, S. 53.

271) Vgl. K. Hax, Die Substanzerhaltung der Betriebe, S. 209 f.

272) Schmalenbach, Abschreibungen bei Preisänderungen von Anlagegegenständen, S. 53.

273) Vgl. etwa Hasenack, Die Anlagenabschreibung im Wertumlauf der Betriebe und die Sicherung der Wirtschaft, S. 139 f.

274) K. Hax, Die Substanzerhaltung der Betriebe, S. 225.

275) Vgl. Wilhelm Rieger, Einführung in die Privatwirtschaftslehre. (1. Aufl., 1929.)2. Aufl., Erlangen 1959, bes. S. 252-256.

276) Vgl. A. Goudeket, An Application of Replacement Value Theory. In: The Journal of Accountancy, Vol. 110 (1960), July, S. 37-47.

277) Vgl. "Index der Erzeugerpreise industrieller Produkte" 1958-1969. In: Statistisches Jahrbuch für die Bundesrepublik Deutschland 1970, S. 405-408.

278) Bei den erwähnten Indizes im Statistischen Jahrbuch für die Bundesrepublik Deutschland ist versucht worden, den Einfluß des technischen Fortschritts zu berücksichtigen. Das zeigt folgender Satz in der Erläuterung des Berechnungsmodus. "Ferner wurde ... bei der Aufstellung der Preisreihen ... vor allem auf die unbedingt nötige Erfüllung der Forderung (geachtet), daß die Firmen ihren Preismeldungen ganz bestimmte Warentypen und Ausführungen zugrunde legen und diese auch beibehalten." Hela Brandner, Der Index der Erzeugerpreise industrieller Produkte auf der Basis 1962. In: Wirtschaft und Statistik, Jg. 1965, S. 82-86, hier S. 83. (Hervorhebungen im Original gesperrt.) - Inwieweit die Forderung in der Praxis tatsächlich erfüllt wurde bzw. erfüllt werden kann, bleibe dahingestellt.

279) Aktiengesetz. Textausgabe, S. 242.

280) So auch K. Hax, Die Substanzerhaltung der Betriebe, S. 222. - Anderer Auffassung Feuerbaum, Die polare Bilanz, S. 133-140.

281) Vgl. ebenso für viele Herbert Hax, Unternehmensführung und Geldentwertung. In: Die wirtschaftlichen und sozialen Folgen der Geldentwertung. Nürnberger Abhandlungen zu den Wirtschafts- und Sozialwissenschaften. Heft 24. Berlin 1967, S. 69-91, hier S. 91; Endres, Der erzielte und der ausschüttbare Gewinn der Betriebe, S. 174; Gutachten zur Reform der direkten Steuern, S. 19.

282) Vgl. D. Schneider, Die wirtschaftliche Nutzungsdauer von Anlagegütern, S. 41.

283) Vgl. zu den Problemen der Investitionsrechnung für viele Eugene L. Grant; W. Grant Ireson, Principles of Engineering Economy. Fourth Edition. Revised Printing, New York 1964; E. Schneider, Wirtschaftlichkeitsrechnung; ders., Kritisches und Positives zur Theorie der Investition. In: Weltwirtschaftliches Archiv, Bd. 98 (1967), S. 314-348; Lutz, The Theory of Investment of the Firm; Heinz Schindler, Investitionsrechnungen in Theorie und Praxis. 3. Aufl., Meisenheim/Glan 1966; Horst Albach, Wirtschaftlichkeitsrechnung bei unsicheren Erwartungen. Köln und Opladen 1959; D. Schneider, Die wirtschaftliche Nutzungsdauer von Anlagegütern, S. 44-47; ders., Investition und Finanzierung, S. 165-181; Wolfram Engels, Betriebswirtschaftliche Bewertungslehre im Lichte der Entscheidungstheorie. Köln und Opladen 1962, Teil B. III.; Alfred Holler, Die Ermittlung der optimalen Nutzungsdauer von Anlagen. Diss. Münster 1962; Pierre Massé,

Le choix des investissements. Critères et méthodes. Deuxième edition, Paris 1964; Vernon L. Smith, Investment and Production. Cambridge, Massachusetts, 1961; H. Peumans, Théorie et pratique des calculs d'investissement. Paris 1965; Horst Schwarz, Optimale Investitionsentscheidungen. München 1967; Gunter Frischmuth, Daten als Grundlage für Investitionsentscheidungen. Berlin 1969; Heine Bison, (Investitionsrechnung:) Wie im Lehrbuch geht es nicht. In: Der Volkswirt, Jg. 23 (1969), Nr. 15, S. 36-38.

284) Vgl. etwa J(ack) Hirshleifer, On the Theory of Optimal Investment Decisions. In: The Journal of Polical Economy, Vol. 66 (1958), S. 329-352, bes. S. 349 f.; Wolfgang Kilger, Zur Kritik am internen Zinsfuß. In: ZfB, Jg. 35 (1965), S. 765-798; Frischmuth, Daten als Grundlage für Investitionsentscheidungen, bes. S. 67-69; vgl. aber Walther Fleig, Die Wahl der Investitionsrechnungsmethode bei der praktischen Investitionsplanung. In: ZfbF, Jg. 19 (1967), S. 525-534, bes. S. 531, der als Nachteil der Kapitalwertmethode empfindet, daß man bei ihr einen Kalkulationszinsfuß braucht (vgl. in der genannten Quelle, S. 533), dabei aber unberücksichtigt läßt, daß ein Kalkulationszinsfuß auch bei der internen Zinsfuß-Methode als Vergleichskriterium benötigt wird; D. Schneider, Investition und Finanzierung, S. 169-181.

285) Vgl. J. S. Taylor, A Statistical Theory of Depreciation. In: The Journal of the American Statistical Association, Vol. 18 (1923), S. 1010-1023; Harold Hotelling, A General Mathematical Theory of Depreciation. In: The Journal of Political Economy, Vol. 20 (1925), S. 340-353; Gabriel A. D. Preinreich, The Economic Life of Industrial Equipment. In: Econometrica, Vol. 8 (1940), S. 12-44; ders., Replacement in the Theory of the Firm. In: Metroeconomica, Vol. 5 (1953), S. 68-86; E. Schneider, Wirtschaftlichkeitsrechnung, bes. ab S. 78; Lutz, The Theory of Investment of the Firm, bes. ab S. 101; Hansrudolf von Briel, Die Ermittlung der wirtschaftlichen Nutzungsdauer von Anlagegütern. Winterthur 1955; Vernon L. Smith, Investment and Production, bes. IV. bis VI. Kapitel; ders., Depreciation, Market Valuations, and Investment Theory. In: Management Science, Vol. 9 (1963), S. 690-696; D. Schneider, Die wirtschaftliche Nutzungsdauer von Anlagegütern; ders., Investition und Finanzierung, Teil C; Adolf Moxter, Zur Bestimmung der optimalen Nutzungsdauer von Anlagegegenständen. In: Produktionstheorie und Produktionsplanung. Karl Hax zum 65. Geburtstag, herausgegeben von Adolf Moxter, Dieter Schneider, Waldemar Wittmann. Köln und Opladen 1966, S. 75-105; und die in diesen Quellen genannte Literatur. - Vgl. auch zur Einbeziehung der Besteuerung die Quellenangaben S. 203, Fußn. 293.

286) Vgl. dazu bes. Frischmuth, Daten als Grundlage für Investitionsentscheidungen, bes. S. 78-106, und die dort genannten Quellen; vgl. auch Albach, Wirtschaftlichkeitsrechnung bei unsicheren Erwartungen, S. 37-39; Dieter Schneider, Der Einfluß von Ertragsteuern auf die Vorteilhaftigkeit von Investitionen. In: ZfhF, NF, Jg. 14 (1962), S. 539-570, hier S. 541; ders., Investition und Finanzierung, S. 240-243; Günter Schaub, Die Bestimmung des Kalkulationszinsfußes bei Investitionsentscheidungen auf Grund der Kapitalbeschaffungsmöglichkeiten der Unternehmer. Köln 1968; Lothar Haberstock, Zum Ansatz des Kalkulationszinsfußes vor und nach Steuern. In: ZfbF, Jg. 22 (1970), S. 510-516.

287) Dieter Schneider, Der Einfluß der Besteuerung auf die Investitionspolitik der Unternehmungen. In: Schriften zur Unternehmensführung. Band 4. Wiesbaden 1968, S. 33-62, hier S. 39 ("nicht berücksichtigten Investitionsvorhaben" im Original gesperrt).

288) Vgl. D. Schneider, Die wirtschaftliche Nutzungsdauer von Anlagegütern, bes. S. 44-46.

289) Vgl. dazu etwa D. Schneider, Ausschüttungsfähiger Gewinn und das Minimum an Selbstfinanzierung, S. 23-28; ders., Der Einfluß der Besteuerung auf die Investitionspolitik der Unternehmungen, bes. S. 39; ders., Investition und Finanzierung, S. 240-243.

290) Vgl. auch E. Schneider, Wirtschaftlichkeitsrechnung, S. 68 f.

291) Vgl. auch Peter Swoboda, Der Restwertverlauf in seiner Abhängigkeit von den sonstigen Merkmalen einer Investition und sein Einfluß auf den Ersatzbeschaffungszeitpunkt. In: ZfB, Jg. 32 (1962), S. 656-668.

292) Vgl. z. B. Jürgen Siebke, Die Automobilnachfrage. Die Nachfrage nach Personenkraftwagen in der Bundesrepublik mit einer Prognose bis zum Jahre 1970. Köln und Opladen 1963.

293) Vgl. dazu besonders Johansson, Skatt - investering - värdering; D. Schneider, Der Einfluß von Ertragsteuern auf die Vorteilhaftigkeit von Investitionen; ders., Der Einfluß der Besteuerung auf die Investitionspolitik der Unternehmungen; ders., Korrekturen zum Einfluß der Besteuerung auf die Investitionen. In: ZfbF, Jg. 21 (1969), S. 297-325; ders., Ersatzzeitpunkt und Investitionsketten: eine Ergänzung. In: ZfbF, Jg. 21 (1969), S. 625-630; ders., Investition und Finanzierung, S. 260-282; Peter Mertens, Ertragsteuerwirkungen auf die Investitionsfinanzierung - ihre Berücksichtigung in der Investitionsrechnung. In: ZfhF, NF, Jg. 14 (1962), S. 570-588; Vernon L. Smith, Tax Depreciation Policy and Investment Theory. In: International Economic Review, Vol. 4 (1963), S. 80-91; Peter Swoboda, Der Einfluß der steuerlichen Abschreibungspolitik auf betriebliche Investitionsentscheidungen. In: ZfbF, Jg. 16 (1964), S. 414-429; E. Schneider, Wirtschaftlichkeitsrechnung, S. 127-132; mit weiteren Literaturangaben.

294) Vgl. D. Schneider, Der Einfluß der Besteuerung auf die Investitionspolitik der Unternehmungen, S. 42.

295) Vgl. Erich Gutenberg, Abschreibungen. In: Handwörterbuch der Sozialwissenschaften. Band 1. Stuttgart/Tübingen/Göttingen 1956, S. 20-24, hier S. 21.

296) Vgl. D. Schneider, Der Einfluß der Ertragsteuern auf die Vorteilhaftigkeit von Investitionen, S. 551 f.

297) Vgl. dazu im einzelnen D. Schneider, Korrekturen zum Einfluß der Besteuerung auf die Investitionen, S. 306-308; ders., Investition und Finanzierung, S. 261-266.

298) Vgl. z. B. D. Schneider, Der Einfluß der Besteuerung auf die Investitionspolitik der Unternehmungen, S. 52-56.

299) Vgl. dazu etwa Dieter Schneider, Kostentheorie und verursachungsgemäße Kostenrechnung. In: ZfhF, NF, Jg. 13 (1961), S. 677-707; Robert Ehrt, Die Zurechenbarkeit von Kosten auf Leistungen auf der Grundlage kausaler und finaler Beziehungen. Stuttgart/Berlin/Köln/Mainz 1967.

300) Vgl. bes. Helmut Koch, Zum Problem des Gemeinkostenverteilungsschlüssels. In: ZfbF, Jg. 17 (1965), S. 169-200.

301) Vgl. dazu im einzelnen H(erbert) Jacob, Neuere Entwicklungen in der Investitionsrechnung. In: ZfB, Jg. 34 (1964), S. 487-507, 551-594, hier S. 502-507; ders., Investitionsplanung mit Hilfe der Optimierungsrechnung. In: Schriften zur Unternehmensführung. Band 4. Wiesbaden 1968, S. 93-115, hier S. 94-97; Dietrich Adam, Das Interdependenzproblem in der Investitionsrechnung und die Möglichkeiten einer Zurechnung von Erträgen auf einzelne Investitionsobjekte. In: Der Betrieb, Jg. 19 (1966), S. 989-993; vgl. auch Helmut Brede, Die wirtschaftliche Beurteilung von Verwaltungsentscheidungen in der Unternehmung. Köln und Opladen 1968, S. 62-67; und die jeweils angegebene Literatur.

302) Jacob, Neuere Entwicklungen in der Investitionsrechnung, S. 504.

303) Vgl. George Terborgh, Leitfaden der betrieblichen Investitionspolitik. Wiesbaden 1962, 4. Kapitel; vgl. auch D. Schneider, Die Problematik betriebswirtschaftlicher Teilwertlehren, S. 310.

304) Vgl. etwa Klaus Kuhn, Stand und Aufgaben der betriebswirtschaftlichen Bewertungslehre unter Berücksichtigung der steuerlichen Wertkonventionen. In: BFuP, Jg. 20 (1968), S. 1-23, hier S. 22 f.

305) Vgl. dazu besonders D(ale) W. Jorgenson; J(ohn) J. McCall; R. Radner, Optimal Replacement Policy. Amsterdam 1967; Wolfgang Männel, Wirtschaftlichkeitsfragen der Anlagenunterhaltung. Wiesbaden 1968; ders., Wie Maschinenausfälle verhindert werden können. In: Blick durch die Wirtschaft, 6. November 1969, Nr. 258, S. 5.

306) Vgl. auch Riebel, Die Problematik der Normung von Abschreibungen, S. 730 f.

307) Zu den zwei Typen von Anlagegegenständen vgl. etwa Lutz, The Theory of Investment of the Firm, S. 101 f. (sie sprechen vom "constant efficiency type" und vom "diminishing efficiency type"); D. Schneider, Die wirtschaftliche Nutzungsdauer von Anlagegütern, z. B. S. 36 f.

308) Vgl. Männel, Wie Maschinenausfälle verhindert werden können, S. 5.

309) Vgl. Riebel, Die Problematik der Normung von Abschreibungen, S. 730 f.

310) Vgl. Otto Bredt, Abschreibungen unter Null. In: Die Wirtschaftsprüfung, Jg. 2 (1949), S. 102-105, bes. S. 104; vgl. dazu auch Hugo Zubrod, Zum Thema: "Abschreibungen unter Null? In: Die Wirtschaftsprüfung, Jg. 2 (1949), S. 468-470, der Nutzungsdauertabellen begrüßt, aber eine verbindliche Vorgabe ablehnt.

311) Vgl. dazu die Angaben bei Riebel, Die Problematik der Normung von Abschreibungen, S. 731; D. Schneider, Die wirtschaftliche Nutzungsdauer von Anlagegütern, S. 98 f.

312) Vgl. etwa Smith, Investment and Production, S. 142-149; ders., Deprececiation, Market Valuations, and Investment Theory, S. 692 f.

313) Zur Problematik des technischen Fortschritts vgl. für viele Hans Krieghoff, Technischer Fortschritt und Produktivitätssteigerung. Berlin 1958; Gerhard Schätzle, Forschung und Entwicklung als unternehmerische Aufgabe. Köln und Opladen 1965; Franz Gmel, Die Problematik der Berücksichtigung des technischen Fortschrittes in der betrieblichen Investitionsplanung. Diss. Köln 1966; G. Prosi, Technischer Fortschritt als mikroökonomisches Problem. Bern 1966; Klaus Brockhoff, Probleme und Methoden technologischer Vorhersagen. In: ZfB, Jg. 39 (1969), 2. Ergänzungsheft, S. 1-24.

314) Erich Gutenberg, Grundlagen der Betriebswirtschaftslehre. Band I: Die Produktion. 12. Auflage, Berlin/Heidelberg/New York 1966, S. 71.

315) Herbert Gudehus, Bewertung und Abschreibung von Anlagen. Wiesbaden 1957, S. 167.

316) Vgl. Terborgh, Leitfaden der betrieblichen Investitionspolitik, S. 110 f., 168 - die Nutzungsdauer muß bei diesem Verfahren vorgegeben werden, vgl. in derselben Quelle, S. 170 f.; zur MAPI-Methode vgl. bes. auch Schindler, Investitionsrechnungen in Theorie und Praxis, S. 75-103.

317) Vgl. dazu die Ausführungen und Literaturhinweise von Wilfried Mietusch, Theoretische und praktische Probleme der Abschreibungsquotenbildung und -verrechnung für Werkzeugmaschinen. Diss. Humboldt-Universität Berlin 1956, S. 43 f.

318) Vgl. auch Schätzle, Forschung und Entwicklung als unternehmerische Aufgabe, bes. Punkt A. II.

319) Vgl. dazu z. B. Lutz, The Theory of Investment of the Firm, S. 110 f.; D. Schneider, Die wirtschaftliche Nutzungsdauer von Anlagegütern, S. 59; Ingrid and Per Welin, The Impact of Technological Progress on the Economic Life of Industrial Equipment. Handelshögskolan i Göteborg, Skrifter 1967, Heft 2, Göteborg 1967, bes. S. 22-24 (mit einem Zahlenbeispiel).

320) Vgl. Schätzle, Technischer Fortschritt und Produktionsfunktion, S. 43 f.

321) Vgl. Hans Werner Kolb, Investitionsplanung und Investitionsentscheidung. In: Schriften zur Unternehmensführung. Band 4. Wiesbaden 1968, S. 77-91.

322) Adolf Moxter, Buchbesprechung zu Dieter Schneider, Die wirtschaftliche Nutzungsdauer von Anlagegütern als Bestimmungsgrund der Abschreibungen. In: Finanzarchiv, NF, Bd. 23 (1963/64), S. 365-367, hier S. 367.

322 a) Zu Problemen der Entscheidung durch Kommissionen vgl. Brede, Die wirtschaftliche Beurteilung von Verwaltungsentscheidungen in der Unternehmung, bes. S. 68, 115-121, 123-130.

323) Vgl. dazu D. Schneider, Die wirtschaftliche Nutzungsdauer von Anlagegütern, bes. S. 92 f.

324) Vgl. die Hinweise Kosiols auf verschiedene Tabellenwerke, angefangen mit dem des Verbandes Deutscher Maschinenbau-Anstalten (VDMA) aus dem Jahre 1930 bis zu den Überlegungen der Deutschen Gesellschaft für Betriebswirtschaft (DGfB) von 1952. Vgl. Kosiol, Anlagenrechnung, S. 327-342;

vgl. ferner J. Schiffer; Theodor Baldus, Tabellen zur Errechnung von Werten, kalkulatorischen Abschreibungen und Mietpreisen für das Anlagevermögen. In: Die Wirtschaftsprüfung, Jg. 2 (1949), Beiheft 4; Richtlinien für die Berechnung der Abschreibungen auf Anlagegüter im Steinkohlenbergbau der Länder der Europäischen Gemeinschaft für Kohle und Stahl, herausgegeben vom Studienausschuß des westeuropäischen Kohlenbergbaus, Arbeitskreis Kosten und Erlöse. Heft 1. Essen 1955, bes. S. 16-20; NN, Abschreibungs-Richtsätze. In: Lexikon des kaufmännischen Rechnungswesens, herausgegeben von Karl Bott. Band I. 2. Aufl., Stuttgart 1955, Sp. 69-72; Die steuerlichen Abschreibungen (AfA). Ausgabe 1956 mit ausführlichem Tabellenmaterial einschl. der amtlichen Abschreibungstabellen der Ostzone für 1952-1955 sowie, neu, amtlichen Abschreibungstabellen der Bundesrepublik, herausgegeben vom Verlag der Steuertarife KG. M. Gladbach 1956; Abschreibungstabellen für Industrie, Handel und Handwerk. Ludwigshafen a. Rh. 1956, vgl. vor allem die schon erwähnten AfA-Tabellen und dazu auch: Die amtlichen AfA-Tabellen, mit Erläuterungen von Senftleben und (Herbert) Krause-Kärsten, fortgesetzt von (K.) Wons. Heidelberg; (K.) Wons, AfA-Lexikon. 3. Aufl., Stand vom 1. Sept. 1967, Heidelberg 1967; vgl. weiterhin die Nutzungsdauerangaben im bekannten "Bulletin F" der amerikanischen Finanzverwaltung nach 1934 und in den neuen Abschreibungsrichtlinien der amerikanischen Finanzverwaltung aus dem Jahre 1962 (Rev. Proc. 62-21), letztere z. B. enthalten in: 1970 US Master Tax Guide for Returns of 1969 Income, Paragraph 1167 ff.

325) Gudehus, Bewertung und Abschreibung von Anlagen, S. 169.

326) Darauf hat Herr Prof. Dr. D. Schneider verschiedentlich in Vorlesungen hingewiesen.

327) Vgl. dazu die umfassenden Angaben und Ausführungen von D. Schneider, Die wirtschaftliche Nutzungsdauer von Anlagegütern, S. 86-95; ferner die Hinweise von Riebel, Die Problematik der Normung von Abschreibungen, S. 731, 733; Eugen Schmitz; Helga Krämer, Absterbeordnungen für Kraftfahrzeuge, ihre Problematik, Berechnung und Anwendung. 2. Aufl., Berlin 1962; Hans-Werner Nowoczyn, Lebensdauerprüfungen an Kraftfahrzeugbatterien. Köln und Opladen 1967.

328) Vgl. auch Riebel, Die Problematik der Normung von Abschreibungen, S. 731; D. Schneider, Die wirtschaftliche Nutzungsdauer von Anlagegütern, S. 91.

329) Vgl. Männel, Wirtschaftlichkeitsfragen der Anlagenunterhaltung, S. 275.

330) Vgl. zu diesem Problem im einzelnen Leffson, Die Grundsätze ordnungsmäßiger Buchführung, S. 350-352.

331) In die vorgeschlagene Richtung zielt der BFH mit dem Beschluß vom 16.7. 1968 Gr. S. 7/67, BStBl II 1969, S. 108, in dem entschieden wird, daß für die Ermittlung des Teilwerts von bebauten Grundstücken der Grund und Boden und die Gebäude keine Einheit darstellen. Vgl. auch NN, Teilwertabschreibung auf Gebäude und weitere Abschreibungen. In: Der Betrieb, Jg. 22 (1969), S. 770 f.

332) Vgl. Taylor, A Statistical Theory of Depreciation Based on Unit Costs, S. 1010, 1023; vgl. auch ders., A Note on the Theory of Depreciation. In: Bulletin of the American Mathematical Society, Vol. 31 (1925), S. 222 f.

333) Vgl. Hotelling, A General Mathematical Theory of Depreciation; vgl. aber auch F. K. Wright, Towards a General Theory of Depreciation. In: Journal of Accounting Research, Vol. 2 (1964), S. 81-90.

334) Vgl. z. B. Gabriel A. D. Preinreich, Annual Survey of Economic Theory: The Theory of Depreciation. In: Econometrica, Vol. 6 (1938), S. 219-241; ders., The Principles of Public Utility Depreciation. In: The Accounting Review, Vol. 13 (1938), S. 149-165; ders., The Practice of Depreciation. In: Econometrica, Vol. 7 (1939), S. 235-265; ders., The Economic Life of Industrial Equipment; ders., A Note on the Theory of Depreciation. In: Econometrica, Vol. 9 (1941), S. 80-88; ders., Replacement in the Theory of the Firm.

Vgl. aber auch Charles F. Roos, The Problem of Depreciation in the

Calculus of Variations. In: Bulletin of the American Mathematical Society, Vol. 34 (1928), S. 218-228; ders., A Mathematical Theory of Depreciation and Replacement. In: American Journal of Mathematics, Vol. 50 (1928), S. 147-157; John B. Canning, The Economics of Accountancy. New York 1929, z. B. S. 300; James Bonbright, The Valuation of Property. London 1937, S. 216-268; K. G. Hagstroem, Remarks on the Theory of Depreciation. In: Econometrica, Vol. 7 (1939), S. 289-303; ders., The Theory of Depreciation: A Reply. In: Econometrica, Vol. 9 (1941), S. 89-92; Lutz, The Theory of Investment of the Firm, bes. S. 219-221; Hector R. Anton, Depreciation, Cost Allocation and Investment Decisions. In: Accounting Research, Vol. 7 (1956), S. 117-134; Siegfried Ding, Probleme der Abschreibung in der angelsächsischen Literatur. Diss. Würzburg 1957, S. 58-95; Smith, Depreciation, Market Valuations, and Investment Theory; Wright, Towards a General Theory of Depreciation; Bryan V. Carsberg, Contribution of. P. D. Leake to the Theory of Goodwill Valuation. In: Journal of Accounting Research, Vol. 4 (1966), S. 1-15; vgl. aber auch die Hinweise auf die Untersuchungen von Ladelle im Jahre 1890 durch Richard P. Brief, A Late Nineteenth Century Contribution to the Theory of Depreciation. In: Journal of Accounting Research, Vol. 5 (1967), S. 27-38; und dazu F. K. Wright, An Evaluation of Ladell's Theory of Depreciation. In: Journal of Accounting Research, Vol. 5 (1967), S. 173-179.
Eine Ertragswertabschreibung will auch im Grundsatz Gudehus ableiten, der aber für die Praxis eine Abschreibungsnormierung vorschlägt. Vgl. Gudehus, Bewertung und Abschreibung von Anlagen. Das Buch ist aus einer Reihe von Aufsätzen hervorgegangen, vgl. die Angaben in derselben Quelle, Vorwort, S. 5.

335) Vgl. z. B. Preinreich, Annual Survey of Economic Theory: The Theory of Depreciation, S. 237; ders., The Principles of Public Utility Depreciation, S. 161.

336) Vgl. Preinreich, The Economic Life of Industrial Equipment, S. 12; ders., A Note on the Theory of Depreciation, S. 87.

337) Vgl. Lutz, The Theory of Investment of the Firm, bes. S. 220 f.

338) Vgl. auch Karl Käfer, Fragen der Abschreibung. In: Die Unternehmung, Jg. 1 (1947), S. 145-163, hier S. 152-156, dessen Überlegungen für die Abschreibung aufgrund der zukünftigen Nutzleistungen hier entsprechend gelten.

339) So Kenneth E. Boulding, Economic Analysis. Volume I: Microeconomics. Fourth Edition, New York-London-Tokyo 1966, S. 666: ("Nevertheless it is a usefull theoretical construct to test the various practical methods.") - Boulding bezieht sich dabei auf die Ertragswertabschreibung mit dem internen Zinsfuß, seine Ausführungen betreffen aber die andere Form entsprechend.

340) Vgl. Martti Saario, Realisointiperiaate ja käyttöomaisuuden poistot tuloslaskennassa. Summary. Helsinki 1945, z. B. S. 287 f. - Vgl. jedoch zu den späteren Überlegungen Saarios S. 165.

341) Vgl. etwa Hermann Großmann, Die Abschreibung vom Standpunkt der Unternehmung, insbesondere ihre Bedeutung als Kostenfaktor. Berlin/Wien 1925, S. 213-216; Hast, Grundsätze ordnungsmäßiger Bilanzierung für Anlagegegenstände, S. 216-218, mit weiteren Literaturangaben.

342) Vgl. dazu besonders Käfer, Fragen der Abschreibungen; ders., Die Bilanz als Zukunftsrechnung, S. 14 f., 18; vgl. auch Lutz, The Theory of Investment of the Firm, S. 6-11; George Terborgh, Realistic Depreciation Policy. Chicago 1954, bes. Kapitel 4; Ragnar Frisch, Theory of Production. Dordrecht - Holland 1965, bes. S. 333-337.

343) Käfer, Fragen der Abschreibung, S. 159 ("beabsichtigte Leistung" im Original kursiv).

344) Vgl. Gutenberg, Die Produktion, bes. S. 314 f.

345) Riebel, Eine betriebswirtschaftliche Theorie der Produktion, S. 135.

346) Nach den Maschinenstunden will z. B. Bosshardt die Abschreibungen berechnen, allerdings auf der Grundlage der technischen Nutzungsdauer. Vgl.

Erik Bosshardt, Leistungsmäßige Kostenrechnung. Zürich 1948, bes. S. 28-36, 75.

347) Vgl. auch Hans-Herbert Schulze, Zum Problem der Messung des wirtschaftlichen Handelns mithilfe der Bilanz. Berlin 1966, S. 171 f.; Riebel, Eine betriebswirtschaftliche Theorie der Produktion, S. 135 f.

348) Vgl. dazu das Beispiel von Schulze, Zum Problem der Messung des wirtschaftlichen Handelns mithilfe der Bilanz, S. 170.

349) Zu dieser Methode vgl. Taylor, A Statistical Theory of Depreciation Based on Unit Cost, S. 1010; Hilmer Brommels, Die eigentliche Abschreibung in der dynamischen Bilanz. Diss. Helsingfors 1928, S. 137-139; A. W. Moser, Depreciation Based on Unit Costs. In: The Journal of Accountancy, Vol. 52 (1931), S. 25-39, 110-125; A(lexander) Hoffmann, Wirtschaftslehre der kaufmännischen Unternehmung. Leipzig 1932, S. 312-314, 326 f.; Emil Studt, Die privatwirtschaftliche Erfolgsrechnung in den Vereinigten Staaten von Amerika. Bühl-Baden 1935, S. 217-227; D. Schneider, Die wirtschaftliche Nutzungsdauer von Anlagegütern, S. 40; jeweils mit weiteren Literaturangaben.

350) Vgl. z. B. P(aul) T. Norton; E(ugene) L. Grant, Depreciation Estimates in Appraisals of Manufacturing Equipment. In: Transactions of the American Society of Mechanical Engineers, Vol. 64 (1942), S. 509-520; Kurt Rummel, Die kalkulatorische Bewertung von Anlagen. In: Stahl und Eisen, Bd. 66/67 (1947), S. 153-159, hier S. 154 f.; ders., Die Verfahren zur Ermittelung des Zeitwertes (Substanzwertes) von Industrieanlagen. In: ZfhF, NF, Jg. 1 (1949), S. 288-314, hier S. 312; ders., Die kalkulatorische Bewertung von Anlagegütern. In: ZfB, Jg. 20 (1950), S. 564-574; Schmalenbach, Dynamische Bilanz, 13. Aufl., S. 110 f.; E. Schneider, Wirtschaftlichkeitsrechnung, S. 110-115.

351) Vgl. dazu Passow, Die Bilanzen der privaten und öffentlichen Unternehmungen, S. 107-112; vgl. aber auch Moxter, Die statische Bilanztheorie heute.

352) Vgl. z. B. Simon, Die Bilanzen der Aktiengesellschaften und der Kommanditgesellschaften auf Aktien, S. 304 f., 408; Rehm, Die Bilanzen der Aktiengesellschaften, S. 59 f.

353) Vgl. insbesondere E(ugen) Schmalenbach, Die Abschreibung. In: ZfhF, Jg. 3 (1908/09), S. 81-88, hier S. 83; ders., Die Werte von Anlagen und Unternehmungen in der Schätzungstechnik. In: ZfhF, Jg. 12 (1917/18), S. 1-20; ders., Über Abschreibungen, bes. S. 195 f., 202 f.; ders., Dynamische Bilanz, 13. Aufl., S. 120 f.

354) So auch Endres in bezug auf Schmalenbach. Vgl. Walter Endres, Die Problematik der abfallenden Abschreibung. In: ZfhF, NF, Jg. 5 (1953), S. 107-123, hier S. 113.

355) Vgl. auch F. Schmidt, Die organische Tageswertbilanz, S. 169; Endres, Die Problematik der abfallenden Abschreibung, S. 113.

356) Vgl. z. B. Walter Huppert, Abschreibungen auf Anlagen in betriebswirtschaftlicher, steuerlicher und volkswirtschaftlicher Sicht. München 1952, bes. S. 15; K. Hax, Die Substanzerhaltung der Betriebe, S. 257; ders., Was sind betriebswirtschaftlich notwendige Abschreibungen? In: Volkswirtschaftliche Korrespondenz der Adolf-Weber-Stiftung, Jg. 6 (1967), Nr. 7; ders., Was ist betriebswirtschaftlich notwendige Abschreibung? In: Beiträge zur Lehre von der Unternehmung. Festschrift für Karl Käfer, herausgegeben von Otto Angehrn und Hans Paul Künzi. Stuttgart 1968, S. 147-178, bes. S. 151-155; Endres, Die Problematik der abfallenden Abschreibung, S. 114; vgl. aber auch z. B. Schmalenbach, Dynamische Bilanz, 13. Aufl., S. 130.

357) Vgl. auch Schmalenbach, Dynamische Bilanz, 13. Aufl., S. 130.

358) Vgl. H. H. Finkelnburg, Bewertung gebrauchter Werkzeugmaschinen. In: Die Technik, Bd. 3 (1948), S. 213-214; ders., Über den Verlauf der Abnutzung bei Werkzeugmaschinen. In: Die Technik, Bd. 4 (1949), S. 76.

359) Vgl. Riebel, Die Problematik der Normung von Abschreibungen.

360) Vgl. Albach, Die degressive Abschreibung, bes. ab S. 57; ders., Steuer-

system und unternehmerische Investitionspolitik. Wiesbaden 1970, S. 137-142.

361) Vgl. K. Hax, Was ist betriebswirtschaftlich notwendige Abschreibung?, bes. S. 155 und ab S. 160.

362) Albach, Die degressive Abschreibung, S. 50.

363) Preinreich, A Note on the Theory of Depreciation, S. 87 ("How to distribute the costs incurred within that period remains purely a matter of pen and ink.").

364) Zu den buchhalterischen Abschreibungsverfahren vgl. außer den bisher und den im folgenden zitierten Quellen für viele Karl Banse, Milderungsverfahren für die geometrisch-degressive Abschreibung. In: Die Betriebswirtschaft, Zeitschrift für Handelswissenschaft und Handelspraxis, Jg. 24 (1931), S. 263-266, 288-294, 315-331; Kurt Schmaltz, Zum Problem der richtigen Abschreibung. In: Die Betriebswirtschaft, Zeitschrift für Handelswissenschaft und Handelspraxis, Jg. 27 (1934), S. 124-130; Hast, Grundsätze ordnungsmäßiger Bilanzierung für Anlagegegenstände, S. 199-230; Karl Langer, Betriebswirtschaftliche Kritik der Absetzung für Abnutzung nach § 7 Einkommensteuergesetz. Diss. Frankfurt/M. 1946; Hellmuth Odenhausen; Werner Friedrich, Die degressive Abschreibung. In: ZfB, Jg. 22 (1952), S. 514-524; Curt Sandig, Degressive Abschreibung steuerlich zulässig. In: Neue Betriebswirtschaft, Jg. 1953, S. 61-62; Hans-Helmut Kebschull, Betriebswirtschaftliche und steuerliche Beurteilung der Abschreibungsmethoden. Diss. Köln 1954; Mellerowicz, Abschreibungen in Erfolgs- und Kostenrechnung, bes. ab S. 69; J(osef) Eßer, Funktionen und Auswirkungen der verschiedenen Abschreibungsmethoden im Blickpunkt der praktischen Betriebswirtschaft. Institut Finanzen und Steuern. Heft 47. Bonn 1957. - Ergänzungsband. Heft 47, Band 2. Bonn 1961; M(ax) R(udolf) Lehmann, Steuerreform und Abschreibung. In: Die Wirtschaftsprüfung, Jg. 11 (1958), S. 169-177; Wolfgang Lücke, Probleme in Verbindung mit der Neuregelung der Abschreibungen. In: Die Wirtschaftsprüfung, Jg. 11 (1958), S. 461-466; Bernhard Gübbels, Handbuch der steuerlichen Abschreibung. 4. Aufl., Köln-Marienburg 1966, Punkt B. I.; Heinrich Stutz, Degressive Abschreibungen. 5. Aufl., Herne/Berlin 1966; Adler/Düring/Schmaltz, Rechnungslegung und Prüfung der Aktiengesellschaft, 4. Aufl., Band 1, § 154 bes. Tz. 35-40.

365) Vgl. K. Hax, Was ist betriebswirtschaftlich notwendige Abschreibung? S. 151.

366) Vgl. auch Gutachten zur Reform der direkten Steuern, S. 20 f.

367) Vgl. Schmalenbach, Dynamische Bilanz, 13. Aufl., S. 134 f. (mit einem Beispiel).

368) Vgl. Endres, Die Problematik der abfallenden Abschreibung, S. 111 f.

369) Vgl. Schmalenbach, Dynamische Bilanz, 13. Aufl., S. 136.

370) Vgl. zu diesem zweiten Argument Adler/Düring/Schmaltz, Rechnungslegung und Prüfung der Aktiengesellschaft, 4. Aufl., Band 1, § 154 Tz. 40.

371) Vgl. auch K. Hax, Was ist betriebswirtschaftlich notwendige Abschreibung? S. 158.

372) Vgl. etwa Schmalenbach, Über Abschreibungen, S. 205-211; ders., Zur Bewertung von Bergwerken. In: ZfhF, Jg. 23 (1929), S. 385-396, hier S. 394 f.; ders., Dynamische Bilanz, 13. Aufl., S. 136-139; F. Schmidt, Die organische Tageswertbilanz, S. 201-226; Kosiol, Anlagenrechnung, S. 95-109.

373) Vgl. F. Schmidt, Die organische Tageswertbilanz, z. B. S. 205-219.

374) Vgl. A(lexander) Hoffmann, Der Gewinn der kaufmännischen Unternehmung. Leipzig 1929, S. 132 f.; Studt, Die privatwirtschaftliche Erfolgsrechnung in den Vereinigten Staaten von Amerika, S. 198-203.

375) Vgl. Martti Saario, Poistojen pääoma-arvo ja oikea-aikaisuus. Zusammenfassung. In: Mercurialia MCMLXI, Eripainos [Sonderdruck]. Helsinki 1961, S. 1-38.

376) Vgl. Gutachten zur Reform der direkten Steuern, S. 20 f.

377) Vgl. Zweite Verordnung über steuerliche Konjunkturmaßnahmen. Deutscher Bundestag. 6. Wahlperiode. Drucksache VI/1013. Bonn, 6. Juli 1970.

378) Vgl. dazu aber z. B. J(osef) Eßer, Keine Konjunkturpolitik mit Abschreibungen. In: Industriekurier, 13. Oktober 1966, Nr. 159, S. 5; NN, Plädoyer für degressive Abschreibungen. Gegen konjunkturpolitische Variationen. In: Blick durch die Wirtschaft, 24. Oktober 1966, Nr. 247, S. 1; Albach, Die degressive Abschreibung; ders., Steuersystem und unternehmerische Investitionspolitik, bes. S. 137-142.

379) Vgl. dazu in bezug auf die Aussetzung der degressiven Abschreibung die Ergebnisse von A(nton) Heigl; H. Melcher, Betriebswirtschaftliche Effekte der Aussetzung degressiver Abschreibung. In: Der Betrieb, Jg. 23 (1970), S. 1601-1603.

380) Vgl. dazu auch Wilhelm Hasenack, Stellungnahme zum Referentenentwurf eines GmbH-Gesetzes mit besonderer Berücksichtigung der geplanten Vorschriften zur Rechnungslegung. In: BFuP, Jg. 21 (1969), S. 545-567, 609-625, hier S. 563 f.

381) Vgl. auch Carsten Peter Claussen, Gläserne Taschen - leicht mattiert. Die wichtigsten neuen Bewertungsvorschriften. In: Der Volkswirt, Jg. 22 (1968), Nr. 6, S. 30-32, hier S. 30.

382) Vgl. aber auch die Ausführungen zur "composite or group account method" in Montgomery's Auditing, herausgegeben von Norman J. Lenhart and Philip L. Deflise. 8. Ed., New York 1957, S. 270; und dazu Leffson, Die Grundsätze ordnungsmäßiger Buchführung, S. 310.

383) Vgl. Karl Vodrazka, Wertuntergrenzen für das bilanzielle Vermögen im Aktien- und Ertragsteuerrecht. In: Zur Besteuerung der Unternehmung, Festschrift für Peter Scherpf zur Vollendung des 65. Lebensjahres, herausgegeben von Otto Hintner und Hanns Linhardt unter Mitwirkung von Werner Schubert. Berlin 1968, S. 139-166, hier S. 143-152.

384) Vgl. Vodrazka, Wertuntergrenzen für das bilanzielle Vermögen im Aktien- und Ertragsteuerrecht, bes. S. 147 f. (Hieraus wird auch verständlich, daß Vodrazka einer Normierung der Abschreibung mehr ablehnend gegenübersteht, vgl. in gleicher Quelle, S. 145 f.); vgl. auch Leffson, Die Grundsätze ordnungsmäßiger Buchführung, S. 276.

385) Vgl. Adler/Düring/Schmaltz, Rechnungslegung und Prüfung der Aktiengesellschaft, 4. Aufl., Band 1, § 154 Tz. 73-76.

386) Vgl. auch D. Schneider, Die Problematik betriebswirtschaftlicher Teilwertlehren, S. 308-310.

387) Vgl. dazu und zum Teilwert allgemein vor allem Kosiol, Bilanzreform und Einheitsbilanz, S. 142-163; Herrmann - Heuer, Kommentar zur Einkommensteuer und Körperschaftsteuer, § 6 Anm. 61 72 b; Gübbels, Handbuch der steuerlichen Abschreibung, Punkt B. III.; Koch, Zur Problematik des Teilwerts; Herbert Jacob, Das Bewertungsproblem in den Steuerbilanzen. Wiesbaden 1961, bes. Teil II; Kurt Maaßen, Der Teilwert im Steuerrecht. Köln-Marienburg 1968.

388) Vgl. z. B. Maaßen, Der Teilwert im Steuerrecht, S. 10 f.

389) Vgl. z. B. Vodrazka, Wertuntergrenzen für das bilanzielle Vermögen im Aktien- und Ertragsteuerrecht; Adler/Düring/Schmaltz, Rechnungslegung und Prüfung der Aktiengesellschaft, 4. Aufl., Band 1, § 154 Tz. 81.

390) Vgl. auch D. Schneider, Theorie und Praxis der Unternehmensbesteuerung, S. 217; vgl. aber auch Koch, Die Problematik des Niederstwertprinzips; ders., Zur Problematik des Teilwerts.

391) Vgl. dazu die entsprechenden Ausführungen der auf S. 209, Fußn. 387, genannten Quellen.

392) Vgl. Jacob, Das Bewertungsproblem in den Steuerbilanzen, bes. S. 270 f., 279-291; ders., Teilwertabschreibung oder Verlustausgleich? In: Die Wirtschaftsprüfung, Jg. 23 (1970), S. 61-68, hier S. 66 f.

393) Vgl. etwa Herrmann - Heuer, Kommentar zur Einkommen- und Körperschaftsteuer, § 7 Anm. 34.

394) Vgl. auch D. Schneider, Theorie und Praxis der Unternehmensbesteuerung, S. 217 f.

395) Vgl. Herrmann - Heuer, Kommentar zur Einkommen- und Körperschaftsteuer, § 7 Anm. 28 f.

396) Vgl. aber Jacob, Das Bewertungsproblem in den Steuerbilanzen, S. 248 f.

397) Vgl. auch für viele die Vorschläge von Gerd Rose, Die Synchronisation von Anlagenerneuerung und technischem Fortschritt. Diss. Köln 1954, bes. ab S. 125; Kosiol, Anlagenrechnung, bes. S. 201-208; Leffson, Die Grundsätze ordnungsmäßiger Buchführung, S. 317-321; siehe auch die Überlegungen von Bredt und Zubrod, die allerdings auf die Kostenrechnung abstellen, vgl. Bredt, Abschreibungen unter Null; Zubrod, Zum Thema: "Abschreibungen unter Null?"

398) Vgl. dazu im einzelnen Leffson, Die Grundsätze ordnungsmäßiger Buchführung, S. 318 f.

399) Vgl. Adler/Düring/Schmaltz, Rechnungslegung und Prüfung der Aktiengesellschaft, 4. Aufl., Band 1, § 154 Tz. 64.

400) Vgl. Herrmann - Heuer, Kommentar zur Einkommen- und Körperschaftsteuer, § 6 Anm. 14-16.

401) Vgl. Moxter, Der Einfluß von Publizitätsvorschriften auf das unternehmerische Verhalten, bes. S. 175 f.; Leffson, Die Grundsätze ordnungsmäßiger Buchführung, bes. S. 316.

402) Vgl. dazu z. B. Leffson, Die Grundsätze ordnungsmäßiger Buchführung, S. 311-317.

403) Vgl. z. B. Schmalenbach, Dynamische Bilanz, 13. Aufl., S. 105 f., 141 f.

404) Vgl. insbesondere Koch, Die Problematik des Teilwerts, S. 336, Fußn. 40; Leffson, Die Grundsätze ordnungsmäßiger Buchführung, S. 260 f., 274-276.

405) Vgl. Leffson, Wesen und Aussagefähigkeit des Jahresabschlusses, S. 387; ders., Die Grundsätze ordnungsmäßiger Buchführung, S. 316.

406) Vgl. z. B. Riebel, Die Problematik der Normung von Abschreibungen, S. 733.

407) Vgl. dazu vor allem Johann-Friedrich Karsten, Die steuerliche Behandlung gewerblicher Verluste. Berlin 1958, bes. ab S. 113, und die dort angegebene Literatur.

408) Vgl. Gutachten zur Reform der direkten Steuern, S. 21 f., 44.

409) Vgl. dazu auch D. Schneider, Die Problematik betriebswirtschaftlicher Teilwertlehren, S. 311-313; ders., Sofortiger Verlustausgleich statt Teilwertabschreibung - ein Problem der Steuerreform -. In: Die Wirtschaftsprüfung, Jg. 23 (1970), S. 68-72.

410) Vgl. Jacob, Teilwertabschreibung oder Verlustausgleich? S. 62 f., 68.

411) Vgl. Baetge, Möglichkeiten der Objektivierung des Jahreserfolges, S. 150.

412) Vgl. insbesondere Gübbels, Handbuch der steuerlichen Abschreibung, S. 110 f., 113; ders., Zur steuerlichen Abschreibung. Bemerkungen zu aktuellen grundsätzlichen Fragen. In: Der Betriebs-Berater, Jg. 12 (1957), S. 996-999, hier S. 997; ders., Amtliche AfA-Tabellen im Lichte der Auffassung der Wirtschaft. In: Neue Wirtschafts-Briefe, Nr. 36/1957, Fach 3, S. 1663-1666, hier S. 1663 f.; ders., Zur Frage der Normung der steuerlichen Abschreibung. In: Der Betriebs-Berater, Jg. 15 (1960), S. 1093 f.; vgl. auch C(urt) Sandig, Amtliche Abschreibungs-Tabellen. In: Neue Betriebswirtschaft, Jg. 10 (1957), S. 133 f.; (Kurt) van der Velde, Amtliche Tabellen für betriebsgewöhnliche Nutzungsdauern? In: Der Betrieb, Jg. 10 (1957), S. 537-539; Riebel, Die Problematik der Normung von Abschreibungen; ders., Die Normung von Abschreibungen - eine Utopie. In: Der Betrieb, Jg. 14 (1961), S. 381-385; Heinz Risse, Einheitliche Abschreibungs-Tabellen? Normung der AfA-Sätze unzeitgemäß. In: Der Betriebs-Berater, Jg. 15 (1960), S. 1314.

413) Vgl. auch Baetge, Möglichkeiten der Objektivierung des Jahreserfolges, S. 122 f.

414) Vgl. Riebel, Die Problematik der Normung von Abschreibungen, S. 131; ders., Die Normung von Abschreibungen - eine Utopie; vgl. dazu auch Georg Müller, Die Normung von Abschreibungen - Utopie oder Realität? In: Der Betrieb, Jg. 14 (1961), S. 715; und ebenfalls zur Diskussion mit Riebel K(arl) Klinger, Zur Problematik der Normung von Abschreibungen. In: Der Betrieb, Jg. 13 (1960), S. 957-959; ders., Abschreibungsnormen als Realität. In: Der Betrieb, Jg. 14 (1961), S. 1267.

415) Vgl. auch Leffson, Die Grundsätze ordnungsmäßiger Buchführung, S. 353 f.

416) Vgl. vor allem Moxter, Der Einfluß von Publizitätsvorschriften auf das unternehmerische Verhalten, S. 189; ders., Bilanzierung und unsichere Erwartungen. In: ZfhF, NF, Jg. 14 (1962), S. 607-632, hier S. 619 f.; ders., Buchbesprechung zu Dieter Schneider, S. 367; vgl. auch Herbert Gudehus, Ist das Abschreibungsproblem lösbar? In: Die Wirtschaftsprüfung, Jg. 9 (1956), S. 554 f.; ders., Bewertung und Abschreibung von Anlagen, bes. S. 206-234, der sich für eine Normierung ausspricht, aber eine Art degressive Abschreibung mit zwischenzeitlichen Korrekturen in größeren Abständen vorschlägt.

417) Vgl. Riebel, Die Normung von Abschreibungen - eine Utopie, S. 381; vgl. auch Gübbels, Amtliche AfA-Tabellen im Lichte der Auffassung der Wirtschaft, S. 1664; Gerd Rose, Wider die Normierung von Abschreibungen. In: Die Wirtschaftsprüfung, Jg. 10 (1957), S. 353-357.

418) Vgl. auch den Vorschlag von Baetge, Möglichkeiten zur Objektivierung des Jahreserfolges, S. 151.

419) Vgl. Gerd Rose, Es gibt keine richtige Abschreibungsmethode. Zugleich ein Beitrag zur Frage: Normierung der Abschreibungen? In: Die Wirtschaftsprüfung, Jg. 9 (1956), S. 372-376; ders., Wider die Normierung von Abschreibungen, S. 357.

420) Vgl. bes. Riebel, Die Problematik der Normung von Abschreibungen, S. 733.

421) Vgl. auch Klinger, Zur Problematik der Normung von Abschreibungen, S. 957.

422) Vgl. auch Moxter, Der Einfluß von Publizitätsvorschriften auf das unternehmerische Verhalten, S. 189.

423) Vgl. dazu etwa Gübbels, Handbuch der steuerlichen Abschreibung, Punkt B. II.

424) Gutachten zur Reform der direkten Steuern, S. 21.

425) Vgl. dazu Jürgen Wegner, Das Berliner Abschreibungswunder. In: Der Betriebs-Berater, Jg. 23 (1968), S. 1422-1424; ders., Das Berliner Abschreibungswunder und seine steuerlichen Folgen. In: Der Betriebs-Berater, Jg. 24 (1969), S. 1213-1220.

426) Vgl. Hans Wielens, Vermögensbildung durch Ausnutzung hoher Sonderabschreibungen. In: Der Betrieb, Jg. 22 (1969), S. 1805-1810.

427) Vgl. z. B. in bezug auf konjunkturelle Sonderabschreibungen Max Kruk, Abschreibungshilfen wenig gefragt. Die Wirtschaft bleibt reserviert. In: Frankfurter Allgemeine Zeitung, 28. Februar 1967, Nr. 50, S. 17.

428) Vgl. z. B. Gutachten zur Reform der direkten Steuern, S. 48-50; Fritz Neumark, Fiskalpolitische Maßnahmen als Mittel der Konjunkturpolitik. In: ZfbF, Jg. 20 (1968), S. 490-503.

429) Vgl. auch D. Schneider, Sieben Thesen zum Verhältnis von Handels- und Steuerbilanz, S. 1705.

430) Vgl. etwa Karl Otto Pöhl, Das Steuerkonzept der Professoren. Gerechtigkeit zu Lasten der Zweckmäßigkeit? In: Der Volkswirt, Jg. 21 (1967), S. 1712-1714, hier S. 1712. - Zur Abschreibungsregelung in anderen Ländern vgl. Gübbels, Handbuch der steuerlichen Abschreibung, Punkt C.

431) Vgl. (Herbert) Krause-Kärsten, Die Frage nach der Zweckmäßigkeit einheitlicher AfA-Sätze. In: Deutsche Steuer-Zeitung, Jg. 43 (1955), Ausgabe A, S. 36-38, hier S. 37.

432) Vgl. vor allem Martin Knoche, Die Berichterstattung über Bewertungsänderungen im Geschäftsbericht nach neuem Aktienrecht. Düsseldorf 1967; Ulrich Ertner, Der Geschäftsbericht als Instrument erweiterter aktienrechtlicher Rechnungslegung. Berlin 1968; Heinz Petersen, Bewertungswahlrechte und Erläuterungspflichten nach dem neuen Aktiengesetz. In: Die Wirtschaftsprüfung, Jg. 21 (1968), S. 249-255.

433) Vgl. Edgar Castan, Die Erläuterung der Bewertungs- und Abschreibungsmethoden der großen Börsengesellschaften in den Geschäftsberichten 1967. In: Der Betrieb, Jg. 22 (1969), S. 269-272, 315-318; vgl. auch Leffson, Die Grundsätze ordnungsmäßiger Buchführung, S. 79 f., Fußn. 78 a.

434) Vgl. Krause-Kärsten, Die Frage nach der Zweckmäßigkeit einheitlicher AfA-Sätze. In: Deutsche Steuer-Zeitung, Jg. 43 (1955), Ausgabe A, S. 36-38; ders., Die betriebsgewöhnliche Nutzungsdauer und § 7 EStG in der Praxis. In: Deutsche Steuer-Zeitung, Jg. 44 (1956), Ausgabe A, S. 385-388; ders., Die AfA-Tabellen und die Steuervereinfachung. In: Deutsche Steuer-Zeitung, Jg. 45 (1957), Ausgabe A, S. 373-375; ders., Haben sich die AfA-Tabellen bewährt? In: Die steuerliche Betriebsprüfung, Jg. 1961, S. 32-34; K. Wons, Amtliche AfA-Tabellen im Lichte der Auffassung der Finanzverwaltung. In: Neue Wirtschafts-Briefe, Nr. 32/1957, Fach 3, S. 1661 f.; vgl. auch Gudehus, Ist das Abschreibungsproblem lösbar? S. 555; Lücke, Die außerbetriebliche Normierung der Abschreibung, S. 327; Müller, Die Normung von Abschreibungen - Utopie oder Realität? S. 715.

435) Vgl. z. B. Günter Anstöß, Abschreibungen und Wirtschaftswachstum. Diss. Köln 1960; Karl Hax, Die Bedeutung der Abschreibungs- und Investitionspolitik für das Wachstum industrieller Unternehmungen. In: Industriebetrieb und industrielles Rechnungswesen. Festschrift für Erwin Geldmacher. Köln und Opladen 1961, S. 9-36; Nils Västhagen, Das Experiment der Abschreibungsfreiheit in Schweden. Wiesbaden 1961; ders., Selbstfinanzierung der Unternehmungen mit besonderer Berücksichtigung der Abschreibungspolitik. In: Gesichertes Unternehmenswachstum. Berlin 1961, S. 366-373; Lothar Weichsel, Beschleunigte Abschreibung, Wachstum und Konjunktur. Köln und Opladen 1964; Norman B. True, Accelerated Depreciation in the United States 1954-1960. New York 1967.

436) Vgl. etwa Gübbels, Amtliche AfA-Tabellen im Lichte der Auffassung der Wirtschaft, S. 1664; Risse, Einheitliche Abschreibungs-Tabellen? S. 1314; Pöhl, Das Steuerkonzept der Professoren, S. 1712-1714.

437) Karl Peter, Die Bedeutung der AfA-Tabellen des Bundesfinanzministeriums. "Amtliche AfA-Tabellen" oder nicht? In: Buchhaltungs-Briefe, Nr. 8/1958, Fach 13, S. 361 f.

Literaturverzeichnis

Die steuerlichen Abschreibungen (AfA). Ausgabe 1956 mit ausführlichem Tabellenmaterial einschl. der amtlichen Abschreibungstabellen der Ostzone für 1952-1955 sowie, neu, amtlichen Abschreibungstabellen der Bundesrepublik, herausgegeben vom Verlag der Steuertarife KG. M. Gladbach 1956.

Abschreibungstabellen für Industrie, Handel und Handwerk. Ludwigshafen a. Rh. 1956.

Die amtlichen AfA-Tabellen, mit Erläuterungen von Senftleben und (Herbert) Krause-Kärsten, fortgesetzt von (K.) Wons. Heidelberg.

Adam, Dietrich, Das Interdependenzproblem in der Investitionsrechnung und die Möglichkeiten einer Zurechnung von Erträgen auf einzelne Investitionsobjekte. In: Der Betrieb, Jg. 19 (1966), S. 989-993.

Adler/Düring/Schmaltz, Die neue Gewinn- und Verlustrechnung. Ergänzungsband zur 3. Aufl. des Handkommentars. Von Hans Adler, Walther Düring, Kurt Schmaltz und Karl-Heinz Forster, Reinhard Goerdeler. Stuttgart 1961.

Adler/Düring/Schmaltz, Rechnungslegung und Prüfung der Aktiengesellschaft. Handkommentar. 4. Aufl., bearbeitet von Kurt Schmaltz, Karl-Heinz Forster, Reinhard Goerdeler, Hans Havermann. Band 1: Rechnungslegung. Stuttgart 1968.

Aktiengesetz. Textausgabe, zusammengestellt von Bruno Kropff. Düsseldorf 1965.

Albach, Horst, Wirtschaftlichkeitsrechnung bei unsicheren Erwartungen. Köln und Opladen 1959.

Albach, Horst, Die degressive Abschreibung. Ist die degressive Abschreibung eine nach betriebswirtschaftlichen Grundsätzen notwendige Abschreibung? Wiesbaden 1967.

Albach, Horst, Steuersystem und unternehmerische Investitionspolitik. Wiesbaden 1970.

Albach, Horst, Zur Bewertung von Wirtschaftsgütern mit dem Teilwert. In: Die Wirtschaftsprüfung, Jg. 16 (1963), S. 624-631.

Albach, Horst, Grundgedanken einer synthetischen Bilanztheorie. In: ZfB, Jg. 35 (1965), S. 21-31.

Albach, Horst, Bewertungsprobleme des Jahresabschlusses nach dem Aktiengesetz 1965. In: Der Betriebs-Berater, Jg. 21 (1966), S. 377-382.

Albach, Horst, Neue Entwicklungstendenzen in der Teilwertlehre. In: Steuerberater-Jahrbuch 1965/66. Köln 1966, S. 307-329.

Albach, Horst, Kennzahlen deutscher Aktiengesellschaften. In: Die Wirtschaftsprüfung, Jg. 20 (1967), S. 505-509.

Anstöß, Günter, Abschreibungen und Wirtschaftswachstum. Diss. Köln 1960.

Anton, Hector R., Depreciation, Cost Allocation and Investment Decisions. In: Accounting Research, Vol. 7 (1956), S. 117-134.

Arntz, Klaus H., Zum Entwurf eines Gesetzes über die Rechnungslegung von Großunternehmen und Konzernen (Publizitätsgesetz). In: GmbH-Rundschau, Jg. 59 (1968), S. 134-138.

Ascher, Theodor, Die Steuerbilanz. Ihre Entstehung und Gestalt. Essen 1958.

Auler, Wilhelm, s. Sommerfeld, Heinrich.

Baetge, Jörg, Möglichkeiten der Objektivierung des Jahreserfolges. Düsseldorf 1970.

Baldus, Theodor, s. Schiffer, J.

Banse, Karl, Milderungsverfahren für die geometrisch-degressive Abschreibung. In: Die Betriebswirtschaft, Zeitschrift für Handelswissenschaft und Handelspraxis, Jg. 24 (1931), S. 263-266, 288-294, 315-331.

Barth, Kuno, Die Entwicklung des deutschen Bilanzrechts und der auf ihm beruhenden Bilanzauffassungen, handelsrechtlich und steuerrechtlich. Band I: Handelsrechtlich. Stuttgart 1953. Band II: Steuerrecht, Teilband I. Stuttgart 1955.

Bergschneider, Irmin, Zum Gläubigerschutz im Aktienrecht. In: Die Wirtschaftsprüfung, Jg. 22 (1969), S. 96-100.

Bericht und Gesetzentwürfe zur Betriebsteuer, vorgelegt vom Betriebsteuerausschuß der Verwaltung für Finanzen. In: Steuer und Wirtschaft, Jg. 26 (1949), Sp. 929-1068.

Bison, Heine, (Investitionsrechnung:) Wie im Lehrbuch geht es nicht. In: Der Volkswirt, Jg. 23 (1969), Nr. 15, S. 36-38.

Boettcher, Carl; Schmölders, Günter, Betriebsteuer. In: Handwörterbuch der Sozialwissenschaften. Band 2. Stuttgart/Tübingen/Göttingen 1959, S. 92-94.

Bonbright, James, The Valuation of Property. London 1937.

Bosshardt, Erik, Leistungsmäßige Kostenrechnung. Zürich 1948.

Boulding, Kenneth E., Economic Analysis. Volume I: Microeconomics. Fourth Edition, New York - London - Tokyo 1966.

Brandner, Hela, Der Index der Erzeugerpreise industrieller Produkte auf der Basis 1962. In: Wirtschaft und Statistik, Jg. 1965, S. 82-86.

Break, George F., Capital Maintenance and the Concept of Income. In: The Journal of Political Economy, Vol. 62 (1954), S. 48-62.

Brede, Helmut, Die wirtschaftliche Beurteilung von Verwaltungsentscheidungen in der Unternehmung. Köln und Opladen 1968.

Bredt, Otto, Abschreibungen unter Null. In: Die Wirtschaftsprüfung, Jg. 2 (1949), S. 102-105.

Brief, Richard P., A Late Nineteenth Century Contribution to the Theory of Depreciation. In: Journal of Accounting Research, Vol. 5 (1967), S. 27-38.

von Briel, Hansrudolf, Die Ermittlung der wirtschaftlichen Nutzungsdauer von Anlagegütern. Winterthur 1955.

Brockhoff, Klaus, Probleme und Methoden technologischer Vorhersagen. In: ZfB, Jg. 39 (1969), 2. Ergänzungsheft, S. 1-24.

Brommels, Hilmer, Die eigentliche Abschreibung in der dynamischen Bilanz. Diss. Helsingfors 1928.

Brüning, Gert, Die Auswahl der Unternehmen bei der Erweiterung der Publizitätspflicht. In: BFuP, Jg. 21 (1969), S. 36-46.

Brunner, Josef, Geldwertschwankungen in Erfolgsrechnung und Bilanz. Neue amerikanische Praxis und Lehre. Zürich 1962.

Buchner, Robert, Das Problem der Kapazitätsausweitung durch laufende Reinvestition in Höhe des Abschreibungsaufwandes. Diss. Frankfurt a.M. 1960.

Busse von Colbe, Walther, Preis- und Geldwertschwankungen, Eliminierung von ... In: Handwörterbuch der Betriebswirtschaft. Band III. 3. Aufl., Stuttgart 1960, Sp. 4423-4438.

Busse von Colbe, Walther, Substanzerhaltung. In: Handwörterbuch der Betriebswirtschaft. Band III. 3. Aufl., Stuttgart 1960, Sp. 5310-5321.

Busse von Colbe, Walther, Aufbau und Informationsgehalt von Kapitalflußrechnungen. In: ZfB, Jg. 36 (1966), 1. Ergänzungsheft, S. 82-114.

Busse von Colbe, Walther, Prognosepublizität von Aktiengesellschaften. In: Beiträge zur Lehre von der Unternehmung. Festschrift für Karl Käfer, herausgegeben von Otto Angehrn und Hans Paul Künzi. Stuttgart 1968, S. 91-118.

Busse von Colbe, Walther, Kapitalflußrechnungen als Berichts- und Planungsinstrument. In: Schriften zur Unternehmensführung. Band 6/7. Wiesbaden 1968, S. 9-28.

Canning, John B., The Economics of Accountancy. New York 1929.

Carsberg, Bryan V., Contribution of P.D. Leake to the Theory of Goodwill Valuation. In: Journal of Accounting Research, Vol. 4 (1966), S. 1-15.

Castan, Edgar, Publizitätspflicht für alle Großunternehmen? In: Der Betrieb, Jg. 21 (1968), S. 515-520.

Castan, Edgar, Die Erläuterung der Bewertungs- und Abschreibungsmethoden der großen Börsengesellschaften in den Geschäftsberichten 1967. In: Der Betrieb, Jg. 22 (1969), S. 269-272, 315-318.

Chambers, R.J., Price Variation Accounting - An Improved Representation. In: Journal of Accounting Research, Vol. 5 (1967), S. 215-220.

Claussen, Carsten Peter, Gläserne Taschen - leicht mattiert. Die wichtigsten neuen Bewertungsvorschriften. In: Der Volkswirt, Jg. 22 (1968), Nr. 6, S. 30-32.

Claussen, Carsten-Peter, Wunschdenken oder Realismus? Ein Gesetzentwurf in der Diskussion. In: Der Volkswirt, Jg. 22 (1968), Nr. 48, S. 38 f., Nr. 49, S. 43 f.

Coenenberg, Adolf Gerhard, Gewinnbegriff und Bilanzierung. In: ZfbF, Jg. 20 (1968), S. 442-469.

Dahl, Johann, Die Aktivierung der Sachanlagegüter in Handels- und Steuerbilanz. Köln und Opladen 1959.

van Delden, Rembert, Ist Heinemanns Publizitätsgesetz eine Fehlkonstruktion? In: Der Volkswirt, Jg. 22 (1968), Nr. 46, S. 32.

Ding, Siegfried, Probleme der Abschreibung in der angelsächsischen Literatur. Diss. Würzburg 1957.

Döllerer, Georg, Grundsätze ordnungsmäßiger Bilanzierung, deren Entstehung und Ermittlung. In: Der Betriebs-Berater, Jg. 14 (1959), S. 1217-1221. (Die Ausführungen sind ferner abgedruckt in: Die Wirtschaftsprüfung, Jg. 12 (1959), S. 653-658.)

Döllerer, Georg, Anschaffungskosten und Herstellungskosten nach neuem Aktienrecht unter Berücksichtigung des Steuerrechts. In: Der Betriebs-Berater, Jg. 21 (1966), S. 1405-1409.

Döllerer, Georg, Die Maßgeblichkeit der Handelsbilanz für die Steuerbilanz. In: Der Betriebs-Berater, Jg. 24 (1969), S. 501-507.

Drees, F., s. Felix, Günther.

Düring, s. Adler.

Eckardt, Horst, Die Substanzerhaltung industrieller Betriebe. Köln und Opladen 1963.

Edwards, Edgar O., Depreciation and the Maintenance of Real Capital. In: Depreciation and Replacement Policy, herausgegeben von J. L. Meij. Amsterdam 1961, S. 46-140.

Ehrt, Robert, Die Zurechenbarkeit von Kosten auf Leistungen auf der Grundlage kausaler und finaler Beziehungen. Stuttgart/Berlin/Köln/Mainz 1967.

Eichin, Gertraud, Möglichkeiten der Anpassung der Steuerbilanz an die Handelsbilanz. Diss. Mannheim 1960.

Eisenführ, Franz, Anforderungen an den Informationsgehalt kaufmännischer Jahresabschlußrechnungen. Diss. Kiel 1966. Köln 1967.

Elmendorff, Wilhelm, Vom Jahresabschluß zur Planbilanz. In: Unternehmensführung und Unternehmensberatung. Düsseldorf 1969, S. 27-34.

Endres, Walter, Der erzielte und ausschüttbare Gewinn der Betriebe. Köln und Opladen 1967.

Endres, Walter, Die Problematik der abfallenden Abschreibung. In: ZfhF, NF, Jg. 5 (1953), S. 107-123.

Engels, Wolfram, Betriebswirtschaftliche Bewertungslehre im Lichte der Entscheidungstheorie. Köln und Opladen 1962.

Engels, Wolfram; Stützel, Wolfgang, Teilhabersteuer. Ein Beitrag zur Vermögenspolitik, zur Verbesserung der Kapitalstruktur und zur Vereinfachung des Steuerrechts. 2. Aufl., Frankfurt am Main 1968.

Entwurf eines Gesetzes über die Rechnungslegung von Großunternehmen und Konzernen [Publizitätsgesetz]. Vorlage der Bundesregierung. In: Verhandlungen des Deutschen Bundestages, 5. Wahlperiode. Anlagen-Band 122, Drucksache V/3197. Bonn 1968.

Erntner, Ulrich, Der Geschäftsbericht als Instrument erweiterter aktienrechtlicher Rechnungslegung. Berlin 1968.

Escher, Hans, Der Umfang der Aktivierungspflicht bei den Ausgaben für das Sachanlagevermögen in Handels- und Steuerbilanz. 2. Auflage, Düsseldorf 1962.

Eßer, J(osef), Funktionen und Auswirkungen der verschiedenen Abschreibungsmethoden im Blickpunkt der praktischen Betriebswirtschaft. Institut Finanzen und Steuern. H. 47. Bonn 1957. - Ergänzungsband. H. 47, Band 2. Bonn 1961.

Eßer, J(osef), Keine Konjunkturpolitik mit Abschreibungen. In: Industriekurier, 13. Oktober 1966, Nr. 159, S. 5.

Everding, Karl F., s. Felix, Günther.

Fecher, Hans, Buchbesprechung zu A. R. Prest, The Capital Gains Tax and the Corporation Tax. In: Zeitschrift für die gesamte Staatswissenschaft, Bd. 125 (1969), S. 337-339.

Felix, G(ünther), Steuerjuristische Einführung in das neue Umsatzsteuerrecht. In: Schriften zur Unternehmensführung. Band 3. Wiesbaden 1967, S. 7-34.

Felix, Günther; Drees, F.; Flick, Hans-Joachim; Krollmann, Heinz; Everding, Karl F., Herstellungs- und Erhaltungsaufwand. Eine Abgrenzung unter betriebswirtschaftlichen, handelsrechtlichen und steuerlichen Gesichtspunkten. Köln 1958.

Feuerbaum, Ernst, Die polare Bilanz. Berlin 1966.

Feuerbaum, Ernst, Notwendigkeit und Methoden der Substanzrechnung. In: ZfbF, Jg. 19 (1967), S. 172-184.

Finkelnburg, H. H., Bewertung gebrauchter Werkzeugmaschinen. In: Die Technik, Bd. 3 (1948), S. 213-214.

Finkelnburg, H. H., Über den Verlauf der Abnutzung bei Werkzeugmaschinen. In: Die Technik, Bd. 4 (1949), S. 76.

Fischer, Guido, LSÖ-LSP. Preis und Kosten. 2. Aufl., Heidelberg 1954.

Fischer, Lutz, Betriebswirtschaftliche Beurteilung der Ausdehnung der Publizitätspflicht auf alle Großunternehmen. In: BFuP, Jg. 20 (1968), S. 558-571.

Fischer, R(udolf), Die Bilanzwerte, was sie sind und was sie nicht sind. Teil 1. Leipzig 1905.

Fisher, Irving, The Nature of Capital and Income. New York 1906, reprinted 1965.

Fleig, Walther, Die Wahl der Investitionsrechnungsmethode bei der praktischen Investitionsplanung. In: ZfbF, Jg. 19 (1967), S. 525-534.

Flick, Hans, Das deutsche Steuerwesen muß attraktiver werden! In: Finanz-Rundschau, Jg. 23 (50) (1968), S. 447 f.

Flick, Hans-Joachim, s. Felix, Günther.

Forster, Karl-Heinz, Finanzierung durch Abschreibungen nach den Ergebnissen von D-Markbilanzen. Stuttgart 1953.

Frank, Otto, Normung und Typung. In: Handwörterbuch der Betriebswirtschaft. Band III. 3. Aufl., Stuttgart 1960, Sp. 4112-4118.

Frisch, Ragnar, Theory of Production. Dordrecht - Holland 1965.

Frischmuth, Gunter, Daten als Grundlage für Investitionsentscheidungen. Berlin 1969.

Gail, Winfried, Stille Reserven, Unterbewertung und Sonderprüfung. Herne/Berlin 1969.

Ganz, Werner, Abschreibung und Substanzerhaltung. Winterthur 1963.

Geertmann, J. A., Die Zukunft der Steuern in der EWG. In: Zur Besteuerung der Unternehmung. Festschrift für Peter Scherpf zur Vollendung des 65. Lebensjahres, herausgegeben von Otto Hintner und Hanns Linhardt unter Mitwirkung von Werner Schubert. Berlin 1968, S. 185-202.

Geldmacher, Erwin, Wirtschaftsunruhe und Bilanz. Teil 1: Grundlagen und Technik der bilanzmäßigen Erfolgsrechnung. Berlin 1923.

Gmel, Franz, Die Problematik der Berücksichtigung des technischen Fortschrittes in der betrieblichen Investitionsplanung. Diss. Köln 1966.

Goetz, Billy E., Management Planning and Control. New York - Toronto - London 1949.

Göppl, Hermann, Die Gestaltung der Rechnungslegung von Aktiengesellschaften unter Berücksichtigung der neueren bilanztheoretischen Diskussion. In: Die Wirtschaftsprüfung, Jg. 20 (1967), S. 565-574.

Gordon, Robert Aaron, Business Leadership in the Large Corporation. (First printing 1945.) Fifth printing, Berkeley and Los Angeles 1961.

Goudeket, A., An Application of Replacement Value Theory. In: The Journal of Accountancy, Vol. 110 (1960), July, S. 37-47.

Grant, E(ugene) L., s. Norton, P(aul) T.

Grant, Eugene L.; Ireson, W. Grant, Principles of Engineering Economy. Fourth Edition. Revised Printing, New York 1964.

Greiffenhagen, Hermann, Zur Problematik der Rechnungslegungspublizität von Großunternehmen und Konzernen außerhalb der aktienrechtlichen Unternehmensform mit der Sicht auf europäische Entwicklungen. In: Die Wirtschaftsprüfung, Jg. 21 (1968), S. 113-123.

Grobe, Hans-Joachim, Publizitätsfessel für Konzerne? In: Der Volkswirt, Jg. 22 (1968), Nr. 12, S. 22 f.

Großmann, Hermann, Die Abschreibung vom Standpunkt der Unternehmung, insbesondere ihre Bedeutung als Kostenfaktor. Berlin/Wien 1925.

Gübbels, Bernhard, Handbuch der steuerlichen Abschreibung. 4. Aufl., Köln-Marienburg 1966.

Gübbels, Bernhard, Zur steuerlichen Abschreibung. Bemerkungen zu aktuellen grundsätzlichen Fragen. In: Der Betriebs-Berater, Jg. 12 (1957), S. 996-999.

Gübbels, Bernhard, Amtliche AfA-Tabellen im Lichte der Auffassung der Wirtschaft. In: Neue Wirtschafts-Briefe, Nr. 30/1957, Fach 3, S. 1663-1666.

Gübbels, Bernhard, Zur Frage der Normung der steuerlichen Abschreibung. In: Der Betriebs-Berater, Jg. 15 (1960), S. 1093 f.

Gudehus, Herbert, Bewertung und Abschreibung von Anlagen. Wiesbaden 1957.

Gudehus, Herbert, Ist das Abschreibungsproblem lösbar? In: Die Wirtschaftsprüfung, Jg. 9 (1956), S. 554 f.

Güldenagel, Hans-Joachim, Zur Bilanzierung von Wirtschaftsgütern des Anlagevermögens unter Berücksichtigung der Investitionssteuer. In: Der Betrieb, Jg. 22 (1969), S. 1032 f.

Gutachten zur Reform der direkten Steuern (Einkommensteuer, Körperschaftsteuer, Vermögensteuer und Erbschaftsteuer) in der Bundesrepublik Deutschland, erstattet vom Wissenschaftlichen Beirat beim Bundesministerium der Finanzen. Schriftenreihe des Bundesministeriums der Finanzen. Heft 9. Bonn 1967.

Gutenberg, Erich, Grundlagen der Betriebswirtschaftslehre. Band I: Die Produktion. 12. Auflage, Berlin/Heidelberg/New York 1966.

Gutenberg, Erich, Grundlagen der Betriebswirtschaftslehre. Band III: Die Finanzen. Berlin/Heidelberg/New York 1969.

Gutenberg, Erich, Abschreibungen. In: Handwörterbuch der Sozialwissenschaften. Band 1. Stuttgart/Tübingen/Göttingen 1956, S. 20-24.

Haberstock, Lothar, Zum Ansatz des Kalkulationszinsfußes vor und nach Steuern. In: ZfbF, Jg. 22 (1970), S. 510-516.

Hagstroem, K.-G., Remarks on the Theory of Depreciation. In: Econometrica, Vol. 7 (1939), S. 289-303.

Hagstroem, K.-G., The Theory of Depreciation: A Reply. In: Econometrica, Vol. 9 (1941), S. 89-92.

Haller, Heinz, Finanzpolitik. 4. Aufl., Tübingen/Zürich 1968.

Haller, Heinz, Die Steuern. Tübingen 1964.

Handbuch des Bilanzsteuerrechts, herausgegeben von Arnulf Gnam. Freiburg/Br. 1965 (mit 8. Ergänzungslieferung 1968).

Hasenack, W(ilhelm), Die Anlagenabschreibung im Wertumlauf der Betriebe und die Sicherung der Wirtschaft. In: ZfB, Jg. 15 (1938), S. 113-144.

Hasenack, Wilhelm, Zur Rechnungslegung der Aktiengesellschaft, insbesondere zur Berichtspflicht des Wirtschaftsprüfers über stille Reserven. In: BFuP, Jg. 12 (1960), S. 94-110.

Hasenack, Wilhelm, Betriebsvergleich, Substanzwert- und Betriebserhaltungs-Probleme. In: BFuP, Jg. 13 (1961), S. 175-178.

Hasenack, Wilhelm, Stellungnahme zum Referentenentwurf eines GmbH-Gesetzes mit besonderer Berücksichtigung der geplanten Vorschriften zur Rechnungslegung. In: BFuP, Jg. 21 (1969), S. 545-567, 609-625.

Hast, Karl, Grundsätze ordnungsmäßiger Bilanzierung für Anlagegegenstände. Bergisch Gladbach 1934.

Hax, Herbert, Der Bilanzgewinn als Erfolgsmaßstab. In: ZfB, Jg. 34 (1964), S. 642 ff.

Hax, Herbert, Unternehmensführung und Geldentwertung. In: Die wirtschaftlichen und sozialen Folgen der Geldentwertung. Nürnberger Abhandlungen zu den Wirtschafts- und Sozialwissenschaften. Heft 24. Berlin 1967, S. 69-91.

Hax, Karl, Die Substanzerhaltung der Betriebe. Köln und Opladen 1957.
Hax, Karl, Unternehmenserhaltung und Gewinnbesteuerung. In: Finanzarchiv, NF, Bd. 20 (1959/60), S. 102-114.
Hax, Karl, Die Bedeutung der Abschreibungs- und Investitionspolitik für das Wachstum industrieller Unternehmungen. In: Industriebetrieb und industrielles Rechnungswesen. Festschrift für E. Geldmacher. Köln und Opladen 1961, S. 9 ff.
Hax, Karl, Die Substanzerhaltung der Unternehmung als Problem der Besteuerung. In: Steuer und Wirtschaft, Jg. 39 (1962), Sp. 255-270.
Hax, Karl, Was sind betriebswirtschaftlich notwendige Abschreibungen? In: Volkswirtschaftliche Korrespondenz der Adolf-Weber-Stiftung, Jg. 6 (1967), Nr. 7.
Hax, Karl, Was ist betriebswirtschaftlich notwendige Abschreibung? In: Beiträge zur Lehre von der Unternehmung. Festschrift für Karl Käfer, herausgegeben von Otto Angehrn und Hans Paul Künzi. Stuttgart 1968, S. 147-178.
Hayek, Friedrich A., The Pure Theory of Capital. First published 1941. Fourth impression, London 1962.
von Hayek, F(riedrich) A., The Maintenance of Capital. In: Economica, New Series, Vol. 2 (1935), S. 241-276.
von Hayek, F(riedrich) A., Maintaining Capital Intact: A Reply [zu Pigou]. In: Economica, New Series, Vol. 8 (1941), S. 276-280.
Heigl, Anton, Der Ertragswert der Unternehmung bei Geldwertänderung. In: Die Wirtschaftsprüfung, Jg. 20 (1967), S. 34-39.
Heigl, A(nton); Melcher, H., Betriebswirtschaftliche Effekte der Aussetzung degressiver Abschreibung. In: Der Betrieb, Jg. 23 (1970), S. 1601-1603.
Herrmann - Heuer, Kommentar zur Einkommensteuer (einschl. Lohnsteuer) und Körperschaftsteuer, herausgegeben von Carl Herrmann und Gerhard Heuer. 13. Aufl., Köln-Marienburg 1950/69.
Hicks, J(ohn) R(ichard), Value and Capital. Second Edition, Oxford 1946. Reprinted 1965.
Hicks, J(ohn) R(ichard), Maintaining Capital Intact: a Further Suggestion. In: Economica, New Series, Vol. 9 (1942), S. 174-179.
Hirshleifer, J(ack), On the Theory of Optimal Investment Decision. In: The Journal of Political Economy, Vol. 66 (1958), S. 329-352.
Hölscher, Klaus, s. Wegmann, Wolfgang.
Hoffmann, A(lexander), Der Gewinn der kaufmännischen Unternehmung. Leipzig 1929.
Hoffmann, A(lexander), Wirtschaftslehre der kaufmännischen Unternehmung. Leipzig 1932.
Holler, Alfred, Die Ermittlung der optimalen Nutzungsdauer von Anlagen. Diss. Münster 1962.
Honko, Jaakko, Yrityksen Vuositulos. The Annual Income of an Enterprise and Its Determination. A Study from the Standpoint of Accounting and Economics. Summary. Helsinki 1959.
Honko, Jaakko, Über einige Probleme bei der Ermittlung des Jahresgewinns der Unternehmung. In: ZfB, Jg. 35 (1965), S. 611-642.
Hotelling, Harold, A General Mathematical Theory of Depreciation. In: The Journal of Political Economy, Vol. 20 (1925), S. 340-353.
Huppert, Walter, Abschreibungen auf Anlagen in betriebswirtschaftlicher, steuerlicher und volkswirtschaftlicher Sicht. München 1952.
Ireson, W. Grant, s. Grant, Eugene.
Jacob, Adolf-Friedrich, Betriebserhaltung kommunaler Eigenbetriebe. Köln und Opladen 1963.
Jacob, Herbert, Das Bewertungsproblem in den Steuerbilanzen. Wiesbaden 1961.
Jacob, H(erbert), Neuere Entwicklungen in der Investitionsrechnung. In: ZfB, Jg. 34 (1964), S. 487-507, 551-594.
Jacob, Herbert, Investitionsplanung mit Hilfe der Optimierungsrechnung. In: Schriften zur Unternehmensführung. Band 4. Wiesbaden 1968, S. 93-115.
Jacob, Herbert, Teilwertabschreibung oder Verlustausgleich? In: Die Wirtschaftsprüfung, Jg. 23 (1970), S. 61-68.
Fünfzig Jahre Deutscher Normenausschuß, herausgegeben vom Deutschen Normenausschuß (DNA). Berlin, Köln und Frankfurt (Main) 1967.

Johansson, Sven-Erik, Skatt - investering - värdering. Summary. Stockholm 1961.
Jorgenson, D(ale) W.; McCall, J(ohn) J.; Radner, R., Optimal Replacement Policy. Amsterdam 1967.
Käfer, Karl, Die Bilanz als Zukunftsrechnung. Zürich 1962.
Käfer, Karl, Kapitalflußrechnungen. Funds Statement, Liquiditätsnachweis, Bewegungsbilanz als dritte Jahresrechnung der Unternehmung. Stuttgart 1967.
Käfer, Karl, Fragen der Abschreibung. In: Die Unternehmung, Jg. 1 (1947), S. 145-163.
Karsten, Johann-Friedrich, Die steuerliche Behandlung gewerblicher Verluste. Berlin 1958.
Kebschull, Hans-Helmut, Betriebswirtschaftliche und steuerliche Beurteilung der Abschreibungsmethoden. Diss. Köln 1954.
Kilger, Wolfgang, Zur Kritik am internen Zinsfuß. In: ZfB, Jg. 35 (1965), S. 765-798.
Kirner, Wolfgang, Zeitreihen für das Anlagevermögen der Wirtschaftsbereiche in der Bundesrepublik Deutschland. [Diss. Münster 1968.] In: DIW-Beiträge zur Strukturforschung. Heft 5. Berlin 1968.
Klinger, K(arl), Zur Problematik der Normung von Abschreibungen. In: Der Betrieb, Jg. 13 (1960), S. 957-959.
Klinger, Karl, Abschreibungsnormen als Realität. In: Der Betrieb, Jg. 14 (1961), S. 1267.
Knoche, Martin, Die Berichterstattung über Bewertungsänderungen im Geschäftsbericht nach neuem Aktienrecht. Düsseldorf 1967.
Koch, Helmut, Die Problematik des Niederstwertprinzips. In: Die Wirtschaftsprüfung, Jg. 10 (1957), S. 1-6, 31-35, 60-63.
Koch, Helmut, Zur Problematik des Teilwerts. In: ZfhF, NF, Jg. 12 (1960), S. 319-353.
Koch, Helmut, Zum Problem des Gemeinkostenverteilungsschlüssels. In: ZfbF, Jg. 17 (1965), S. 169-200.
Koch, Helmut, Der Begriff des ökonomischen Gewinns - Zur Frage des Optimalitätskriteriums in der Wirtschaftlichkeitsrechnung. In: ZfbF, Jg. 20 (1968), S. 389-441.
Kolb, Hans Werner, Investitionsplanung und Investitionsentscheidung. In: Schriften zur Unternehmensführung. Band 4. Wiesbaden 1968, S. 77-91.
Kosiol, Erich, Anlagenrechnung. Wiesbaden 1955.
Kosiol, Erich, Bilanzreform und Einheitsbilanz. 2. Aufl., Berlin - Stuttgart 1949.
Krämer, Helga, s. Schmitz, Eugen.
Krause-Kärsten, H(erbert), Die Frage nach der Zweckmäßigkeit einheitlicher AfA-Sätze. In: Deutsche Steuer-Zeitung, Jg. 43 (1955), Ausgabe A, S. 36-38.
Krause-Kärsten, (Herbert), Die betriebsgewöhnliche Nutzungsdauer und § 7 EStG in der Praxis. In: Deutsche Steuer-Zeitung, Jg. 44 (1956), Ausgabe A, S. 385-388.
Krause-Kärsten, (Herbert), Die AfA-Tabellen und die Steuervereinfachung. In: Deutsche Steuer-Zeitung, Jg. 45 (1957), Ausgabe A, S. 373-375.
K(rause-)K(ärsten, Herbert), Haben sich die AfA-Tabellen bewährt? In: Die steuerliche Betriebsprüfung, Jg. 1961, S. 32-34.
Krieghoff, Hans, Technischer Fortschritt und Produktivitätssteigerung. Berlin 1958.
Krollmann, Heinz, s. Felix, Günther.
Krüger, Gerhard, Normung. In: Handwörterbuch der Sozialwissenschaften. Band 7. Stuttgart/Tübingen/Göttingen 1961, S. 618-621.
Kruk, Max, Abschreibungshilfen wenig gefragt. Die Wirtschaft bleibt reserviert. In: Frankfurter Allgemeine Zeitung, 28. Februar 1967, Nr. 50, S. 17.
Kuhn, Klaus, Stand und Aufgaben der betriebswirtschaftlichen Bewertungslehre unter Berücksichtigung der steuerlichen Wertkonventionen. In: BFuP, Jg. 20 (1968), S. 1-23.
Langer, Karl, Betriebswirtschaftliche Kritik der Absetzung für Abnutzung nach § 7 Einkommensteuergesetz. Diss. Frankfurt/M. 1946.
Lechner, Karl, Forderungen an eine moderne Bewertungstheorie und Bewertungspraxis. In: Wirtschaftlichkeit, Jg. 1967, S. 12-18.
le Coutre, Walter, Grundzüge der Bilanzkunde. Teil 1. 4. Aufl., Wolfenbüttel 1949.

le Coutre, Walter, Abschreibung. In: Handwörterbuch der Betriebswirtschaft. Band I. 2. Aufl., Stuttgart 1938, S. 38-69.

le Coutre, Walter, Bilanztheorien. In: Handwörterbuch der Betriebswirtschaft. Band I. 3. Aufl., Stuttgart 1956, Sp. 1153-1177.

Leffson, Ulrich, Der Jahresabschluß in der Aktienrechtsreform. Wiesbaden 1961.

Leffson, Ulrich, Die Grundsätze ordnungsmäßiger Buchführung. 2. Aufl., Düsseldorf 1970.

Leffson, Ulrich, Wesen und Aussagefähigkeit des Jahresabschlusses. In: ZfbF; Jg. 18 (1966), S. 375-390.

Leffson, Ulrich, Die Niederstwertvorschrift des § 155 AktG. In: Die Wirtschaftsprüfung, Jg. 20 (1967), S. 57-61.

Leffson, Ulrich, Der Ausbau der unternehmerischen Rechenschaft durch vollständigen Kapitaldispositionsnachweis. In: Neue Betriebswirtschaft, Jg. 21 (1968), Nr. 1, S. 1-17.

Lehmann, M(ax) R(udolf), Steuerreform und Abschreibung. In: Die Wirtschaftsprüfung, Jg. 11 (1958), S. 169-177.

Leitner, Friedrich, Wirtschaftslehre der Unternehmung. 5. Aufl., Berlin und Leipzig 1926.

Lemberg, Jürgen, Die Ermittlung und Verrechnung der Abschreibungen auf die Investitionssteuer. In: Kostenrechnungs-Praxis, Jg. 1968, S. 175-179.

Liebl, Josef, Kapitalerhaltung und Bilanzrechnung. In: BFuP, Jg. 5 (1953), S. 493-513, 568-593, 630-651, 675-691.

Lindahl, Erik, Studies in the Theory of Money and Capital. London 1939. Second impression 1950.

Lindahl, Erik, The Concept of Income. In: Economic Essays in Honour of Gustav Cassel. London 1933. New impression 1967, S. 399-407.

Lippmann, Klaus, Der Beitrag des ökonomischen Gewinns zur Theorie und Praxis der Erfolgsermittlung. Düsseldorf 1970.

Lohmann, M(artin), Abschreibungen, was sie sind und was sie nicht sind. In: Der Wirtschaftsprüfer, Jg. 2 (1949), S. 353-357.

Lücke, Wolfgang, Probleme in Verbindung mit der Neuregelung der Abschreibungen. In: Die Wirtschaftsprüfung, Jg. 11 (1958), S. 461-466.

Lücke, Wolfgang, Die außerbetriebliche Normierung der Abschreibungen. In: ZfhF, NF, Jg. 11 (1959), S. 313-328.

Lutz, Friedrich and Vera, The Theory of Investment of the Firm. Princeton 1951.

Maaßen, Kurt, Der Teilwert im Steuerrecht. Köln-Marienburg 1968.

Mahlberg, Walter, Bilanztechnik und Bewertung bei schwankender Währung. (1. Aufl., 1921.) 3. Aufl., Leipzig 1923.

Männel, Wolfgang, Wirtschaftlichkeitsfragen der Anlagenunterhaltung. Wiesbaden 1968.

Männel, Wolfgang, Kann die Vollkostenrechnung durch den Ausweis "gesonderter Fixkostenbeiträge" gerettet werden? In: ZfB, Jg. 37 (1967), S. 759-782.

Männel, Wolfgang, Stehen die handels- und steuerrechtlichen Bestandsbewertungs-Vorschriften der Anwendung der Deckungsbeitragsrechnung im Wege? In: Rechnungswesen, Datentechnik, Organisation, Jg. 15 (1969), S. 172-175.

Männel, Wolfgang, Wie Maschinenausfälle verhindert werden können. In: Blick durch die Wirtschaft, 6. November 1969, Nr. 258, S. 5.

Massé, Pierre, Le choix des investissements. Critères et méthodes. Deuxième édition, Paris 1964.

Maul, Karl-Heinz, Grundfragen der Rechnungslegung bei Publikums-Aktiengesellschaften. Diss. Frankfurt am Main 1968.

Maul, Karl-Heinz, Bemerkungen zum Gläubigerschutz im Rahmen der aktienrechtlichen Rechnungslegung und einer verschuldungsgrad-bedingten Ausschüttungsregelung. In: Die Wirtschaftsprüfung, Jg. 21 (1968), S. 537-542.

McCall, J(ohn) J., s. Jorgenson, D(ale) W.

Melcher, H., s. Heigl, A(nton).

Mellerowicz, Konrad, Abschreibungen in Erfolgs- u. Kostenrechnung. Heidelberg 1957.

Mellerowicz, Konrad, Kosten und Kostenrechnung. Band II, Teil 1. 4. Aufl., Berlin 1966.

Merkmann, Kurt, Inwieweit sind die Auswirkungen veränderter Wirtschaftsverhältnisse bei der Bemessung des Anlagewertaufwandes im Rechnungswesen der Unternehmung zu berücksichtigen? Diss. Jena 1930.

Mertens, Peter, Ertragsteuerwirkungen auf die Investitionsfinanzierung - ihre Berücksichtigung in der Investitionsrechnung. In: ZfhF, NF, Jg. 14 (1962), S. 570-588.

Mietusch, Wilfried, Theoretische und praktische Probleme der Abschreibungsquotenbildung und -verrechnung für Werkzeugmaschinen. Diss. Humboldt-Universität Berlin 1956.

Montgomery's Auditing, herausgegeben von Norman J. Lenhart and Philip L. Deflise. 8. Ed., New York 1957.

Moser, A.W., Depreciation Based on Unit Costs. In: The Journal of Accountancy, Vol. 52 (1931), S. 25-39, 110-125.

Moxter, Adolf, Der Einfluß von Publizitätsvorschriften auf das unternehmerische Verhalten. Köln und Opladen 1962.

Moxter, Adolf, Bilanzierung und unsichere Erwartungen. In: ZfhF, NF, Jg. 14 (1962), S. 607-632.

Moxter, Adolf, Buchbesprechung zu Dieter Schneider, Die wirtschaftliche Nutzungsdauer von Anlagegütern als Bestimmungsgrund der Abschreibungen. In: Finanzarchiv, NF, Bd. 23 (1963/64), S. 365-367.

Moxter, Adolf, Präferenzstruktur und Aktivitätsfunktion des Unternehmers. In: ZfbF, Jg. 16 (1964), S. 6-35.

Moxter, Adolf, Die Grundsätze ordnungsmäßiger Bilanzierung und der Stand der Bilanztheorie. In: ZfbF, Jg. 18 (1966), S. 28-59.

Moxter, Adolf, Die statische Bilanztheorie heute. In: ZfbF, Jg. 19 (1967), S. 724-733.

Moxter, Adolf, Zur Bestimmung der optimalen Nutzungsdauer von Anlagegegenständen. In: Produktionstheorie und Produktionsplanung. Karl Hax zum 65. Geburtstag, herausgegeben von Adolf Moxter, Dieter Schneider, Waldemar Wittmann. Köln und Opladen 1966, S. 75-105.

Müller, Georg, Die Normung von Abschreibungen - Utopie oder Realität? In: Der Betrieb, Jg. 14 (1961), S. 715.

Münch, Paul, Die Bilanztheorie Rudolf Fischers. Leipzig 1940.

Mundorf, Hans, Publizität für alle Großunternehmen? In: Industriekurier, 23. Mai 1967, Nr. 76, S. 1.

Münstermann, Hans, Unternehmungsrechnung. Wiesbaden 1969.

Münstermann, Hans, Dynamische Bilanz: Grundlagen, Weiterentwicklung und Bedeutung in der neuesten Bilanzdiskussion. In: ZfbF, Jg. 18 (1966), S. 512-531.

Münstermann, Hans, Die Bedeutung des ökonomischen Gewinns für den externen Jahresabschluß der Aktiengesellschaft. In: Die Wirtschaftsprüfung, Jg. 19 (1966), S. 579-586.

Müthling, Hans, Das gesamte Steuerrecht der Abschreibungen. 2. Aufl., Wiesbaden 1964 (einschließlich Erg.-Lfg. August 1966).

Neumark, Fritz, Theorie und Praxis der modernen Einkommensbesteuerung. Bern 1947.

Neumark, Fritz, Grundsätze gerechter und ökonomisch rationaler Steuerpolitik. Tübingen 1970.

Neumark, Fritz, Grundsätze der Besteuerung in Vergangenheit und Gegenwart. In: Sitzungsberichte der Wissenschaftlichen Gesellschaft an der Johann Wolfgang Goethe-Universität Frankfurt/Main. Band 3, Jahrgang 1964, Nr. 2. Wiesbaden 1965.

Neumark, Fritz, Fiskalpolitische Maßnahmen als Mittel der Konjunkturpolitik. In: ZfbF, Jg. 20 (1968), S. 490-503.

Neumark, Fritz, Teilhabersteuer. Keine Patentmedizin. Interview mit Fritz Neumark. In: Der Volkswirt, Jg. 22 (1968), Nr. 30, S. 27-29.

Norton, P(aul) T.; Grant, E(ugene) L., Depreciation Estimates in Appraisals of Manufacturing Equipment. In: Transactions of the American Society of Mechanical Engineers, Vol. 64 (1942), S. 509-520.

Nowoczyn, Hans-Werner, Lebensdauerprüfungen an Kraftfahrzeugbatterien. Köln und Opladen 1967.

Oberli, Fritz, Die kalkulatorische und die bilanzmäßige Abschreibung. Diss. Bern 1945.

Odenhausen, Hellmuth; Werner, Friedrich, Die degressive Abschreibung. In: ZfB, Jg. 22 (1952), S. 514-524.

von Opel, Fritz, Über die Notwendigkeit dreifacher Abschreibungen. In: Zeitschrift für das gesamte Kreditwesen, Jg. 21 (1968), S. 230.

Päsold, Reiner, Der Einfluß der Betriebswirtschaftslehre auf die steuerliche Regelung der Abschreibung. Diss. Frankfurt 1954.

Passow, Richard, Die Bilanzen der privaten und öffentlichen Unternehmungen. Band I: Allgemeiner Teil. 3. Aufl., Leipzig/Berlin 1921.

Peter, Karl, Die Bedeutung der AfA-Tabellen des Bundesfinanzministeriums. "Amtliche AfA-Tabellen" oder nicht? In: Buchhaltungs-Briefe, Nr. 8/1958, Fach 13, S. 361 f.

Petersen, Heinz, Bewertungswahlrechte und Erläuterungspflichten nach dem neuen Aktienrecht. In: Die Wirtschaftsprüfung, Jg. 21 (1968), S. 249-255.

Peumans, H., Théorie et pratique des calculs d'investissement. Paris 1965.

Pigou, A.C., Maintaining Capital Intact. In: Economica, New Series, Vol. 8 (1941), S. 271-275.

Pöhl, Karl Otto, Das Steuerkonzept der Professoren. Gerechtigkeit zu Lasten der Zweckmäßigkeit? In: Der Volkswirt, Jg. 21 (1967), S. 1712-1714.

Pohmer, Dieter, Wesen und Grenzen der betriebswirtschaftlichen Berechtigung stiller Reserven in der Jahresbilanz in dynamischer und statischer Betrachtung. Diss. Freie Universität Berlin 1953.

Preinreich, Gabriel A.D., Annual Survey of Economic Theory: The Theory of Depreciation. In: Econometrica, Vol. 6 (1938), S. 219-241.

Preinreich, Gabriel A.D., The Principles of Public Utility Depreciation. In: The Accounting Review, Vol. 13 (1938), S. 149-165.

Preinreich, Gabriel A.D., The Practice of Depreciation. In: Econometrica, Vol. 7 (1939), S. 235-265.

Preinreich, Gabriel A.D., The Economic Life of Industrial Equipment. In: Econometrica, Vol. 8 (1940), S. 12-44.

Preinreich, Gabriel A.D., A Note on the Theory of Depreciation. In: Econometrica, Vol. 9 (1941), S. 80-88.

Preinreich, Gabriel A.D., Replacement in the Theory of the Firm. In: Metroeconomica, Vol. 5 (1953), S. 68-86.

Prion, W(ilhelm), Die Lehre vom Wirtschaftsbetrieb. Zweites Buch: Der Wirtschaftsbetrieb als Wirtschaft (Unternehmung). Berlin 1935.

Prosi, G., Technischer Fortschritt als mikroökonomisches Problem. Bern 1966.

Radner, R., s. Jorgenson, D(ale) W.

Referentenentwurf eines Gesetzes über Gesellschaften mit beschränkter Haftung, herausgegeben vom Bundesministerium der Justiz. Köln-Marienburg 1969.

Referentenentwurf eines Gesetzes über Maßnahmen auf dem Gebiet des Börsenwesens, erarbeitet vom Bundeswirtschaftsministerium. Offiziell nicht veröffentlicht, abgedruckt unter der Überschrift "Der Referentenentwurf zur Börsenreform". In: Blick durch die Wirtschaft, 16. Januar 1968, Nr. 13, S. 5.

Zur Reform der Körperschaftsteuer, herausgegeben vom Institut "Finanzen und Steuern" e.V. Heft 91. Bonn a.Rh. 1968.

Rehm, Hermann, Die Bilanzen der Aktiengesellschaften [usw.]. München 1903.

Richtlinien für die Berechnung der Abschreibungen auf Anlagegüter im Steinkohlenbergbau der Länder der Europäischen Gemeinschaft für Kohle und Stahl, herausgegeben vom Studienausschuß des westeuropäischen Kohlenbergbaus, Arbeitskreis Kosten und Erlöse. Heft 1. Essen 1955.

Riebel, Paul, Die Problematik der Normung von Abschreibungen. In: Der Betrieb, Jg. 13 (1960), S. 729-734. (Als Sonderdruck erschienen in: Veröffentlichungen der Wirtschaftshochschule Mannheim, Reihe 2: Reden, Heft 11. Stuttgart 1963.)

Riebel, P(aul), Die Normung von Abschreibungen - eine Utopie. In: Der Betrieb, Jg. 14 (1961), S. 381-385.

Riebel, Paul, Eine betriebswirtschaftliche Theorie der Produktion. In: Finanzarchiv, NF, Bd. 26 (1967), S. 124-149.

Rieger, Wilhelm, Einführung in die Privatwirtschaftslehre. (1. Aufl., 1929.) 2. Aufl., Erlangen 1959.

Ries, Clemens, Normung nach Normzahlen. Diss. Köln 1961.

Risse, Heinz, Einheitliche Abschreibungs-Tabellen? Normung der AfA-Sätze unzeitgemäß. In: Der Betriebs-Berater, Jg. 15 (1960), S. 1314.

Roth, Max, Die handels- und die steuerrechtliche Abschreibung der Aktiengesellschaft. 2. Aufl., Basel 1946.

Roos, Charles F., The Problem of Depreciation in the Calculus of Variations. In: Bulletin of the American Mathematical Society, Vol. 34 (1928), S. 218-228.

Roos, Charles F., A Mathematical Theory of Depreciation and Replacement. In: American Journal of Mathematics, Vol. 50 (1928), S. 147-157.

Rose, Gerd, Die Synchronisation von Anlagenerneuerung und technischem Fortschritt. Diss. Köln 1954.

Rose, Gerd, Es gibt keine richtige Abschreibungsmethode. Zugleich ein Beitrag zur Frage: Normierung der Abschreibungen? In: Die Wirtschaftsprüfung, Jg. 9 (1956), S. 372-376.

Rose, Gerd, Wider die Normierung von Abschreibungen. In: Die Wirtschaftsprüfung, Jg. 10 (1957), S. 353-357.

Rose, Gerd, Große Steuerreform für Kapitalgesellschaften? In: GmbH-Rundschau, Jg. 58 (1967), S. 223-227.

Ruchti, Hans, Die Bedeutung der Abschreibung für den Betrieb. Berlin 1942.

Ruchti, Hans, Die Abschreibung. Stuttgart 1953.

Ruchti, Hans, Abschreibung, Abschreibungsarten und -verfahren. In: Handwörterbuch der Betriebswirtschaft. Band I. 3. Aufl., Stuttgart 1956, Sp. 41-53.

Rummel, Kurt, Die kalkulatorische Bewertung von Anlagen. In: Stahl und Eisen, Bd. 66/67 (1947), S. 153-159.

Rummel, Kurt, Die Verfahren zur Ermittelung des Zeitwertes (Substanzwertes) von Industrieanlagen. In: ZfhF, NF, Jg. 1 (1949), S. 288-314.

Rummel, Kurt, Die kalkulatorische Bewertung von Anlagegütern. In: ZfB, Jg. 20 (1950), S. 564-574.

Saage, Gustav, Die stillen Reserven in der aktienrechtlichen Pflichtprüfung. Köln und Opladen 1959.

Saario, Martti, Realisointiperiaate ja käyttöomaisuuden poistot tuloslaskennassa. Summary. Helsinki 1945.

Saario, Martti, Poistojen pääoma-arvo ja oikea-aikaisuus. Zusammenfassung. In: Mercurialia MCMLXI, Eripainos [Sonderdruck]. Helsinki 1961, S. 1-38.

Sandig, Curt, Degressive Abschreibung steuerlich zulässig. In: Neue Betriebswirtschaft, Jg. 1953, S. 61-62.

Sandig, C(urt), Amtliche Abschreibungs-Tabellen. In: Neue Betriebswirtschaft, Jg. 10 (1957), S. 133 f.

Schätzle, Gerhard, Forschung und Entwicklung als unternehmerische Aufgabe. Köln und Opladen 1965.

Schätzle, Gerhard, Technischer Fortschritt und Produktionsfunktion. In: Produktionstheorie und Produktionsplanung. Karl Hax zum 65. Geburtstag, herausgegeben von Adolf Moxter, Dieter Schneider, Waldemar Wittmann. Köln und Opladen 1966, S. 37-61.

Schaub, Günter, Die Bestimmung des Kalkulationszinsfußes bei Investitionsentscheidungen auf Grund der Kapitalbeschaffungsmöglichkeiten der Unternehmer. Köln 1968.

Scherpf, Peter, Handelsbilanz - Steuerbilanz. Berlin 1941.

Schieb, Brigitta, Grundsätzliche Probleme der Kapitalerhaltung. In: Fragen der Kapitalerhaltung und Finanzierung. Wolfenbüttel o.J. (1948 oder 1949), S. 18-38.

Schiffer, J.; Baldus, Theodor, Tabellen zur Errechnung von Werten, kalkulatorischen Abschreibungen und Mietpreisen für das Anlagevermögen. In: Die Wirtschaftsprüfung, Jg. 2 (1949), Beiheft 4.

Schindler, Heinz, Investitionsrechnungen in Theorie und Praxis. 3. Aufl., Meisenheim/Glan 1966.

Schmalenbach, E(ugen), Goldmarkbilanz. Berlin 1923.

Schmalenbach, E(ugen), Dynamische Bilanz. 4. Aufl., Leipzig 1926.
Schmalenbach, Eugen, Dynamische Bilanz. 13. Aufl., bearbeitet von Richard Bauer, Köln und Opladen 1962.
Schmalenbach, E(ugen), Die Verbuchung von Reparaturen. In: ZfhF, Jg. 2 (1907/08), S. 472-474.
Schmalenbach, E(ugen), Die Abschreibung. In: ZfhF, Jg. 3 (1908/09), S. 81-88.
Schmalenbach, E(ugen), Die Werte von Anlagen und Unternehmungen in der Schätzungstechnik. In: ZfhF, Jg. 12 (1917/18), S. 1-20.
Schmalenbach, E(ugen), Grundlagen dynamischer Bilanzlehre. In: ZfhF, Jg. 13 (1919), S. 1-60, 65-101.
Schmalenbach, E(ugen), Über Abschreibungen. In: ZfhF, Jg. 23 (1929), S. 193-212.
Schmalenbach, E(ugen), Zur Bewertung von Bergwerken. In: ZfhF, Jg. 23 (1929), S. 385-396.
Schmalenbach, E(ugen), Abschreibungen bei Preisveränderungen von Anlagegegenständen. In: ZfhF, NF, Jg. 1 (1949), S. 49-58.
Schmaltz, s. Adler.
Schmaltz, Kurt, Zum Problem der richtigen Abschreibung. In: Die Betriebswirtschaft, Zeitschrift für Handelswissenschaft und Handelspraxis, Jg. 27 (1934), S. 124-130.
Schmidt, Fritz, Die organische Tageswertbilanz. (3. Aufl., 1929.) Unveränderter Nachdruck, Wiesbaden 1951.
Schmidt, Fritz, Die relative Erhaltung der Betriebe. In: ZfB, Jg. 22 (1952), S. 189-195.
Schmidt, Kurt, Zur Reform der Unternehmungsbesteuerung. In: Finanzarchiv, NF, Bd. 22 (1962/63), S. 35-70.
Schmitz, Eugen; Krämer, Helga, Absterbeordnungen für Kraftfahrzeuge, ihre Problematik, Berechnung und Anwendung. 2. Aufl., Berlin 1962.
Schmölders, Günter, Allgemeine Steuerlehre. 4. Aufl., Berlin 1965.
Schmölders, Günter, Bemessungsgrundlagen der Betriebsbesteuerung. In: Steuer und Wirtschaft, Jg. 26 (1949), Sp. 985-994.
Schmölders, Günter, Diskussionsbeitrag. In: Kapitalbildung und Kapitalverwendung. Schriften des Vereins für Socialpolitik, Neue Folge, Band 5. Berlin 1953, S. 194-196.
Schmölders, Günter, s. Boettcher, Karl.
Schneider, Dieter, Die wirtschaftliche Nutzungsdauer von Anlagegütern als Bestimmungsgrund der Abschreibungen. Köln und Opladen 1961.
Schneider, Dieter, Investition und Finanzierung. Köln und Opladen 1970.
Schneider, Dieter, Kostentheorie und verursachungsgemäße Kostenrechnung. In: ZfhF, NF, Jg. 13 (1961), S. 677-707.
Schneider, Dieter, Der Einfluß von Ertragsteuern auf die Vorteilhaftigkeit von Investitionen. In: ZfhF, NF, Jg. 14 (1962), S. 539-570.
Schneider, Dieter, Bilanzgewinn und ökonomische Theorie. In: ZfhF, NF, Jg. 15 (1963), S. 457-474.
Schneider, Dieter, Diskussionsbeitrag [über den ökonomischen Gewinnbegriff auf der Arbeitstagung der Schmalenbach-Gesellschaft in Köln am 1. Juli 1966]. In: ZfbF, Jg. 18 (1966), S. 571-575.
Schneider, Dieter, Theoretisches und praktisches Denken in der Unternehmensrechnung. In: Wissenschaft und Praxis. Festschrift zum zwanzigjährigen Bestehen des Westdeutschen Verlags 1967. Köln und Opladen 1967, S. 225-243.
Schneider, Dieter, Theorie und Praxis der Unternehmensbesteuerung. In: ZfbF, Jg. 19 (1967), S. 206-230.
Schneider, Dieter, Neue Aufgaben der betriebswirtschaftlichen Steuerlehre. In: Jahrbuch der Fachanwälte für Steuerrecht 1967/1968. Herne 1967. S. 125-145.
Schneider, Dieter, Buchbesprechung zu Herrmann - Heuer, Kommentar zur Einkommensteuer (einschließlich Lohnsteuer) und Körperschaftsteuer. In: ZfbF, Jg. 19 (1967), S. 738 f.
Schneider, Dieter, Substanzerhaltung und technischer Fortschritt. In: Der Volkswirt, Jg. 21 (1967), S. 2651-2654.

Schneider, Dieter, Ausschüttungsfähiger Gewinn und das Minimum an Selbstfinanzierung. In: ZfbF, Jg. 20 (1968), S. 1-29.
Schneider, Dieter, Der Einfluß der Besteuerung auf die Investitionspolitik der Unternehmungen. In: Schriften zur Unternehmensführung. Band 4. Wiesbaden 1968, S. 33-62.
Schneider, Dieter, Publizität der Manipulationen. Bilanztheorie gestern und heute. In: Der Volkswirt, Jg. 22 (1968), Nr. 45, S. 47-50.
Schneider, Dieter, Modellvorstellungen zur optimalen Selbstfinanzierung. In: ZfbF, Jg. 20 (1968), S. 705-739.
Schneider, Dieter, Korrekturen zum Einfluß der Besteuerung auf die Investitionen. In: ZfbF, Jg. 21 (1969), S. 297-325.
Schneider, Dieter, Die Problematik betriebswirtschaftlicher Teilwertlehren. In: Die Wirtschaftsprüfung, Jg. 22 (1969), S. 305-313.
Schneider, Dieter, Ersatzzeitpunkt und Investitionsketten: eine Ergänzung. In: ZfbF, Jg. 21 (1969), S. 625-630.
Schneider, Dieter, Bilanztheorien, neuere Ansätze. In: Handwörterbuch des Rechnungswesens, hrsg. von Erich Kosiol. Stuttgart 1970, Sp. 260-270.
Schneider, Dieter, Sofortiger Verlustausgleich statt Teilwertabschreibung - ein Problem der Steuerreform -. In: Die Wirtschaftsprüfung, Jg. 23 (1970), S. 68-72.
Schneider, Dieter, Sieben Thesen zum Verhältnis von Handels- und Steuerbilanz. In: Der Betrieb, Jg. 23 (1970), S. 1697-1705.
Schneider, Erich, Einführung in die Wirtschaftstheorie. Teil I: Theorie des Wirtschaftskreislaufs. 12. Aufl., Tübingen 1965.
Schneider, Erich, Wirtschaftlichkeitsrechnung. 7. Aufl., Tübingen/Zürich 1968.
Schneider, Erich, Kritisches und Positives in der Theorie der Investition. In: Weltwirtschaftliches Archiv, Bd. 98 (1967), S. 314-348.
Schnettler, Albert, Betriebsanalyse. (1. Aufl., 1958.) 2. Aufl., Stuttgart 1960.
Schrader, Helmut, Der Anschaffungskostenbegriff im Handels- und Steuerrecht. Diss. Universität München 1964.
Schulte, Horst, Der Vorschlag einer "Betriebsteuer" und das geltende deutsche Steuersystem. Berlin 1967.
Schulze, Hans-Herbert, Zum Problem der Messung des wirtschaftlichen Handelns mithilfe der Bilanz. Berlin 1966.
Schwarz, Horst, Optimale Investitionsentscheidungen. München 1967.
Siebke, Jürgen, Die Automobilnachfrage. Die Nachfrage nach Personenkraftwagen in der Bundesrepublik mit einer Prognose bis zum Jahre 1970. Köln und Opladen 1963.
Simon, Hermann Veit, Die Bilanzen der Aktiengesellschaften und der Kommanditgesellschaften auf Aktien. 3. Aufl., Berlin 1899.
Sommerfeld, Heinrich, Die Wertansätze in der Inventur mit Berücksichtigung steuerlicher Vorschriften. Berlin 1921.
Sommerfeld, Heinrich, Der Unternehmer als Verwalter von Volksvermögen. Hamburg 1934.
Sommerfeld, Heinrich (erneuert von Wilhelm Auler), Abschreibung. In: Lexikon des kaufmännischen Rechnungswesens, herausgegeben von Karl Bott. Band I. 2. Aufl., Stuttgart 1955, Sp. 49-67.
Smith, Vernon L., Investment and Production. Cambridge, Massachusetts, 1961.
Smith, Vernon L., Depreciation, Market Valuations, and Investment Theory. In: Management Science, Vol. 9 (1963), S. 690-696.
Smith, Vernon L., Tax Depreciation Policy and Investment Theory. In: International Economic Review, Vol. 4 (1963), S. 80-91.
Statistisches Jahrbuch für die Bundesrepublik Deutschland, herausgegeben vom Statistischen Bundesamt, Wiesbaden. Stuttgart und Mainz 1970.
Staub, Hermann, Handelsgesetzbuch, Großkommentar. 3. Aufl., neubearbeitet von Dieter Brüggemann u.a. Band 1: §§ 1-104. Berlin 1967.
Stellungnahme NA 1/1968 des Hauptfachausschusses. In: Die Wirtschaftsprüfung, Jg. 21 (1968), S. 72 f.
Studenski, Paul, Toward a Theory of Business Taxation. In: The Journal of Political Economy, Vol. 48 (1940), S. 621-654.

Studt, Emil, Die privatwirtschaftliche Erfolgsrechnung in den Vereinigten Staaten von Amerika. Bühl/Baden 1935.
Stützel, Wolfgang, s. Engels, Wolfram.
Stutz, Heinrich, Degressive Abschreibungen. 5. Aufl., Herne/Berlin 1966.
Sweeny, Henry W(hitcomb), Stabilized Accounting. (1936.) Reissue, New York - Chicago - San Francisco - Toronto - London 1964.
Swoboda, Peter, Der Restwertverlauf in seiner Abhängigkeit von den sonstigen Merkmalen einer Investition und sein Einfluß auf den Ersatzbeschaffungszeitpunkt. In: ZfB, Jg. 32 (1962), S. 656-668.
Swoboda, Peter, Der Einfluß der steuerlichen Abschreibungspolitik auf betriebliche Investitionsentscheidungen. In: ZfbF, Jg. 16 (1964), S. 414-429.
Taylor, J. S., A Statistical Theory of Depreciation. In: The Journal of the American Statistical Association, Vol. 18 (1923), S. 1010-1023.
Taylor, J. S., A Note on the Theory of Depreciation. In: Bulletin of the American Mathematical Society, Vol. 31 (1925), S. 222-223.
Terborgh, George, Realistic Depreciation Policy. Chicago 1954.
Terborgh, George, Leitfaden der betrieblichen Investitionspolitik. Wiesbaden 1962.
Tretner, Carl-Heinz, Wettbewerbsneutrale Gewinnbesteuerung. Köln und Opladen 1963.
True, Norman B., Accelerated Depreciation in the United States 1954 - 1960. New York 1967.
Trumbull, Wendell P., Price-Level Depreciation and Replacement Cost. In: The Accounting Review, Vol. 33 (1958), S. 26-34.
Västhagen, Nils, Das Experiment der Abschreibungsfreiheit in Schweden. Wiesbaden 1961.
Västhagen, Nils, Selbstfinanzierung der Unternehmungen mit besonderer Berücksichtigung der Abschreibungspolitik. In: Gesichertes Unternehmenswachstum. Berlin 1961, S. 366-373.
Vatter, William J., Operating Confusion in Accounting - Two Reports or One? In: The Journal of Business, Vol. 36 (1963), S. 290-301.
van der Velde, Kurt, Herstellungskosten in der Kostenrechnung und in der Steuerbilanz. 3. Aufl., Stuttgart 1960.
van der Velde, (Kurt), Amtliche Tabellen für betriebsgewöhnliche Nutzungsdauern? In: Der Betrieb, Jg. 10 (1957), S. 537-539.
van der Velde, Kurt, Herstellungskosten in neuester Sicht. In: Der Betrieb, Jg. 22 (1969), S. 1213-1221.
Zweite Verordnung über steuerliche Konjunkturmaßnahmen. Deutscher Bundestag. 6. Wahlperiode. Drucksache VI/1013. Bonn, 6. Juli 1970.
Virkkunen, Henrik, Das Rechnungswesen im Dienste der Leitung. Helsinki 1956.
Vodrazka, Karl, Die Möglichkeiten der Kostenzurechnung. In: Der Österreichische Betriebswirt, Jg. 14 (1964), S. 11-50.
Vodrazka, Karl, Wertuntergrenzen für das bilanzielle Vermögen im Aktien- und Ertragsteuerrecht. In: Zur Besteuerung der Unternehmung. Festschrift für Peter Scherpf zur Vollendung des 65. Lebensjahres, herausgegeben von Otto Hintner und Hanns Linhardt unter Mitwirkung von Werner Schubert. Berlin 1968, S. 139-166.
Walb, Ernst, Das Problem der Scheingewinne. Freiburg i.B. o.J. (1921 oder 1922)
Walb, Ernst, Die Erfolgsrechnung privater und öffentlicher Betriebe. Berlin/Wien 1926.
Walb, Ernst, Kaufmännische Betriebswirtschaftslehre. Leipzig 1938.
Wall, Fritz, Grundsätzliche Erwägungen zur Handels- und Steuerbilanz. Stuttgart 1952.
Watter, Wolfgang, Anlageinvestitionen und Anlagevermögen in Berlin (West) 1950 bis 1965. In: DIW-Beiträge zur Strukturforschung. Heft 2. Berlin 1967.
Weber, Karl, Besonderheiten der amerikanischen Kostenrechnung. In: ZfB, Jg. 38 (1968), S. 837-858.
Wegmann, Wolfgang; Hölscher, Klaus, "Geheimniskrämerei" - leicht variiert. In: Der Volkswirt, Jg. 22 (1968), Nr. 49, S. 33 f.
Wegner, Jürgen, Das Berliner Abschreibungswunder. In: Der Betriebs-Berater, Jg. 23 (1968), S. 1422-1424.

Wegner, Jürgen, Das Berliner Abschreibungswunder und seine steuerlichen Folgen. In: Der Betriebs-Berater, Jg. 24 (1969), S. 1213-1220.

Weichsel, Lothar, Beschleunigte Abschreibung, Wachstum und Konjunktur. Köln und Opladen 1964.

Weirich, Siegfried, Zur Behandlung der Selbstverbrauchsteuer im aktienrechtlichen Jahresabschluß. In: Die Wirtschaftsprüfung, Jg. 22 (1969), S. 277-279.

Welin, Ingrid and Per, The Impact of Technological Progress on the Economic Life of Industrial Equipment. Handelshögskolan i Göteborg, Skrifter 1967, Heft 2. Göteborg 1967.

Werner, Friedrich, s. Odenhausen, Hellmuth.

Wielens, Hans, Vermögensbildung durch Ausnutzung hoher Sonderabschreibungen. In: Der Betrieb, Jg. 22 (1969), S. 1805-1810.

Wirtschaftsprüfer-Handbuch 1968, herausgegeben vom Institut der Wirtschaftsprüfer e.V. Düsseldorf 1968.

Wöhe, Günter, Betriebswirtschaftliche Steuerlehre. Band I. 2. Aufl., Berlin und Frankfurt a.M. 1966.

Wons, (K.), AFA - Lexikon. 3. Aufl., Stand vom 1. September 1967, Heidelberg 1967.

Wons, K., Amtliche AfA-Tabellen im Lichte der Auffassung der Finanzverwaltung. In: Neue Wirtschafts-Briefe, Nr. 32/1957, Fach 3, S. 1661 f.

Wright, F. K., Towards a General Theory of Depreciation. In: Journal of Accounting Research, Vol. 2 (1964), S. 81-90.

Wright, F. K., An Evaluation of Ladell's Theory of Depreciation. In: Journal of Accounting Research, Vol. 5 (1967), S. 173-179.

Wyder, Ernst, Der Wiederbeschaffungspreis. Zürich 1946.

Zubrod, Hugo, Zum Thema: "Abschreibungen unter Null?" In: Die Wirtschaftsprüfung, Jg. 2 (1949), S. 468-470.

von Zwehl, Wolfgang, Untersuchung zur Erstellung einer Planbilanz als Ergänzung des Jahresabschlusses. Berlin 1968.

NN, Abschreibungs-Richtsätze. In: Lexikon des kaufmännischen Rechnungswesens, herausgegeben von Karl Bott. Band I. 2. Aufl., Stuttgart 1955, Sp. 69-72.

NN, Norm, Normung. In: Der Große Brockhaus. Band 8. 16. Aufl., Wiesbaden 1959, S. 457 und S. 461.

NN, Zur Finanzgesetzgebung. In: Finanz-Rundschau, Jg. 21 (48) (1966), S. 57.

NN, Plädoyer für degressive Abschreibungen. Gegen konjunkturpolitische Variationen. In: Blick durch die Wirtschaft, 24. Oktober 1966, Nr. 247, S. 1.

NN, Börsenzwang, Halbjahresberichte und Umsatzpublizität. In: Frankfurter Allgemeine Zeitung, 16. Januar 1968, Nr. 13, S. 11.

NN, Bilanzen und Erfolgsrechnungen 1967 von Aktiengesellschaften der Industrie. In: Wirtschaft und Statistik, Jg. 1969, S. 27-30.

NN, Pressekommuniqué über die Schlußsitzung der Börsensachverständigenkommission am 14. März 1969. In: Mitteilungen des Bundesministers für Wirtschaft. Tagesnachrichten, Nr. 5914 vom 19. März 1969, S. 1-4.

NN, Sozialprodukt und Einkommen im zweiten Halbjahr 1969. In: Monatsberichte der Deutschen Bundesbank, Jg. 22 (1970), Nr. 2, S. 47-58.

NN, Haftbefehl nach Millionenkonkurs. Der Fall Hofbauer & Maier/Banken, Handwerker und Rentner betrogen. In: Frankfurter Allgemeine Zeitung, 10. April 1969, Nr. 83, S. 8.

NN, Teilwertabschreibung auf Gebäude und weitere Abschreibungen. In: Der Betrieb, Jg. 22 (1969), S. 770 f.

Urteile

RFH vom 23.5.1935 I A 110/33, RStBl 1935, S. 1467-1470.

BFH vom 4.2.1958 I 173/57 U, BStBl III 1958, S. 109 f.

BFH vom 7.12.1967 Beschluß Gr. S. 1/67, BStBl II 1968, S. 268-270.

BFH vom 16.7.1968 Beschluß Gr. S. 7/67, BStBl II 1969, S. 108.

Sachverzeichnis

GPSR Compliance

The European Union's (EU) General Product Safety Regulation (GPSR) is a set of rules that requires consumer products to be safe and our obligations to ensure this.

If you have any concerns about our products, you can contact us on ProductSafety@springernature.com

In case Publisher is established outside the EU, the EU authorized representative is:

Springer Nature Customer Service Center GmbH
Europaplatz 3
69115 Heidelberg, Germany

Batch number: 10809472

Printed by Printforce, the Netherlands